2019 年 1 月 3 日，出席第十三届上海民进教育论坛

↑2013 年 6 月 17 日，走访台北薇阁小学
↑2013 年 8 月 17 日，走访江苏海门的新教育培训学校

↑ 2014 年 11 月 19 日，在中国人民大学附属中学做演讲
↑ 2015 年 9 月 12 日，在贵州省金沙县调研

↑ 2018 年 10 月 9 日，参加浙江宇翔职业技术学院筹建工作汇报会暨揭牌仪式
↑ 2019 年 7 月 13 日，参加全国新教育实验第十九届研讨会相关活动

朱永新教育作品

教育如此美丽
——中国教育观察

朱永新·著

漓江出版社
·桂林·

图书在版编目（CIP）数据

教育如此美丽：中国教育观察 / 朱永新著. -- 桂
林：漓江出版社，2023.11
ISBN 978-7-5407-9487-3

Ⅰ.①教… Ⅱ.①朱… Ⅲ.①教育 – 研究 – 中国
Ⅳ.① G52

中国国家版本馆 CIP 数据核字（2023）第 125337 号

教育如此美丽——中国教育观察

朱永新　著

出 版 人　刘迪才
策划统筹　文龙玉
责任编辑　章勤璐
助理编辑　潘潇琦
书籍设计　石绍康
营销编辑　俞方远
责任监印　黄菲菲

出版发行　漓江出版社有限公司
社址　广西桂林市南环路 22 号
邮编　541002
发行电话　010-85891290　0773-2582200
邮购热线　0773-2582200
网址　www.lijiangbooks.com
微信公众号　lijiangpress

印制　天津嘉恒印务有限公司
开本　710 mm×1000 mm　1/16
印张　20.25
字数　330 千字
版次　2024 年 1 月第 1 版
印次　2024 年 1 月第 1 次印刷
书号　ISBN 978-7-5407-9487-3
定价　78.80 元

总　序

　　朱永新教授的作品集出版在即，他要我写一篇序，大概是因为他看到我对教育也很关注，又不时地发表点看法的缘故吧，或者因为他和我都是马叙伦、周建人、叶圣陶、雷洁琼等民进前辈的后来人——我们是中国民主促进会的成员。不管他是怎么想的，我出于对他学术成就的敬佩，也出于对比我年轻些的学者的喜爱和对教育事业的兴趣，便答应了，尽管我不是这个领域的专家。不过这样也好，以一个时时关心业内情况的外行人眼光说说对这套作品集和作者的看法，或许能更冷静些，更客观些。

　　我曾经说过，中国的教育人人可得而道之。因为教育问题太复杂，中国的教育问题尤甚。且不说中国以一个发展中国家不强的实力在办着世界上最大的教育，单是中国处于转型期，城乡、东西部间严重的不平衡和几个时代思想观念的相互摩擦、激荡，就可以说是当今世界绝无仅有的了。随着教育普及率的提高，对教育发表评论的人当然也越来越多，多到几乎家家户户都会时常议论。这样就给有关教育的研究提出了许多也许在别的国家并不突出的问题。我认为其中有两个问题最为要紧：一个是教育的问题牵一发而动全身，既不能就教育论教育，更不能只论教育的某一部分而不顾及其他，要区别于人们日常的谈论；另一个是教育学如何走出狭小的教育理论圈子，让更多的人理解、评论、实践，也在更大范围内检验自己的理论是否能为群众所接受，以免专家和社会难以搭界。朱永新教授的这套作品集，恰好在这两个问题上都给了我很大的欣慰。

　　在这套作品集中，他从国际国内、政治经济、文化社会、古往今来的广阔视野来考察、思索中国的教育问题；他的论述几乎遍及受教育者所经历的整个教育过程；大到教育的理念、原则，小到课程的改革、课外的活动，他都认真思考，系统调查，认真实验，随时提升到理论层面；与教育学密切关联的心理学，在研究中国教育的同时展开的对国外教育的认识和分析，也是他涉及的范围。

朱永新教授并不是一位"纯"学者，虽然教育理论研究永远是他进行多头工作时在脑子里盘旋的核心。他集教师、官员和研究者三种角色于一身，随着自己孩子的出生和成长，他又多了一个家长的身份。这就使他不可能只观察研究教育体系中的某一段或某一方面，而必须做全方位、多角度、分层次的研究。他是中国民主促进会中央委员会副主席，作为同事，我见过他极度疲劳时的状况，心里曾经想过，这是天将降大任于是人的考验，还是他"命"当如此，不得不然？其实，这正是给他提供了他人很难得到的绝好的研究环境和条件：时时转换角色，就需要时时转换思维的角度和方法，宏观与微观自然而然地结合，积以时日，于是造就了他独特的研究方法和风格。

我们对任何事物的研究，如果只有理性的驱动，而没有基于对事物深刻认识所生发出来的极大热情，换言之，没有最博大的挚爱，是难以创造性地把事情做得出色的。朱永新教授对教育进行研究的特点之一就是全身心地投入。身，有那三种角色和一种身份，自然占据了他所有的时间和精力；心，是不可见的，但贯穿在他所有工作、表现在他所有论著中的鲜明爱心，则是最好的证明。

他说"教育是一首诗"。他常用诗一般的语言讴歌教育，表达他的教育思想：

　　教育是一首诗/诗的名字叫热爱/在每个孩子的瞳孔里/有一颗母亲的心

　　教育是一首诗/诗的名字叫未来/在传承文明的长河里/有一条破浪的船

如果是纯理性的，没有充沛的、不可抑制的感情，怎么能迸发出诗的情思？但他不是浪漫派。他本来已经够忙的了，却又率先自费开通了教育在线网站，开通了教育博客和微博，成了四面八方奋斗在教育改革前沿的众多网民的朋友。每天，当他拖着疲乏的脚步回到家后，还要逐篇浏览网站上的帖子和来信，并且要一一回应。有人说，这是自找苦吃。但他认为，这是"诗性伴理想同行"，是"享受与幸福"。他曾经工作生活在被颂为"人间天堂"的苏州，那里早已普及了十二年义务教育，现在正朝着普及大学教育的目标前进，但这位曾经主持全市文教工作的副市长，却心系西部，为如何缩小东西部教育的差距苦苦思索，不断地呼吁……他何以能够长期如此？我想，最大的动力就是那伟大的爱。

情与理的无缝衔接，正是和把从事教育工作及理论研究单纯当作职业的最大区别，而且是他不断获得佳绩、不断前进的要素。

教育是人类社会得以延续发展的根本保障。人之所以为人，区别于其他动物，从某种意义上讲，就是因为通过不同渠道，接受了不同程度和内容的教育。就一个国家而言，教育则是保障发展壮大的基础性工程。这些，都已经成为人们的共识。但是，教育又是极其复杂庞大的体系，需要大批教育理论专家、管理专家。身在其中者固然自得其乐，但是，在局外人看来，教育理论的研究是枯燥的、艰难的，有许多的教育学著作也确实强化了人们的这种感觉；管理工作给人的印象则是繁杂的、细碎的。这种感觉和印象往往是理论工作者、管理工作者和广大的教育参与者（包括家长、学生和旁观者）之间产生隔膜的原因之一。社会需要集理论研究和管理于一身，而且能把自己对教育的挚爱传达出去的学者，与人们一起共享徜徉在教育海洋里的愉快和幸福。但是，现在这样的学者太少了。是我们对像教育理论这样的人文社会科学的所谓"学问"产生了误解，以为只有用特定的行业语言，包括成堆成堆的术语和需要读者反复琢磨才能弄清楚的句子才是学术？还是善于用最明了的语言表达复杂事物的人还不多？抑或是教育理论的确深奥难测，必须用"超越"社会习惯的语言才能说得清楚？而我是坚信真理总是十分朴实、十分简单这样一个道理的。真正的大家应该有能力把深刻的思考、复杂的规律用浅显生动的语言表述出来，历史上不乏其例。

作为一名教育理论家，朱永新教授正在朝这一目标努力着，而且开始形成了自己的风格：论述、抒情、问答并举，逻辑严密的理性语言、老百姓习惯于说和听的大白话、思维跳跃富于激情的诗句兼而有之，依思之所至、情之所在、文之所需而施之。有的文章读时需正襟危坐，有的则令人不禁击节而赏，有的还需反复品味。可贵的是，这些并非他刻意为之，而是本性如此，自然流露。这本性，就是他对教育事业的爱，归根结底是对人民的爱。

在某一种风格已经弥漫于社会，许多人已经习惯甚至渗透到潜意识里的时候，有另外一种风格出现，开始总是要被视为"异类"（我姑且不用"异端"一词）。我不知道朱永新教授是不是也有过这样的经验。我倒是极为希望他能坚持下去，即使被认为"这不是论文"也不为所动，因为学术生命的强弱最后是要由人民来判断，而不是仅仅由小小的学术圈子认定的。我还希望他在这方面不断提高锤炼，让这股教育理论界的清风持续地吹下去。

教育，和一切与人民生活紧密相连的事物一样，都要敏感地紧跟时代的步伐，紧贴人民的需求，依时而变，因地制宜。如今朱永新教授的作品集改版并增补，主要收录了他从踏入教育学领域至 2023 年的论著。这从一个侧面反映了我国改革开放以来教育领域理论研究与实践的过程。"战斗正未有穷期"，在过去和未来的日子里，有层出不穷的教育问题需要解决，因而需要不停顿地观察、思考、研究。我们的教育学，就在这个过程中发展成长；有中国特色的教育学，也许就将在这一时期内形成。朱永新教授富于创造——"永新"自当永远常新，他一定会抓住这百年难逢的机遇，深化、拓展自己的研究，为中国教育事业、为中国的教育理论多奉献自己的才干和智慧，再写出更多更好的篇章。

我们期待着。

兹忝为序。

许嘉璐

写于 2010 年 12 月 14 日

修改于 2023 年 4 月 29 日

于日读一卷书屋

（作者为第九届、第十届全国人大常委会副委员长，著名语言文字学家）

人生处万类，知识最为贤（序）

朱永新是我的老朋友，他思路敏捷，精力充沛，待人诚恳，是一个激情洋溢的人。朱永新名气很大，他兼有各种身份：民主党派领导、全国人大常委会委员、学者教授，还曾长期担任市长。在我的印象中，朱永新是一个富有创新精神的教育家，是一个风风火火的实干家。他发起新教育实验，倡导营造书香校园，影响波及全国各地。在政协，在人大，在各种谈论研究教育问题的会议和论坛，在网络天地，到处都能看见他的身影，听见他的声音。他写过很多书，主编过很多书，这些书大多和教育有关。我常常惊奇，一个公务繁多的大忙人，怎么会有时间和精力写出这么多书。

近日，永新的《中国教育观察》[①]又要出版，嘱我写序，使我有机会先睹他的新著。这是一本可以使读者开眼界，也能让人了解作者精神境界的书。在这本书中，永新真可以说是走遍了世界，他文章中涉及的地域，几乎覆盖中国大地，而后半部分，则远游世界，足迹遍及四大洲。[②]此书的体裁，似乎是游记，但和传统意义上的游记全然不同。用永新自己的话来说："我只是一个教育的游客。我背着教育的行囊，不断地行走，不断地寻找风景，在美丽的地方驻足，在精彩的地方赞叹。"书的主题很明确：关乎教育。每走一地，他都能写出一篇内容翔实的教育调查、考察报告，有数据，有实例，有生动细节，有作为一个教育家的思考。他的文章，有真诚恳切的态度，有严谨有序的思路，有生动活泼的文风，所以亲切可读。尽管谈的是非常专业的教育问题，也不让人觉得枯燥。

读这本书，给我印象特别深刻的，是文章中那些细节和人物。再宏大的命题，再深刻的思想，如果缺乏生动细节的说明，都可能会变得乏味。

---

① 《教育如此美丽——中国教育观察》由《中国教育观察》改版。

② 外国部分已经另外收入《寻找教育的风景——外国教育观察》一书。——编者注

如果没有深入的调查采访，没有对人性和生活的敏感，很可能会忽略了这些细节。他的书中出现无数人物的名字，上至国家领导人，各级官员，各界名流，下至普通的乡村小学教师，只要与之交往，这些人物都会在永新的文字中留下声音和足迹，绝不因地位高低不同而有所区别。尤其是那些底层的小人物，如果行高于众，他必定会献上由衷的赞美，并推广他们的事迹。即便是遥远的历史人物，他也不忽略，譬如把生命献给贵州贫困山乡的英国传教士柏格理，书中详细描述了这位德行高尚的外国人，让人感动。有些细节的展示，凸显了作者高屋建瓴的见地。譬如《不可轻易复制的模式——翔宇教育行》中，永新为读者讲述了他听到的几个故事，其中有"翔宇人不随地吐痰"，让我读之心生共鸣。翔宇人提倡不随地吐痰。"随地一口痰，吐掉的是素质，吐掉的是修养，吐掉的是文明。"这是一位校长的理念。在翔宇校园中，如果有人随地吐痰，会有人上前礼貌劝阻，并送上面纸和这位校长广为流传的短文《我的教育理想：翔宇人不随地吐痰》。如果全中国的校长都能像这位校长一样身体力行，国人随地吐痰的陋习也许能早日改变。

永新的调查、考察，除了亲历，还有一种他称之为"心灵之旅"的特殊形式，就是通过网络搜索查询，了解情况，也写出了内容翔实的报告。譬如《榜上有名，脚下有路——前元庄教育行》，就是通过网络调查，写出了关于该地义务教育的现状，并由此思考中国农村义务教育应该探索的新路。

此书的下半部，是永新周游世界的见闻和思考[①]，相比前半部，多了文学性的描述，异国他乡的山川河流、历史人文、风俗人物，引发了他的好奇，一路兴致勃勃观察，形成了丰富多彩的文字，虽然不可能太详尽地描写，但读者能感受到进入他眼帘的事物是何等缤纷美妙。即便是在国外旅行考察，他还是没有忘记自己是一个"教育的游客"，随时都会有新的关于教育的信息和思考被收入他的"教育的行囊"。一个中国的教育家，如何分析评判当今世界的教育现象和问题，颇值得一读。

写作对朱永新来说，大概是一件自然而愉悦的事情，他不仅记录经历，思索问题，也常常抒发情感，流露心迹。他的书中有这样的话，令我感动并共鸣："人之所以为人，是因为有思想和骄傲。洞彻这一点，我们就不会

---

① 该部分已经另外收入《寻找教育的风景——外国教育观察》一书。——编者注

因为些许的荣辱得失而惆怅满怀。所以，我们就应该及时调整好心态，在毕生从事的工作中挖掘幸福的元素，增添自己生命的亮色。"

古人云："行万里路，读万卷书。"对常人而言，这只是一种令人向往的境界，而朱永新却真正做到了。他读的书，不仅是书库中的经典名篇，更是社会和人世的大书。他是一个行者，一个观察者，一个思想者，一个实践者。读永新的这部新著，使我很自然地想起了韩愈的两句诗："人生处万类，知识最为贤。"一个人，只有博览世间万物，饱经天地风霜，才可能具备高尚的智慧和卓越的见识。永新的实践和他的文字，正在见证这样的诗意。

赵丽宏

2009 年 10 月 22 日于四步斋

教育是一首诗（卷首诗）

教育是一首诗
诗的名字叫青春
在躁动不安的灵魂里
有一个年轻的梦

教育是一首诗
诗的名字叫激情
在春风化雨的课堂里
有一脸永恒的笑

教育是一首诗
诗的名字叫热爱
在每个孩子的瞳孔里
有一颗母亲的心

教育是一首诗
诗的名字叫创造
在探索求知的丛林里
有一面个性的旗

教育是一首诗
诗的名字叫智慧
在写满问题的试卷里
有一双发现的眼

教育是一首诗
诗的名字叫未来
在传承文明的长河里
有一条破浪的船

目 录／Contents

第三章　北京印象

第四章　山西考察

第五章　黑龙江行

第一章 塞北江南

在本世纪初，每个暑假，我和"教育在线"网友组成的支教团队，都会自己掏腰包去西部培训教师，我们去过云南的安宁、贵州的遵义、陕西的定边和延安等许多地方，这个传统至今仍然延续着。而每个周末，我差不多也在全国各地传播新教育，到处"煽风点火"，走了许多地区和学校，苍南、宝应等都是那个时候去的。行走之余，记录了一些观感。而这一章的北川和岳阳，则是最近两年去的地方，由于是单篇，所以一起放在这一章里。

"江南塞北共创未来"——定边教育行

2002年7月31日，为了落实江苏与陕西的对口交流合作计划，我受苏州市委市政府委托，到陕西省榆林市定边县参加苏州新区援建的门诊大楼落成仪式。因为是上午6点半出发，早晨5点我像往常一样到网上"晨练"片刻。打开留言簿，一个名叫LIYM的网友写了一段话："朱老师，明天，不，今天，你将以一个市长的身份访问我县，也许我们有机会见面。"这是定边县的一个未曾谋面的老师在31日凌晨1时左右发来的短消息。这多少让我有点惊诧，也有几分激动，网络连起了整个世界。但是，除此之外，定边在我脑海中仍然是一片空白。

定边县位于陕西省西北角，地处陕、甘、宁、蒙四省（区）交界地，是黄土高原向内蒙古鄂尔多斯荒漠草原的过渡地带。全县共辖11镇、14乡、334个行政村、7个居民委员会。总人口30.6万人，其中农业人口26.8万人。总土地面积6920平方公里，地貌以长城为界，北部为风沙盐碱滩区，占全县总面积的39%；南部为黄土丘陵沟壑区，占全县总土地面积的61%。海拔在1303—1907米之间。

该县历史文化悠久，自西魏设大兴郡起，作为郡、州、营、县，长达

1400 余年。北宋元符二年（1099 年），由范仲淹赐名"定边"，取"底定边疆"之意。境内有汉墓群、隋明长城等大量文物古迹。从出土文物和风土人情来看，为黄土高原文化和草原游牧文化的交汇处。定边也是明末农民起义首领张献忠的故乡。定边是 1936 年解放的革命老区，1986 年被确定为国家贫困县。

1996 年定边县完成了普及六年义务教育工作，1998 年通过扫盲验收，全县目前有各级各类学校 533 所，其中完全中学 2 所，职业中学 2 所，初级中学 14 所，小学 495 所，另有民办学校 16 所。全县有在校中小学生 77941 人（包括民办学校的 2414 人）。全县小学适龄儿童入学率达 99%，初中学生入学率为 94%。全县有教职工 4079 人，其中代课教师 1511 人，公办教师中具有高级职称 61 人，中级职称 528 人，初级职称 1607 人。全县教师中具有大学本科学历的 105 人，专科学历 1024 人，中专学历 1052 人，高中学历 186 人，初中学历 46 人。高中教师学历达标率为 47.4%，初中教师学历达标率为 64.1%，小学教师学历达标率为 85.4%。

从定边县的情况来看，各级领导对教育还是十分重视的。该县县委领导同志开玩笑说："现在中央财政是喜气洋洋，省级财政是紧紧巴巴，市级财政是拆东墙补西墙，县级财政是喊爹叫娘，乡级财政是杀猪牵羊。"虽不甚确切，但多少反映了基础财政的窘迫现状。尽管如此，"九五"以来，定边县在财力严重不足的情况下，在基建投入方面坚持教育优先的原则，加大教育投入，使办学条件得到了一定的改善。经统计，该县"九五"期间结合实施"普六"和"第一期国家贫困地区义务教育项目工程"，共投入教育资金 3579.7 万元，为 13 所中学和 19 所中心小学新建教学楼 14 幢，新增校舍面积达 71889 平方米，添置了近 500 万元的教学设备，学校硬件设施有了很大程度的改善。2001 年，该县又结合危房改造工作，投入危改资金 840 万元，对 63 所学校的 D 级危房进行了改造，改造校舍面积达 17821 平方米。

从我这次调查的情况来看，贫困地区的"普九"压力仍然很大。第一是经费问题使"普九"步履艰难。从 2002 年开始，定边县按照省、市要求进入"普九"攻坚阶段。经测算统计，根据"普九"的最低标准要求，需新建教学用房 49059 平方米，需投资 2919 万元；新建图书实验用房 26449 平方米，需投资 1590 万元；新建办公用房 14890 平方米，需投资 898 万元；加上图书实验设备配置所需资金，共需投资 8000 多万元。按照以上测算和规划，定边县今年即使倾全力抓"普九"，挤出县财政可安排资金 1.22 亿元的三分之一，"普九"资金仍然净短缺约计 4000 万元。由于资金的制约，许多基建项目根本不能按进度和标准要求完成。

我专程走访了定边镇南园子苏州新区希望小学，该校由苏州新区管委会捐资 60 万元，定边镇政府投资 28 万元，南园子村筹资 15 万元，于 1998 年 9 月落成并交付使用；由县、镇、村三级筹资 30 万元，于 2001 年完成了校园绿化、硬化、辅助建设等二期工程。目前，这是全定边县最好的学校了。学校占地面积 9338.8 平方米，建筑面积 1363 平方米，教学大楼结构为砼型，一幢 3 层 12 个教室，现有学生 486 人，一至六年级 8 个教学班，并附设 1 个学前班；现有教师 14 人，合格率 100%；配备校长 1 人，副校长 1 人，教导主任 1 人。但是，这所全县最好的学校只有图书 30 来册，孩子们几乎没有看过课外书籍。学校根本没有钱来购买图书，仅有的电视机也是苏州新区赠送的，这次我们又赠送了一台手提电脑和扫描仪。这大概是全县学校最现代化的设备了。

第二个问题是教师问题。定边县近几年认真落实"一保、二控、三监管"的措施，全力以赴保教师工资发放，努力改善教师福利待遇，基本能按月按标准兑现国家规定教师应享有的津贴、补贴及正常工资待遇，做到不拖不欠。为了确保教师工资按时发放，他们还专门设立了教师工资专户，实现了教师工资卡发放制度。目前，全县公办教师共 2568 人，全市财政发放教师工资约计 340 万元（如果平均计算一下，县财政发给各位教师工资也只不过 1320 余元）。根据目前该县财力状况，教师工资基本能够保证，但由于后续财源不足，加之整体财政状况不佳，因此，保教师工资往往使其他基建项目受到影响，经费运转捉襟见肘，困难重重。

特别需要提出的是，该县的代课教师近 1151 人，如苏州新区希望小学 14 位教师中，就有 7 名都属于代课（当地政府称为"民请"）的教师，这些教师的月收入也只有 140 元。其主要原因是县级财政根本无力把他们转为公办教师，因为一旦转为公办教师，各种津贴、补贴、医疗等费用会大大增加教育的开支。

第三个问题是中等教育与初等教育的反差问题。一般来说，在贫困地区，中学条件远比小学要好。中学教师（尤其是重点中学的教师）待遇也比小学教师要高出几倍。中学的建筑、设施更是非小学所能比的。如我考察的定边县中学，创建于 1939 年，前身是陕甘宁边区第三师范学校，1944

年与中央民族学院合并改称"三边公学",1948 年春改名为"三边干部学校",1949 年更名为"定边县初级中学",1958 年发展成为一所完全中学,1963 年被确定为县办重点中学,1978 年被陕西省教育厅确定为陕西省 114 所重点中学之一。

该校占地 5.4 万平方米,建筑面积 2.34 万平方米。在岗教职工 141 人(其中高级教师 18 人,中级教师 46 人;有全国优秀教师 1 人,国家级骨干教师 1 人,省级骨干教师 2 人,地市级及其以上教学能手 7 人)。现有 37 个教学班,2662 名在校生。

学校图书馆藏书近 5 万册,订有报纸杂志 190 多种;资料室有音像、计算机教学软件共计 120 多种以供教学使用;即将竣工的教学实验综合楼设有教师、学生阅览室,理、化、生实验室 10 个,以及与之配套的仪器室、准备室、标本模型室,有多媒体计算机网络教室 2 个,语音室 2 个,多功能学术报告厅、音乐教室、美术教室、劳技教室、体育器材室、校史室、科技室、天文台、体操室、卫生室、文档室、广播室、团队室、打字油印室等其他设施;学校教师集资与社会联建的可容纳 1500 余人的学生公寓也即将交付使用。各类教学仪器、实验用品以及体育、音乐、美术器材,许多按一类标准配置,确保理、化、生的演示实验和分组实验开设率为 100%。体育课的开设率达 100%。而那位名叫 LIYM 的网友竟然就是定边中学的副校长李彦明老师!

该县的县委书记说:"再穷不能穷孩子,再苦不能苦教育,定边是咬紧牙关尽最大努力办教育了。"中学是各县竞相支持的重中之重,一则是直接关系到孩子们能否接受高等教育,二则中学的自我造血功能相对较好,三则有限的财力只能用在刀刃上。此话虽有道理,但如果没有小学及幼儿园素质的全面提升,又怎能有全民素质的提高呢?毕竟最广大的人群、农村的最重要的生力军,应该是接受过良好基础教育的公民!

定边之行,让我又一次热泪盈眶,让我又一次心潮难平。我想在苏州发动所有的孩子捐一本书给榆林的孩子们,我想组织苏州的优秀教师和"教育在线"的优秀专家进行西部义务支教,但这一切可能还只是杯水车薪。

目前经济发达地区与经济相对贫困地区的挂钩支持以及适当输血,只能解决治标的问题,根本的途径是加大中央财政转移支付的力度和对各级政府主要负责人的监督力度。我再次呼吁:"关注农村义务教育,关注教育的均衡发展!"

我在定边县为门诊大楼落成写了一句这样的话："黄土水乡天成一色，塞北江南共创未来！"这是我与尚洪泽书记的共同心愿，我相信，这也是苏州与榆林、东部与西部人民的共同理想。

2002 年 7 月

何时不再"七笔勾"——再访定边

两年以后，我再次来到定边。

如果说上次到定边有偶然的因素，那么这次到定边则是为了还愿。在两年前的文章中我曾经这样许愿："定边之行，让我又一次热泪盈眶，让我又一次心潮难平。我想在苏州发动所有的孩子捐一本书给榆林的孩子们，我想组织苏州的优秀教师和'教育在线'的优秀专家进行西部义务支教，但这一切可能还只是杯水车薪。"

从延安到定边只有山路可走，据说有一条高速公路正在建设之中。下午 1 点半，我们就上路了。延安教育学院的两位姓马的同志，一位为我们开车，一位陪同我们去定边。正午的太阳火辣辣的，车子没有空调，车厢里面简直就是一个火炉。虽然外面有风吹进来，但风也是火辣辣的，对于习惯了空调车的我，自然是苦不堪言。看着大伙儿在一起谈笑风生，我也就忘记了这火热的痛。一直到定边与吴起县的交界处，我上了前来迎接的定边县委尚洪泽书记的车，才算摆脱了火炉。

不知道为什么，走到定边的地界，会变得格外留心，似乎感觉到过去光秃秃的山上有了一点点的绿色。尚书记介绍道，山上的树苗都是一个洞一个洞地点插进去的，而道路两边的小树已经有 3 年以上的时间了，是全县机关干部的"责任林"。我们的话题自然地转到了教育上，尚书记开心地说，定边已经在 2003 年 11 月正式通过了陕西省政府"普及九年义务教育工作"的验收，成为三边地区第一个通过验收评估的县。我有些不敢相信，因为两年以前我看到的情况还历历在目，改变如此迅速，对于一个贫困地区可能吗？问号不仅写在我的心里，也写在了我的眼里。尚书记看出了我的疑惑，对我进行了详细的说明。

尚书记告诉我，从 2002 年起，县委、县政府举全县之力大打"两基"攻坚战，掀起了全党重教、全民兴教、全社会支教的办学热潮，社会各界重视教育、支持教育蔚然成风，重教义举层出不穷，支教典型不断涌现。全县干部职工还捐出了一个月的工资，全部用于改善中小学办学条件。当我提出想在途中看一所学校的时候，尚书记马上进行了安排，20分钟以后，我们来到了离定边县城不远的贺圈镇中学。这是一所三年制的初级中学，在老的校园中间，一幢现代化的教学大楼拔地而起，几排新的学生宿舍正在整修。校长告诉我，大楼花了300多万，现在欠资200万左右，宿舍是老师自己集资建设的。楼虽然建了，但是里面是空的，经费紧张，只能慢慢配置。

应该说，定边县"普九"的过程是悲壮的。县委、县政府把"两基"达标作为"帽子工程"，明确提出如果各乡镇、各部门完不成"两基"的任务，就自动辞职，交帽子，挪位置。在郝滩乡大门上面有这样一幅标语："实现两基是最大政绩，助人成材是第一功德。"纪畔乡的财政年收入仅仅27.8万元，但是2003年的教育支出就达到近50万元。新安边镇的党委书记等镇领导用自己的工资卡做抵押向银行贷款，解决了修建中心小学的启动资金，这个镇的芦庄村村支部书记刘忠满更是把自己女儿的嫁妆钱全部用于该村小学的建设，学庄乡胡尖山小学的老教师王仲亮将自己省吃俭用攒下的3万元养老金捐献给学校。定边就是这样，用拿、引、征、集、捐、包、挤、收、贷、垫等方法，完成了近1.2亿元的教育投入，使全县的教育面貌发生了翻天覆地的变化。尚书记自豪地对我说，在定边，最好的建筑就是学校。

在感动之余，我还是有一些担心。

第一，与许多贫困地区一样，定边的"普九"是在国家投入相对不足的情况下进行的，他们"用明天的钱办今天的事"，使教育的基本投入有了落实。落实的背后，是大量的欠债，各级政府的欠债达到400多万元。虽然县里提出"一年建设，三年还清"，但是从他们的财政力量来看，几乎是不可能做到的。几年以后，工程队的钱、银行的钱，怎么去还？可能会引发许多新的矛盾。

第二，在"普九"的过程中，多少存在着重视硬件而相对忽视软件的问题，一部分学校虽然有了房子，但是没有实验室或者实验室面积不够、建设不规范，此外学生饮水的问题、教室照明的问题、图书仪器的配备问题等都还没有解决，代课老师问题也很严重。

这些问题是西部地区和贫困地区在普及九年义务教育过程中普遍遇到的，尤其是欠债的问题，希望引起中央政府的高度重视。

到达定边的政府招待所的时候，已经是晚上 8 点左右，我们吃惊地发现，县里是用最高规格的礼遇在接待我们——四套班子的领导都来迎接，房间安排一人一间。当我"抗议"这样的奢侈时，尚书记说："这样的安排并非因为你是市长，而是因为你们是西部教育的朋友。"我们只好服从。不过，我同时建议，以后的支教可以住在学校，大家一致同意。

晚饭以后，我约请我们"教育在线"的网友、定边中学的副校长李彦明来商量美国蔡东进先生支持西部教育的有关问题，知道他为这些事情做了不少工作。李老师的话不多，可他的内心世界是丰富的，当我把他介绍给大家的时候，其他老师才把他与那个网络上的"老玉米"对起号来。

李老师走了以后，《人民日报》的记者顾春又开始"剥削"我们的"剩余价值"，让大家谈谈素质教育为什么喊了这么多年就是推不动，南京的高考之痛究竟是什么原因，一直聊到晚上 11 点左右。考虑到明天还要上课，我要求大家早点休息，方才罢休。

第二天早晨 8 点，我们在定边中学开始了一天的活动。受苏州一家企业的委托，我代表他们捐赠了价值 5 万元的图书给 100 所学校。之后的教学中，我依然是讲"新教育实验"，卢校长讲"创新管理与校长之道"，储昌楼讲校本教研，高子阳与夏青峰则分别对文理科老师进行学科的培训。

由于我要赶往北京参加民进中央的常委会议，上午讲完以后我就先离开了定边。在去银川的路上，望着熟悉的盐湖、熟悉的土长城、熟悉的道路，我再次想起了两年前与尚书记的美好约定："黄土水乡天成一色，塞北江南共创未来！"我想，我与定边的缘分才刚刚开始。

回到苏州不久，我收到了一位定边老师的来信。他这样写道：

尊敬的朱教授：

您好！听了您与几位专家关于"新教育实验"的专题报告，我们大家都兴奋不已，大家都跃跃欲试想着手去干，可在我们这里，虽然有着淳朴的民风，热情好客，却同时又有着根深蒂固的惰性文化的思想根子，"圣人布道此处偏遗漏"。困难重重，热情来得快，但凉得更快，若不能开好头，这项工作就可能像几十年来开展的各种教学改革、实验之类，变为秋风，一扫而过，此后一切照旧，日出而作，日落而息，周而复始，恶性循环。

……

他在信中，引用了清朝光绪年间翰林王培棻来"三边"巡视时写的《七笔勾》一诗：

万里遨游，百日山河无尽头。山秃穷而陡，水恶虎狼吼。四月柳絮稠，山花无锦绣，狂风阵起哪辨昏与昼。因此上把万紫千红一笔勾。窑洞茅屋，省去砖木偏用土。夏日晒难透，阴雨水肯漏。土块砌墙头，灯油壁上流，掩藏臭气马屎与牛溲。因此上把雕梁画栋一笔勾。没面皮裘，四季常穿不肯丢。纱葛不需求，褐衫耐久留。裤腿宽而厚，破烂且将就，毡片遮体被褥全没有。因此上把绫罗绸缎一笔勾。客到必留，奶子熬茶敬一瓯。炒米拌酥油，剁面加盐韭。猪蹄与羊首，连毛吞入口，风卷残云吃尽方丢手。因此上把山珍海味一笔勾。堪叹儒流，一领蓝衫便罢休。才步入黉门，文章便丢手。匾额挂门楼，荣华尽享够，嫖风浪荡懒向长安走。因此上把金榜题名一笔勾。可笑女流，头发蓬松尘满头。猴窍腥膻口，面皮似铁锈。黑漆钢叉手，裤脚三滴留，云雨无度哪管秋波流。因此上把粉黛佳人一笔勾。塞外荒丘，土羌回番族类稠。形容如猪狗，性心似马牛。语出不离毬，礼貌何谈周，圣人布道此处偏遗漏。因此上把礼义廉耻一笔勾。

这首诗描述了"三边"人［定边、安边（现为定边的一个镇）、靖边］七个方面的生活习俗。显然，这是一位贬官的牢骚之言与对"三边"人民的诽谤、污辱之词。然而，这位老师提醒我，这首《七笔勾》的确是当时定边风情的实录，也可以看出经济、文化之落后和人们惰性思想的渊源。

这位老师告诉我，他这几日一直在思考着，如何使"新教育实验"理念在定边生根发芽，如何将"新教育实验"由点到面开展。他认为"新教育理念"是彻底改变落后的教育文化现状的"金钥匙""阿拉丁神灯"，因为新教育思想是从贫困地区学校实践中检验出来的、有着强大生命力的、不断发展壮大的一种教育发展的必然。"新教育实验"来自实践，是一线教育者及学校成功的教改成果的总结提炼，不是闭门造车的凭空幻想，它必将成为燎原之火。

这位老师的来信让我想起了许多。我们的支教活动如何长期坚持下去？我们如何与这些地区的老师们保持长期的联系？我们如何动员更多的朋友帮助西部地区的老师与学生？新教育实验如何在西部开展？如何让那些有理想、有激情的老师长久地保持这样的状态？

我们有许多的工作要做，我们有很长的道路要走。虽然困难重重，但是我们决不放弃！

2004 年 8 月

圣地寻梦——延安教育行

延安是我们这次西部义务支教行动的第一站。延安这一站是临时加出来的，所以日程安排得特别紧。8 月 3 日，在到达西安的当天晚上 10 点左右，我们一行七人就登上了由西安去延安的列车。这是一列普快车，没有空调，列车员笑着说："列车已经在阳光下烤了一天，现在就要烤你们了。"她还开玩笑说："你们看上去像当官的，为什么不买空调车呢？"我们也还以玩笑："咱们都是穷教师，热一点不在乎！"

虽然气候炎热，车厢里温度比较高，但是大家还是谈兴很浓，讨论着详细的讲课方案，计划着西部支教的具体日程。为了给大家解乏，卢校长又是出谜语，又是讲故事，说得大家都忘记了高温。由于疲劳，我大概是第一个进入梦乡的，而他们几乎"是在说笑、半睡、兴奋中坐了 9 个小时的车到了延安"。

早晨 7 时左右，列车准时到达延安。延安市政府、市政协、教育局和教育学院的领导以及"教育在线"的网友杨延存已经在车站迎接我们了。在延安宾馆稍事洗漱，简单吃了早饭，我们就赶到了延安中学。据说，这是当年党中央在延安办的第一批学校之一。现在的学校已经完全现代化了，整齐漂亮的教学大楼，宽敞舒服的运动操场，一应俱全的教学设施，已经完全看不到历史书里描写的残破土窑的模样。校园里布满了革命先辈们的墨迹，其中最引人注目的是大楼正中央毛泽东亲手题写的"光明在前"四个金光闪闪的大字。虽然再也找不到当年的模样，但是依然能够想象它曾经拥有的辉煌与神圣。

因为只有半天的时间，延安方面只安排了市区的 300 名左右的老师来听讲座。在简单的捐赠图书仪式之后，卢校长首先开始讲他的《今天，我们怎样做教师》。在他讲课的时候，我让其他人抓紧时间去"朝圣"——看一下革命圣地的风采：宝塔山、杨家坪、枣园等，而我与储昌楼老师则与延安教育学院的老师们商量新教育实验学校的有关问题。一个半小时以后，我开始了《新教育实验与教师成长》的专题讲座,从那些专注的眼神可以看得出,延安的老师是非常需要这样的讲座的。接近 4 个小时的时间很快就过去了,但是老师们似乎依然不愿意离开,尽管没有空调的大教室已经非常炎热,尽管已经到了午饭的时间。

在午饭的时候,我与延安教育部门的领导谈了很多。我才知道,我想象中的延安以及延安教育,其实与实际的情况并不一样。在 50 多年前,许多革命青年怀着满腔的崇敬踏上了这片热土。在艰苦的战争年代里,为了造就革命的新鲜血液,党中央在延安先后创办了 3000 余所学校。学员们发扬艰苦奋斗的创业精神,自己动手在黄土地上挖窑洞,建校舍,在艰苦的条件下刻苦学习着政治、军事、文化和科学技术知识。应该说,解放区的教育工作有许多是值得我们今天借鉴的。这些昔日的经验有多少仍然在影响着延安的教育呢?作为革命老区,延安以及延安的教育肯定会受到这样那样的关心与照顾,但是这些关心与照顾对于延安的教育究竟会产生怎样的影响呢?

从教育局提供的有关材料可以看出,延安市教育的总体情况是健康的。延安的教育发展水平与经济发展水平比较相似,在整个西部还是处于中等水平。近几年来,延安市委、市政府确立了"教育奠基、科教兴延"的战略,围绕"普九"攻坚、"四制"(校长聘任制、教师聘用制、结构工资制、岗位目标责任制)改革等方面开展了大量卓有成效的工作,取得了明显的成绩。

从有关资料了解到,延安市辖 13 个县区,163 个乡镇,3434 个村委会;土地面积 3.7 万平方公里,总人口 205.6 万,其中农业人口 146 万;2003 年,全市生产总值 142.76 亿元,财政收入 37.29 亿元,农民人均收入 1707 元。这些基本的数据反映出,延安在整个西部还是处于中等水平的。

延安的教育发展水平与经济发展水平比较相似。全市现有各级各类学校 3543 所,在校学生 520862 名,教职工 30678 名(专任教师 27075 名)。其中幼儿园 149 所,小学 3184 所,初中 154 所,高级中学 14 所,完全中学 22 所,职业中学 16 所,特殊教育学校 4 所,另外有电大一所,教育学院一所,师范、农业学校、财经学校、林业学校、卫生学校、体校等中专学校 9 所。小学、初中、高中教师学历达标率分别为 96.33%、86.15% 和 65.2%。

但从我们考察的情况来看,延安教育也面临许多问题。第一是教师队伍的建设问题。教育局的同志告诉我们,现在优秀的本科师范毕业生几乎不回来工作,基本都留在城市了,主要原因是认为延安的自然条件比较恶劣，生活比较艰苦。因此地方往往是在落榜生中进行委托培养。这样，教师队伍的素质多少受到一些影响。

第二是"普九"的欠账问题。虽然延安已经有 10 个县区普及了九年义务教育，累计投入 4.3 亿元，但大概有四分之一是靠欠债来完成的。许多学校有几百万的债务，学校的运行成本比以前又有大量的增加，农村"一费制"以后又不能随便向农民或者学生收费，校长的经济压力与心理压力非常大，许多人根本无法把心思放在正常的学校教学工作上面。

第三是城市优质教育资源还比较短缺，农村学校规模小而分散的问题依然比较突出。全市仍有相当数量的"一师一校"（一所学校只有一位教师），每个村平均在一所学校以上。城区学校的班级学生超过 60 人的还比较普遍。好学校与一般薄弱学校的比例非常不平衡。

上述问题，其实也是西部地区教育比较普遍的问题。因此，如何制定切实可行的政策，鼓励优秀的本科学生去西部工作；如何解决西部在"普九"过程中存在的债务等问题，是我们国家解决义务教育均衡发展的两个关键问题。

2004 年 8 月

贫苍南，富教育——苍南教育行之一

温州是一个谜。

当苏南模式与温州模式讨论得热闹非凡时，我就想去看个究竟。当温州在努力塑造诚信之市，当"温州制造"品牌声名鹊起，当温州老板参与城市建设与社会事业，当温州大学城破土动工时，我更想来弄个明白。

今天我终于来了。首先来到的不是温州的中心，而是距其近 2 小时车程的苍南县，全国著名的"农民城"龙港新镇就坐落在这里。

在我的印象中，温州一定是富得冒油，温州人一定是腰缠万贯，温州教育一定是资金充裕、非常现代化的。万万没想到，苍南竟然是一个贫困县！温州也有贫困县？怀着对教育均衡问题的浓厚兴趣，我不由得想弄个究竟。

苍南县辖 36 个乡镇，1051 个行政村。2001 年全县总人口为 122.3 万人，其中农业人口 100.2 万人。2001 年全县国民生产总值 88.32 亿元；县财政总收入 5.9 亿元。该县有幼儿园 383 所，在园幼儿 35514 人，入园率 74.3%。有小学 270 所，6—11 周岁适龄儿童 126578 人，在校生 126421 人，小学适龄儿童入学率 99.88%。现有初中 55 所，12—14 周岁儿童总数 64094 人，在校生 58884 人，初中阶段入学率 91.87%。上学年初中辍学人数 706 人，初中辍学率 1.24%。现有普高 18 所，在校生 17041 人，校均规模 947 人。高中段招生 11132 人，其中普通高中和中等职业学校分别招生 5827 人和 5305 人，招生比例为 5.2∶4.8，初中毕业生升入高中阶段的比例为 63%。2001 年全县教育经费总支出 4.03157 亿元，其中农村教育费附加征收 4611.3 万元，占上年农民人均纯收入的 1.24%，城市教育费附加征收 305 万元。近年来，苍南县委、县政府把"两基"作为基础教育工作的"重中之重"来抓。大力推行"普九"目标责任制，努力扫除青壮年文盲，确保财政预算内经费到位，并努力增加教育的投入，加大危房改造力度，同时提高教师自身素质，深化人事制度改革，加强教育督导，推进依法治教，使教育事业有了较大的发展。

苍南之行印象最深的，是它的教育领军人物——陈志超局长。一个小小的苍南，竟然连续五年利用暑期对校长和教师进行全员培训！这种培训不是形式主义的走过场，而是真刀实枪请来了许多学者。今年就请来了中央教科所的俞国良教授、华东师大的叶澜教授、上海师大的燕国材教授和华东师大的一批博士生。全县有 2800 位校领导、学科骨干教师、优秀班主任参加了培训。在经费紧缺的苍南，如此不惜代价地培训教师，令人钦佩。

陈志超对民办教育的理解也是颇有境界的。他认为，在政府拿不出充足的经费来办教育的现实背景下，积极支持民间力量兴办教育，不仅仅是一个拾遗补缺的问题，而且是一个基本政策的问题，尤其是在相对贫困的地区，政府更应创造宽松的环境，为民办学校的发展提供政策支持，甚至主动协调抽调优秀教师支持民办学校，解除他们的后顾之忧。

但苍南县的教育也面临着一个重要的困难：中小学负债严重！截至 2002 年 4 月，全县 36 个乡镇，除宜山等 4 个乡镇中小学无负债外，其余 32 个乡镇中小学均不同程度负债运行，其中义务教育阶段学校负债 1.25 亿元，非义务教育阶段学校负债 6816 万元，负债问题严重困扰了学校工作，有的学校随时会出现倒闭关门、停办的危险，影响了教育事业健康发展。

分析苍南县教育的负债情况，可以发现如下原因：

（1）银行借贷。负债总额中，有 2246 万元是由于为了在 1997 年、

1998年实现"普九"普及教学实验县建校舍造成的，当时处于入学高峰期，学龄人口骤增，建校舍本该由政府承担却无力承担，学校校长考虑当时的实际，忧教育、怜孩子，为"普九"承担了政府应承担的债务，向银行借贷建校舍。

（2）社会借款。省金融部门规定，对义务教育阶段的学校，银行原则上不给贷款，为保运转，一些学校只好向社会借款，利息滚动增加负债。据统计，各中小学向社会借款6932.05万元（不包括高中阶段的3776万元），占总债务的55.38%。仅利息每月要支付102.31万元（不包括高中阶段的44.24万元），比如钱库一中、二中债额均在700万元以上，学校一学年的全部收入都不够支付利息，频频躲债已成为校长的家常便饭。可见，义务教育阶段学校的负担十分沉重。

（3）财政无力。苍南县各项事业要求财政支持的项目较多，造成需求和实际投入矛盾突出。比如2000年全县公共教育经费投入为3.2亿元，但财政实际投入1.1亿元，只能保证教师基本工资，学校正常的经费无法保证，导致学校办学经费严重不足，不得不借贷办学。县生均公用经费呈明显下降态势，2001年小学、初中生均预算内公用经费分别只有6.29元和5.09元。许多学校收不抵支，为维持正常运转，一些学校只好借钱过日子。

（4）乡镇截留。从开征农村教育费附加至2001年，该县农村教育费附加是采取乡镇征收、乡镇管理、乡镇使用的办法。由于监控不力，加上几年来乡镇财政普遍赤字，致使农村教育费附加被一些乡镇政府调用、移用、挪用。仅1999年，全县42个乡镇就有37个乡镇存在不同程度的移用、拖欠教育经费现象，金额达1200多万元。乡镇截留教育经费，使本来经费就困难的学校更是雪上加霜。

（5）意识滞后。个别学校领导和乡镇干部缺乏艰苦创业、勤俭办学、分期还债的责任意识，办学治校不走创新之路，始终拥有"吃大锅饭，靠政府救济"的落后意识，甚至还有及时享乐、谋取私利的腐败意识，导致学校赤字逐年上升，濒临山穷水尽，到了关闭停学的边缘。

（6）政策调整。稳定可靠的教育经费来源断流枯竭，基教规模扩大，债务越陷越深。有的学校往往为维持上年收入水平，靠多发奖金补贴来调动积极性，过去发了，现在不得不发，前任发了，这任不发过不去。

据我调查，在温州这样比较发达的地区，类似苍南县的中小学负债情况还不是个别现象！据说有的学校已经停水停电，有的学校连购买基本的办公用品也无力支付。在全国，"九五"期间负债发展的学校更是不计其数。如广西北海合浦县的公馆镇，47 所学校有 44 所欠债，总额达 4600 万元！该镇可用财政仅为 1060 万元，光给教师发工资就需要 860 万元，根本无力还债。

温州市的领导也有一本难念的经。他们告诉我，浙江是省管县的财政体制，县的税收都交到省了，应由省实行财政转移支付，但经济快速发展的浙江省如何解决这一问题呢？

教育的非均衡发展，不仅是南北的差异、东西部的差距，在同一区域内的不平衡也是触目惊心的。我们期望首先解决区域内的教育非均衡发展问题，像山西省长治市大力解决教师工资与中小学危房一样，尽快帮助中小学还清"九五"期间拖欠的债务，使中小学能轻装上阵，使校长和老师们安心从教。

我们也希望各级领导能深入一些，再深入一些，及时发现教育发展中的新问题与新矛盾，确保本地区教育的健康发展，为教育的公平和社会的公正，从而也为中国的教育发展，为中华民族的伟大复兴，作出无愧时代、无愧后人的抉择与贡献。

2002 年 7 月

"如果不燃烧，请悄悄离开"——苍南教育行之二

早晨 6 点起床，准备苍南会议的主报告。最近一段时间一直在恶补关于课程与课堂教学的知识。从鲍里奇的《有效教学方法》到玛丽·艾丽斯·冈特等的《教学模式》，从泰勒的《课程与教学的基本原理》到丹尼尔森的《教学框架》，从莫里森的《设计有效教学》到加德纳的《未受学科训练的心智》等，虽然长期在大学教书，也听过许多中小学的课，但是毕竟没有在中小学上课的经历，讲课堂教学，总是没有把握。

上午 8 点出发，去考察张家界永定区崇实小学，为校长刘晓华而感动。然后去张家界民族中学。我说过，要为他们写点文字，以表达我的敬意。

中午与中共湖南省委统战部常务副部长彭军良、民进湖南省委主委谢勇等共进工作午餐。

下午从张家界乘车去长沙。下午 5 点 45 分，从长沙机场乘国航

CA4577 去温州。卢志文、童蓓蓓等同机。飞机准时到达，长河兄来接站。一路与童蓓蓓谈新教育杂志的事。我一直认为，杂志的质量高低有一万个理由，但是不按时出刊是没有一个理由的。我也觉得杂志应该充分关注新教育的行动，关注那些普通的灵魂。

晚上 8 点到达苍南，教育局梁局长、曾迎玲副局长、陈先葵书记等一行在一小饭店等候，一起晚餐。吃了什么，我已经记不得了。但是，梁局长的一句话，却永远留在了我的心里："如果不燃烧，请悄悄离开。"

这是我第三次来苍南，也是我第三次见梁峰局长。2002 年，第一次来到这个浙江与福建交界的小县城，写下了《苍南教育行》，把苍南教育的欠债情况"捅"了出去，当然也为解决苍南教育债务起了一点小小的作用。当时的陈志超局长后来走了。我也以为，大概这一生不会再来苍南了。

没有想到，2006 年 12 月，我与魏智渊老师再一次踏上了这片土地，而且是为 30 多所新教育实验学校授牌来的。苍南人告诉我，正是 2002 年那一次"播种"，让许多苍南教师的激情被点燃，因此与新教育结下了缘分。这让我更坚信，要相信种子，相信岁月。

那一次，我认识了苍南教育新的领军人物——梁峰局长。本来，我以为，这样一个 25 岁就当上镇党委书记的"年轻老干部"，肯定是一个官场的"老油子"了。没有想到，他竟然是一个温文尔雅的书生局长。他告诉我，如许多人一样，他也是在激动中读完《我的教育理想》《新教育之梦》的。"我至今记得 2004 年初读此书时的心潮澎湃，那种感觉一直温热我在以后工作中短暂的悲观，鞭策我用智慧和执着长伴激情。"

那一次，我做了一个关于中国教育改革与发展的宏观教育问题的报告，与梁峰局长进行了一场对话。他说："我始终虔诚地相信，理想的教育需要三样东西：爱、激情、人文。我以为这三样东西是每个教育者每天必须携带的三件宝。"他还说："爱与责任同行，激情与创造同行，人文与智慧同行。而这里的激情不是表面的激昂慷慨，而是蕴含内心的无穷尽的思想的源泉，在背后支撑着的是创造，创造学生也创造自己。"这些话，让我对他刮目相看。

那一次，我走访了苍南的一些学校。我经常会通过学校去认识校长，通过校长去认识局长。我判断，新教育注定与苍南有缘！我注定与梁峰有缘！我为梁局长写下了"相逢何必曾相识，同是教育追梦人"。这句话，已经挂在了他办公室的墙上，印在了今年苍南新教育会议的巨幅欢迎牌上。临别的晚上，我喝了许多。酒量很大的魏智渊老师都醉了。梁峰局长也差不多了。我们是为激情而陶醉的，为缘分而心醉的。

由于这一次"遭遇"，我们彼此相信。2007年，我们在山西运城的第7届新教育大会上决定了下一届大会的承办地，第8届新教育大会的会旗，自然而然地交到了代表梁局长参加会议的陈长河主任手中。为了办好会议，梁局长很快就带着大队人马进行他们的"新教育之旅"。途经苏州，我们在新教育研究院的会议室里又一次面对面地交流。看到精美的新教育之旅的手册，我知道，苍南人是用心在做事。梁局长这次还带来了他的"领导"——夫人兼县电大的校长，他说："争取领导的支持非常重要！"我知道，他刚刚生了一场不小的病，夫人是一路照顾他来的。这一次，我们没有喝酒，但是，我同样为梁局长的激情而"醉"。

前些天与梁局长相约今晚"一醉方休"。但是，谁也不敢喝得太多。因为，他要准备会议，我要准备讲演。所以，教育话题仍然是我们的大餐。

我们谈到新教育实验，梁局长感叹地说："新教育实验是用梦想作为底色的。我对其感佩在于，只要你曾有梦想，它就会点燃它，烧旺它。""教育是项崇高的事业，其崇高建立在对每一个稚嫩生命的呵护和关爱，对每一份生命尊严和质量的扶植，对每一颗纯真心灵的理解和尊重。当教育被世俗和功利污染时，许多学校课桌有了，精神却没了；楼房高了，思想却矮了。纯粹、人文、博爱——这些教育的本真被滚滚红尘淹没了。而这些属于梦想的价值，新教育坚持了，呼唤了，并且行动了。因此，新教育的理想让人崇高，让人有一种宗教般的情怀。"梁局长告诉我，苍南是块教育的热土，这里有许多为教育的梦想不断奔跑的教师和校长。他很庆幸自己能和他们同路，他们为了开拓一程理想教育的坦途，忘却身边的浮华和喧嚣。在这块"温州模式"的发源地上，他们对梦想的每一次遗忘都可以换来一些商机，但是他们选择铭记，他们怀着一份厚重的责任，一种浪漫的情怀，躬耕于教育的原野，用智慧和执着书写精神，树立崇高。这群人以新教育为帆，以"六大行动"为舟，在如火如荼的实践中，成就了苍南教育的风景，成就了自己的高度和职业幸福。最后他诗意一般地说："天空之所以湛蓝，是因为高远；日出之所以瑰丽，是因为地平线；苍南教育之所以精神起来，是因为新教育实验。"

在席间，梁局长告诉我，他喜欢读书。"一庭花草半床书"，是书生梦想的极致。因此，他不仅家里有书房，在办公室也辟出了一个小间，作为书房。他说自己崇尚这样的生活："月夜更深，一杯清茶，容膝之斋，百部经典，足以让我陶然忘忧。"他说，他选择新教育实验，首先是认同"营造书香校园"的追求。"读书，会让每位教师拥有独特的风骨；书香，会让每所学校拥有独特的神韵，成就一所学校持久的竞争力。"他认为，物欲横流让一些人越来越浮躁，他们首先需要安顿生存，然后才能安顿心灵。不读书的教师会沦为简单的劳动力。真正的教学大师一定是个嗜好读书的人。

在谈到教师队伍的现状时，梁局长说出了题目中的这句"名言"："如果不燃烧，请悄悄离开。"他告诉我，他经常对有些教师说，如果你志不在此，就应赶紧另谋生路，否则时光不能倒流，创业贵在年轻。如果你想致富就当去经商，如果你想权力就应去从政。"教而优则仕"的路是很窄的，"以教为商"的做法是道德和法律都不容许的。如果你别无选择，那你就要干一行爱一行，保持洁净的教师品质和人格。"身体只是人的生命工具，精神才是人的生命本质、主宰和价值体现。作为一名教师，承载着传承文明，编织数十个、数百个年轻个体及其家庭未来幸福的伟大使命，你不能自甘平庸。杰出的人创造生活，聪明的人理解生活，愚蠢的人习惯生活。教师是一个知识分子群体，应当拥有高远的价值追求和浓郁的人文情怀，我们应当像画家一样以征服线条颜色为乐，像音乐家一样以征服声音乐器为乐，像探险家一样以征服艰难险阻为乐，怀着理想从事教育，带着激情走进课堂，在自己的专业道路上披荆斩棘，走出一条康庄大道。这样，工作就会充满幸福的体验。"

梁局长告诉我，他在一篇序言中曾经这样写道：人在天地间，是多么渺小的生物。如果我们仅仅为了"活着、活下去"而忙碌，生命就十分可悲。有位作家说，我们都是可怜的魔鬼，因为我们都是有限的。但人之所以为人，是因为有思想和骄傲。洞彻这一点，我们就不会因为些许的荣辱得失而惆怅满怀。所以，我们应该及时调整好心态，在毕生从事的工作中挖掘幸福的元素，增添自己生命的亮色。

晚餐以后去看望研究中心的干国祥等，看望来自北川的徐正富书记等。回到饭店，已经是晚上11点多。躺在床上，久久不能入眠，一直在回味着梁局长的这句话："如果不燃烧，请悄悄离开。"我想，它也是对新教育人说的。

2008 年 7 月

不可轻易复制的模式——翔宇教育行

写"翔宇"是冒险的，甚至是"危险的"，正如我写"苍南"一样。

但是，由翔宇及翔宇模式引发的报道、讨论、争论，的确是当前教育理论工作者不能回避的问题，甚至是关系当前中国教育发展的战略思路的问题。

宝应县中学、宝应实验初中和宝应实验小学原为宝应县最好的三所公办学校，2001 年 2 月一并转制，和淮安外国语学校共同组建翔宇教育集团。董事长王玉芬，总校长卢志文。

名牌公办学校转制民营，开创了教育体制变革的新模式。

当我决定走进翔宇时，也听到了一些完全不同的声音："公办学校变成贵族学校，坑了普通老百姓！""宝应县的教育都卖给私人了！""优质教育资源（公办名牌学校）在流失！"……

一、宝应土壤

宝应县地处苏中北部，近年来全县财政总收入 2.2 亿元左右，可用财力1.4 亿元左右。税费改革前，全县投入农村教育经费 1.09 亿元，其中农村教育费附加及教育集资 6500 万元，加上一部分学杂费，农民承担的义务教育经费比例达 71% 左右。税费改革后，县财政用于农村义务教育的投入仅3100 多万元，近 7000 多万元的缺口没有着落，而上级财政转移支付的经费是 2890 万元，即使全部转移到教育口，也不及原来农民负担的义务教育经费的一半。宝应县 2001 年要完成中小学布局结构调整任务，需要 3910 万元，省教育厅所能给予的是以奖代补的 388 万元，还有 3000 多万元的缺口，另外还有 1077.8 万元的危房改造经费也无处可寻。20 世纪 90 年代中期以来，教师工资待遇不断上调，仅教师工资的财政需求就达 1.1 亿，占到县财政的 50% 以上。

由于教育经费的紧张，群众对于优质教育的需求与政府供给相对不足的矛盾日益突出。尤其突出的问题是城区学校的办学规模、办学条件受种种因素的制约一直没有得到应有的扩大和改善，随着城市化进程的加快和适龄入学人口的增长，城区入学难的矛盾十分尖锐，城区中小学布局的形势十分紧迫。特别是一些重点学校，远没有发挥出应有的规模效应。

　　如省重点宝应县中学，学校占地只有 60 余亩，24 个班级。规模太小，急需扩容，而学校又位于老城区中心地带，扩建改建困难，异地新建需要投资 1 亿多元，单靠政府财力难以解决。

　　宝应县实验小学是一所社会信誉度较高的省级实验学校，位居老城区的小巷深处，占地仅 40 余亩，周边是密集的居民区，校园没有发展空间；校内有大成殿等文物建筑，校内建设与城市规划的矛盾难以协调，异地新建当为首选策略，但建校资金压力大，依靠政府或学校自身力量根本无法在近年内实现。为了"扶持"这所百年老校，教育局逐年缩小施教区范围，至转制前，实验小学的施教区学生数每年只有 20 多个了。

　　宝应县实验初级中学是初高中分离时的"民办公助"学校，是 2000 年为建新宝应中学筹措资金，由教育局创办的"假民办"学校；没有独立校舍，借用县教师进修学校校园办学，首届招生 300 多人，无施教区；但由于选聘全县优秀的初中教师任教，办学初始就获得较好的社会声誉。学校为三年制初中，每生收培养费 1.68 万元。但因招生时承诺家长一年后迁入新校上课，学校同样面临建校资金的压力。

　　正在宝应县政府为这些难题伤透脑筋时，2000 年 12 月 14 日，已经在淮安外国语学校（民办）成功运作了三年的董事长王玉芬和校长卢志文来到了这里，拉开了集团与宝应合作的序幕。双方协议的主要精神如下：

　　宝应县政府同意将公办宝应县中学、宝应县实验初级中学、宝应县实验小学交给翔宇教育集团按民办机制管理。在转轨完成后，宝应县政府停止对这三所学校的财政拨款。翔宇保障所聘用的教职员工享受除工资、奖金以外的公办学校教职员工所享有的一切待遇，当其他公办学校在社会保障和医疗保险等方面实行新的政策时，翔宇教育集团也执行同样的政策。翔宇教育集团在学校规定编制数以内招聘的教职员工，其人事关系保留在宝应县教委，公办学校对教职员工实行新的人事政策管理时，翔宇教育集团也随之按新政策执行。离退休教职工及未被聘用人员由宝应县教委负责安置。

　　翔宇教育集团享有办学自主权，业务上必须接受宝应县教委的管理与指导，执行国家课程计划，承担原有三所学校实验任务，发挥示范、辐射功能作用。

　　翔宇教育集团承担实验小学所欠债务 160 万元、宝中所欠债务 500 万元。

可以看出，这是一份双方责权利十分明确的"合同"，也解决了教师的后顾之忧。"现代化、书院气、花园式"的新宝中于 2001 年 9 月 1 日建成开学，学校占地 200 亩，建筑面积 5.4 万平方米。新实小占地 50 多亩，建筑面积 2.6 万平方米，2002 年 9 月 1 日在新校区开学。三所学校易地新建工程总投资 1.6 亿元，实验初中暂时租借原宝应中学老校园办学，3 年后重建。三所学校总容纳 1.2 万名学生。协议也解决了教师的后顾之忧，并为引进优秀教师提供了政策空间。2011 年教师招聘非常火爆，当年就吸引了 9 名外地名师加盟学校，并出现苏南老师往苏北"倒流"的现象。

二、翔宇理念

2002 年 6 月 23 日，我来到了这个对我来说已不太陌生的学校，与董事长王玉芬、总校长卢志文和总校长助理袁卫星等进行了"当面考察"。这次，我听到了许多令人感动的故事。

故事一："翔宇人不随地吐痰"

"随地一口痰，吐掉的是素质，吐掉的是修养，吐掉的是文明。"翔宇明确提出："所有翔宇人在任何地方永远不随地吐痰！"卢校长在诠释这一目标时说："随地吐痰，说起来大家都认为是小事一桩，可为什么就这么点小事大家都做不好？一再强调，反复叮咛，广泛发动，深入宣传，却总是收效甚微！可见这不是一件小事，而是一件大事，是值得我们一做的大事！"

为此，在翔宇若发现随地吐痰者，会有人礼貌地询问姓名，恭敬地递上提示条，并送面纸一张和卢校长《我的教育理想：翔宇人不随地吐痰》的短文。校史陈列室备"翔宇随地吐痰者警示录"纪念册，橱窗辟"翔宇随地吐痰者公示栏"，永久陈列这些同志的"芳名"，以作警示。

卢校长表示，他还要把"翔宇人不随地吐痰"作为校训写进文章里，发到报刊上，编入书籍中，"广而告之"，让人们都知道翔宇的这个"特色"，把翔宇人置于大家的监督之下。

故事二："翔宇流淌着一份浓浓的爱"

2002 年 2 月 12 日，大年初一，翔宇教育集团全体在城的中层以上干部在卢志文总校长带领下，一起去看望因病手术后刚从上海回家的吴永宏老师。吴永宏老师是翔宇教育集团宝应县中学一名普通的物理教师。学期临结束前，吴老师骤感胃部不适，经医院诊断需立即手术。董事长王玉芬女士和总校长卢志文先生听说此事后，立即召开会议做出决定：不惜一切代价，迅速送吴老师去上海治疗，请最好的专家给他手术，并安排物理组的丁长华老师全程陪同，协助吴老师的亲属处理相关事宜。在各方的关心和帮助下，吴老师的手术非常成功，身体渐渐康复。治疗期间，董事长、总校长不间断地打电话到上海了解情况，劝吴老师安心养病，保重身体。腊月二十八，董事长亲自到医院看望吴老师，并派车送他回家过年。

吴老师生病的消息传出后，对他的医疗费的处理问题曾引起人们的多种猜测，然而，集团董事会做出的决定迅即打消了所有人的疑虑。在学期结束会上，卢总校长代表董事长向全校教职工宣布吴老师为集团的"终身员工"，解除了他的一切后顾之忧。

故事三："翔宇为 3 元人民币开除了一名员工"

爱归爱，要求不能放松，管理不能懈怠。翔宇招聘的一位电工（在集团所属外国语学校工作），有一次买 10 只灯泡，每只灯泡市场价 1.20 元，实际批发价 0.60 元。这位电工在开发票时要求商店开每只 0.90 元。根据翔宇的内部管理条例，校方有权对所有发票追诉，核实来源，调查市场价格，如果发现同样质量的产品有更便宜的，要追究采购人员的事业心与责任感；如果发现弄虚作假，则严惩不贷。就这样，翔宇为了 3 元钱开除了这位员工。事后有人表示遗憾，有人批评校方小题大做，有人指责校长缺乏人情味，甚至有人说："你翔宇不是讲人文关怀吗？"卢志文校长坦然地说，虽然只是 3 元钱的小事，但回扣却高达 50%，更重要的是翔宇的眼里容不得半点沙子，为了学校的声誉，为了诚信的理念，只能毫不留情地开除他。

其实，翔宇不仅对普通员工要求严格，对教师也不例外，不允许教师接受家长的宴请，不允许收受家长一分钱的礼物，不允许利用家长办事，这"三不"是翔宇人的铁的纪律，也是翔宇人的生死线。在翔宇，教师做家教，也是明令禁止的事。这些在许多公办学校是根本做不到的。

三、多赢格局

翔宇董事长王玉芬原是上海建材行业一个很成功的商人。几次捐款希望工程的经历使她将贫困地区孩子的入学问题纳入了视线，然而，靠捐款救济几个孩子，毕竟不是长远之计，由此，她萌生了办学的愿望。如今，通过和宝应的合作，宝应县的优质资源扩大了，优秀教师留下来了，办学的规模效益出来了，收费没有高反而降了。王玉芬说："自己比捐资希望工程更有成就感。"说到学校下一步的发展方向，王玉芬说："还是要向西部拓展，因为那里的孩子比东部更需要我们。"

根据董事长王玉芬和总校长卢志文的分析，这场改革创造了"多赢"格局，政府、教师、百姓和投资者都是赢家，各有所得。

（1）政府得益。新建三所现代化窗口学校（1.6个亿），不需政府投一分钱。三所学校把每年省下的500余万元人头费继续用于教育。收入两所老校租赁费每年200万元。迅速改变基础教育格局，扩大优质教育资源，大幅提升办学品位，满足群众需求。

（2）教师得益。翔宇教育集团优厚的福利待遇、宽舒的人文环境、健全的保障机制和稳定的生源质量，对优秀教师有很强的吸引力。过去这里每年都有教师外流，2001年后不仅没有教师外流，已经外流的一部分教师又回到家乡的翔宇集团任教。

（3）百姓得益。优质教育资源扩大，家长选择学校的机会增多。翔宇教育集团"视质量如生命，视家长为上帝，视学生若亲子"的承诺，"不接受家长宴请，不收受家长礼物，不利用家长办事"的"三不"高压线，彻底转变了传统的家长观、教师观和质量观，学校的服务意识增强，质量意识提高，家长的教育成本降低。

转制后，政府加大了对城区教育布局调整的力度，一批公办学校被盘活了。许多学校的办学条件大幅度改善，如现实验小学迁入新校后，原实验小学的校园给画川初中办学，原画川初中的校园并给另一所学校，三所学校的条件都得到了改善，满足了义务教育不同阶段家长对子女上学的不同需求。

更重要的是，翔宇2001年的收费标准，既大大低于协议书规定的上限，又低于过去三所学校原来的收费标准，如实验初中原收费标准为一次性培养费1.2万元，每学期培养费800元，现调整为一次性培养费9800元，少了2200元，减轻了老百姓的负担。

（4）投资者得益。新建几所现代化的学校，只要有资金投入就可以做到，但建设名牌学校就不是资金能办到的了。名牌公办学校通过这种方式转制，降低了投资者的投资风险，教育的公益性可以更好地得到体现。

四、现象背后的思索

尽管"翔宇现象"或"宝应模式"已经开始为更多的人所接受、理解，甚至赞赏，我还是要说：翔宇只是一个在特定时空背景下产生的现象。我们看到了它用坚实的步伐走过了并不平坦的创业之路。在翔宇现象的背后，我们应该有更多的思考与探索，也有更多的期待与建议。

第一，翔宇是不能轻易被克隆的。政府不能轻易将优质教育资源（名牌公办学校）转制，这是政府提供公共教育服务的基本原则。在"翔宇模式"的影响下，公办名牌学校的转制在一些地方"呼之欲出"，尽管利刃悬于头顶，还是有不少地方政府横下心来要做"宝应第二"，可谓"挡不住的诱惑"。加强各级财政对教育的投入和转移支付，这是保证义务教育，尤其是农村义务教育的基本条件。在一些财政包袱严重、上级财政一时又难以支持的地区，适当鼓励与发展多元化义务教育，是值得研究的课题。从总体上而言，我们应该优先将薄弱学校转制，在条件上可以更加宽松。如果名牌公办学校转制，必须有一个前置性条件：已入学的原校学生和学区内今后入学的学生（义务教育阶段）一般不得增加经济负担，像宝应这样原学校基本无视学区的情况毕竟不太多见。

对此，翔宇也有自己的看法，卢志文校长如是说：在县一级，我国基础教育最核心的问题是"均衡化"发展的问题。教育内部的"马太效应"本已非常突出，加上行政人为因素的进一步强化，校际的差距有如天壤。名牌学校本身已经具备了面向市场独立生存的能力，但他们不用这些资源到市场上去竞争，反而用这些资源和资本去和薄弱学校争那点本来就很有限的资金和特殊政策，弄得薄弱学校更加薄弱。优势学校如同一些国企，越是政策倾斜、资金扶持越是不愿走向市场。学校自身也埋怨行政干预过多，没有活力。让这些优势学校进入市场，省下人头费、事业费，改造薄弱公办学校，调整学校布局，优势学校自身也有了活力，可以获得进一步发展，薄弱学校得以改造，切实提高了义务教育水平。没有钱的老百姓，子女就读问题也能解决得较好，先富裕起来的人也可以享受更好的优质教育，只是要多付点钱。这笔钱给了教育，实际上最终是让没有钱的老百姓得益，"劫"富济贫，和谐发展，各得其所。至于"防止国有资产流失"一说，千万不能变成阻碍改革的借口。一家国企，兴旺时转制有人出 2000 万购买，被拒绝，说"国有资产流失"；一年后经营不善破产，零资产转让没人要。国有资产被"败"掉，就不算流失，这是什么理？所以，卢校长认为："经济欠发达地区的县级教育，'抓小放大'是一个不错的发展战略。"

但是，我还是担心各级政府借这种理由卸"包袱"，"放大"而不去"抓小"，薄弱学校建设依然故我，岂不苦了百姓？所以，公办名牌学校转制还是要慎之又慎！

第二，在原有公办名牌学校转制后，政府要继续加大教育的投入，培养能与民办教育竞争抗衡的学校，竞争才能发展。翔宇的三所学校目前在宝应可以说是一枝独秀，如何让优质教育资源百花争艳，这是摆在宝应县委县政府面前的重要课题。因此，应该将盘活的资产和租赁经费用于扶持城区内的其他学校，用优质的公办学校调剂与平衡教育市场。适度的外部压力是学校健康发展的必要条件，对两方面都是必要的张力。

第三，应该引入民办学校的先进管理理念，重视公办学校的校园文化建设。翔宇集团在办学过程中形成的管理理念、措施，应该成为宝应教育的共同财富，当地教育行政主管部门要认真总结和推广翔宇的办学理念与管理模式。其实，企业有成熟的现代企业制度，学校何尝不需要提升自己的现代学校管理制度？许多人只看到了翔宇现代化的校园，而忽视了它独特的校园文化、高效的管理机制。这才是翔宇真正的价值之所在。这也是民办教育机构真正的竞争力所在。卢志文校长说，许多公办学校的管理水平并不比效率低下的国有企业好多少，公办学校的浪费惊人，校长的挥霍惊人，同样建一个校门，翔宇只用了另一所公办学校的1/3。这是值得我们深思的。

第四，应尽快把"翔宇模式"应用于中国高等教育的改造。目前我国高等教育虽然引入了多元化办学机制，民办大学和公立大学的民办二级学院快速发展，但是，政府还是包办了绝大部分大学，仅江苏省属于国家部委和省市的高校就达60余所，每年高等教育的投入就达数十亿元。如果将这些大学的50%进行转制或股份制改造，就可以将节省的大量的教育经费用于全省的中小学教育，尤其是苏北地区的中小学教育。在目前各级财政都比较紧张的情况下，大学的股份制改造或二级学院的转制改造（苏州大学职业技术学院已进行了这方面的尝试），无疑是政府教育经费的一个重要"财源"，同时，也为民间资本进入教育创造了条件，比白手起家办一所大学也节省了大量的时间、精力。纵观世界各国，尤其是发达国家，民办高等教育的比例一般都远远高于公办，有些国家达到90%以上。所以，翔宇在宝应的探索倒是给了我们一个思考的空间、探索的空间。

第五，要加快对教师流动的规范。民办学校的机制、教师待遇等为教师流动起了推波助澜的作用（当然，国内发达地区如上海、北京、深圳、苏南等，也无不在全国广招人才，吸引优秀师资），这对于薄弱学校尤其是农村薄弱学校的冲击是巨大的。这引发了一个重要的理论问题：教师资源应该由教师个人控制，还是属于各级政府支配？在许多国家和地区，教师的所有工资、奖金等福利待遇都是由政府统一规定的，待遇不应该成为教师流动的主要原因。因此，如何规范教师的流动，如何建立全国基本统一的教师薪酬（公办学校）制度，建立教师流动的人才培养补偿制度等，也是我们必须面对的现实。

第六，要进一步规范基础教育阶段民办学校的办学行为，尽早出台民办学校促进法。基础教育阶段的民办学校，鱼龙混杂，缺少规范，有为少数人服务的贵族学校，有公办学校变相收费的"假"民办，有条件简陋、师资凑合的"混"民办，等等。包括王玉芬董事长和卢志文校长在内的许多民办学校领导的共同呼声是：公办学校变相收费的"假民办"是制约民办学校发展的最大障碍。他们认为，这种"假公济私"的所谓民办学校虽然可以为公办学校增加资金来源，但就整个教育事业的长远发展来说，弊多利少。一是产权关系不明，留下矛盾隐患；二是公私界限不分，留下管理漏洞；三是体制运营混乱，产生教育腐败。无序竞争、不平等竞争，会挤掉那些真正意义上的民办学校的生存空间，挫伤投资者的积极性。所以，要让"假民办"尽快变为"真民办"，尤其是要尽快停止"名校办民校"政策。《社会力量办学条例》中"不以营利为目的"的规定在投资者实际办学过程中存在操作难度，一方面，影响了部分有志于发展中国民办教育的投资者的积极性，另一方面，又给一些投机者制造了获取暴利的空间，一些人在获取暴利的同时，又冠冕堂皇地逃避了征税。所以，民办学校促进法的尽快出台已是当务之急。

所以，还是让我们多想想：到底翔宇给我们带来了什么？既然翔宇走上了这一条充满争议但具备探索意义的道路，我们还是为它祝福！

翔宇：一路走好！

2002 年 6 月

岳阳楼上思忧乐——岳阳教育行

早晨 6 点 50 分起床，准备今天的讲稿，内容是过去讲过的，但是换了一个地方，应该有一些新的内容。于是，上网查岳阳的资料，发现它与苏州竟然有比较密切的关系。两个城市都是有着 2500 年历史的文化古城。两个城市都与两个伟大的人物有着重要的联系：范仲淹和滕子京。范仲淹的《岳阳楼记》这一先忧后乐的名篇，让岳阳楼永远在中国文化史上具有重要的地位；而范仲淹的好朋友滕子京，最后则客死在苏州知府的任上。两个城市都有着叫作"平江"与"昆山"的地方。所以，对岳阳，我有着特别的情怀。

早晨 7 点 30 分与朱部长一起用早餐。8 点去岳阳楼区政府会议室。会议室关于岳阳楼论坛以及"阅读与中国教育改造"的巨幅背景非常醒目，旁边的红色对联"守望精神家园，升华精彩人生"寓意深刻。新闻中心的宋主任说，《岳阳晚报》的著名记者要采访我，于是接受专访。

上午 8 点半，主持人邀请宣传部部长朱平波先生致辞。然后是我出场。会场有 500 多人，加了许多位子。朱部长告诉我，听众是机关干部与学校校长以及部分老师。我从 80 年前陶行知先生出版的《中国教育改造》开始说起，讲到新教育人希望用阅读撬动中国教育改造的梦想；从运城会议上三个感人的故事，讲到阅读的价值与方法。40 分钟的提问大家非常踊跃，岳阳的新教育人浮出水面。岳阳民族学院附小是我们的新教育实验学校，语文教研组长提出了经典诵读与童书阅读的关系的问题，几位"教育在线"的老网友提出了"朱永新成功保险公司"的问题。经验告诉我，这里有一批追梦人，这里有新教育生根开花的土壤。

中午看到营总发的短信：母亲病重，拟回台湾。想到她为公司为新教育为家人奔波忙碌的辛劳，很是感佩。午餐以后，岳阳的隋国庆副市长、岳阳楼区的宣传部朱部长等陪同我游岳阳楼景区。隋市长告诉我，岳阳楼与江西南昌的滕王阁、湖北武汉的黄鹤楼并称为江南三大名楼，它是以三国鲁肃阅军楼为基础，一代代沿袭发展而来。自唐朝始，岳阳楼便逐步成为历代游客和风流韵士游览观光、吟诗作赋的胜地，尤其是范仲淹先生写下《岳阳楼记》以后，它更名闻天下。由于岳阳楼景区正在扩大修建，我们沿着江边的游览路线拾级而上。五个岳阳楼的铜模型，已经有三个安放在公园内。双公祠里有范仲淹与滕子京的雕像，展厅内陈列着岳阳楼和两人的相关史料。

走近岳阳楼的时候突然发现，其实它并没有我想象的那么高大。岳阳楼为四柱三层的建筑，飞檐、盔顶、纯木结构，楼中四柱高耸，楼顶檐牙高啄，金碧辉煌，远观如一凌空欲飞的鲲鹏。据说，整个楼没有地基，中部以四根直径50厘米的楠木大柱直贯楼顶，承载楼体的大部分重量。再用12根圆木柱子支撑2楼，外以12根梓木檐柱，顶起飞檐。彼此牵制，结为整体，全楼梁、柱、檩、椽全靠榫头衔接，相互咬合，没有使用一根钉子。

一楼有一副罕见的长达102字的对联，上联是：

一楼何奇？杜少陵五言绝唱，范希文两字关情，滕子京百废俱兴，吕纯阳三过必醉。诗耶？儒耶？吏耶？仙耶？前不见古人，使我怆然涕下！

下联为：

诸君试看：洞庭湖南极潇湘，扬子江北通巫峡，巴陵山西来爽气，岳州城东道崖疆。潴者，流者，峙者，镇者，此中有真意，问谁领会得来。

中间是12块檀木板组成的木雕屏，篆刻着清代书法家张照书写的《岳阳楼记》。二楼仍然是清代书法家张照书写的《岳阳楼记》雕屏。我不解，为什么两层楼用同样的雕屏？讲解员告诉我们，一楼是仿制品，二楼是原件。两者几乎无法辨认真伪。经过指点，才发现一楼有一"居"字与二楼不同，二楼有几处补丁。据说当时有一位地方官想把这块雕屏占为己有，请雕刻家仿制了一块。在离任的时候，他偷偷调换。没想到在长江里翻了船，他们一家紧紧抱着雕屏，因为紫檀木的比重重于水，最后葬身江中。后来渔民偶然打捞出来，才有了今天的两块雕屏。一楼的雕屏中的"居"字，可能是雕刻家故意泄露天机的，质问仿制者"居心不良"。三楼陈列着毛泽东手书杜甫的《登岳阳楼》诗和李白的八字对联："水天一色；风月无边。"

中午的气温非常高。看着雕屏，吟诵着范公的名句"先天下之忧而忧，后天下之乐而乐"，想着我们新教育的事业，心里顿生许多感慨。

下午2点50分，在新闻中心宋北丽主任和吴群老师的陪同下去长沙黄花机场。一路顺利，不到 5 点就到达机场。等候中开始阅读《世界在你心中》一书。下午 5 点 50 分，南方航空的 3989 航班准时起飞。晚上 7 点 20 分到达上海虹桥机场。王玉芬董事长接机并且共进晚餐。难得与志文兄的"老板"深入交谈，让我对她的艰苦创业史以及对于教育的情怀有了进一步的认识。10 点回苏州，途中给志文发打油诗短信："王董请吃饭，长谈甚投机。侠女风骨傲，教育情切切。"

2007 年 8 月

为了灾区的孩子——北川教育行

经常想起在北川的日子，虽然短暂，但是刻骨铭心。这是根据 2008 年 6 月 17 日至 19 日的三篇日记整理出来的文字，与大家分享。

6 月 17 日上午 9 点，在中央社会主义学院参加民主党派学习党的十七大精神培训班。听杜青林部长报告。

最近，汶川地震牵动了全国人民的心。大家都很关注。民进中央副主席冯骥才先生是一个行动者，不久前，在他的主持下，民进中央和中国民间文艺家协会等单位刚刚联合召开了紧急保护羌族文化遗产座谈会。那次会后，他带领一批民俗民间文化保护工作者抓紧制定规划和工作计划，很快拿出了详细的方案。前天晚上，他打电话给我，说要到北川去看一看，一是和专家们去实地了解情况，以利于进一步开展工作，二是成立紧急保护羌族文化遗产四川工作基地。

其实，我的心也早已飞到遥远的北川，冯主席的提议也正是我心中所想。去和严主席请假，她欣然应允，并嘱咐我一定要协助冯主席把这件事做好。中央统战部副部长、中央社会主义学院党委书记楼志豪同志也特别支持，特别批准我请假。下午的会还没开完，就出发去机场。晚上 8 点乘坐国航飞机到成都。

第二天早晨 7 点半，与李镇西、陈浩和四川民进的副主委刘激涛等一起出发去位于绵阳市的八一帐篷学校。民进绵阳市委会的主委来接，陪同我们考察。到学校后，看到一排排整齐的帐篷，有的作为教室，有的作为宿舍，虽然简陋，但一切都井然有序。校长介绍，他们全力以赴，仅用 20 多天就把帐篷学校建起来了。学校现有 132 名老师，600 多名学生。很多老师失去了亲人，但他们很坚强，老师们认真、投入，学生和老师的精神状态都很好。

受民进中央委派，新教育研究院的干国祥、马玲、魏智渊等老师于5月23日赶到北川，已经在这里工作了一个多月，对受灾学生进行心理辅导，通过儿童课程、绘本课程为孩子们疗伤，帮助学校恢复教学，起到了很好的效果。

新教育和北川有着特别的情缘。北川县教育局局长尚勇本来定于5月12日要到宝应参加"新教育开放周"活动，因为工作安排的关系，他和北川中学、北川实验小学、教师进修学校的校长及教育局几位负责同志提前于4月底来到我们的基地学习，观摩新教育实验，并满怀豪情地想把新教育引进北川，希望我们的团队能够去到他们那里。北川教师进修学校的徐正富校长回到北川后，甚至开始布置安排新教育的"晨诵、午读、暮省"课程。然而，他们满怀喜悦返程不久，就发生了这次大地震，尚局长也在这次地震中遇难了。地震以后，我们多次打听尚勇局长的下落，多次关注北川教育的重建。研究院的新教育人很快做了奔赴北川的各种准备，从课程到教师，从音乐童话盒到童书绘本，每天在"教育在线"网站讨论去北川的各种细节。而远在成都新教育书店的陈浩夫妇，也积极策应着我们的准备，筹集的图书等连续到达，研究院的同事也在地震后很快赶了过来。

研究院的同事告诉我，徐正富校长讲到地震的一些情况，这个一向乐观的校长，自称以前从不流泪的校长禁不住流下了眼泪。他讲到了自己眼睁睁看着孩子向自己求救并死在自己面前自己却无能为力的那份揪心的难过内疚，讲到尚勇局长的爱人一个灾民区一个灾民区地寻找自己其实已经遇难的丈夫时的那种凄凉……北川几所学校损失惨重，而北川的教师群体在这次事件中表现突出，许多人丧失了亲人，但仍然坚守岗位呵护学生。记者来采访，上级部门要写事迹材料，没有人愿意写，因为整个教师群体都是好样的。进修学校的几个副校长和主任，家人遇难，难过得无法自处，徐校长要他们一定要挺住并正常工作，他们都全力投入救灾中去。

我决定把即将出版的《过一种幸福完整的教育生活——朱永新教育讲演录》的全部稿酬捐给北川，和大家一起合作，把尚局长的遗愿变成行动，在北川教育重建中把新教育精神带进来，把新教育精神与帐篷学校精神相结合。

与学校领导和老师开了一个小型座谈会。学校领导介绍说，学校在教育方面有三个亮点：一是教育理念和课程的新教育化；二是教学内容突出羌族文化；三是学校管理的军事化。部队给学校的定位是：把来的老师作为北川教育重建的火种；把帐篷学校作为恢复重建的培训中心，使这里的老师回去能托起一个学校。应该说，八一帐篷学校如此快地恢复教育秩序，是北川重建中的榜样，真诚地希望灾区的孩子们都能尽快回到学校上学。

我代表严主席、罗主席感谢部队的同志、各位领导和老师为教育重建所做的工作，感谢新教育团队忘我工作，把八一帐篷学校看成自己的学校。开完座谈会，学校的同志带我们去教师办公的地方，在一个作为办公室的帐篷里，遇到两位老师，他们都表示，虽然很艰苦，但是现在做的是非常有意义的事，大家都在全身心忘我地工作，他们对学校的重建非常有信心。

然后去教室。我注意到，许多孩子已经开始从阴影里走出来。看到有人来看望，大家都很高兴。其中一个小男孩，上次温家宝总理来考察时，曾经和他交谈过，性格非常开朗，他和我愉快地交流起来。我看了几位学生的作业本和绘本，看得出研究中心马玲她们工作做得很扎实。当我问起同学们关于羌族语言、服饰、风俗等方面的知识时，他们大部分了解都不多，甚至有的完全不了解。灾区的羌族建筑大部分都已经在地震中损毁了，而很多羌族风俗、手工艺术也随着大量羌族同胞的遇难面临失传的危险。而且，灾后重建必然会相对集中，生活环境的改变，对羌族文化也是很大威胁。所以，我想，应该尽快给灾区的孩子们编一本关于羌族文化的普及性读本，让他们了解自己的文化，牢记自己的文化，传承自己的文化。

上午 9 点半，与赶来的冯骥才先生汇合，前往任家坪村的北川中学原址，考察这里的受损情况。教学楼已经完全变成一片瓦砾堆，当地的同志介绍，里面还埋着几百名学生。篮球架倒在地上，地上偶尔能看到学生的课本和文具盒。在废墟前，一张破旧的桌子成了临时的祭台，上面放着点心和水果，旁边有烧过的灰烬，还有香头。考察组全体成员向死难的学生、教师默哀，大家心情沉痛而复杂。

按计划，我们要去北川县城考察，了解羌族文化受损的情况。这里管得很严，虽然事先已经沟通过，但是还是不能马上进去，北川县文化体育局林川局长和有关部门在交涉，我们就在任家坪的街上等，旁边就是救灾物资发放点，街边的一间屋子里堆满了物资，门前摆了一张桌子，工作人员在和群众核对情况。后来就开始发东西，吃的用的东西都有。问了几位老乡，他们说从很远的山上来，这是第一次来领东西。在等人的间隙，我和冯主席交流了编写羌族文化读本的设想，他说这太好了，他马上组织羌族文化方面的专家，我来组织教育方面的人力，民进和民协一起来做。我还向冯主席展示了新教育研究院研究开发的童话音乐盒。

后来，我们的车终于可以往前开了，今天我们是被特批进入北川县城的。在县城入口处，车又停了下来，这里有一个简陋的小屋，"全副武装"的几位工作人员把守着，几个骷髅标志异常醒目，表示这里是禁区。除了通往县城的路，还有一条岔路通往山上的一个羌寨。

我们的车开过关口后，路难走起来，路面有很严重的断裂，还有比车还要高两三倍的大石头砸在路边。心中很忐忑，既想早点儿看见北川现在的状况，心中又有些担心，担心冯主席一行的安全。冯主席不时把头伸到车窗外张望，这是一个作家和文化遗产专家特别的视野。车拐过一个弯，上了一个坡，来到一块高地，就看见北川县城了。出于安全和防疫的考虑，我们没有再往里走，大家下车。

在这块高地上，林川局长指点着给我们介绍情况。整个北川县城已经成为一片废墟，很多建筑已经被滑坡整体掩埋了。大家心情十分沉重。作为中国唯一的羌族自治县，北川是羌族的历史、文化、风俗保存最为集中的地方之一，拥有九万多羌族人口，约占全国羌族人口的三分之一。林川局长指着前方的一座楼房告诉我们，此次地震导致该县六位专门研究羌族音乐、舞蹈创作的工作者全部遇难。地震时，正在聚会的一批北川诗人也全部遇难，全县有关羌族研究资料几乎全部被毁或掩埋在废墟中。非物质文化遗产的特性就是口传心授，心领神会，当传承者、研究者故去后，就根本无法衡量这样的损失究竟意味着什么。地震后受灾群众大规模迁徙他处，也会导致羌族文化载体的消失。所以，加紧抢救发掘羌族文化已经刻不容缓。

大家朝向北川县城方向，再次向死难者默哀。

接下来，冯主席一行来到擂鼓镇红星爱民新村安置点，大家简单地吃了些带来的干粮，作为午餐。每家的帐篷里都非常简陋，东西很少，有些人家从废墟里捡回来一些尚能使用的物品。安置点专门拿出一座帐篷作为公共活动场所，让我惊喜的是，里面已经放了不少书，一个男孩正认真地在阅读，周围嘈杂的人群一点儿也没有影响到他。

林局长找来了来自青片乡小寨子沟的王安莲，她为考察组唱起了羌族歌曲《沙米》，同行的羌族姑娘跳起了萨朗，文体局的同志给考察组送来了他们从废墟中抢救回来的有关羌族文化的光盘。看到当地政府和羌族群众对羌族文化十分重视，考察组既感到一丝欣慰，也更增加了责任感。

最后，车在安县的板凳桥停了下来。据说，这里很可能是北川县城新址。路边碧草青青，一位农妇牵着一头牛在放牧，老牛低着头，很认真地在吃草。看到我们，从地震的惊恐中恢复的农妇对我们笑了。一幅多美的农家乐图景，多美的田园风光啊。这场景让大家的心一下子豁亮起来。

时间不早了，我们得在天黑前赶回成都，只好带着牵挂，依依不舍地上车。

6月19日一大早，我们来到西南民族大学，召开紧急保护羌族文化遗产四川工作基地成立暨专家调研工作会。会上，正式成立了紧急保护羌族文化遗产四川工作基地，宣读了基地组成人员名单。来自北京和四川的专家在会上纷纷就保护和恢复羌族文化遗产发言，提出了很多好的意见和建议。

冯骥才副主席在会上说，将"紧急抢救羌族文化基地"设在成都，便于研究、保护羌族文化。四川工作基地成立后，一支由历史学家、羌族文化研究专家、古建筑专家、民俗专家等各方面专家学者组成的调研队将就羌族文化遗产等在地震中受到的损害情况展开调研，对调查结果进行归纳分类并分出等级后，根据等级提出保护方案。要千方百计找到健在的文化传人，并妥善安置，为今后口授文化遗产做好准备。

我代表民进中央和严隽琪主席、罗富和常务副主席表示，一定会全力支持做好这项重要的工作。会上，紧急保护羌族文化遗产工作委员会一致同意，将尽快组织力量编写羌族文化读本，使羌族文化进学校、进课堂，使孩子们认识、了解、认同和热爱自己的文化。

晚上乘国航班机返回北京，明天还要赶到中央社会主义学院去参加民主党派学习党的十七大精神培训班闭幕式，而且我还要在会上发言。

2008年6月

第二章　行走甘黔

　　甘肃和贵州，是我国比较贫困的地区。由于我在民进中央分管社会服务的原因，最近几年有机会多次来到这两个地区，目睹甘肃、贵州与中东部地区教育的差距，以及当地教育工作者发展教育的迫切愿望。有鉴于此，民进中央在贵州金沙开展了"彩虹行动"，而新教育研究院则在贵州凤冈开展了新教育实验的区域推进。怀着一颗感恩的心，我们愿意在这方土地上留下我们的足迹。

苍茫甘肃——甘黔教育行之一

　　甘肃对于我来说是一个既陌生又熟悉的地方。以前曾经作为旅游者到过敦煌，作为研究者关注过甘肃的教育，但是从来没有真正地走进它。学习历史、地理的时候知道，甘肃位于黄河中上游，是我国农业垦殖和古代文化发展较早的地区之一，也是中华民族灿烂文化的重要发祥地之一。远在一二十万年前的旧石器时代，我们的先民就在这块土地上生息、繁衍。甘肃这一名称始于 11 世纪，是取甘州（今张掖）、肃州（今酒泉）两地的首字而成。由于西夏在其境分置十二监军司，甘肃为其一，元代设甘肃省，简称甘；又因省境大部分在陇山（六盘山）以西，而唐代曾在此设置过陇右道，故又简称为陇。

　　甘肃东接陕西，南连巴蜀、青海，西倚新疆，北靠内蒙古、宁夏，是古丝绸之路的锁钥之地和黄金路段。甘肃省地域辽阔，东西蜿蜒 1600 多公里，纵横 45.37 万平方公里，占全国总面积的 4.72%。人口 2400 万，是一个多民族聚居的地区，有汉族、回族、藏族、东乡族、裕固族、保安族、蒙古族、哈萨克族、土族、撒拉族、满族等民族。

　　由于自然条件的限制，甘肃的经济发展相对落后，2006 年国内生产总值 2275 亿元，财政收入为 294.68 亿元，比我曾经工作过的苏州市要少许多。经济的相对落后直接影响到教育的发展，虽然甘肃教育的许多数据在西部不一定落后，如它拥有兰州大学、西北师范大学、兰州理工大学、兰州交通大学、甘肃农业大学、西北民族大学等 30 多所高等院校，高等教育的规模与质量比宁夏、青海、西藏等相对要高。但是由于人口比较多，基础教育的设施、教师队伍等还存在比较多的问题。

这一次来甘肃主要是调研河西走廊星火产业带建设以及石羊河流域治理的情况。所以事先做了一点功课。在飞机上再读王军《后望书》关于"西北，缺水背后的事实"的部分。作者告诉我们，其实河西走廊的水资源并不像人们想象的那么缺少。那里的人均水资源为 1713 立方米，是我国北方人均水量的 1.8 倍，是海河流域人均水量的 4 倍，是以色列人均水量的 5 倍。那么，石羊河流域的生态危机究竟是如何形成的，又该如何解决呢？临近兰州的时候，透过机窗俯瞰茫茫沙海，想象着沙尘暴肆虐的场面，心一下子沉了下来。

飞机 14 点到达兰州中川机场。民进甘肃省委会主委李国璋一行亲自接机。机场离城市比较远，一路就聊起工作来了。15 点左右下榻兰州饭店。

15 点 30 分去民进甘肃省委会，与会员座谈。到一个地方，与当地的会员交流，是会中央领导的传统，能够加强民进的凝聚力，了解基层的情况。民进甘肃省委会成立于 1984 年，全省共有会员 2494 人，市县级组织 22 个，基层组织 111 个。他们近年来围绕"三农"、扶贫开发、退耕还林和生态建设等问题开展参政议政工作，取得了可喜的成果。

民进兰州市委会的部分会员也参加了座谈。市委会重视参政议政工作，在市政协提交的提案数，连续五年第一。由于主动积极，参政议政能力强，在 2007 年换届时，会员被推荐为兰州市政协委员的人数几乎翻倍。我听到地方组织取得成绩，心里很高兴。

最后，我转达了民进中央严隽琪主席和罗富和常务副主席的问候，介绍了近期社会服务工作的思路，提出要继承优良传统，把在河西走廊星火产业带和民勤的工作做好。我们的工作要更多地依靠省市委会，心往一处想，劲往一处使，形成全会的合力。

晚上与分管教育的副省长郝远交流，郝省长是无党派人士，对教育有很多想法。他告诉我，甘肃总人口 2400 万左右，是西部宁夏、青海等省、自治区的总和，在读学生 600 万左右。到 2007 年底，全省实现"两基"的

县 79 个，人口覆盖率提高到 95.2%；共有普通高中 493 所，在校生 61.39
万人；各类中等职业学校共招生 14.8 万人，在校生达到 30.8 万人，尽管这
已经是近几年增长速度最快的一年，普职比仍然不到二分之一；34 所高校
共招生 9.86 万人，在校生达到 29.6 万人，高等教育毛入学率提高到 18%。

郝省长告诉我，2007 年，甘肃全面实施免费义务教育，分解下达了
免费教科书、免杂费、寄宿生生活费补助和补助公用经费资金共 10.88 亿
元，使全省 87 个县（市、区）农村义务教育阶段学校得到了公用经费补助，
401 万名中小学生免除了杂费，262 万名贫困家庭学生享受了免费教科书，
53 万名贫困寄宿生得到了生活补助。

对于我比较关心的农村代课教师问题，郝省长告诉我，虽然甘肃最近
几年重视拓宽农村教师队伍补充渠道，每年选拔录取本专科毕业生 1300 人
充实教师队伍，但是仍然有 3.9 万名代课教师，他们的收入在 100 元到 400
元左右。他认为，不能轻易地清理农村代课教师，这是一个政策性强、影
响面广的工作。农村不能没有教师。他赞成我的观点，教师是教育工作最
基础、最关键的要素，没有师资的均衡就没有教育的均衡和公平。

晚上省政协副主席栗震亚、省委统战部户丁一副部长来兰州饭店看望
我。震亚是中央统战部举办的苏州班的老同学，原来在省人民医院做院长，
现在是省医药管理局的局长，又是省农工民主党的主委。回忆当时同学的
情形，感叹时间过得太快。户部长是现在省委统战部唯一留守兰州的部长，
昨天他的老父亲刚刚去世，今天还是专门来看望我，让我非常感动。

下榻的饭店对面就是著名的兰州大学，一个大学的电脑城和一个大学
的宾馆遮挡了我的视线。这次没有时间去兰州大学、西北师范大学看望老
朋友，多少有点遗憾。但是，我知道，我已经和这方水土结下了缘分。

很快，我会再来。

2008 年 4 月

武威教育印象——甘黔教育行之二

上午 9 点参加座谈会，与甘肃省有关部门交流关于河西走廊星火产业
带建设和石羊河流域整治情况。在听取了省科技厅和水利厅的情况介绍后，
为他们取得的成绩由衷高兴。

我在讲话中表示，长期以来，作为与中国共产党通力合作的参政党，民进中央心系"三农"，情系西部，民进老一辈领导许嘉璐副委员长等对西部大开发更是身体力行，为我们树立了榜样，创造了很多好的经验。我们会沿着民进老一辈领导的足迹，充分发挥民进自身优势，一如既往地关注和支持甘肃的发展。同时，我们希望甘肃方面能够不断提高群众素质，把保护和建设河西走廊的生态变成全社会的自觉行动；增强为农民服务的意识和能力，让农民真正分享到河西走廊星火产业带的成果。最后，我们就合作举办石羊河流域高层论坛的事宜交换了意见。

12 点 20 分出发赴武威。前来迎接我们的武威市的车安宁副市长，是甘肃省政协常委、省民盟的副主委，他幽默风趣，一上车就说，大家放心，保证安全，谁叫我的名字是"车安宁"呢！他的名片是为武威做广告的，上面醒目地写着：中国历史文化名城、中国优秀旅游城市。同时还印着北魏时期温子升的《凉州乐歌》："远游武威郡，遥望姑臧城。车马相交错，歌吹日纵横。"

我开玩笑地告诉他，其实我过去也是苏州市的义务导游。车市长介绍说，武威位于甘肃省的中部，河西走廊的东端，东临兰州，西通金昌，南依祁连山，北接腾格里沙漠。总面积 33249 平方公里，人口近 200 万，是河西走廊五个城市中人口最多的城市。

武威历史悠久，源远流长。公元前 121 年，汉武帝派骠骑大将军霍去病远征河西，击败匈奴，为彰其武功军威而得名。自汉武帝开辟河西四郡，历代王朝几乎都在这里设郡置府，东晋十六国时，前凉、后凉、南凉、北凉国和隋末的大凉政权先后在此建都，成为长安以西的大都会、中西交通的咽喉、丝绸之路的重镇、民族融合的熔炉。悠久的历史孕育了灿烂绚丽的五凉文化、西夏文化、佛教文化和民族民间地域文化，名胜古迹众多，文化遗产丰富，是甘肃省的文物大市。车市长自豪地告诉我们，甘肃省博物馆的文物，有一半是来自武威的。武威文化最具特色的是"一马"（铜奔马）、"一碑"（西夏碑）、"一寺"（白塔寺）、"一窟"（天梯山石窟）、"一塔"（罗什寺塔）、"一庙"（文庙）。铜奔马（马踏飞燕）是中国旅游标志，被誉为"古典艺术品的最高峰"；西夏碑是独一无二的稀世珍宝，是我国研究西夏历史少有的实物资料；白塔寺是元代西凉王阔端与西藏佛教领袖萨班举行"凉州会盟"之地，是西藏正式纳入中国版图的历史见证；天梯山石窟被称为中国"石窟鼻祖"，是我国早期石窟艺术的杰出代表；罗什寺塔是三藏法师鸠摩罗什讲经说法之地，鸠摩罗什被称为我国古代四大佛经翻译家之首，被誉为译经泰斗；文庙是全国三大孔庙之一，其规模"壮伟宏耀"，为"陇右学宫之冠"。

车市长一路高谈阔论如数家珍，我们兴趣盎然。经过天祝县的时候，我们看到了许多藏式建筑。车市长介绍说，这是一个藏族自治县。我们专门参观了该县的食用菌菌种场，这是一个河西走廊星火产业示范点，也是一所真正意义上的农民培训学校。天祝县海拔高，气温低，农业科技人员经过研究和试验，探索出栽培中低温型食用菌的技术，把气候劣势转化为优势。县委县政府投资 200 多万元，建成了食用菌菌种场，占地面积 6000 多平方米，总供种规模 150 万瓶的生产线 3 条，农牧民星火培训学校一所。菌种场通过为农牧民栽培户提供菌种、技术培训、产品销售、技术开发服务，培训农民 3000 多人次，提供菌种 130 万瓶，降低了从事食用菌生产的资本和技术风险，提高了农牧民栽培户的生产技术水平。我们在生产车间看到了许多"以工代训"的农民，也看到了农科教一体化的方向。

看完天祝县的示范点后，我们继续驱车往武威。在途中参观了位于距武威市区 20 多公里武南镇百塔村的凉州白塔寺。这是西藏纳入中国版图的历史见证地，因由一座大白塔和 99 座小白塔组成，所以又名百塔寺。

始建于西夏的凉州白塔寺是甘肃古代最大的藏传佛教寺院，公元 1247 年西藏宗教领袖萨班与蒙古西凉王阔端在这里举行了历史上著名的"凉州会盟"，并在这里颁布了著名的《萨迦班智达致蕃人书》。从此，元朝中央政府正式对西藏实行行政管辖，西藏纳入中国版图，成为中国领土不可分割的一部分。萨班以 63 岁的高龄，历时两年，才到达凉州，又在此等候一年，顺利实现了会谈。之后，又在白塔寺驻寺五年，讲经弘法，一直到 1251 年在此圆寂。阔端按照藏式佛塔形式，修建了一座高 42.7 米的灵骨塔，周围环绕着 99 座小塔，以纪念这位为民族和平做出贡献的宗教领袖。

1927 年，灵骨塔因地震坍塌，2000 年 11 月，国家文物局把白塔寺修复工程列入国家"十五"期间重点文物保护工程，随即开始了白塔寺保护维修一期工程，于 2004 年 8 月竣工。现在的白塔寺是重新修建的，只有主塔残存的 6 米塔基，还能够依稀见证当年的雄伟与壮丽。今天的参观具有非常特别的意义，我们缅怀先师，谴责分裂祖国的行为。在大家的期望中，我在留言本上写下了"见证历史，维护统一"。

晚上 8 点，武威民进的同志到我房间交流。主委张祥生是从基层的乡镇一直干上来的年轻干部，曾经做过县教育局的局长，副主委中有中学的副校长、教育局的语委办主任、区教育局的副局长、市博物馆的副馆长等。他们大部分是教师出身。通过他们，我了解到武威教育的一些基本情况。

武威全市有小学 118 所，在校学生 197790 人，2007 年小学入学率、巩固率分别为 99.88%、99.87%，15 周岁人口初等教育完成率 99.8% 以上。现有初中 127 所，在校生 112270 人，17 岁人口完成初级中等教育率达到 99.7% 以上。全市有普通高中 30 所，在校生 54348 人，2007 年初中毕业生升入普通高中的比例为 52.13%。有高、中等职业院校 19 所。

对我关心的代课教师问题，教育局的同志专门准备了材料。按照教育部的要求，2004 年至 2008 年，全市清退代课教师 446 名。除民勤县（166 名）按照清退时的教龄每年补助 300 元外，其余的未进行任何补偿。到 2008 年 4 月，仍有代课教师 461 人，其中取得教师资格的 230 人；教龄在 10 年以上的 390 人；大专以上学历的 180 人，中专学历的 127 人，高中学历的 154 人；30 岁至 40 岁的 278 人，40 岁以上的 183 人。代课教师工资目前由县统一发放，高的 320 元，低的 150 元。

教育局建议对清退代课教师给予补偿，具备条件的可以通过考试录用为正式教师。同时，教育局也希望能够妥善处理过去已经清退的教师与即将清退的教师之间的政策连续性。看来，我的一些想法和基层教育部门的呼声是一致的。

2008 年 4 月

"决不能让民勤成为第二个罗布泊"——甘黔教育行之三

上午 8 点出发去民勤县考察。出发的时候，外面下着大雨。"春雨贵如油"，陪同考察的当地同志开玩笑地说，这里难得下一场雨，是我们带来了好雨好运。我想，这虽是一句玩笑话，但我们的确要多为民勤人民做些事情，推动各方面关注民勤，支持民勤。这对民勤人民来说，作用大概比春雨要大。

"俗朴风醇，人民勤劳"，民勤以此而得名。首先来到的是被誉为民勤生命工程的红崖山水库。县政府的同志告诉我们，这座水库是亚洲最大的沙漠水库，它承接了发源于祁连山的石羊河河水，养育着被沙漠合围的 30

万民勤人民。其实，关于水库一直有许多不同的观点，《后望书》的作者就认为，水库的修建改变了流域的水系，破坏了地下含水层，形成了足以导致河流死亡的"血栓"。他算了一笔账，25 平方公里的水库，可以蓄水 1.2 亿立方米左右，但是民勤年降雨量只有 110 毫米，蒸发量高达 2600 毫米，蒸发量是降雨量的 20 多倍，每年蒸发的水就达到 5000 万立方米左右。而我从水库边的示意图上看到，石羊河流域有 10 个大大小小的水库。我不是专家，无法评论水库的是非。

登上水库大坝，举目眺望，水泊不远处就是绵延的沙丘，民勤绿洲在腾格里沙漠与巴丹吉林沙漠的夹击下，就像风浪中飘摇的一叶扁舟，一旦两大沙漠合拢，民勤就会从地图上消失。因此，防沙治沙，关乎民勤的生死存亡，也一直深深牵动着总理的心。早在 2001 年 7 月 30 日，温家宝就在一次批示中指出"决不能让民勤成为第二个罗布泊"。此后，他一直关注着石羊河流域综合治理和民勤防沙治沙工作，有关批示和指示达 13 次。每年全国两会，温家宝在参加甘肃代表团讨论时，也都要了解民勤防沙治沙情况，和代表们共商生态建设的大计。民进中央也十分关注民勤的防沙治沙工作，原主席许嘉璐副委员长就先后四次来到武威和民勤，2007 年 4 月到现场考察以后，给中央提交了关于石羊河流域治理的建议书，石羊河流域重点治理上升为国家工程的建议得到了采纳。

从红崖山水库出发，穿越茫茫沙海，我们来到了薛百乡宋和村龙王庙治沙现场。民勤的同志告诉我，就是在这片寸草不生的沙漠上，他们硬是以每年三万亩的速度栽种梭梭，民勤的历史，就是一部与风沙战斗的历史。

从治沙现场，我们驱车来到今年 4 月刚刚建成的民勤防沙治沙展览馆，它坐落于"一辈子只干治沙一件事"的全国劳动模范石述柱的家乡薛百乡宋和村。展览馆大厅里，一幅幅真实生动的图片，一段段触目惊心的录像，记录了民勤人民防沙治沙的艰苦历程。特别是青土湖的农民们由于缺水不得不背井离乡的场面，那孩子的茫然与老人的无奈的眼神，给我留下了深刻的印象。这里在 19 世纪末还是一片汪洋泽国，周边草丰羊肥，但在水库建设后的 1959 年，就完全干涸了。如今，这里已是流沙遍地，人烟稀少。2007 年 10 月，专程来考察的温家宝总理在这里对世界承诺："不能让民勤成为第二个罗布泊，这决不是一个口号，而是一个一定要实现的目标。这也不是一个地区的问题，而是涉及民族生存的重大问题。我们面前就是腾格里和巴丹吉林两大沙漠，是民勤的绿洲把它们隔开了。我们一定要打赢这场民勤保卫战！"

中午11点左右，我们考察了薛百乡张麻小学，这是一所只有四个年级100多名学生的村小。我们参观了一个教室、校长的办公室和远程教育室。教室里积了厚厚一层泥灰，学生的书包大多在课桌里放着。由于日照太强烈，挂在教室外面墙上的画，居然都被晒焦了，一片黑黄。

中午吃饭的时候，民勤的常务副县长李国清告诉我们，民勤是全市升学率最高的城市，素有"人居长城之外，文在诸夏之先"美称的民勤，在历史上曾经"文运之盛甲于河西"，现在也仍然是全省的文化之乡和教育名县。全县现有中小学275所，其中完全中学3所，独立高中2所，职业中学1所，独立初中20所，小学249所。在校学生64921人，其中普通高中11679人，职业中学2045人，普通初中20738人，小学30459人。另有幼儿园7所、学前班138个。有中小学教职工3912人，小学、初中、高中教师学历合格率分别为97.5%、94.9%、85.1%。中小学校舍建筑面积为49万平方米，其中危房面积达11.49万平方米，占校舍总建筑面积的23%。这里的高中入学率与幼儿园入园率，竟然都超过了50%，让我非常吃惊。而且，这里已经没有代课教师。

下午2点半，我们回到凉州区，先后考察了金苹果公司和武威阳光产业示范园区。

武威金苹果公司是创办于1995年的全民营性质的科技企业，是"甘肃省河西走廊星火示范企业""国家星火计划农村区域科技成果转化中心""甘肃省科技创新型企业试点单位"及"武威市农业产业化重点龙头企业"。主要从事天然无壳瓜子、西瓜、甜瓜、南瓜的新品种选育和为外地客户预约生产玉米种子等业务，并从事农产品加工和贸易。公司下设四个分公司：无壳瓜子分公司、西甜瓜种子分公司、玉米种子第一分公司、玉米种子第二分公司。现有管理及科研人员103人，生产员工400多人，拥有各类资产五千多万元，年经营业绩近亿元，纳各类税费近200万元。公司创办人陈荣贤是九三学社的成员，是从当地种子公司下海创业的科技人员。他提出了"致富思源，富而思进，诚信进取，回馈社会"的理念，带动周边农民脱贫致富。在河西走廊星火产业带，这种科技型企业越来越多，发挥的作用也越来越大。

武威阳光产业示范园区是凉州区为加快推进石羊河流域综合治理及星火产业带建设，引导沙区、沿沙区农户发展阳光、绿色、节水、生态、高效农业而建立的。阳光产业示范园区将钱学森沙产业中心实验室与甘肃濒危动物研究中心等资源进行整合，建成了特色鲜明、功能齐全、辐射带动力强的甘肃濒危动物研究中心和市级沙产业示范区。示范区内重点建设和发展高效节水农业、微藻产业、素质教育、光伏发电应用、阳光小康住宅和阳光生态休闲旅游等六个示范区。我们参观了阳光示范小区、日光温室等。每个农户出 7 万元，政府补贴 6 万元，就可以住进宽敞明亮的新居。主人们对他们的新居都很满意。随行的民进甘肃省委会副主委尚勋武是省农牧厅的副厅长，对日光温室的改进提出了建议。

下午 4 点以后，我们一行参观了文庙和雷台汉墓。文庙位于武威市区东南隅，博物馆的副馆长是民进会员，她介绍说，这里的文庙始建于明正统四年（公元 1439 年），历经扩建，规模庞大，号称"陇右学宫之冠"。文庙坐北向南，原由东中西三组建筑物构成。东为文昌宫，中为文庙，西为凉州府儒学，现存建筑以圣庙和文昌宫保存完好，总面积 1500 平方米，是历代文人墨客祭祀孔子之地。在通往大成殿的桥上，系满了企盼"金榜题名"的红带子，这里已经成为寄托少年学子梦想的场所了。

文庙的附近是武威市博物馆。馆内收藏有历代图书、字画、碑刻及其他文物 3.6 万余件。其中汉简、木雕、木乃伊、铜奔马、鸠杖、凉造新泉、西夏牌、西夏铜火炮等都是举世闻名的珍品。由于时间的关系，我们只是匆匆看了一下著名的西夏碑，正面是西夏文，背后是汉文。西夏文是用汉字的部首创造出来的，但是现在几乎没有人能够破译西夏文的密码了。博物馆前的广场上，有不少买卖瓷器和文物（大部分是假的）的商店与小贩，生意兴隆。

雷台汉墓属全国重点文物保护单位，位于武威市北关中路雷台公园内。雷台是古代祭祀雷神的地方，它建在一高约十米的土台上，据说是明朝中期为祈雨而建造的雷祖观。1969 年，当地农民在雷台老槐树下发现了一处东汉晚期的大型砖石墓葬，因为出土了文物珍宝铜奔马"马踏飞燕"而著名。

讲解员告诉我们，雷台汉墓系"守张掖长张君"之墓，约在公元 186 年至 219 年之间。我们随她钻进了这座神奇的汉墓。墓道长 19.34 米，墓室分前、中、后三室及配以左右耳室三处，据说这里出土有金、银、铜、铁、玉、骨、石、陶器等文物 231 件，铜车马仪仗俑 99 匹。其中以铜奔马艺术价值最高。铜奔马高 34.5 厘米，长 45 厘米，重 7.15 公斤，马呈飞奔状，三足腾空，昂首扬尾，右后足下踏一只展翅奋飞回首惊视的"风神鸟"龙雀，改变了传统天马的造型手法，又符合力学平衡原理，蕴含丰富的天马文化内涵，铸造技巧精湛，堪称青铜艺术之极品。所以被作为中国旅游标志。讲解员告诉我们，汉代的武威，"凉州畜牧甲天下"，是良马的交易、繁殖基地。在武威发现铜奔马也就顺理成章了。

值得一提的是修墓用的砖头，据说它的硬度比现代砖头要强 3 倍，几乎达到了石头的水平，现代人无法烧出这样坚硬的砖。修建墓室时，没有用任何黏合材料，砖头完全是根据力学原理一层层堆砌起来的，到了顶部，逐渐向中间靠拢，最后在正中间放了一块大方砖。只要拿掉中间的方砖，或者挪动其他部位的砖，墓室就会坍塌。讲解员开玩笑说，至少需要大学物理系的本科生，才能够达到这样的技术水平，同行的李主委笑着说，现在的本科生恐怕没有能力做出这么完美的设计。雷台汉墓是被盗过的，盗墓者的水平似乎更高，因为他刚好找到了唯一可以打洞而墓室不会塌陷的点，盗洞再向上 10 厘米，墓室就会坍塌。据专家考证，墓在修好 50 年后就被盗了，所以应该是熟知内情的人干的。

盗墓者仍然给后人留下了大量珍贵文物，但遗憾的是，铜车马仪仗俑的摆放位置被村民弄乱了，再也无从查证，历史学家和考古学家对此大概会扼腕痛惜。还有一个遗憾就是墓周边的古树，多已奄奄一息。据说是修建景点的时候用了太多的水泥，破坏了生态；也有人说，是古树的生命周期到了极限。

晚上，市委张绪胜书记与考察组一行见面。他饱含深情地说，武威人民永远不会忘记许副委员长的恩德和民进中央的恩情。我为我们民进前任领导所做的工作感到骄傲，同时也感到了责任的重大。

不知道为什么，晚上躺在床上，久久不能入睡。脑海里突然冒出一句：与自然界的沙漠化相比，人的沙漠化是更可怕的。

胡杨的精神——甘黔教育行之四

早晨 8 点多，中共武威市市委张绪胜书记来房间看望我，聊起了武威的发展思路。然后约卢琦教授、李国璋主委讨论民进中央如何在原有基础上进一步支持武威的发展。

上午 9 点，参加武威石羊河流域综合治理座谈会。武威市副市长车安宁介绍了武威市情、石羊河流域重点治理工作情况和星火特色产业发展情况，以及下一步的打算。卢琦教授、甘肃省科技厅等单位的同志在会上发了言。

一边听介绍，我一边思考。武威市一方面采取节水措施，关闭机井，压缩种粮面积，一方面优化产业结构，依托星火计划实验区的建设，依靠科技，确保农民增收。在这片承载力已经超过极限的土地上，既要保障人民的收入持续增加，保障人民的生活持续改善，又要保护和修复生态环境，这是两难的选择。发展和保护环境都是必要的，但是不管发展农业还是工业，都需要用水，而环境的恶化，正是由于过度用水和不合理用水。沙漠地区的绿洲，基本上是因水而存在的。修复环境的根本，是减少用水，把一部分水还给自然。看到武威取得的成绩，我感到很高兴，但是，这将是一个漫长的过程。

几千年的中华文化，充满着对自然的关怀，对自然的亲近。中国的山水画、田园诗等，都是中国人这种精神追求的体现。生态文明的社会，必然是人与自然和谐相处的社会，而大自然最理想的状态，是处于动态平衡的境界。近现代以来，我们在工业化的同时，加速了对自然的索取，迅速地破坏了亿万年才形成的自然界的平衡。我想，从中国传统文化出发，从近些年的事实都可以证明，不应该用改造自然、战胜自然、与自然抗争等提法，人类不应该把自己看成是自然界的主宰，而应当把自己还原到本来的位置——大自然的一部分。所以，我们应当是与自然界和谐相处，适应自然，成为维护大自然平衡和谐的力量。

民勤过去和许多地方一样，在这方面曾经走了弯路。现在，有中央的关心和支持，有社会各界的关注，我希望我们的目标不仅仅是保住民勤绿洲，而且是在恢复生态的基础上，探索出一些经验，更重要的是从中得出深刻的启示，为促进我们思想观念和发展方式的转变提供一个范本。从某种意义上说，大自然是人类的家园。回归到大自然的怀抱，是人类必然的选择。

轮到我讲话时，我谈了几点感受。我说，这次到武威，首先是来学习调研的。民进中央去年年底换届以后，我从地方到民进中央工作。长期在发达地区工作，对农村了解得相对少一些。我分管社会服务工作，社会服务的第一大事是发挥民主党派政治、人力资源和智力优势，开展智力支边扶贫。这对我是全新的课题。为了此次来甘肃，我做了一些功课，看了资料，对武威的历史沿革、区域发展、生态问题等都进行了了解。这两天又进行了现场的调研，但我心里还不是很有底，只能讲上几条个人不成熟的意见。

这次来非常有收获，非常感动。第一是被温总理对武威民勤的关怀所感动。13 亿人口大国的总理，对一个小小的民勤先后批示 13 次，真是"心系民勤，体恤民情，情系武威，关注生态"。总理承诺说，决不让民勤成为第二个罗布泊，这也是我们共同的心声。

第二是被武威四套班子真抓实干的精神所感动。他们抓住石羊河流域治理千载难逢的机遇，下大力气推动发展、推动生态建设，措施扎实有效，取得了显著成绩。在生态建设过程中没有影响经济的发展，没有影响农民的致富，让我敬佩。

第三被民勤人民长期在恶劣的环境下和自然抗争，为了生态和发展而英勇拼搏的精神所感动。龙王庙每年种 3 万亩梭梭，用草做成框，把树种一颗颗种下去，还要浇水，工程之大，代价之大，可想而知。在宋和村展览馆，我看到了治沙英雄的事迹，看到了老百姓朴素的爱乡之情。此次调研，给我们每个人都上了一堂课。

民进中央在推进区域发展的工作中做了一些小小的贡献，而我们从中得到的收获更是巨大的。武威为民进中央的参政议政、献计出力提供了一个大舞台，没有他们的全力支持，也不会有民进中央的成绩。借讲话的机会，我对武威的父老乡亲表示了诚挚的感谢。

我做了一个庄严的承诺。民进中央新一届领导班子认为，我们的工作要围绕一个点做深做透，做上 100 年。因此，甘肃、武威、民勤，将继续是我们工作的重中之重。严隽琪、罗富和两位领导同志均表示，民进中央要沿着许嘉璐同志开辟的道路，坚定不移地走下去，携手为武威、为石羊河流域重点治理做出贡献。这是民进中央领导集体的承诺。

最后，我对于武威的发展提出了几点想法。我认为，武威的实践，是中国共产党领导的多党合作制度的成功探索。

中国共产党领导的多党合作制度，是历史的必然。60 年风雨同舟，中国共产党与各民主党派肝胆相照，民主党派为新中国建立和建设做出了重要贡献。武威是民进中央参与西部大开发的一个重点。许嘉璐同志曾说，愿意成为武威的一张嘴、一条腿，为武威呼吁，为武威奔波。石羊河流域重点治理能够成为国家级项目，和许委员长的呼吁是有关的。所以，民进在民勤的实践，也是中国共产党领导的多党合作制度的生动体现。我们将尽最大力量，调动一切资源，为武威的发展尽一份力。

我提出，河西走廊星火产业带的建设，是科学发展观的生动体现。星火产业有两个非常重要的内涵，首先是科学精神，科学的情怀和态度。仅有热情，有好的心愿是不够的，民勤在整个沙漠化治理过程中，就曾走过一点弯路。在《后望书》里，有一章写西北的水，其中的一节就提到民勤的绿洲。他说，事实上西北的水资源不是我们想象的那样缺乏，这里人均占有水资源比海河流域多 1.5 倍，比以色列多 5 倍。书中还写到，民勤的一位小学老师，带着学生计算，红崖山水库面积 25 平方公里，储量 9000 多万立方米，从外面引进的水达到 5000 万—6000 万立方米，同时水库每年蒸发 5000 多万立方米。这样的水库还有没有必要建？人类对自然的认识需要过程，也需要发扬科学的精神。

我认为，星火计划应该帮助农村、农民更好更快地发展致富。民进中央为武威星火产业带头人的培训还会继续做，在内容上要做一些更针对武威实际情况的安排，比如农业设施，农产品深加工和营销等。可以让江苏对口支持的专家先到武威来看一下，了解这里的情况，然后再请我们这里的带头人去培训。

一个区域的发展，是一个长期的系统的工程。其中有基础性工程，比如教育，今天的教育就是明天的科技，明天的科技就是后天的经济，教育是沃土，没有沃土，就没有灿烂的经济之花。武威市有优良的教育传统，是教育重镇，西夏文明的政治中心在宁夏，文化中心就在武威。民进是以教育文化为主要界别的民主党派，70% 的会员在大中小学工作，调动他们参与武威的经济发展，是新的课题，是更长远的工作，需要用心去做。

我说，我的了解非常肤浅，不敢多说，只是表达我们的诚心、承诺。武威的发展已经有了非常好的基础，总理的承诺也应该是对武威人民的承诺，是共和国对世界的承诺。我们民进中央将利用一切可以利用的力量，群策群力，集思广益，为武威新一轮的腾飞提供帮助，和武威的领导、人民一起，为建设生态、经济、社会和谐的新武威努力。

中午 12 点，离开武威赶往中川机场。沿途又看到了许多在沙漠上挺拔的胡杨树。据说，胡杨是新疆最古老的树种之一，它主要分布在极度干旱的新疆塔克拉玛干大沙漠周围。胡杨树被维吾尔人称之为"托克拉克"，意为"最美丽的树"。由于它能任凭沙暴肆虐，任凭干旱和盐碱的侵蚀，以及严寒和酷暑的打击而顽强地生存，又被人们称为"沙漠英雄树"。我不由得想起了温家宝总理在视察民勤时的讲话："胡杨一千年不死，胡杨死了以后一千年不倒，倒了以后一千年不朽。胡杨精神是一种不屈不挠的精神，我们治理改善民勤的生态环境，必须依靠广大群众，发扬胡杨林精神，一代人一代人地干下去。"何止是治理民勤需要这样的精神！对于一个发展中国家来说，我们的许多事业，都需要这样一种精神。比如说教育，虽然我们已经取得了令世人瞩目的成就，但是仍然任重道远，仍然有许多问题需要解决，仍然会不断有新的问题出现，需要教育工作者、政府、全社会持续不断的努力，而且不止要努力三千年，因为只要有人类社会，就会有教育，只要教育事业在发展，就会有问题出现。由此，我想，发展方向的正确、制度机制的建设，大概是解决问题的根本。

17 点，搭乘 CA4208 航班飞往成都，在机场休息两个小时后，转乘 CA4439 航班飞往贵阳。在贵阳降落时，已经是 21 点多，民进贵州省委会的同志来接，宿华联宾馆。

贵州，我又来了。这是我今年第二次来到贵州。在飞机上眺望贵州的青山绿水，与甘肃的黄土飞沙形成了鲜明的对比。但是，贵州的石漠化与甘肃的沙漠化，都是荒漠化的表现。我们与荒漠化斗争的主战场，将在这两个地方展开。

2008 年 4 月

金州金银花——甘黔教育行之五

上午 8 点 40 分出发去贵阳机场。10 点半乘坐华夏航空的 G52601 航班飞往兴义。这是一架支线飞机，40 人左右。在飞机上正好遇到赶回黔西南州的州委书记陈敏和宣传部长杜丹一行。听他们如数家珍地介绍黔西南州的情况，不禁心驰神往。

黔西南州的全称是黔西南布依族苗族自治州，是全国 30 个自治州中最年轻的自治州，成立于 1982 年 5 月 1 日。下辖兴义、兴仁、安龙、贞丰、普安、晴隆、册亨、望谟 8 个县市和顶效经济开发区，共 130 个乡镇、2072 个行政村，总面积 16804 平方公里。州内居住着布依、苗、彝、回、汉等 35 个民族，总人口 314 万人，其中少数民族占全州总人口的 42.47%。

黔西南州地处珠江上游，黔、滇、桂三省区结合部，自古以来就是三省通衢的物资集散地和商贸中心，被称为"金三角"。黔西南州交通便捷，南昆铁路和 324、320 国道、镇（宁）胜（境关）高速、关兴公路横贯州境，兴义机场、西南水运出海中通道起步工程、西南成品油管道工程已经建成，初步形成了集公路、铁路、水运、航空、管道为一体的综合运输网络。

黔西南州资源丰富，拥有丰富的水能矿产资源。全州有大小河流 100 多条，可供开发的水能资源发电量达 1000 万千瓦以上，是全国三大水电基地之一红水河基地的重要组成部分，也是"西电东送"的重要电源、通道和枢纽。全州已探明矿产 40 多种，其中煤炭储量 196 亿吨以上，黄金远景储量 1000 吨以上。全州县县有黄金，因此被中国黄金协会命名为"中国金州"。同时，全州有森林面积 1019 万亩，森林覆盖率 40.44%。珍稀树种有银杏、鹅掌楸、桫椤、贵州苏铁等 20 余种。药用植物有天麻、杜仲、三七、金银花等 1000 种以上，是重要的中草药药源库。

黔西南州山川秀美、景色迷人，是一个颇具潜力和开发前景的黄金旅游区。有国家级风景区马岭河峡谷、万峰林、万峰湖，国家地质公园万峰林，国家级森林公园仙鹤坪，国家级水利风景旅游名胜区贞丰三岔河和省级风景名胜区安龙招堤、兴义云湖山等奇特的自然风光，是世界锥状喀斯特地质地貌的典型代表。同时还有"贵州龙"化石群、"兴义人"古人类文化遗址、夜郎文化遗址、南明历史遗迹"十八先生墓"、南明"永历皇宫"和抗战公路遗迹"晴隆二十四道拐"、何应钦先生故居等历史文化景观，以及布依族苗族等风情独特的西南少数民族村落。州府所在地兴义市在香港举办的"2006 年中国避暑旅游城市排行榜"评选中位居第 15 位。

经过 35 分钟的空中飞行，中午 11 点多飞机准时到达兴义机场。

这次到黔西南的主要目的之一，是继续民进中央上一届领导人的事业，调研与推动会中央在黔西南州的扶贫项目。所以，午饭后我们就出发去安龙县德卧镇大水井村考察金银花项目。

金银花与民进有不解之缘。1998 年，时任民进中央主席许嘉璐到黔西南州考察时，在该州德卧镇大水井村见到了金银花，为这种植物顽强的生命力所吸引，也为它兼具治理石漠化和药用价值的特性所吸引，认为它是既能够解决生态环境问题，又能够解决农民致富问题的一箭双雕的大产业。

2002 年底，民进中央提出了在黔西南州建设西南金银花生产、加工基地的可行性报告。2004 年 5 月，在中共中央统战部和国家林业局的支持下，民进中央在贵州黔西南种植 30 万亩金银花基地建设工程正式在贵州省黔西南州贞丰县珉谷镇启动实施，许嘉璐副委员长为基地的金银花盖上了第一锹土。

2006 年 4 月、5 月和 9 月，2007 年 6 月，许嘉璐副委员长 4 次赴贵州调研金银花种植推广情况。他发现，金银花项目在这里基本完成了预期计划，取得了阶段性成果。30 万亩金银花覆盖了黔西南全州的许多乡镇，部分乡村形成了"公司＋基地＋农户"的股份合作制方式，只需农户出土地、劳力，公司提供苗木，统一技术指导、统一收购、统一加工、统一销售。通过金银花产业，农民的收入增加了，平均每户种植户增收达千元。当地百姓高兴地说："金花开，银花开，金银花开幸福来。"

更重要的是，农民们在致富的同时，也深切感受到了生态保护的重要性。原来是越没有饭吃就越开荒种地，越开荒越歉收。现在种上了金银花，水土不下山了，农民的日子也好过了。

2007 年全国两会期间，许嘉璐副委员长根据民进中央利用金银花治理石漠化的经验，致信温家宝总理，提出了关于我国石漠化治理的构想与建议，得到了温家宝总理的批示，引起了中央领导对石漠化治理的高度关注，国家专门拨款用于石漠化治理工作。

经过一个多小时的颠簸，我们一行来到了大水井村。一下车，就看到一块块两三米高的大石头耸立在田间，村民的庄稼就种在石头间隙里。而每块大石头上，都披着一层葱绿的外衣，远远望过去，就像是少女的秀发。这与我不久前在毕节大方县看到的景象完全不同，那里整个山坡都是完全裸露的石头，没有一丝绿色。走近了看，金银花就种在石缝中，一棵就可以爬满整块大石头。看来金银花不仅给当地农民带来了"金山银山"，也带来了绿水青山。

大水井村早在 20 世纪 70 年代就对野生金银花进行驯化栽培，积累了经验。民进中央推动实施的黔西南州 30 万亩金银花种植基地工程，为大水井村金银花种植业带来了难得的发展机会，村干部介绍说，目前全村 2000 多口人，种植金银花 2 万亩，主要卖干花和种苗，村里几乎家家有苗圃，每户的收入都已经超过万元，十万元的农户达到 4 户。农民也反映，由于金银花在 6 月成熟，恰逢农忙季节，而金银花必须在花蕾时期采摘，否则功效就会下降，所以采摘期非常短，一到开花季节，全村都在采摘金银花，而且还要雇用外地人采摘，人工费用也比较贵。目前金银花销售非常好，经常是外地客商坐地收购。在考察时，恰巧碰到一位安徽亳州来的药材商，他说现在市场上干花 50 元 1 公斤，还供不应求。

走进附近的一户农家，主人热情地招呼我们。他家四口人，有两个儿子。全家去年金银花种植就收入 1 万多元，养猪收入八九千元，加起来有 2 万多元。从农户家出来，我们去了村委会附近的金银花烘干作坊，里面的烘干设备是民进贵州省委会副主委周世立捐赠的，解决了就近初步加工金银花的问题。

随后，我们又专门考察了德卧中学。这所中学的校长高武国是个大能人，他创新办学模式，在农村普通初高中开设职业技术课程，不但使学生升学有希望，就业有出路，而且成为附近乃至全州有名的农业科技培训中心。2007 年 5 月，以该校为依托，成立了安龙县金银花协会，负责全镇金银花种植的技术指导和产品销售。

一边考察，一边思考。我想，完成种植，只是项目实施的第一步，接下来该如何发展，还有许多文章可以做。由于没有深加工，金银花只能卖初级产品，农民收益受到很大局限，药物、保健品、饮料等深加工产业还有待开发。同时，需要加快建立技术服务体系、技术培训体系、信息服务体系，延长产业链，把这致富的花朵推广到期待改变贫困面貌的千家万户。

按照惯例，要与当地民进的同志们交流。所以晚上 8 点，在驻地与黔西南州民进州委会的部分会员座谈。座谈在苗族会员王阿多美丽的歌声中开始。民进黔西南州委会主委黄健勇首先介绍了州委会的基本情况和近期工作。州委会成立于 1994 年，现有会员 170 多名，主要从事教育、卫生工作，在州歌舞团人员也较多，黄主委说他们的会员就可以搞一台演出。州委会的参政议政、社会服务和自身建设等工作搞得有声有色，在每年的州政协会议上，他们都要提交一件大会发言、两件党派提案。会员中的政协委员，至少要提 1 份提案。每一年都有主席督办提案。如关于把"三角梅"作为州花的建议等。

中共黔西南州统战部部长潘立德参加了我们的座谈会。他是一个非常务实厚道的干部，从基础乡镇干起，一直做到县委书记、市政协副主席。他的夫人仍然在老家的农村务农，让我们格外敬重他。他在讲话时，对民进黔西南州委会的工作给予了充分肯定。

座谈会气氛非常热烈，会员王阿多、罗长艳、廖静、杨玉林、罗筑云、庄云玲、张霞等先后发言，反映了基层组织经费困难、学习资料缺少等问题。

最后，我转达了严主席、罗主席对黔西南州全体会员的问候，对州委会的工作给予了肯定。同时就基层的工作怎样抓谈了几点看法。一是加强思想建设，在中国共产党领导下，发挥人才智力优势，参与四个文明建设。二是加强组织建设，吸引优秀人才入会，这是在区域的政治舞台上有影响，有竞争力的关键。三是处理本职工作与党派工作的关系。我认为应该立足本职岗位奉献，党派工作要为本职工作服务，本职工作做好了，就是为党派争光。

同时，我提出，要把会中央和民进贵州省委会在黔西南的工作与州委会的工作结合起来。要围绕金银花项目、民族村的工作、教育方面的工作，形成拳头。希望州委会带领170位会员，立足岗位，为黔西南州的建设和民进的发展贡献力量。最后，座谈会在《团结就是力量》的合唱中结束。

2008 年 4 月

民族村里话发展——甘黔教育行之六

上午 8 点，我们出发去距离兴义市区 30 公里左右的民族村考察。

兴义市郑屯镇民族村是中央统战部、国家科技部、各民主党派中央、全国工商联黔西南州"星火计划、科技扶贫"试验区联合推动组确定的新农村建设示范村。其帮扶工作由民进中央牵头，民盟中央、台盟中央等几个党派中央联合参与。民族村下辖四个村民组，236 户，1183 人，其中少数民族 942 人（布依族 664 人，苗族 278 人）。

刚一下车，就看到几个布依族风格的大石柱立在村口，那是民族村的象征。一进村，迎面而来的是几栋新房子，白墙、黑瓦的二层小楼。据介绍，村里已经有 50 户人家盖了这样的房子，还有十几户正在施工，其他户也都将陆续拆掉旧房子，按照这个样式建新房。村里专门请贵州省的建筑设计部门进行了规划设计，《郑屯镇民族村村庄建设（整治）规划方案》通过了贵州省建设厅的审批。然而，这个设计并不是很用心，没有充分吸收布依族的文化和建筑元素，甚至把非常显眼的二楼的转栏设计成了罗马式小立柱。

在来民族村的路上，看到当地居民在长期的居住历史中形成的建筑风格，非常质朴，灰墙黑瓦的民居与巨大的树木相映成趣，与周围的农田、大山、河流浑然一体，恬淡宁静的田园风光，清新淡雅的和谐之美，让人心旷神怡。然而，现在许多村庄都已经有了一部分新盖的房子，二层小楼，四四方方，"漂亮的瓷砖"，这样的房子全国各地从南到北，从东到西随处可见，毫无特征，与原来的房子和周围的环境极不协调，看起来很扎眼。我一直在想，为什么各地的建筑设计部门不能在广大的农村里发挥一下自己的作用，充分调查研究当地的建筑风格和历史文化，结合现代建筑的先进理念和技术，设计出有特色、实用的民居？这样既满足农民改善居住条件的愿望，又可以避免"千村一面"的单调乏味。现在我们的建筑设计师全都是学西方的理论，学西方的范例，但是由于没有在西方生活的文化背景，永远也无法超越西方的设计师。贝聿铭先生在美国生活，但他为北京设计的香山饭店、为苏州设计的博物馆，却无不是完美地体现了当地的建筑风格特征和文化内涵。所以我想，我们的建筑设计者，一定要好好地研究几千年积淀的中国建筑文化、建筑设计、建筑技巧，还要学习中华传统文化。有民族文化内涵，不仅是现实的迫切需要，我想恐怕是我们的建筑文化和建筑设计工作者走向世界的唯一的一条路。

其实这不仅仅是建筑的问题，更是中华传统文化和各地区、各民族的传统文化能否保存延续的大问题，如果传统的建筑、服饰、饮食等全都退出生活了，那么，内在的文化必然也就会淡出人们的生活了。丰富多彩的地域文化、民族文化，正在遭受着严峻的考验。

我们参观的第一个景点是布依民俗博物馆。博物馆纯木结构，三层小楼，倒是颇有一些特色，展览反映了布依人日常生活场景，收集了许多生产生活用品。二楼以图片的形式，展示了布依村寨的历史。三楼展出了大量傩文化节面具和照片。博物馆是村里发掘布依族文化工作的一部分。村里还在有关部门的指导下，加强以傩文化代表的原生态布依族民族历史文化的发掘，利用晚上时间开设布衣语言传承班，组织年轻人学习布衣语，组建表演团队，开展傩戏傩舞表演。傩文化过去在我国南方地区是普遍存在的，现在在很多乡间仍然有所保留。

接下来参观了间歇泉。位于村边的这口泉，出水量并不大，但是泉水每隔10分钟涨歇一次，无论晴天雨天，四季水色不变，水位不变，据说是特殊的喀斯特地貌造成的。泉边生长着许多红豆树，当地青年人在此以红豆作为定情礼物，故该泉又被称为"红豆间歇泉"。这个泉是村里开发旅游的一个重要资源，他们专门请外面的规划设计部门在旁边设计了一个水塘，但是这个水塘四周用水泥砌沿，很生硬，和城里许多单位院子里的景观水池没有什么区别。我想即使单从旅游的角度讲，如果依势而建，在塘边种上芦苇水草，形成真正的自然景观，也许会更符合游客的口味。

接下来走访了一户农户，了解了一些情况。我们便在村口的一户人家院内的凉亭里开起了座谈会，我们考察组一行和州里、镇上、村里的干部共同讨论起民族村的发展问题。一直谈了两个多小时。

2007 年 1 月 26 日，曾庆红同志视察了民族村，他提出，要建设好民族村，使村容村貌更加美好；要解决洪涝灾害对民族村的侵害，让群众免受自然灾害之苦；要培育产业，为群众增收致富寻找一条长远的路子。州里很重视，委托贵州省山地农机研究院编制《民族村社会主义新农村建设规划》，涵盖产业发展、村庄整治、基础设施、农民教育、苗族布依族文化的发掘和培育、基层民主政治建设等内容，一个村，有如此详细的规划，也是不容易的。

发展观光旅游业成为村里的重点。各级各部门多渠道筹集资金 80 多万元，硬化路面，改善环境，治理河道，建设排洪工程，引入了超市，正在建设活动室。配合旅游业，开展了"三治五改六化"：治脏乱差，改水路房厕圈，道路硬化、村庄绿化、环境净化、家居美化、服务社会化、管理规范化。

地方的同志开发热情高涨，有很多想法。但我想最重要的是在民族村的"农家乐"旅游开发过程中，如何最大限度地保存乡村原始风貌，避免新建景点。我一直认为，要尽可能做减法而不是做加法。应该充分体现布依族和苗族的建筑特色，尤其是在主要的交通要道与景观地带，一定要让民族风情表现得淋漓尽致。另外，我对于服装、食品的民族风味以及民族文化的传统活动的开发等也提出了一些想法。

关于农业产业发展，村里的同志和我们的专家都认为药材石斛是当地的特色，经济价值也高，应该好好研究开发。同行的农业专家黄卫东、贾克功都发了言，提出了看法，他们反映，民族村的果树，缺乏基本的管理，村民需要培训。贾教授昨天已经做了一次培训，许多村民都自发地来学习。我认为，这里应该以发展经济效益比较好的景观农业为主，形成一村一品的特色。

座谈结束后，我提出去看一下村小。这是修在公路边的一栋小楼，一共只有两个年级，一年级20多个学生，二年级8个学生。我们走进一间教室，一群孩子正在玩耍，教室里垃圾满地，孩子们把零食包装袋随地乱扔。二年级的一名学生还带了一条狗在教室。我们让同学们打扫，小朋友马上就去找来工具，开始打扫了。看来这所学校缺乏基本的管理，没有培养孩子基本的生活和学习习惯。近些年，在政府和社会各界的努力下，农村学校的硬件条件都改善了，而校长、教师的素质提高，似乎还没受到应有的重视。

已经到了午餐时间，在民族村的一户农家，我们品尝了布依族的"九缸钵"。何为"九缸钵"？布依族人将干板菜、七彩糯米饭、梗豆米炖腊猪脚、盐菜蒸腊肉、现磨的豆花、清炖土鸡、蔬菜回锅肉、蒸土鸡蛋和素菜薹盛在九个统一烧制的土钵中，取"九"意寓"久长久远"的意思。坐在院子里，面对着田园和大山，看着农夫牵牛耕田，耳边响着虫声和鸟鸣，口里品味着新鲜的菜肴，还真有"开轩面场圃，把酒话桑麻"的意境。像中国这样一个有如此悠久农耕历史的国家，农耕文化和对田园的情结，已经渗透在每个中国人的血液里，尽管长期生活在城市里，一见到田园，还是非常亲切，从内心深处会涌起一股说不清的情感。

午餐以后，我与镇上的领导交流，希望民族村的建设能够速度慢一些。他开玩笑地告诉我，如果慢了，可能乌纱帽就丢了。

下午1点左右，我们去昨天黄卫东教授栽种的草莓园浇水。黄教授一直在为民族村的产业发展想办法，他这次专门带来了一些优质草莓苗进行试种。他设想，如果引种成功，民族村可以发展成草莓村，既可以供"农家乐"游客采摘，又可以供应兴义市场。

下午2点左右，考察了位于顶效经济开发区的"吉仁堂"和"飞龙雨"两家金银花加工企业。吉仁堂中药饮片厂是当地一家最大的医药销售企业投资2000万元建立的，偌大的厂房里空空荡荡的，没有一个人，设备也都闲置在那里。据介绍，是因为原料不足。而在建厂时，他们考虑的是"黔西南州具有得天独厚的中草药资源优势，可开发的药材资源储量较大"。企业刚建起来就面临原料问题，则是他们始料不及的。

飞龙雨绿色实业有限公司组建于1993年，把"开发本地绿色资源，致力农业产业化经营"作为经营宗旨，是中共黔西南州委、州人民政府授牌的农业产业化经营和黔西南30万亩金银花基地建设龙头企业，是国家科技部授牌的"国家星火计划技术创新企业"。公司还是贵州金银花、倒提壶的GAP基地建设承担单位，在全州各地建有大叶茶生产基地，饲料桑树、构树示范种植基地，金银花中药材种植基地以及珍稀植物和中药材种苗基地近5万亩。他们从一开始就参与了金银花项目，从培育种苗到收购加工，并且开发了胖大海金银花含片、桑叶金银花含片、杭菊金银花含片、薄荷金银花含片等各种金银花产品。我们试吃后，比金嗓子不差，但是一包出厂价1.5元，市场价5元，看来还需要更新经营理念，进行市场开发。

公司的老总陇光果提出，困扰他们的问题是金银花花期短，又恰好在农忙季节，采摘是难题。这和德卧镇大水井村村民反映的是同一个问题。陇总也曾进行过推迟花期的试验，没有成功，希望民进中央给予帮助。我想可以从两方面努力，一方面我们可以请有关单位的专家进行研究；另一方面，黔西南州也要充分发挥本州农科所的作用，毕竟他们最熟悉当地情况。

下午3点，我们一行参观万峰林。万峰林占兴义市约三分之二的面积，它东到坡岗，南端和广西交界，西到滇、桂、黔三省（区）交界处的三江口，北接乌蒙山主峰，总面积达2000平方公里。观光道是沿一座山的半山腰修建的，我们乘环保观光车沿路前行，向西侧望去，一路上的风光真的是让人赞叹不已。向西望，群峰林立，峰峰各异，有的像统率千军万马的将军，有的像仰望天空的少女，有的像冲出水面扑向猎物的鳄鱼，有的像展翅飞翔的雄鹰，真是千姿百态，让人目不暇接。

据文物考古和地理学家研究认定，在距今大约3.64亿年前，兴义还是一片汪洋大海，是滇黔古海的一部分。大约2.8亿年前，石炭纪开始形成陆地，又经历燕山、印支、喜马拉雅山等多次造山运动，地壳不断上升，出现山峰，在烈日烘烤和雨水冲刷下，在二氧化碳和有机酸的作用下，使石灰岩裂缝、孔隙加深，逐渐形成洼地、河流、溶洞、峰林、地下河、落水洞、漏斗、天坑、峡谷、裂谷、地缝、钟乳石、堆积岩、石峰、石笋、龙潭、温泉、湖泊等奇观。徐霞客两次到兴义，在日记中写道，"丛立之峰""磅礴数千里""为西南形胜"。

陪同考察的同志说，万峰林所有高峰都是"气象山"，当地居民都会看山识天气。只要气候变化，山顶就出现"云戴帽"或"峰插天"，"云帽"的大小，预示着何时变天及雨量的大小。每遇"气象山"的"云帽"晃动，则预示着阴雨转晴。

把目光向下移，就会看到一片广阔的田野，整齐的农田显示出布依族人民的勤劳，掩映在树林里的村庄，宁静安详。在一个村子的北边，有一块田地，像是太阳和月亮走到了一起，被称为日月田。村南的一块田地更为神奇，是一幅八卦图，这不是刻意安排的，而是大自然的造化和人力结合的偶然结果。在这片土地上，还有许多天坑，据介绍，峰林中到底有多少天坑，至今没有精确数据，其中雨古鲁、洋坪、吊井坝、下发励等天坑最为典型。据介绍，兴义城区东北40公里处的雨古鲁天坑被地质专家称为华夏已发现的天坑之首，底部平坦，喇叭花形，高低差600米，周围奇峰林立。居住在坑底周围的126户人家的房屋和一些生产生活工具都是石头制造的，石基、石墙、石凳、石路、石具。天坑东边有一泉水，除满足坑寨人畜饮用外，还灌溉近20公顷水田；西边有一落水洞，又将生活用水排出。由于时间关系，我们只是远望，没有机会走近看一看。

这次匆匆的黔西南之行，没有时间详细考察丰富的旅游资源。我想，等到冯骥才先生的古村落保护项目正式启动以后，倒是可以结合走访村落，再来看看。

晚上8点半，参加黔西南州工作座谈会。在州委党委、副州长贺登祥做了州情、试验区建设情况介绍之后，我谈了几点想法。

第一，要坚持中国共产党领导的多党合作制度，探索民主党派参与区域经济社会建设的新途径。黔西南州"星火计划、科技扶贫"试验区成立以来，各民主党派为促进区域经济发展做了大量工作，取得了重大成就，证明了多党合作制度的优越性。民主党派参与区域经济社会建设不仅是智力支边扶贫，还具有重要的政治价值与意义，在今后工作中要以这样的认识高度来推进试验区建设。第二，要坚持科学发展观，探索生态扶贫、科技富民，发展金银花产业的新途径。发展金银花产业要提高到贯彻落实科学发展观的高度来认识，金银花具有良好的生态、经济效益，是一箭双雕的产业，产业发展还有很大的空间，可以从优良品种培育与攻关研究、新产品研发等工作切入，更好地推动金银花产业发展。第三，要坚持中央提出的社会主义新农村建设的方针，探索西部山区少数民族聚居地新农村建设的新途径。民族村建设的魂，应是弘扬与体现民族文化，充分展示少数民族风貌特征，保护特有的建筑文化、服饰文化、饮食文化等；坚持规划先行，做好整体规划，做到富规划、穷开发。第四，要坚持科教兴州战略，探索教育作为第一民生，经济、教育、社会、文化和谐发展的新途径。一个区域长远发展的基础是教育，教育对经济发展具有很强的支撑作用。今天的教育是明天的科技，明天的科技就是后天的经济。黔西南州教育发展还存在一些突出问题，农村幼儿教育与高中阶段教育发展滞后，教育质量与教师素质有待提高，素质教育亟待推进。民进作为参政党最大优势在教育方面，可以调动力量提供更多的帮助与支持。

座谈会结束时，已经是晚上 10 点半了。

2008 年 4 月

农村中学的出路——甘黔教育行之七

上午 8 点半，在民航酒店参加与黔西南州教育部门的座谈会。州委常委、副州长贺登祥推掉其他活动，专程赶过来参加，通过昨晚的座谈已经看出，他对教育是非常重视的。

州教育局局长龙渊介绍了州里教育的基本情况。到 2007 年底，全州有幼儿园 88 所，在园幼儿 50935 人，入园率 34.42%，我插话问道：这 34% 的幼儿教育入园率是否主要是在城市？回答是肯定的，农村几乎没有。特殊教育学校 3 所，在校三残儿童少年 1149 人，入学率 80.7%。小学 1114 所，教学点 453 个，在校生 398091 人，入学率为 99.4%。初中 176 所，在校生 168138 人；职业初中 8 所，在校生 4079 人。初中入学率 96.34%，高中 37 所，在校生 39617 人，入学率 22%。15 周岁至 50 周岁人口 1702836 人，非文盲人口 1686163 人，非文盲率 99.02%。高等学校 3 所，在校本、专科生 9167 人。小学专任教师 16039 人，初中专任教师 8487 人，高中专任教师 2329 人，师生比分别为 1∶24.8，1∶19.8，1∶17。教师合格率分别为小学 98.25%、初中 96.39%、高中 83.29%。高校专任教师 555 人。小学生均公用经费 225 元，初中 375 元，全部由财政支付，拨付到校。我向在场的人员确认，公用经费是否能够到位，也得到了肯定的回答。教师月平均收入 2000 多元，其中高中为 3000 元，初中 2000 多元，小学高级教师 2000 多元。对师资培训经费和每人受训时间没有规定。教师培训主要在省内。全州现有代课教师 2503 名，月工资在 300—600 元。目前高中缺教师 338 人，初中小学基本不缺教师。民办学校主要集中在兴义市，兴义现有 87 所，其中主要是幼儿园。

为了了解情况，我不断地插话，互动交流，然后我做了简短的讲话。座谈会结束后，赶往机场，在候机室里，继续探讨有关教育问题。11 点 10 分搭乘华夏航空 G52602 次航班赴贵阳。只需 35 分钟，在飞机上看了一张报纸、打了一个盹，就已经到了。

中午 12 点，中共贵州省委常委、统战部部长龙超云，副省长刘晓凯与我们一行见面。本来他们是要去参加在凤冈举行的新教育现场会的，由于中央统战部来人召开座谈会以及省里有其他重要工作，不能如约，所以抓住我们路过贵阳的空当，特意安排和我见面交流。

14 点 15 分，驱车赶往金沙。贵州的路不太好走，由于山多，导致弯多、坡多。又赶上乌江大桥在修，两边的车轮流过桥，耽搁了一些时间。晚上 7 点，我们才到达金沙黄金酒店。毕节的秦如培专员专程赶来与我们见面，商量"石漠化治理与生态建设高层论坛"的筹备等有关工作，晚餐成了名副其实的工作餐。

晚饭后，回到房间召开会议，讨论在金沙准备进行的有关项目。随行的武汉虹惠投资公司张总一行和华南农业大学的李小琴教授等谈了他们的一些想法。张总的夫人是民进联络委员会的副主任，他是受夫人的委托前来考察投资环境的。李教授也是民进的会员。她早我们一天到，已经在县农业部门的陪同下进行了考察，所以谈得比较具体，准备在茶叶生产、大规模养猪、订单蔬菜等方面开展合作。之后，韩平县长和县委统战部王丽部长又来商谈考察、安排有关工作。

谈完工作，又快夜里 11 点了。

2008 年 4 月

携手金沙 20 年——甘黔教育行之八

早晨 6 点起来，准备明天在凤岗的讲演《新教育的行动与未来》。

8 点 20 分出发，开始在金沙的考察。金沙县地处贵州省西北部，毕节地区东部，乌蒙山和娄山山脉交汇处，乌江流域和赤水河流域之间，行政区域总面积 2528 平方公里，辖 26 个乡镇 247 个村，人口 62.19 万，有 15 个民族。最高海拔 1884 米，最低海拔 457 米，县城海拔 910 米。属亚热带湿润季风气候，冬无严寒，夏无酷暑，四季分明。

金沙是民进中央重点联系的县。自从毕节试验区成立20年以来，金沙县各项事业都取得了长足的发展。自1987年至2007年，GDP从2.17亿元增加到45亿元，财政总收入从1782万元增长到8.69亿元，农民人均纯收入从387元增加到2930元，城乡居民储蓄存款余额从2416万元增加到16.85亿元，社会消费品零售总额从7416万元增加到7.2亿元。全县贫困人口从10.54万下降到2.32万。粮食总产量从9.7万吨增加到28.35万吨，农民人均粮食产量从403斤提高到1014斤。全县输出10万名以上富余劳动力外出务工，每年创收6亿元以上。

同时，自1987年至2007年，金沙县人口自然增长率从24.56‰下降到5.89‰，人口出生率从31.47‰下降到12.25‰。金沙县森林覆盖率由28.7%提高到38.4%，取缔了一批不符合政策的小炼铁厂、小硫磺厂、小造纸厂，开展煤矿和医院的污水治理工程，对黔北电厂加强脱硫处理，大大提升了环境治理水平。

胡锦涛总书记对于试验区提出的"扶贫开发，生态建设，人口控制"三大主题，在金沙都取得了很好的成果。

考察的第一站是城关镇丰景村石漠化治理现场。金沙的石漠化情况相对邻近的大方等县而言要好一些，石漠化土地面积97.35万亩，占国土面积的25.67%。在民进中央协调、国家林业局的推动下，金沙县石漠化治理已经列入100个国家石漠化生态治理试点县之一。他们主要采取了生态治理与工程治理两种途径，我们分别参观了他们用这两种方法治理石漠化的现场。

在生态治理方面，主要的方法是在石漠化耕地中种植花椒、核桃、金银花等经济林；二是耕地套种金银花；三是以封山育林，营造用材林、生态林等方式进行生态恢复。生态治理的一个难点在于这里人多地少，农民见缝插针，只要有土的地方就种粮食，石漠化治理工程的经费相对不足，让他们把土地让出来有困难，怎样把生态效益与经济效益结合起来是一个关键，民进中央在黔西南州种植金银花取得的成功经验值得借鉴。县领导听了我的介绍，当场决定马上派有关部门去考察。这里也创造了一些好做法，如林下种草，引导农民养殖猪、牛、鸡、鹅等。远远看到一群鹅在山坡上觅食，这就是农民新的"钱袋子"。不过，我想，在这种生态环境脆弱的地区，养殖业的规模控制也是要注意的。

　　工程治理主要是通过小流域治理，实施土地梯化改良，通过坡改梯、谷坊、沉沙池、拦山沟、田间便道、机耕道工程建设，减少水土流失，改善耕作条件。同时修建水利保护设施，建水池、水窖、集雨坪。

　　考察的第二站是准备建设的胜天水库现场。按照设计，胜天水库是一座集灌溉、防洪、供水于一体的综合利用水库，设计总库容1250万立方米，设计总灌溉面积31526亩，解决灌区内25000人、1100头牲畜的饮水问题。还可以将县城的防洪能力从20年一遇提高到50年一遇。我们站在一条不宽的马路上，脚下是一条小河，河水污浊，据说是因为上游煤矿的缘故，水流量也不太大。韩县长介绍说，水库建成后，还能通过沉淀和其他净化措施，优化水质，保证饮用水的质量和安全。又是水库，《后望书》里的一个个惨痛失败的例子，刚刚看过的民勤红崖山水库，使我对水库有些担心。当然，贵州与甘肃差别很大，这里降水量丰富，而喀斯特地区的特征恰恰是地表不保水，降水会迅速渗透到地下。终归是门外汉，对于在金沙修建水库的利弊我无从评论，只是给他们介绍了红崖山的例子，提醒他们做好论证，慎重行事。

　　11点15分，来到考察的第三站——金沙酒业公司。公司原名窖酒酒业公司，2007年7月改制，与一家湖北企业合资后，改名金沙酒业公司。金沙酿酒的历史比较长，在清代的地方志中已有记载，20世纪30年代，借鉴茅台酒工艺酿造"回沙斗酒"，成为现金沙酒业公司主要产品——金沙回沙酒的前身。地方的同志甚至说，回沙酒与茅台酒的师傅当时是弟兄俩。2007年，这家企业销售收入1亿元，利税5400万元，按照新改制公司的规划，将把目前的年产1000吨，用四年时间扩大到1万吨。昨天晚上，秦如培专员专门介绍了这家企业，并充满希望地说，它的利税收入，将有可能超过现有的两家电厂，成为主要财政收入来源。这里曾经是国营林场，这家企业征用了大片林地，他们还"领养"了周围的一些山地。他们表示，一定要保持好的环境，厂区内也将尽量绿化，争取建成一个生态型的酒城。

　　中午12点，在民进对口支持的西洛乡中心村一户农民的家中用餐。这是一户对外开放的农家乐，宽敞的院子干净整洁，二层小楼盖得也很气派。吃的全是黑豆腐、水煮青菜、土鸡等乡间风味，据说这里生意一直很好。农民增收致富的途径多种多样，总之，一是要把农民从土地上解放出来；二是要增加农产品的附加值，除了建厂加工，为城里人提供体验参与、现场感受的机会，也是提高附加值的一个好方法，而且增进了城里人和农村人之间的交流和了解，有助于促进和谐。我提醒他们，要注意农家乐带来的环境污染问题。

下午 1 点，考察"民心"有机农业试点示范园。"民心"，是民进之民，中心村之心，也是代表民心的工程。这是一个占地 500 亩的经济果园。站在山头上向下望去，成片的果树刚刚长出新叶，生机盎然。这里也是民进中央社会主义新农村建设的一个试点。去年 6 月初，民进中央出资从山东引进了 1200 株樱桃苗，由金沙县林业局负责引种试验。我们来到林业局的大棚里，看到樱桃树上已经结出了黄豆大小的果实，着实可爱。希望它能成为当地农民致富的一个新品种。

下午 2 点，经过民进对口支持的另外一个村——金槐村，来到农里学校。一到校门口，就看见了原民进中央副主席王立平题写的校名，这是他去年 3 月来参加"民进新农村建设现场会"时题写的。第一个节目就是参观反映民进帮扶工作和"现场会"情况的展板。几乎每到一个地方，主人都会如数家珍地介绍民进为这里的发展做了哪些工作，哪年哪月哪日，民进中央的哪位领导来这里考察过。我们做的工作是很有限的，可是这里纯朴的人民却牢牢地记在了心里，让我感动。

接下来参观了教室和图书室，翻阅了图书借阅记录，书的种类不多，而且每周只开两次，服务能力还是很有限。至于民进捐赠的计算机教室暨电子阅览室，由于学校没有联网，所以作用也有限，我建议他们赶紧想办法把网络接通，为老师和孩子们打开一扇通往外面世界的方便之门。

接下来开了一个小型座谈会。校长卢关德首先介绍了学校的基本情况。这是一所从 5 岁的学前班到 15 岁的初中班全部都有的十二年制学校。由于原校舍成为危房，2005 年投资 100 万元建了新教学楼，共有 21 间教室、19 个班，在校学生 1005 人，教职工 71 人，其中小学教师 15 人，有大专以上学历的 15 人，初中教师 37 人，取得本科以上学历的 12 人。

今天一些教师代表参加了座谈，我问他们读了什么教育刊物和书籍，几乎无人能够讲出一两本书名或者杂志名。看来，农村教师的职业发展，包括培训和自我发展，一直是一个大问题。教师专业发展的关键是专业阅读、专业写作和专业发展共同体，但是我们的教师却连书都不读，凭着在师范里学的那点东西，怎么能教好学生呢？接下来一位女老师的发言让我感触更深。她说，去年她参加了民进中央组织的培训，到了上海，看到那里现代化的教室、教学设备，优美的校园环境，看到现代化大都市的美丽风情，回来后讲给她的学生听，她问孩子们想不想到上海去，孩子们说想，她说你们好好读书，考上大学，就可以在大城市工作，留在那里不再回来了。

我很惊讶。教育的一个重要使命是让孩子们热爱自己的家园，建设自己的家乡。人总是要有理想的，尤其是在青少年时期，受这样理想教育的学生，将来即使考上了大学，功利主义早已在他心里扎下了根，也很难有远大志向和更好的发展。我想这位老师也不一定有什么错，毕竟让孩子有理想总比没有好。我一直认为，在中小学阶段，要提倡"养成教育"，最重要的是教会孩子做人，教给他一生有用的东西。可是面对应试教育，面对城乡巨大的差别，面对家长迫切的"跳龙门"的心情，面对教育主管部门甚至政府对升学率的关注，校长、老师又有多大回旋余地呢？我的追问使老师们有些窘迫，气氛也有些紧张起来。

随后，我讲了自己对于金沙教育的一些想法。我说，金沙是民进中央扶贫工作的重点，农里中学是我们在金沙的一个点，我们会继续支持。办好一所学校，硬件很重要，但不是最重要的，最关键的是教师的素质、素养、品德，要有理想，对工作有热情、有激情。教师是世界上最危险的职业之一，稍不留神，就会误人子弟，要全身心投入。每个孩子都是一个世界，每个孩子的世界都非常精彩。农村教师要成长，首先要读书。师生可以一起读书，通过大量阅读，农村孩子的智力发育水平不会低于城市。老师的智慧要从阅读中来。

我介绍了新教育实验师生共写教育随笔的故事。希望这里的老师能够认真记录孩子的成长过程，至少一周记一篇有价值的、生动的课堂案例。活得精彩，做得精彩，才能写得精彩。不能拿着一张教育的旧船票每天重复昨天的故事，不重复就要有思考，给自己挑战，要过好每一天，要用心对待自己的学生。阅读是站在大师肩膀上，把大师的智慧融入自己的血液中；每天记录自己的生活，思考，是站在自己的肩膀上。只有教师成长了，孩子才会真正成长，教师把心给了课堂，课堂才有生命力。我们要和乡里一起努力，帮助学校更好地发展，老师更好地发展，学生更好地成长。

座谈会结束后考察安底乡的温泉。这里离县城30公里，路况差一些，走了好长一段时间。温泉就在公路边，陪同的县里领导介绍，这个温泉是1968年发现的，当时中国第八石油普查勘探大队到此执行钻探任务，当钻到 1276.62 米的深度时，一股热泉从地底喷涌而出，水温高达 48℃。1988
年，国家地质矿产部，中国科学院地球化学研究所，成都地质学院及省、
地两级卫生防疫部门的专家，来安底温泉取样化验分析，验明温泉富含钙、
镁、钠、钾、铁等多种微量元素，对各种皮肤病有治疗作用。1996 年，毕
节地区水电局华禹集团公司投资 300 万元开发，在此建起了占地 1 万多平
方米的温泉度假村，目前每年接待游客 5 万多人次。

我们拾级而上，不久就看见一个标准游泳池，温泉从地下涌出后，就
直接引入了池中。池水很清，但池底有杂物。除了泳池，还有浴池，整体
来看，设施陈旧，服务项目单一，对这么好的温泉资源，是一种浪费。因
为这里距重庆只有 3 小时车程，高速公路修通后，距贵阳也只有 3 小时，
周边没有大的温泉。据说毕节地区和县里都下了决心，要招商引资，进行
综合开发。本来说好是陪同张总一行来考察投资环境的，结果他们没有赶
到，我们便匆匆回县城了。

回到县城时，时间已经不早，直接进了餐厅，从餐厅出来，又直接进
了会议室。晚上 8 点，与金沙的领导和有关部门交换意见。韩县长在介绍
了金沙 20 年的发展情况后，重点回顾了民进中央参与金沙县的建设与发展
的工作：

一是发挥优势，支持金沙县教育事业的发展。先后为金沙县培训教师
1300 多人次，培训卫电师专学员 470 人次，为 642 名高中毕业生进行辅导，
组织校长、教师 123 人外出考察学习，捐赠价值 70 多万元的教学设备和教
学资料。联系港商赵安中捐款 20 万元，为石场中学捐赠 20 万元修建图书
楼，联系香港汉荣书局和民进上海市委会，捐赠图书近万册。民进中央还
把逸夫中学作为帮扶重点，帮助该校与北京陈经纶中学结成友好校，民进
贵州省委会帮助金沙五中与贵阳六中结成友好校，长期开展对口帮扶。经
过多年的努力，逸夫中学由条件差的新建学校，已经成为全县最好的高中
之一。

二是支持社会主义新农村建设。把西洛乡中心村和金槐村作为民进中
央新农村建设帮扶示范点。帮助西洛乡中心村"民心"有机生态农业试验
示范园，投资帮助从山东烟台引进欧系大樱桃。民进会员捐款帮助建立了
西洛乡政府网站和农里学校计算机教室暨阅览室，捐赠图书 6000 册。

三是支持医疗卫生事业的发展。民进中央和民进贵州省委会先后组织

解放军 101 医院、成都军区总医院、上海第二医科大学、贵州省人民医院等多家医院专家到金沙讲学，培训医护人员 1190 人次。多次组织专家义诊，为 500 多位病人提供了免费医疗服务。

四是支持农村文化事业的发展。民进贵州省委会协调资金，修建了安洛乡文化站、新化乡文化服务中心，为马路乡购买"千乡万村"书籍 300 套。

五是支持生态建设。时任民进中央主席许嘉璐 2005 年 5 月率国家林业局等有关部委的同志，到金沙考察石漠化治理。2005 年 6 月，民进中央组织中科院生态环境专家 5 人到金沙调研，提出了编制生态建设和环境保护长远规划、建立环境污染监测和保护网络、建立污染数据库等 15 条建议。

六是协调有关部委支持重大项目建设。协调国务院有关部委立项建成了金沙电厂、黔北电厂，2005 年全部投产，对拉动金沙县域经济发挥了重要作用。协调发改委、水利部立项建设的胜天水库，投资 9000 多万元，已经做好开工准备。

民进中央社会服务部赵会部长、武汉虹惠投资张军东董事长、华南农业大学李小琴教授谈了此次考察后的思考和建议。

最后，我做了发言，提出了自己对金沙发展的想法和建议，也对金沙人民致以感谢。会议又是夜里 11 点结束，我们的工作任重而道远。

2008 年 4 月

金沙教育掠影——甘黔教育行之九

这一次到金沙，一个重要的任务是认识与理解金沙的教育。

金沙教育局的材料表明，目前全县总人口 60.7515 万人，有中小学 322 所（含职业高中、教师进修学校），教职工 6269 人，在校高中生 9527 人，初中生（含职业初中）23511 人，小学生 62725 人。幼儿园（含民办）33 所，在园（班）幼儿 13768 人，入园率达 22.6%，幼儿教师 272 人。

全县 0—6 周岁人口 59428 人，7—12 周岁适龄儿童 53773 人，其中残疾儿童 166 人；正常儿童已入学 53440 人，初等教育入学率 99.7%，辍学率 0.12%。13—15 周岁适龄少年 23021 人，其中残疾少年 70 人；初中在校学生总数 23511 人，初级中等教育毛入学率 116.0%，辍学率 0.94%。7—15 周岁残疾儿童少年 236 人，三残入学率 84.0%。15 周岁人口 7557 人，初等教育完成率98.26%，文盲率为0。17周岁人口11915人，初级中等教育完成率91.3%。

全县小学专任教师3232人，任职率96.3%，学历合格率94.4%；2001年起补充新任教师762人，学历合格率100%；小学师生比1:19。初中专任教师1642人，任职率98.4%，学历合格率99.1%；2001年起补充新任教师590人，学历合格率100%；初中师生比1:13。小学正副校长272人，均取得岗位培训合格证书；初中正副校长60人，取得岗位培训合格证书56人，培训合格率93.3%。普通高中专任教师445人（其中本科毕业409人，专科毕业30人）；职业高中共72名教职工，62名专任教师。学生一年级370人，二年级197人，三年级159人，共计726人。完成农村劳动力转移培训1381人，转移上岗1214人。开展普通初中"绿色证书"培训920人。

全县有代课教师203人，大专学历10人，中函学历65人，其余为初高中及以下学历。代课教师月工资300元，其中县财政拨款42元。

现有中小学校地1484422平方米，其中小学校地882785平方米，生均校地14平方米，初中校地601637平方米，生均校地27平方米。现有初中、小学办公用房123664平方米（D级危房4852平方米），其中，小学教学办公用房123664平方米（D级危房4852平方米），生均1.9平方米，初中教学办公用房68258平方米（D级危房2268平方米），生均2.85平方米。中小学危房率3.31%。中小学教学实验仪器，除县一中配置齐备，5所完中的初中和三所一类初中有不完整的实验设备外，27所农村初中（二类初中）和6所实验小学有部分实验仪器，30所二类小学有少量实验仪器，200多所三类小学几乎没有实验设备。中小学图书除一中配置齐备，二中、逸夫中学等五所完中和30所初中、六年一类小学有少量图书供师生借阅外，200多所小学的图书配置还是空白。

金沙县是贵州省首期实施"两基"县之一，2008年10月，国家将对贵州"两基"达标进行验收，按照验收标准，改造和新建房屋，购置补充实验仪器和图书等还需要大量投入。

总的来看，金沙基础教育的基本条件还是不错，但是问题多多。如农村的学前教育基本空白，许多小学没有图书，学校危房还有很大比例，教师的素质还有待提高等。所以，在离开金沙前，我决定再去现场看看学校。

早晨8点，从宾馆出发，考察逸夫中学。

这所学校1996年秋开始招生时,只有6个班,25名教职工,340名学生。从1997年起,民进中央、民进贵州省委会把金沙逸夫中学作为支教扶贫工作的重点,一直到现在,各种形式的帮扶工作从未间断过。到目前,逸夫中学已发展成为拥有两个校区、157名教职工、2868名学生的完全中学。

首先参观的是新校区,县政府投入432万元收购了一所民办学校,作为逸夫中学的新校区,准备把高中生全部搬过来。县教育局的同志告诉我,自从国家义务教育免费的政策出台以后,金沙仅有的两所民办学校建国中学和文峰中学都办不下去了。政府收购接管以后,用来改善公立学校的办学条件。

随后,我们来到校本部。简单地参观校园后,到会议室座谈。一落座,发现除了校长的汇报材料,还有一张校报,以专刊的形式详细回顾了民进中央支援该校的情况。还有一份材料是"金沙县逸夫中学新教育实验行动方案"。不久前我来毕节的时候,曾与地区教育局和部分校长、教师座谈。当时叶校长也参加了座谈会。没想到他回到学校以后,马上行动,准备开始在逸夫中学搞新教育实验。不过方案还是显得有些粗糙,他们对于新教育实验的情况了解还不够,我们会加强对他们的指导。

校长叶勇首先简要介绍了学校的情况和民进中央、民进贵州省委会支持该校的情况,之后与教师交流。有的老师提出,一个班八九十人,无法与学生互动交流,影响了教学效果;有的老师提出学校没有像样的图书馆,无法组织学生读书;一位老师问学生不爱读书怎么办;一位年轻老师则表示,学生时代的理想,与工作以后的现实有很大差距,有一些困惑。

因为还要赶路,没来得及深入交流。在回答了部分老师的问题以后,我讲了三点意见:

一是以建设新校区为契机,抓好校园设施建设。金沙县政府在经费并不富裕的情况下,投巨资建设新校区,给逸夫中学的发展带来了新的契机。要做好规划,富规划穷开发。

二是以参与新教育为契机,推进教师专业发展。一个好校长就是一所好学校,有好校长才能带出一支优秀的教师队伍,有了优秀的教师,就会有好的学生。没有爱就没有教育,但光有爱还是不够的,还要有专业技能,懂教育规律。建议成立老师读书俱乐部,每位老师每学期至少读一两本书,要读教育理论、教学论、心理学和学科的专业书。只有爱读书的老师,才能培养出爱读书的学生。初中是人生最关键的时期、危险期,易出问题,老师要真正和学生交朋友，和他们一起成长。还要开展教师专业写作，每天记录自己的教育生活，反思自己的教育实践。要培养专业发展共同体，鼓励老师一起思考、探讨、研究问题，共同成长。

三是以新课改为契机，探索普职结合的办学模式。新课改为高中教育改革留下了空间，在农村中学，应该加强职业教育的内涵。高中的主要目标之一是高考，但是不能以牺牲孩子的幸福与未来为代价。黔西南的德卧中学，从初一开始就有大量职业课，让孩子有更多的选择。我认为，以后要鼓励发展综合高中，人是多元的，并不是每个人都适合做研究，有人适合艺术，有人适合体育，教育最大的使命是让孩子成为他自己。要帮助每个孩子燃烧起人生的希望，建立起自信。上帝为每个人安装了成功的密码，我们要解开这个密码。教育本来应该是快乐的，要过一种幸福完整的教育生活。

上午 10 点半，出发赴凤冈。这是遵义的一个县，一个我一直想去的地方，那里的山，那里的水，那里的人，似乎与我有着不解之缘，虽然没有去过，但是好像几百年前就已经熟悉。

一路奔波。下午 1 点 10 分，抵达遵义。2003 年，新教育实验刚刚开始的时候，我们曾经到这里支教。我曾经在那个教堂的前面感慨万分，发誓要做一个"新教育的传教士"。我们的队伍从被怀疑到受信任，从一个小教室移到大礼堂，从一个点到多个学校，在一定意义上讲，这是我们新教育的一次播种之行。

在遵义宾馆用了简单的午餐。下午 2 点出发，继续赶往凤冈。途中经过湄潭，这也是新教育人曾经用心播种的地方。县政协的何琦副主席是教师出身，也是对教育有着特殊感情的领导。2006 年我们的团队首先到达的是这里，湄潭的老师们也去过运城进行培训，但是由于缘分不到，新教育实验阴差阳错地在邻近的凤冈扎下了根。

下午 5 点，到达凤冈境内。政协的李主席与教育局的曾局长专门在交界的地方迎接我们。到达宾馆后，放下行李，赶紧打开电脑，修改晚上讲演的 PPT，朱寅年和魏智渊也来帮忙出主意。

晚上 7 点半在凤冈县教育局参加新教育实验的教师培训，湄潭的何副主席带了几个老师赶来听课。新教育研究中心主任干国祥讲的是《新教育，让生命开出花来》，通过对一个新教育老师（大石）一天工作的记录，描述了一种幸福完整的教育生活的体验。"大石老师"对于课堂的理解，要求"堂堂扎实，时有精彩""发掘伟大事物本身的力量""成为所在学科的虔诚的传教士"，给大家留下了深刻的印象。尤其是关于《西游记》的教学分析，让大家不时发出会心的微笑。

新教育研究院院长卢志文讲的是《新教育背景下的学校管理新思维》，他提出的新教育人应该"心中有天空，眼中有目标，手中有分寸，脚下有土地"，以及"制度规范行为，行为形成习惯，习惯培育传统，传统积淀文化，文化润泽制度"的管理模式，也给大家留下了深刻的印象。

我的命题作文是《新教育实验的行动与未来》。因为听众既有非常熟悉新教育的老师，也有没有接触过新教育的朋友，所以非常难定位。整个培训一直持续到晚上 11 点左右。

回到宾馆，与卢志文、王海波、干国祥、魏智渊、章敬平等在我的房间里开会，研究 7 月的新教育大会、新教育期刊、"教育在线"网站的发展等问题。由于大家分散在各地，很难聚到一起，所以有讨论不完的问题，说不完的话，一直到次日凌晨 2 点才休息。

2008 年 4 月

种子与大地——甘黔教育行之十

"我有一粒种子，你有一片土地，所以，我们来了。"

这是新教育人经常挂在嘴边的一句话。2006 年 9 月，"灵山—新教育"贵州行团队初次踏入凤冈，在这里播下了新教育的种子。

一年零七个月的时间，这里发生了怎样的变化？通过"教育在线"网站，通过在运城新教育大会上与凤冈一些老师的接触，通过新教育团队的朋友们的介绍，我对这方水土和这群人物，已经有了很深的印象。

为了总结利用教育公益模式，推动新教育实验的经验，探索新教育实验对西部教育特别是西部农村教育的影响路径，促进新教育实验在凤冈乃至西部更大范围内逐步推广，我们选择在凤冈举办"新教育实验贵州凤冈现场会暨 NGO 西部教育公益论坛"。这次活动的主题确定为：新教育实验在贵州凤冈的区域教育公益模式探索。

这是新教育实验第一次在西部举行的重大活动，而且是在一个偏僻的小县城举行。事先我们讨论方案的时候，决定让这次会议"土"得掉渣，不放在县城里面的宾馆开，而是选择在一个农村学校的操场上进行"原生态"的会议。

走过长长的一段山路以后，来到了绥阳一小。现场会上午8点准时开始。

会议的第一单元是开幕式暨贵州凤冈实验区成立仪式。在简单而庄重的升旗仪式后，开始了晨诵。绥阳一小的孩子们在老师的带领下，齐声朗诵童诗，在美妙的诗歌中与黎明共舞，是每个新教育实验学校都可以见到的晨景。所不同的是，这是西部山区孩子们的声音。从他们的表情可以看出，他们对于《山的那边》等诗歌的理解，与城市的孩子没有任何差距，甚至更加出色。我被他们，也被这些美丽的诗歌打动了。

2006年以来，在不到两年的时间里，新教育在凤冈县非常顺利地生根、发芽并迅速开花、结果，取得了一定的成绩和经验，全县已有280多名教师、200多个班级、1万余名学生参加新教育实验，提出申请和主动运用新教育理论进行教研教改的学校越来越多，受到师生们的欢迎。新教育实验在凤冈正呈方兴未艾之势。这里已经具备了成立实验区的条件。新教育研究院院长卢志文用激昂的声音宣布：贵州凤冈新教育实验区从今天起正式成立！

凤冈新教育实验区诞生了！这是第16个新教育实验区。

卢院长在讲话中说，凤冈实验区从无到有的生长过程，为我们新教育实验的推广提供了一个经典样板，那就是通过公益活动将实验的理念和操作成果带来，通过使一群教师个体的成长取得学校的积极认同，并通过局教研部门的推进使得实验的效果得以全面展现，从而使教育局和当地政府领导积极认可、坚定支持，推动实验深入开展。在这方面，新生的凤冈实验区在新教育分布于全国的16个实验区中，是很有代表性的。

接下来，凤冈县教育局副局长韦会生宣布新教育实验学校名单、新加盟学校名单。在我们为新加盟的学校授牌以后，凤冈县的县长、贵州省教育厅和中央统战部的有关领导讲话，表示了祝贺。

轮到我讲话了，在表达对支持新教育实验的专家学者、新闻媒体朋友、公益组织及社会各界人士深切敬意的同时，我说："我们不是来扶贫的，是来帮助自己的；不是来施舍的，是来感恩的；不是来作秀的，是来做事的。'新教育'在西部的这片土地上萌芽、生根，开始开花结果，这让'新教育'人对素质教育的教育理想、对教育公益事业的理解和追求得到了深入，灵魂得到了进一步升华，我们在这个过程中间进步了，成长了，发展了，所以新教育实验推广的过程本身也是我们帮助自己的过程。所以，我们应该感谢凤冈给了我们这片土地，感谢凤冈给我们新教育人一个施展才华的舞台。我希望与会人员能携起手来，共同为西部教育发展、教师的提高和学生的成长而努力。愿凤冈新教育成为西部农村教育探索素质教育的一面旗帜。"

如果说新教育是种子，凤冈是土地，那么，灵山就是阳光。无锡灵山慈善基金会副秘书长赵一平先生的致词充满着感情。他说："记得 2006 年 9 月，我们'灵山—新教育'贵州行团队初次踏入凤冈，在这里播下了新教育的种子。今天，我们欣喜地看到了这颗种子已经在这里破土而出，长出幼苗。我们感受到了新教育的魔力正在让这里悄悄地发生变化：'晨诵、午读、暮省'让这里的孩子也知道了狄金森、金子美铃，还有谢尔·希尔弗斯坦、纪伯伦、史蒂文森……'专业阅读、专业写作、专业发展共同体'，新教育让这里的老师找到了开启自己作为一名教育工作者的神圣密码，他们对新教育如痴如醉，从最初的惊叹新奇到与专家团队的碰撞质疑，到最后的顿悟与沉思，经历了一场前所未有的洗礼，我们听到了凤冈新教育人太多催人泪下的故事。新教育在改变着这里的学校，改变着这里的教师，改变着这里的孩子。"

一平说："今天，我们特别的高兴，一直感动着我们的新教育实验的发起人、营造书香校园的倡导者朱永新先生也在百忙之中来到这里，为我们再次点燃新教育的希望之火，让我们用掌声对这位充满理想主义和社会责任的教育家表示深深的敬意！朱老师常说，我们可以改变自己，也可以改变世界。让我们与他一起用生命去融化，去燃烧，使平凡流逝的岁月充满春光。"

一平接着说："我们知道，新教育实验在凤冈还只是刚刚起步，我们前进的道路还很长很长；我们一定还将面临很多的艰难挫折、坎坷和困惑，但是，我们相信付出，相信坚持，相信种子，相信岁月，相信我们会向着明亮那方，像犟龟一样执着和顽强，坚定地走在这条路上。走下去，我们一起！"一平讲话的时候，我流泪了。这是感动的泪水。

会议的第二单元是凤冈新教育实验展示。

首先是县教育局教研室的曾令广副主任做区域实验推进介绍。他是一个实干家，新教育在凤冈的实施，他功不可没。从这个意义上说，他就是一个不断为新教育浇水、除草的农人。他说："之所以看准新教育，重视新教育，实践新教育，是因为我们对新教育实验理解并认同，于是，我们坚定地行走在新教育的道路上。"他分四部分进行汇报：多数学校有了行政推动、骨干引领、教师积极参与的实验氛围；充分利用本地骨干教师资源，开展研讨和培训活动，尽量系统、规范地推进实验；基于网络平台的全县专业发展共同体已初具规模，并开展了实质性的活动；领导重视、各界关心，助推凤冈新教育扬帆远航。最后，他在全面总结了凤冈新教育实验的六项成果以后，深情地说道："我们知道，教师是想成长进步的！每一位教师都希望自己的职业有成就！每一位教师、每一名同学都希望过上幸福完整的教育生活！所以，我们将继续系统扎实地推进全县的新教育实验！"

接下来是教师专业发展的个案呈现，每一个故事都令人感动、催人泪下。凤冈县天桥完小的语文老师胡琴以"跳出井口，我看到了那片更广阔的天"为题，讲述了她参与新教育实验的故事。她是当地一位比较优秀的老师。她说："我就像那只井底之蛙一样，也自以为是地沉浸在那一方小天地里乐不可支。是'新教育'让我跳出了那个井口，看到了一片更广阔的天。"

去年3月，胡琴老师参加了新教育培训。两周的培训里，她看到晨诵让学生的精神振奋起来了，看到绘本故事、童书让孩子们的眼睛亮起来了，思维活起来了，想象力丰富起来了。而每天新教育人和孩子们进行的共写，更是深深触动了她。

培训结束后，胡琴老师马上开始在她的班级开展晨诵、午读、暮省。她惊喜地发现，当她用自己的爱、用自己对教育的理解，在孩子们的随笔后面真诚地和孩子们进行对话、交流的时候，教育的幸福来临了。每天发随笔本的时候，成为孩子们最为期待的时刻。孩子们对儿童故事的热爱、对写随笔的痴迷程度超出了她的想象！而这些美好事物带给孩子们的情感熏陶，也是大大出乎她的意料！

胡老师最后充满感情地说："'晨诵、午读、暮省'啊，真是神奇的课程，它使得孩子们的精神面貌焕然一新，使得孩子们视野更广了，想象力更丰富了，也更会感受生活中的点点滴滴了。而我，也从中感受到了教育生活的幸福、快乐。跳出井口，我感受到了井外迷人的风光！"

绥阳镇大石灵山学校的秦政老师，是"灵山—新教育"移动图书馆的管理员。他的讲演题目是"有了岁月和种子，石头也会发芽"。秦政老师1996年开始做教师，在经历了热情与理想的破灭后，他开始"破罐破摔"，对工作毫不热心。"提前下课，有事就通知学生放假、上自习的事并不新鲜。"

2006年9月，在"灵山—新教育"贵州行活动中，他听到了干国祥老师讲《特别的女生撒哈拉》，特别受震动，回家饭也没有吃就打开电脑走进了"教育在线"。此后，他在新教育研究中心老师们的帮助下，开始了专业阅读。

秦政老师阅读了大量书籍，并且把所学与实践结合。他读《班主任工作漫谈》，就在班里让学生认领任务，每个学生都是班干部，都有自己的管辖范围，班里事事有人抓，事事有人管；读《名师精彩课堂实录》，他按照自己的年级分析某一篇实录，然后按自己的理解备课，上课时用摄像机把自己的课录下来，回家后一个人慢慢地分析，找出问题，选另外一篇课文再上，再录，再看，再分析。

就这样，秦政老师很快完成了他人生的蜕变。

接下来便是学校发展个案，土溪完小的朱忠国校长以"改变学校，从改变老师开始"为题介绍了他们学校开展新教育的情况。朱校长如数家珍地将新教育实验中的"儿童课程、教师'三专'、'有效课堂'"在学校开展的情况做了介绍，讲述了许多老师发生的变化。

刘运萍老师——参加新教育实验以后，她每天来回奔波于孩子与电脑之间，整个身体好像就只属于班上的"孩子"！被"新教育实验"所"俘虏"的老师只管拼命地工作，忘记了辛苦，忘记了报酬，学校的制度对他们来说就等于是"空架子"，因为他们所做的一切已经超越了学校制度所规定的范围。

朱忠艳老师——虽然只是一个代课教师，月工资只有550元，但她坚持与孩子们一起，认真开展儿童课程，与孩子们进行心灵的沟通。她说："当你想进步时，学习是一件快乐的事；当你想停步不前时，学习是一件痛苦的事。"

最后，朱校长骄傲地说："作为一所在贵州都属于偏僻、落后的乡村小学来说，我们如果要将硬件与其他学校进行比较，那也只是'骆驼与羊'的关系！但我们可以以新教育实验为突破口，从改变老师开始，来慢慢改变我们的孩子，改变我们的班级，改变我们的学校。我们心怀理想，心怀希望！我们会谨记：给学生最美好的童年，给老师最坚实的起步。"

其实，朱校长本人也是在新教育实验影响下脱胎换骨的。两年前，他还是一个沉迷在麻将桌前的人，对于教育了无兴趣。是新教育，让他卖掉了摩托买电脑，把麻将桌换成了书桌。更加重要的是，他坚定地在自己的学校里开设了新教育工作室，和一群"铁杆"老师自觉地全身心投入新教育实验的探索。如果不是亲眼所见，我们根本不可能相信，在中国的西部山村，有这样一个对教育如此痴迷的校长，有这样一群对教育如此执着的老师。他们是西部教育的脊梁！他们是西部教育的希望！

然后是朱校长的"兵"刘运萍老师做班级儿童课程介绍，她的题目是"我与孩子们在故事中成长"。她的班级很复杂，47个孩子，是来自不同学校的学生组合，他们在村小读一、二年级，读三年级时来到完小。2006年8月，刘运萍接手这个班，第一单元测试，平均分只有32分。怎样才能让这样一群孩子喜欢学习呢？刘老师开始给学生讲故事，每天课前三分钟，她都会送一个故事给学生。后来就让学生轮流来讲。再后来是晨诵、午读，写随笔。

让刘老师特别开心的是，她的努力开出了花。在《绿野仙踪》的阅读中，班上一个胆小的同学曾令露，也能自信地走上讲台，向同学们诉说自己的心愿。她在随笔中写道："我以前胆子太小了，老师叫我上台讲故事我都不敢，现在我敢上台讲故事了。以前我知道答案就是不敢举手，现在我知道就举手，不知道就不举手。连我自己都发现自己进步了。现在我的学习好，我很开心。你们一定认为是学习提高我才高兴。其实你们错了，我高兴是因为老师的耐心与教诲帮助我进步，使我感动。老师是我一生的恩人，我一定会永远进步，将来带老师遍游全世界。"

刘老师说，看到这样的随笔，看到孩子们用自己真挚的话语写出了自己的心地善良、上进心、求知欲、心中的委屈以及对老师的信任等，心中的喜悦真是无法形容！随笔成了师生之间心灵沟通的桥梁。

最后，这位乡村女教师真诚地说："贪玩是孩子的天性，但阅读也成了他们生活的一部分，课外书籍已成了他们的精神食粮。就这样，在诗歌晨诵中，在课外阅读中，在随笔的沟通中，学生增长了知识，启迪了智慧，点燃了思维的火花。我和孩子们的点滴进步，皆来源于新教育实验。"

接下来是新教育研究院访问学者、山西运城的高丽霞老师展示新教育晨诵实践。高老师的讲课富有诗意、感情丰富，她一年之内的变化让我惊讶。凡是在新教育研究院待过的人都说，在这个"魔鬼团队"里工作过的人，都会发生脱胎换骨的变化。果然如此。

上午的最后一个议程是课堂展示。在一些教室和操场的不同角落，安排了语文、数学、整体阅读、读写绘课、美术课、写字课、英语课，与会的各方面人士都可以自由参观课堂教学。在操场上还展示了一些学校的师生随笔集。这时还出了一点小状况，大概一个学校的随笔集太吸引人，竟然被人悄悄拿走了，学校的老师惋惜不已。我不停地在各个教室和操场上"巡回"，走马观花地去了所有的课堂。陪同的曾局长"押送"着我，生怕我忘记了哪一个课堂。

中午，大家在操场上吃盒饭，一边吃一边交流。虽然盒饭的质量实在不敢恭维，但是，大家还是吃得津津有味。大家的心在教育上，甚至我都不记得吃了什么。

饭后，几位媒体朋友提出看真正的村小。于是，我们出发去了最近的绥阳镇大石灵山学校。这是由无锡灵山出资修建的一所村小，一幢楼房和一间庙宇式的平房，后者是以前学校的见证。这里有一个图书屋。书的数量和种类都不够多，很多也不适合小学生，竟然有许多是《高三考试指南》这样的书。我们送的新教育儿童书包凤毛麟角地在书架上，被借阅的登记表也表明，这些是孩子们最喜爱的书。看来，捐赠书也要加强针对性。

下午进行的是"新教育的推进成果与策略"单元。全部由新教育研究中心的老师担纲示范。马玲上了"读写绘"课。干国祥上了小学语文课，讲的是《落花生》。陈金铭对课堂进行了评点。最后魏智渊讲了《教师的专业发展》。担任主持人角色的，是研究院的访问学者高丽霞。看得出，经过几年的磨炼，他们已经越来越成熟了。

下午，耐不住寂寞的太阳钻出云层，也来参加新教育人的课堂。大家头顶烈日，照样听得津津有味，让我们很欣慰。

不知不觉，日落西山。本地的老师离开会场以后，晚上的好戏又开演了。大家一边吃盒饭一边互相交流，观看新教育实验的有关报道和西部教育公益的有关介绍。

饭后是"NGO之夜"沙龙，我没有参加，因为几家媒体朋友希望参观秦政老师的移动图书馆。移动图书馆原来在乡下，因为覆盖面相对比较小，在教育局的支持下搬到了县城。在一个教师小区里，我们找到了秦政的家。一进门，就看见两排书架，占据了他家客厅的一大半。图书馆管理得很好，不仅有详细的规章制度、借阅登记，还有图书在凤冈的分布地图。秦老师告诉我，虽然管理这些图书花去了许多业余时间，但是自己能够近水楼台先得月，也看了许多好书，是值得的。我很感动，写下了"以书为友"四个字。

回到宾馆，已经是晚上9点左右了。在床上休息了十几分钟，电话就响了起来。朋友们一拨接一拨地到房间来交换新教育实验开展的情况。先是河南焦作的张硕果与山西运城新教育实验学校的高丽霞老师。张老师开心地告诉我，新教育实验已经成为焦作许多老师的自觉行动，200多名"毛虫"已经在上路。虽然工作很艰难，尤其是实验经费没有落实，新的简报也没有能够印出来，但是新教育已经在焦作让许多教师的生活发生变化。江苏灌南新教育实验区、海门新教育实验区、昆山新教育实验区也陆续来交流情况。灌南的成局长与昆山的高子阳都是老朋友了，海门的同志是许新海副局长的"特派员"。灌南的行政推动力比较强，但是似乎对于实验中的典型与故事关注不够；昆山由于昌楼兄要忙于高考，周校长忙于校务，张局长面临退休，新教育的共同体似乎没有真正形成；海门的新教育非常扎实，但是交流展示得还不充分。新海的执行力非常强，我一直希望下次能够在那里开一次新教育的大会，希望研究院深度介入海门的新教育实验。与他们推心置腹地坦诚交换了意见。

2008年4月

西部教育缺什么——甘黔教育行之十一

早晨6点半起床，继续思考与准备教育公益论坛的讲演。

上午8点，在凤冈县教育局的礼堂参加西部教育公益论坛。这次西部教育公益论坛，吸引了国内比较有影响的公益组织。本来准备与大家充分交流，一起探索帮助西部教育更好更快发展的问题，因为时间紧，需要赶回北京参加中央统战部组织的各民主党派纪念中共中央发布"五一口号"60周年的活动，所以只能申请第一个发言。

我讲的题目是"教育公益的区域推进"。在分析了我国社会公益组织的现状以后，重点讲了社会组织，尤其是教育公益组织，在国家"四个文明"建设中的意义。

由于时间关系，我没有来得及与大家充分交流，讲完话，就匆匆上路赶往贵阳。一路上，继续思考着西部教育的问题。西部教育缺什么？缺观念？缺人才？缺资金？我认为，西部教育最最紧缺的是优秀的教师。教师是教育的关键。西部的学校首先是教师的数量严重不足。

前几年，为了达到"普九"达标规定的师生比等指标，许多学校通过少报学生人数的办法"过关"。我知道，仅仅某一个地区的县，就少报了3万学生，结果在国家决定免除中小学义务教育阶段的课本费的时候，问题暴露了。其实，西部农村教师紧缺的问题，可能比我们想象的更为严重。在贵州的某地区，目前有4610名代课教师，缺大概5000名教师。而且，如果要把目前的幼儿园与高中的入学率提高到全国平均水平的话，可能还需要另外再补充近5000名教师。更加严重的是，补充教师的渠道并不畅通，全国每年真正能够下基层的大学生少得可怜。农村教师的编制又限制得很紧，地方财政又经费不足，所以教师的缺少是当务之急。

我一直期待，能够真正把农村，尤其是西部农村教师的家底摸清楚，从而制定出一个长期的解决方案。西部教师不仅数量紧缺，总体素质也有待提高。我们在西部山区，看到了许多像过去的秦政、朱忠国这样的教师，他们早上八九点钟到学校，下午三四点离开学校，其余的时间或者做生意或者打麻将或者干家务，只用很少的时间备课学习。我在一个学校开座谈会的时候，问老师们读过的杂志和书籍时，几乎无人能够回答。由于西部教师的素质相对比较低，义务教育的质量多少也受到影响，学生的水平不容乐观。考察中我就听说，一个学校五年级的学生，120人的语文平均成绩只有12分。

当然，经费仍然是困扰西部教育的大问题。西部教育缺经费，仍然是这次考察听到的最大的呼声。尽管西部教育在"普九"和"双免"的推动下有了快速的发展，但是"普九"时的债务还没有完全解决，政府在教育上的投入已经差不多到了极限。在初步通过了"普九"以后，外在的压力已经不在，内在的动力又明显缺乏，经费的矛盾依然存在。在我们考察的一个县，就有 200 所学校的图书没有着落，有几千平方米的校舍仍然是危房。依靠县级财政，显然是不可能解决的。所以，我建议在西部贫困地区，义务教育阶段的经费，甚至整个教育体系的经费，应该由省级财政统筹解决。中央财政的转移支付，可以直接到省。

下午 1 点左右到达贵阳。在机场附近与贵州民进的同志共进工作午餐，民进贵州大学委员会主任、贵州大学电子科学与信息技术学院谢泉教授等一起参加。

下午 3 点半乘坐国航 CA4165 航班飞往北京。9 点回家。人已回，心未归。仍然在想着这次甘肃贵州之行的许多细节，思考着西部的若干教育问题。是的，中国的教育现代化，重点与难点在西部。没有西部教育的发展，就没有中国教育的发展，也就谈不上中国的现代化。教育是慢的艺术，是潜移默化的过程。西部教育需要我们有足够的耐心，需要政府与民间的共同呵护，更需要西部教育人的自强与自立。

2008 年 4 月

今天我们如何做老师——再访贵州之一

早晨 6 点起床。收拾行囊准备去贵州，这已经是今年第三次去贵州，由于工作的原因，那方水土已经是我永远的牵挂。

每次出差总会在行囊中准备几本图书和刊物。今天在飞机上读的是第六期的《教育参考》。这是我最喜欢读的杂志之一，每一期都有一些值得阅读的文章，思想与文字俱佳。记得袁振国关于体育的一组文章，陈桂生关于教育研究的思考，都是首先在这本杂志上面读到的，杂志社还策划了《教师人文读本》《解读中国教育》等有影响的图书。蒙吴国平兄厚爱，我忝为杂志的顾问，顾问顾问，读读杂志就可以算是"顾"了，看了杂志给自己提几个问题，也可以算"问"了，反正不拿薪水，也就心安了。

以往，我最喜欢读的专栏之一是吴康宁教授的《碎思新语》，他看问题的角度经常是"转向教育的背后"，深刻而丰厚。这一期他关于韩非子的"治吏术"和《教师的能耐有多大》两篇文章依然是那么精彩。他概括了教师的三个基本要求：一是爱心，即作为"长者"的教师对于作为"幼者"的学生所应具有的关爱之心；二是责任，即作为"社会代表者"的教师对于作为"社会未来成员"的学生所应具有的责任感；三是智慧，即作为"教育专家"的教师对于作为"受教育者"的学生所应具有的培育智慧。如果用这三个标准来看教师，看那些在地震中各种表现的老师，是非自然也就明白了。

当然，最吸引我的是这一期的重点特稿，钱理群先生的一组讲演文字。年初曾经读过钱先生的《我的精神自传》，现在再读他的讲演，而且是在去贵州的途中读这个贵州人的讲演，感觉很特别。因为总标题是"我理想中的中小学教育和中小学教师"，与我过去写的理想的教师有直接的关系，所以读得特别细一些。

钱理群特别提出，作为教师，应该珍惜和呵护学生的"黎明的感觉"。这种感觉，"就是指每一天都是新生活的开始，用初醒的好奇的眼光和心态，去观察、倾听、阅读、思考，从而不断有新发现的冲动和渴望"。这种感觉，是生命的新生状态，也是所谓的"青春精神"。钱先生认为，如果教育的结果，是把青春价值全部否定掉、消灭掉，把人变成"成熟"的庸人，那就完全失败，走到反面去，这是"反教育"的教育。因此，就有必要提出"敬畏青年，敬畏青春"的概念，承认青春本身所具有的一种价值，而且是永远的价值。

钱先生把"青春精神"概括为八个方面，即对真善美的向往，对未来的想象，对理想的执着追求，对人类、自然、宇宙的大关怀，对未知世界的好奇心，以及由此焕发出的生命激情和活力，不屈不挠的意志力，不停息的探索，永远不满足现状的怀疑、创造精神。从根本上说，"青春精神"就是一种"自由、创造的精神"。

钱先生对于阅读问题也非常重视。他认为，人有一种"平面的生活"，一种"立体的生活"。平面生活指的是日常的生活，它是偏于物质的，这是我们每天都要过的"日子"。另一种生活，就是精神的生活，它是超越具体时空的，也是相对丰富多面的，因此叫"立体的生活"。

他指出，读书的最大特点和好处，就是不受时间、空间的限制，可以和千年、百年之遥，万里之外的任何一个写书人进行精神的对话与交流，而且可以"招之即来"，打开书就是朋友，"挥之即去"，放下书就彼此分手，何等的自由、爽快！这就是说，读书是这样一种精神活动：一书在手，就可以打破时空界限，自由穿梭于古今中外，漫游于人类所创造、拥有的一切文化空间，在阅读中重新经历、重新感受书本中的生活。因此，中小学学生不是水手，可以借助《鲁滨逊漂流记》而漂洋过海；不曾经历战争，可以通过《三国演义》和曹操、关云长一起驰骋古战场；等等，这就极大地扩展了他们的生活世界和精神世界。尽管书本提供的生活、精神资源，还需要经过今后一生的实践，不断注入自身的生活经验和生命体验，才能真正化为自我生命的有机组成，但在人生起点上，通过读书，可以打开一个足够开阔的文化空间，从而达到精神空间的扩展，这对孩子终身发展中生存空间的扩展，是具有重大意义的。特别是经典阅读，孩子们就更可以和创造人类和民族精神财富的大师、巨人进行对话和交流。站在巨人的肩膀上，就可以达到前所未有的精神境界，极大地提高精神生活的质量。可以说，中小学教育的全部工作的意义，就在于"为孩子打开一个广阔的文化空间"。牵着中小学学生的手，把他们引导到这些大师、巨人的身边，互作介绍以后，就悄悄地离开，让他们——这些代表着辉煌过去的老人和将创造未来的孩子在一起心贴心地谈话，我只躲在一旁，静静地欣赏，时时发出会心的微笑……就为这个瞬间，无论付出什么代价，都是无怨无悔的啊！

钱先生的这些话，也许没有多少新意，但是读到这些文字，我还是怦然心动。是的，他再一次告诉我们，作为精神家园的营造者和象征，教师所追求的，而且也是唯一能做的，就是成为学生童年时代、青少年时代美好记忆的一个有机部分。尽管他们以后在现实生活的影响下，会走上不同的道路，有的甚至走向歧途，但童年时代、青少年时代的美好、神圣的回忆却是无法抹掉的。或许在某一时刻，由于某一机缘，想起教师有意无意地说过的某一句话，都会给他们的心灵带来片刻的温馨。这正是对教师今天劳动的一个回报。"即使学生把我们忘却了，我们仍会感到满足，因为我们毕竟曾经试图引导学生创造善良美好的童年、青少年，使他们有过一个做梦的年代。中小学教师工作的意义与价值，就在于成为学生童年和青少年记忆中美好而神圣的瞬间。"

钱先生特别指出，教师，本质上是一个理想主义的工作。它背后有一个信念：播下一粒种子，总会有收获。即使这粒种子，由于后天的原因，它会夭折——这本身是显现了教育的有限性的，这最终夭折的生命，在你的抚育下，也曾经有过美好的瞬间。这就够了！

这一期还有徐平利的《老师的责任和知识分子精神》一文。他引用的两首打油诗让人从另一个角度体会教师的生存状态："一本教案，两支粉笔，三尺讲台，四季匆匆，五年学问，六合难终，妻子抱怨，八方受气，久病缠身，十分可怜。""一等教师是领导，吃喝玩乐到处跑；二等教师管后勤，轻轻松松维护人；三等教师体音美，上班还能喝茶水；四等教师史地生，周末还能去踏青；五等教师语数外，比比看谁死得快。"而他对于"教育的知识分子精神"的界定也值得关注：矢志不渝地追求自己所热爱的教育事业；维护教育公平与正义；不因外部依附而失去独立人格。所以，他理解的所谓的"知识分子精神丧失"，一方面表现为作为弱者的老师在强者面前的"精神沉沦"，另一方面表现为作为强者的教师在弱者面前的"隐性专制"。

这一期邓志伟的《我是自由女神》一文，关于电影《蒙娜丽莎的微笑》的教育感悟，也是围绕教师问题展开的。我想，国平兄在策划的时候，一定也是想让读者们思考这样一个问题：今天，我们如何做老师？

下午4点到达贵阳，常熟民进的同志已经先期到达，在飞机场等候。我们又等了半个小时以后，与武汉民进的同志会合，一起乘面包车去金沙。需要4个小时的路程。于是在汽车上不断地发短信问候朋友们。中间在遵义吃了晚餐。

晚上9点35分到达金沙宾馆。与韩县长寒暄了几句，就与县委常委、统战部部长王丽以及社会服务部赵会一起讨论严主席一行在金沙的具体安排。

2008年6月

建一所震不倒的希望小学——再访贵州之二

上午8点出发，前往沙土镇三合村，去为常熟希望学校奠基。

常熟是苏州的一个县级市。到会中央工作以后，我曾经对他们介绍了会中央社会服务工作的内容，希望他们为西部教育做点事情。在殷丽萍主委的倡导下，常熟市金龙机械有限公司董事长金永良、常熟市电子仪器厂董事长陈岳平、常熟市敦辉皮件有限公司董事长曹伟等几位企业家，决定共同出资捐建一所希望学校，并且委托会中央帮他们选一个点。汶川大地震以后，有关方面希望他们把这笔钱捐给灾区，但是他们告诉我，承诺的事情不能够变化。于是在另外捐款给汶川灾区的同时，继续执行原计划。

经过研究，会中央决定放到对口支援的金沙县来。我对金沙县的领导讲，一定不要锦上添花，要雪中送炭，要选一个最贫穷、最需要帮助的学校。金沙县的领导很重视，向我们推荐了沙土镇的三合小学，为了表示对捐赠方的感谢，县里决定在新学校建成后，命名为"常熟希望学校"。

三合小学是1999年由三元小学和和平小学合并而成。距沙土镇10公里，服务于三合村和红旗村的近5000居民。现有教学班级7个，学生342人（学前班85人，一年级47人，二年级44人，三年级44人，四年级48人，五年级32人，六年级42人），是沙土镇大型村校之一。学校现有教师10人，其中大专2人，中专4人，高中3人，初中1人；小学一级教师5人，小学二级教师5人。学校现有教学用房340平方米。

在崎岖的山路上颠簸了近三个小时，才来到位于沙土镇三合村田坝村民组的三合小学。贵州的朋友都说贵州"天无三日晴，地无三尺平，人无三分银"，每次来对这里的路都有充分的感受。

一下车，就受到老师和小朋友们的热烈欢迎，看得出，对于新教学楼，老师和孩子们是由衷的渴望。我和一个叫付勇的小男孩聊了起来。他说从他家到学校要走两个小时的山路，他每天来回要在路上走四个小时。老师们说，像他这样的孩子有很多，因为学校条件艰苦，没有办法提供食宿，有的同学从家里带一点干粮，有的干脆中午不吃饭。所以学校下午早早就放学了，让同学能早点儿回家吃饭。虽然以前听过类似的故事，但当这些孩子真实地站在面前时，还是让我们很吃惊，我几乎控制不住自己的眼泪。

另外一个让我们感到意外的是，很多孩子家里却都有兄弟姐妹好几个，有一个小朋友居然兄弟姐妹6个。人口控制是毕节试验区的三大主题之一。毕节近些年在人口控制方面已经取得了非常大的成绩，人口出生率大幅度下降，但是在山里仍然有这样的状况，可见这里计划生育工作的任务之重；而人口与资源的矛盾，也是导致这里贫穷的一个重要原因。

山中平地少，学校没有一个像样的操场，教室前面一块不大的空地，是学生课余活动的地方，捐赠仪式就在这块空地上举行，一排课桌和小板凳，算是主席台。民进常熟市委会的殷丽萍主委代表捐赠方发言，表达了常熟民进和会员对贫困地区教育的关心之情。

按照议程，由我来宣布奠基仪式开始。面对此情此景，突然觉得应该说点儿什么，我说，民进不仅捐建了一所希望学校，而且给山区孩子们带来了希望，希望常熟民进不仅要捐赠硬件，而且要帮助学校改善软件，为学校培训老师。我希望金沙的同志能够真正把好事办好，吸取汶川大地震一些倒塌学校的教训，保证工程质量，建一所"震不垮"的希望小学。我引用了新教育的那句名言："你有一片土地，我有一粒种子，于是，我来了。"今天只是一个开始，民进会持续关注这片土地，关注生活在这片土地上的孩子们的成长。

接着，大家来到奠基石所在的地方，共同举锹铲土。随着一锹锹土落下去，希望的种子也被埋进了土里。校长告诉我，学校的老师非常敬业，毕业的学生进入中学以后已经出了30多名本科学生。我对校长说，希望通过我们的努力，学校会办得更好，更重要的是，能够通过教育改变当地的面貌。

在奠基的地方，我见到了50岁的代课教师龚应碧，她告诉我，1976年在金沙县城关高中毕业后，就开始担任民办教师，先后在三所小学工作过。1982年民办老师整顿时，她拿到了毕节教育局颁发的民办小学教师任用证书。1988年各乡镇实行财政包干后，国家发给的民办教师补助工资没了着落。1992年第二次民办教师整顿后，龚老师被列入代课教师，每月可以领到300元代课费（镇上给40元，学校给260元）。龚老师说，她从一个小姑娘走上讲台，至今已经成了年过半百的老太婆。人老了，很快就要离开教学岗位，离岗后，学校也不再发给她代课费，生活、治病等一系列问题都没了着落。

从民办教师到代课教师，在特殊的历史条件下产生的这一特殊群体，曾经为中国教育事业的发展做出了很大贡献。即使是现在，在很多边远的山区、贫困地区，民办教师仍然在默默贡献着他们的力量。很多人拿着微薄的收入，不辞辛苦地忙碌，把他们的青春，把他们的一生奉献给了三尺讲台。我一直主张，通过培训和考试把一部分条件较好的转为正式教师，即使是不具备条件的，也要根据从教年限，给予相应的待遇和补偿。代课教师问题我还将继续关注，我希望能找一个点，认真研究，找到一个综合的解决方案。

中午在沙土镇用餐。饭后，县里的同志建议到后山乡参观钱壮飞烈士墓和纪念馆。大约半小时车程。墓修得很气派，纪念馆规模不大，但布展很认真，有大量珍贵的照片。

钱壮飞烈士长期从事地下工作，与胡底、李克农三人在国民党特务机关的核心部门，相互配合，截取了大量的政治和军事情报，为革命立下了汗马功劳，被后人称为"中共地下前三杰"。钱壮飞曾经在关键时刻挽救了党，挽救了中国革命。那是一件"可能改变中国历史"的大事，是中共历史上最为惊心动魄、险象环生的一次。1931年，中央政治局候补委员、中共特科负责人顾顺章叛变。在万分危急的情况下，钱壮飞大智大勇，冒死送出情报，挽救了周恩来、陈云、聂荣臻等一大批中共领导人，挽救了中国共产党，也挽救了中国革命。对这段历史，我很早就知道，但从没想到有一天会有机会来参观烈士墓和纪念馆。

钱壮飞后来在中央安排下进入江西苏区，担任红一方面军保卫局局长、中央军委二局局长、中央军委副秘书长等职。1935年4月在长征途中与部队失散，便找了一个当地的农民载他过江，不曾想这是一个恶棍，看上了他的皮包和马，心生歹意，乘钱壮飞不备，把他推下山崖，年仅39岁的钱壮飞牺牲了。

后山乡的百姓当时并不知道牺牲的是谁，只知道是红军烈士，就在江边给他修了墓，后来修水库时，又迁到了新的地方，再后来，经安全部等有关部门鉴定，才明确了身份。由安全部和贵州省共同主持，重修钱壮飞墓，并在旁边修了纪念馆。现在，这里已经是国家爱国主义教育基地。

在我们中小学的教材里，在各种会议讲话中，常出现"我们今天的幸福生活，是无数革命先烈用鲜血换来的"这句话。听得多了，有时就不会去想，今天站在这里，忽然想起了这句话。

从后山乡返回沙土镇后，考察了沙土镇中学，与学校领导和教师代表座谈。沙土镇中学是一所乡镇初中，距金沙县城65公里，占地32亩，学校条件相对较好，教学楼、综合楼、学生宿舍楼、学生食堂等比较齐全。综合楼设有理化生实验室、微机室、多媒体教室和校园演播室等。这所学校是金沙县首批计算机学校，教育部农村中小学计算机远程教育实验学校。

学校有28个教学班，2118名学生，在岗教师108人，其中本科以上学历占40%，中学高级教师9人，中学一级教师32人，国家级优秀教师2人，全国师德标兵1人，省级优秀教师1人，地级骨干教师1人，教师平均年龄31岁。

看了这些数字，我又觉得有些沉重，平均下来，一个班80多个孩子，说明这里既缺教室，更缺教师，这样大的班，教师是没法和学生交流的，只能是简单的单向的教学。还有令人意想不到的事情——教师没有办公室，要么大家挤在一起在会议室休息一下，要么上完课回家。而这，在贵州的许多地方是司空见惯的事情。没有办公室，怎么保证教师的备课。更重要的是，教师之间缺乏交流和探讨，对教学科研和教师水平提高非常不利。

即使在这样艰苦的条件下，这所学校仍然取得了不小的成绩，是县里有名的学校。有几个特点很突出，一是重视科研，参与了"农村初中信息技术与新课程学科整合研究"等课题。1986年以来，共有150余篇论文在地区级以上刊物公开发表。二是开展远程教育，建立了计算机信息站、电子阅览室和校园局域网，开通了通过卫星传输的教育信息宽带网和电信宽带网，教育资源可以传输到每一间教室，还建立了学校自己的网站。

第三个特色，我认为也是最重要的，就是在普通高中开设职业教育课程，为不能升学的孩子提供多种选择，不能上高中，也可以就业。学校与重庆工商学校达成联合办学协议，在金沙县率先引进了职业教育，目前已经有一批学生成为技术工人，在格力、佳能、松下等大公司工作。他们这种办学模式，被《毕节教育》称为"沙土模式"，在全地区推广。这与我上次来贵州时在黔西南州考察过的德卧中学，走的是一条路子。

我一直认为，农村学校把学生考大学作为唯一定位是危险的，以目前高等教育资源的分配情况来看，在农村里这样定位，势必造成多数人陪少数人读书，少数人以"成功者"的姿态进入大学的同时，大多数人以"失败者"的身份和心理步入社会，对他们一生的影响都是非常消极的。而且，人的智能、发展、认知、性格和价值取向都是多元的，教育要让孩子成为他自己。我的这些想法，许多人曾经说行不通，现在在贵州看到了成功的实践，看来民间的创造力是无穷的，在现实需要面前，总会有人创造出新鲜的经验。我想，德卧中学的路子也好，沙土模式也好，也许正是农村教育改革的一个重要途径。希望有机会全面总结他们的经验与做法。

2008 年 6 月

履约农里添砖瓦——再访贵州之三

今天是传统的端午节。

上午 8 点出发，去西洛乡农里学校参加行健楼与图书馆的捐建仪式。捐赠仪式开始前，严隽琪主席、罗富和常务副主席参观了农里学校，与该校教师亲切交谈。

在农里学校建综合楼与图书馆，是我上次来农里时许下的心愿。当时在与学校教师座谈时，老师们提到他们没有办公室，学生没有宿舍，教室也不够用，每个班学生太多。当时我参观了学校的图书室，书不多，而且学生不是每天都能来借书。我暗暗许下心愿，要为这所学校做点什么。刚好我的学生赵公明先生跟我说，想为西部教育做些事情，于是我介绍了我的想法，他便动员他的朋友潘海君小姐出资20万元捐建教学楼。潘海君小姐一再表示，只要把事情做好，不要宣传，所以至今我们都不知道她公司的名字。在请她给新教学楼命名时，她建议叫"行健楼"，取"天行健，君子以自强不息"之意，希望山里的孩子们能自强不息，奋发有为。金沙县的领导很受感动，决定由县里再出一部分资，建一座好一点的综合楼。民进会员、武汉霞峰防火门窗有限公司的李国庆董事长，曾多次向社会服务部的赵会部长表示，要为穷困地区做些事情，我们想干脆集中力量，于是李总决定拿出20万元，为农里学校捐建一个图书馆。

8点半，捐赠仪式准时在学校操场上开始，主持人韩平县长要我讲几句话。我首先代表严隽琪主席、罗富和常务副主席，代表民进中央对行健楼和图书馆的建设表示热烈祝贺；对潘海君小姐和李国庆先生表示感谢；对学校的建设提出希望；对农里学校的发展给以良好的祝愿。这似乎是在任何仪式上都要讲的"套话"，但是，我站在台上，依然兴奋不已。通过三次考察，我对这里已经有了很深的感情。

接下来，潘海君小姐和西洛乡签订了《捐赠西洛乡农里学校"行健楼"协议》，李国庆先生和西洛乡政府签订了《捐建农里学校图书馆签约协议》。签约仪式结束时，下起了雨，赶紧通知县里的同志，叫同学们解散回教室。在严主席和罗主席带领下，我们仍按既定议程冒雨在校园里植树，然后给"行健楼"奠基。严主席、罗主席风趣地对潘小姐和李先生说："端午好雨知时节，淋得一身大鸿运。履约农里添砖瓦，乐得心里开了花。"

农里学校是民进中央重点帮助的学校，接下来还要在学校的教学管理、师资队伍建设等方面进一步给予支持。我希望，他们能够加入新教育的团队，尽快提升学校的品质。

从农里学校出来，去"民心"有机农业试验示范园参观经果林基地，这里是民进中央的新农村建设科技示范点。

雨中的民心示范园，满眼绿色，一片生机盎然。严隽琪主席一边仔细观看，一边听取了经果林基地建设情况的汇报。当听到民进帮助引进的山东欧式樱桃已经开花结果时，她十分高兴，并鼓励大家再接再厉，把示范园建设得更好，为农民增收、保护生态环境和促进地区经济社会发展发挥更加积极的作用。

在示范园介绍牌前，严隽琪主席说，现在有了建设篇、发展篇，希望下次再来的时候，看到"丰收篇"。当过广东省农科院院长的罗富和常务副主席向县科技局的同志、示范园的负责人详细了解情况，从示范园的整体规划，到引进品种的越冬，非常仔细，也非常专业。

上午10点回到金沙宾馆，在宾馆三号楼召开金沙经济社会发展座谈会。座谈会一开始，观看了民进中央在金沙县支边扶贫工作录像片。金沙县政府把民进中央在该县20年来的帮扶工作做了一个总结。接下来，韩平县长介绍了金沙县县域经济社会发展情况。毕节地委副书记、行署专员曹国江介绍了毕节试验区工作情况。

最后，严隽琪主席讲话。她说："虽然是当选为民进中央主席后第一次来贵州，但依然觉得十分亲切。看了后，我为贵州、毕节、金沙所取得翻天覆地的变化，所取得的成就感到由衷的高兴，对金沙、毕节和贵州的未来是充满信心的。前进路上任重而道远，民进一定会和贵州、毕节、金沙携手并进，走向未来。""参政党的存在价值就体现在它的贡献上，感谢贵州给我们民进这样一个好的平台。所有的帮助都是相互的，帮助人的同时自己也得到帮助。"严主席谈了她对金沙的三点感受：

第一要坚持团结合作。特别是多党合作，同舟共济，肝胆相照，荣辱与共，在毕节试验区就得到非常好的体现，这在中国是独特的，在世界也是独特的，是我国政治制度优越性的体现。感谢20年前胡锦涛同志、中央统战部建立这样一个试验区，给民主党派搭建了这个平台。民主党派的老领导给现在的领导班子留下了很多好的遗产、好的传统，其中一个就是在毕节试验区的工作，所以我们这个班子一定会把这份情意继续发扬下去，把这个好的传统继承下去，在新的时代与时俱进。作为民主党派，一要更多地围绕毕节、金沙出些好点子；二要利用自己的渠道下情上达，向高层领导提些建议，帮助决策；三是利用全国民进组织的信息渠道，牵线搭桥。

第二要科学发展。要以人为本，让农民脱贫致富，要让群众安居乐业。

要协调、可持续地发展。毕节试验区给我们提供了示范。要抓好基础设施建设，抓好产业技术的优化、提升、改造，往高端走，及时挖掘新的增长点。

第三要进一步解放思想。今年是改革开放 30 年，比纪念更重要的就是面向未来。精神要继承，原则要坚持，但是具体的路径还要不断地探索，希望毕节试验区能破除一些体制机制和思想观念上的障碍，在城乡的统筹发展上有所突破。

最后，严主席特别强调了教育，她说，无论是在人员的输出上，还是在本地产业提升的过程中，职业教育都是至关重要的。教育的本意就是让人的才能得到发展，在社会上实现他的价值。农村教育、农业教育、农业学院一定要结合石漠化治理、经果林开发，培养大量实际所需要的农业技术人才。

11 点 40 分，在宾馆一层举行了民进常熟市委会捐建常熟希望学校签约仪式，和华南农业大学新农村建设中心与金沙县政府有关农业合作项目签约仪式。华南农业大学副校长陈志强和华南农大新农村服务中心的李小琴主任，以及学校民进总支的几位教授，已经在金沙进行了前期考察，今天，签订了支持养猪产业、茶产业、蔬菜产业的校地技术合作协议。华南农业大学将指导金沙县制定这几项产业的发展规划，协助引进新品种、建立示范园或生产基础、培训技术人员，提供产业和技术信息。

民主党派的扶贫工作，有一个专有名词，叫"智力扶贫"，很表象，就是指利用党派的人才和智力优势，为贫困地区的发展提供帮助。从我们在贵州、甘肃等地的实践看，如果与地方党政部门结合得好，是大有可为的。

中午稍事休息以后，下午 2 点准时出发赴毕节。一路劳顿，18 点到达腾龙凯悦酒店，与社会服务部的同志一起检查会场。晚饭后向严主席、罗主席汇报中国（毕节）石漠化治理与生态文明高层论坛的有关工作。

2008 年 6 月

群贤毕节论生态——再访贵州之四

20年前的今天，是国家正式批准成立毕节试验区的日子。选择这个时候召开石漠化治理的会议，是民进中央年初的工作安排。

石漠化是我国南方湿润石灰岩岩溶地区特有的、在脆弱的喀斯特地貌基础上形成的一种荒漠化生态现象，与西北地区土地沙漠化一起称为我国两大生态灾难。我国石漠化主要分布在贵州、广西、云南三省区，面积达8.8万平方公里，占全国"石漠化"总面积的83.85%，加上潜在的"石漠化"，这个区域需要治理的面积超过20万平方公里，并且仍以每年2%—4%的速度扩展，发展速度惊人，危害程度相当严重。由于石漠化地区集中在生态区位极其重要的"两江"上游，还直接关系到长江、珠江两大流域的长远生态安全。在我国西南地区，"石漠化"几乎等于贫困化。"山穷、水枯、林衰、土瘦"是西南岩溶地区多数村寨的概貌，"吃饭难、饮水难、烧柴难、建房难、行路难、上学难、照明难、看病难"是西南岩溶地区农村的缩影，石漠化已严重影响到民族发展和社会进步。

20年前，时任贵州省委书记的胡锦涛同志，在成立毕节试验区的时候，就已经把"生态建设"作为治理石漠化的重要内容。如今，石漠化治理工作面临良好的发展机遇。党的十七大提出了建设生态文明的战略目标，明确要求加强石漠化治理，促进生态修复。温家宝总理的《政府工作报告》也明确提出了治理石漠化的任务。今年3月，国务院正式批复了《岩溶地区石漠化综合治理规划大纲》，并将石漠化治理列入了国家"十一五"规划。

民进中央近年来一直十分关注石漠化和沙漠化的治理工作。在黔西南州，我们和国家林业局共同实施了30万亩金银花种植项目，取得了非常好的效果。在甘肃武威的民勤，我们也在大力推动沙漠化治理。为了进一步推动石漠化治理工作，我们民进中央决定召开一次论坛，请国内相关领域的专家来共同研讨，分析现状，拿出解决办法。

之所以选在毕节，一是因为参与毕节试验区的工作是民进中央的重点之一，二是因为试验区成立20年来，在治理石漠化方面取得了显著的成绩，创造了工程型治理与生态型治理的模式，森林面积从601.8万亩增加到1447万亩，森林覆盖率从14.94%增加到35.92%，全区土壤侵蚀量减少了50%左右，减少水土流失面积7010平方公里，生态环境恶化的趋势得到遏制，可持续发展能力不断增强，在石漠化治理方面积累了一定的经验。

论坛得到了中央统战部、国家林业局等单位的支持。今天，民建、农工党、致公党、九三学社、台盟等民主党派中央，国家发改委、国家民委、科技部、水利部、农业部、国务院扶贫办等有关部门的同志，贵州省、贵州毕节地区有关单位的负责同志共100多人来参加论坛，足见石漠化治理的受关注程度。

我们这次论坛的主题是石漠化治理与生态文明建设，设有石漠化治理与生态环境改善、石漠化的治理模式与措施、石漠化治理与农民增收和贵州石漠化治理示范点经验等几个议题。

8点半，陪同严隽琪主席、罗富和常务副主席会见出席中国（毕节）石漠化治理与生态文明高层论坛的院士和专家。在会见室里，国内重量级的石漠化研究专家基本上都到了，真可谓群贤毕至。会见气氛很融洽，专家们对两位民进主要领导人的学者气质和亲民作风很是赞赏。

上午9点论坛开幕式准时举行。罗富和常务副主席主持开幕式，他说，民进中央与国家林业局、贵州省人民政府共同主办"中国（毕节）生态文明与石漠化治理高层论坛"，旨在就石漠化治理政策、措施进行研讨，提供可供决策参考的意见建议，并组织开展面向毕节石漠化治理试点地区的咨询服务活动，进一步推动西南地区石漠化综合治理和促进当地脱贫致富。

贵州省副省长禄智明首先致欢迎辞。接下来，中共毕节地委书记秦如培介绍了毕节地区石漠化治理的基本情况。秦书记介绍说，毕节试验区成立二十年来，按照"近期做示范，长远探路子"的要求，致力于"开发扶贫、生态建设、人口控制"三大主题的实践，按照可持续发展的理念将生态建设与经济发展结合起来，依托退耕还林、天然林保护、3356工程、长防林、坡改梯、水土保持、农业综合开发等工程建设，探索出"五子登科"实施山水林田路综合治理的治理模式，积极开展石漠化治理。毕节8个县市全部纳入石漠化治理试点范围，多形式多渠道探索开展石漠化治理路子，部分地区的石漠化现象得到了缓解。

之后，国家林业局副局长祝列克讲话，他说，毕节试验区为石漠化地区发展提供了可借鉴的经验。试验区建立20年的经验说明，石漠化治理的主要措施是再造青山绿水，主要手段是恢复森林植被，主要任务是建立起以森林植被为主体的国土生态安全体系，最终目标是兴林与富民。

防治石漠化，是一项复杂的系统工程，需要全国动员、全民动手、全社会参与科学治理；需要将石漠化防治纳入经济和社会发展规划之中；需要各民主党派、全国工商联和全社会广泛参与；需要提高群众生态文明观念，教育广大干部群众从我做起，积极投身各项林业重点工程建设，主动保护森林植被；需要积极支持大专院校、科研机构学术团体，围绕石漠化综合防治重点和难点，组织力量开展科技攻关，为石漠化防治提供技术支持；还需要普及防治知识，加强宣传和石漠化防治知识的传播，科学施治，让更多既能防治石漠化，又能致富农民的技术和信息广为群众掌握。

最后，严隽琪主席讲话，她说，选择这个日子，是要对试验区成立二十周年有一个很好的纪念，也是展望未来，规划未来，更好地谋划推动试验区今后的发展。目前正值抗震救灾的紧要关头，自然灾害使人们对生态文明的重要性有了更深的感悟，这个论坛在这个时候召开具有了特别重要的意义。

毕节试验区成立二十年来，为解决制约岩溶地区的人民贫困、生态恶化、人口膨胀等问题，走出了一条科学发展之路，成为推行科学发展观的试验田，彰显了对实践科学发展观和构建和谐社会进行先期探索的价值，使试验区成为中国共产党领导的多党合作和政治协商制度在经济建设时期推动区域经济社会发展的成功范例。毕节试验区不仅是中国的，也是世界反贫困的伟大创举；是喀斯特地区走可持续发展、和谐发展的科学发展道路的有效探索，为世界做出了榜样。

二十年来民进参与了试验区建设的全过程，这是我们参政党的责任和使命，也是我们的光荣。民进多年来有组织、有计划、持之以恒地开展了智力支边的工作，其中包括民进的老领导经过深入的调研，向国务院提出了启动石漠化治理国家工程的建议，得到国家的重视和采纳。

开幕式结束后，全体与会人员合影。10时30分，举行论坛的重头戏——主旨演讲。

国家林业局治沙办副主任臧春林以"加强石漠化治理，促进生态文明建设"为题，从我国西南岩溶地区石漠化的基本情况、加强石漠化治理的必要性和紧迫性、石漠化综合治理的基本思路与对策等三个方面向与会者做了重点介绍，强调在石漠化治理过程中必须遵循坚持植被选择的地带适应性、治理模式的生态经济结合性、防治措施的综合性、防治效益的可持续性四大原则。他说，为切实推进石漠化综合治理，要重点做好编制规划，搞好试点，切实推进林业建设项目的实施，认真抓好石漠化八省区试点县的建设工作，为全面推开做好示范；强化科技，加强管理，提高石漠化综合治理的整体水平；搞好监测，健全体系，为推进石漠化综合治理提供科学依据；完善政策，活化机制，调动社会各界参与石漠化治理的积极性等方面的工作。

中科院院士、中国地质科学院桂林岩溶地质研究所袁道先先生以"岩溶石漠化问题的全球视野和我国的治理对策和经验"为题，从岩溶石漠化概念和其重要性及对其认识的过程、我国西南石漠化问题的全球视野、其分布和趋势及其严重后果、其治理对策和经验、治理的科技问题五个方面进行了深入的阐述。报告中提到热电厂产生的二氧化硫等加快了石漠化进程、扩大了石漠化范围的严峻现实。袁院士希望在石漠化治理过程中，加快培养、引进人才，注意学科交叉和综合，创建一定的研究条件，建立国家石漠化治理工程研究中心，加强与地方联合，走产学研结合之路，加强国内外的合作与交流。

主持人中国林业科学院院长张守攻在听完两位演讲人报告后，结合自身的工作实践，谈了自己的观点。他说，在石漠化治理过程中，无论是作为政府部门，还是科研部门或新闻媒体，都要综合考虑其历史和现状，以及国家经济发展的能力，避免以偏概全。针对如此艰巨而浩大的工程，在起步阶段，我们所考虑的问题不可能十分周全、无懈可击，所投入的资源和力量，亦不可能一开始就面面俱到。重要的是我们已经发现了问题，并针对问题想方设法地加以解决。同时也应当意识到，在治理、发展过程中，工程的启动、研究的同步也同样会遇到许多问题。在此过程中，协调、尊重自然规律和经济发展规律尤为重要，只有协调好两者，我们的治理才能真正达到理想和预期的目的。

张院长说，在处理问题的过程中，政府的选择和关注的重点，与社会公众以及农民群众考虑的肯定有所不同，政府部门将会更多地关注于宏观、总体、经济的发展，作为农民群众，他们考虑的首先是生存、生计和生活条件的改善等，但随着条件的变化，生活质量的改善，他们的生态意识也会逐渐提高，会更多地把国家的整体规划同自身的生活和条件的改善与进步结合起来。因此这两方面的协调也同样重要。一定要考虑到两者之间的差距，并注意和重视在发展过程中所遇到的问题。

　　下午论坛继续进行，中国科学院院士、中国林科院首席科学家蒋有绪先生主持，中国科学院贵阳地化所王世杰所长点评。中国林业科学院首席科学家白嘉雨首先发言，对于中国石漠化的总体情况进行了介绍。中国林业科技大学教授田大伦讲石漠化治理的理论探讨，她坚持30年定位观测，建议对石漠化生态系统进行长期定点监测。中国林科院首席科学家、资源昆虫研究所所长李昆教授从西南地区岩溶石漠化的形成与治理，提出治、防、保结合，人工恢复与自然恢复结合的建议。中国林科院亚热带林业研究所首席专家姚晓华介绍了贵州普定石漠化治理示范点的情况。桂林工学院环境与资源工程系郭纯青教授谈了岩溶石山区生态承载力的问题。中国地质科学院桂林岩溶地质研究所曹建华研究员介绍了西南岩溶区石漠化综合治理的典型案例。他认为，水是龙头，土是根本，生态是关键。

　　接着是访谈式论坛，由国家林业局宣传办主任曹清尧主持，贵州师范大学熊康宁教授、贵州省林业厅营林总站站长綦丁山、毕节地区林业局局长倪小兵、赫章县威奢乡党委书记陈昊、赫章县林业局局长张政共同讨论。记得七八年前我们在苏州召开"21世纪教育论坛"的时候，这样的形式还比较新颖，现在已经习以为常了。

　　下午5点10分，会议通过《毕节宣言》，倡议更多的有识之士加入石漠化综合防治行列，从我做起，从现在做起，为石漠化地区山川秀美、经济繁荣、人民富裕、和谐文明贡献力量。《宣言》共分毕节模式是石漠化综合治理的成功范例、石漠化防治刻不容缓、政府主导与全社会参与相结合、强化责任依法施治、石漠化综合治理与扶贫扶智相结合、提高石漠化防治的科技水平六个方面。这个《宣言》已经多次修改，但我一直不太满意，昨天晚上会中央的同志们又加班工作到半夜。

　　下午5点半，举行论坛闭幕式。贵州省副省长禄智明主持，国家林业局纪检组长杨继平做总结讲话，他强调，各级党委、政府必须采取更有力的措施，抓住机遇，加快石漠化治理步伐。

2008 年 6 月

夜郎与草海——再访贵州之五

　　早晨6点20分起床。研究今天考察的内容与细节。

上午 8 点半，参加论坛的部分代表随严主席一行，实地考察毕节的生态建设和石漠化治理。这是一段长长的路程。

9 点抵达毕节市长春堡镇阳鹊沟，考察退耕还林的情况。长春堡镇有 45676 人，国土总面积 127.31 平方公里，25 度以上陡坡耕地面积达 39814.5 亩，2007 年人均纯收入 2073 元。据当地的同志介绍，这里一度是毕节生态环境恶化的重灾区，由于长期过度垦殖，石漠化极为严重，尤其是我们参观的阳鹊沟一带，由于结构疏松，原来经常发生山体滑坡。

2003 年，毕节实施了阳鹊沟片区退耕还林工程，在跨度 5 公里的地带上，退耕还林总面积 2799.8 亩，并且采取多种形式植树造林。经过 5 年的努力，呈现在我们眼前的，已经是漫山遍野的绿色。我特地走进山的深处，狠狠地吸了几口甜甜清清的空气。

然后继续赶路。中午 11 点半，抵达赫章县野马川镇石漠化治理点参观。

中午在赫章县用工作餐并稍事休息。我房间的对面就是县里最大的夜郎广场。在途中，有人说县里曾经有把赫章改名为夜郎的想法，不禁哑然。历史上，夜郎王的一句"汉孰与我大"让世人贻笑千年。"夜郎自大"作为狂妄自大、目空一切的成语典故，也是无人不知，但是，用夜郎来命名自己的城市，总觉得不是滋味。

据说，广场上的雕塑和摆设是根据夜郎墓的陪葬品原型设计的。

资料记载，夜郎国的历史，大致起于战国，至西汉成帝和平年间，前后约 300 年。之后古夜郎国神秘消失。这个古老的文明在史籍记载中留下了一团迷雾。赫章"西南夷"墓葬群的考古发掘，为神秘的夜郎文化揭开了辉煌的一角。从 1958 年发现第一批出土文物以来，考古部门先后进行了多次发掘，共发掘古墓 396 座，出土文物 2000 余件，特别是 2000 年的考古发掘，涉及范围达 3.5 平方公里以上，发掘墓葬 80 多座，其中有不同时期的墓葬叠压在一起。战国、西汉、东汉时期都有大量的文物出现。出土的石、陶、玉、青铜、铁、玛瑙等不同质地的农具、生活用品、战斗兵器、装饰品及农耕画像砖、乐工图画像砖等大量文物，反映了战国至秦汉时期独特的夜郎民族文化，以及秦汉时期的汉文化与夜郎民族文化相融合的特点。但是，这个夜郎国怎么消失的，我们还不知道。我想起了同样神秘的三星堆文化，是的，人类历史的许多东西，对于我们还是未知的谜。

下午 2 点继续出发，3 点到达威宁县马吃水村石漠化治理点参观。这里创造了退耕还林的新经验。由于平均海拔在 2400 米以上，土层瘠薄，土质沙化，气候干燥，水源枯竭，这里春季造林很难成活。县里技术人员和群众结合实际，改变传统的冬春造林方式，采用营养袋育苗、雨季移栽、大坑整地、专业队造林的方式，进行标准化、规范化种植，完成荒山造林 1761 亩。这里的造林新方式，在全县得到推广，取得了很好的效益。

16 点半，到达威宁草海岸边。这是今天的目的地，也是毕节之行的重要考察内容。一天的长途跋涉，一天的劳顿疲倦，竟然一下子烟消云散。

我们分乘小船，沿一条狭小的水道前行，岸边水草很多。

一边前行，一边看刚刚拿到手的材料。草海在威宁回族苗族自治县县城西南侧，海拔 2171.7 米，现有水域面积 25 平方公里，平均水深 2—3 米。草海是云贵高原上的喀斯特淡水湖泊，是我国重要的湿地之一，对我国西南地区乃至全国气候影响很大。被《中国生物多样性保护行动计划》列为 I 级重要保护湿地。这里有浮游生物 8 门 96 属 207 种，浮游动物 69 属 140 种；鸟类 17 目 34 科 240 种，数量 10 万余只，珍禽黑颈鹤 1100 多只。草海被誉为云贵高原上一颗璀璨的明珠。1992 年经国务院批准，成为以高原湿地生态系统及珍稀鸟类为主要保护对象的国家级自然保护区。

十多分钟后，才来到开阔的水面，一望无边的水面上，随处可见一丛丛的水草。湖中水草丰美，正是草海名字的由来。沿途时而能看见各种水鸟或是栖息在草丛中，或是在天空翱翔，材料上介绍说，这里是世界八大候鸟越冬地之一，是"世界最佳湿地观鸟区"之一。乘一叶小舟，漂荡在草海中，远处水天相接，真的有浮游于天地间的感觉，难得与大自然有片刻的亲近，很是惬意。

除了我们的船队，只偶尔见到几位游客，不知是因为旅游旺季没有到来，还是有其他原因，大概交通也是一个重要因素。

最初的兴奋过后，观察也开始仔细起来，这里水质已经不太好，很浑浊，还明显能闻到腥味。

当我们的船调头往回走时，一下子就明白了其中的原因，就在我们上船不远的地方，就是威宁县城，据说这是世界上离湿地最近的城市，城里的生活垃圾、污水，未经处理就排放到了草海里，草海的自净能力无法承受这么大量的污染物，所以污染还有加剧的趋势。不但离县城近，而且还有 14 个行政村，4000 余户，30000 多人生活在草海区域内，农业生产所用的化肥和农药也是重要污染源。

湿地是地球的肺，这是我们国家从政府到百姓近些年才认识到的问题，在此之前，我国的大量湿地都遭到了破坏。新中国刚成立时，草海还有水面 45 平方公里，1958 年缩小到 31 平方公里，1970 年排湖造田，仅残存水面 5 平方公里，1981 年贵州省政府决定恢复草海水面，1982 年开始蓄水，水域恢复到 25 平方公里。即使做了很大努力，人类的活动对草海造成的威胁仍在不断加剧。

下午 5 点 40 分，在威宁县黑颈鹤大酒店举行贵州威宁草海综合治理座谈会。毕节地委书记秦如培主持座谈会，副专员许庆汇报了草海综合治理的情况。许庆原来是国家林业局的干部，五年前他曾经在这里挂职，对于这方水土有着特别深厚的感情，现在也已经完全成为毕节的"父母官"了。

听完情况介绍，中国林业科学院院长张守攻首先发言，他说，从科学研究的角度来看，草海是非常宝贵的湿地资源，要把它建设好，需要各方面的共同努力。从保护区基本数据可以看出，草海面临的人口压力实在太大，努力降低人口压力，恢复、发挥其自然生态功能最为重要。张院长建议，生态旅游开发要科学规划，合理设计。他表示中国林科院愿意在民进中央的协调下，积极投身到草海治理与发展中来。

严隽琪主席和罗富和常务副主席在讲话中都赞成把草海列为国家的重大项目，认为应加大草海综合治理项目资金的投入力度。严主席说，毕节地区在财力很紧张的情况下，依然花大量资金来治理草海，把草海从仅有的 5 平方公里恢复到今天的 25 平方公里水域，很多多年不见的鸟类又出现在草海上，最近还从中央电视台看到有国家珍稀鸟类白头红鹳现身草海的报道，充分说明近年来草海的生态环境得到极大的改善。一路走来，毕节的生态治理成果让我们很震撼，我们将尽全力，为草海呼吁，为毕节的生态环境呼吁。

一天的"毕节生态之旅"结束了，从参观考察，到地方同志的情况介绍，都给我留下很深的印象。我最大的收获是对科学发展观有了更加深刻的认识。人的需求和自然承载力的矛盾，在工业革命后突显出来，人类为了满足自己的需求，无节制地向自然索取，破坏了环境，反过来灾难就降到了自己的头上。胡锦涛同志在 20 年前领导建立毕节试验区，并且提出了"扶贫开发，生态建设，人口控制"三大主题。20 年来，试验区生产总值增长了近 14 倍，财政收入增长了 18 倍，农民人均纯收入增长了 10 倍，贫困人口从 312.2 万减少到 52.9 万。同时，毕节的森林覆盖率从 14.94% 增加到 35.92%，土壤侵蚀模数从 5466 吨每平方公里下降到 3389 吨每平方公里，生态环境有了很大改善。人口出生率也由 19.91‰下降到 7.8‰。

我想，毕节试验区可以说是科学发展观的发源地和试验田。

晚上一直在研读关于石门坎的资料，这是一个神奇的故事，是一个教育的奇迹。一个西方的传教士，竟然在中国的少数民族地区，办起了学校、医院，建起了足球场，培养了几十名大学生。

夜不能寐。我想，在那名叫柏格理的传教士面前，我们都是渺小的。

2008 年 6 月

石门坎的故事——再访贵州之六

昨晚下起了大雨，早晨起来时，雨还是很大。也许是习惯了烟雨江南的气候，我经常喜欢淋雨的感觉。但是，在雨中行车，却是一件麻烦的事情。

8 点整，我们冒雨出发，从威宁返回贵阳，这是一次较长的旅程，在群山间穿行了 5 个多小时，下午 1 点多才到达贵阳。

在离开威宁的时候，心里有一种特别的眷恋，牵挂昨天看过的草海的命运，更牵挂一个我并没有去的地方——石门坎。一路上，柏格理这个名字和一个世纪前石门坎发生的一切，一直在我的脑海里，挥之不去。

昨天来威宁的路上，毕节地委的李文德秘书长给我讲了很多关于石门坎的故事，他说他最敬佩的就是传教士柏格理。晚上，他又专门给我送来了一些关于石门坎的材料，我迫不及待地一口气读完。后来秘书又从网上找到了电子版的《在未知的中国》。作为一个教育人，柏格理的故事深深感动了我。

石门坎是威宁县的一个乡，到了威宁，心里就有一种想法蠢蠢欲动起来——去一趟石门坎，去走一走柏格理曾经走过的山路，去看一看柏格理建立的学校和教堂的遗址，去拜谒柏格理和高志华的墓。可是由于时间的原因，终于没有去成。

石门坎地处威宁和云南的昭通、彝良三县交界处，距威宁县城 142 公里，平均海拔 2200 米，最高处薄刀岭 2762 米，最低河谷 1218 米。这里山高谷深，交通不便，生存环境十分恶劣，古来就是瘴疠之地。新中国成立前，生活在这里的苗族同胞被称为"大花苗"，他们栖身在彝族土目的地盘上，刀耕火种，受土目和官府的歧视盘剥，被官府划为尚未教化的"生苗"，他们是汉字文盲、汉语语盲和数字数盲，处于半农奴半奴隶境地。

如今的石门坎乡，有年丰、河坝、女姑等14个行政村和一个特殊自然村，全乡不到15000人，分散在103个村寨里。由于自然条件恶劣，这里至今仍然处于交通闭塞、极度贫困的状态，教育、文化、卫生等社会事业更是落后，尤其是生育率和儿童失学率都极高。

但是，在20世纪上半叶，这片荒凉贫瘠的土地曾经在国内外享有盛名，一度被建设成为"苗族文化的复兴圣地""西南苗族最高文化区"。石门坎创造了许多第一：创办乌蒙山区第一所苗民小学；建威宁县第一所中学；培养出苗族历史上第一位博士；在中国首倡和实践双语教学；开中国近代男女同校先河；倡导民间体育运动；创制苗文，结束了苗族无母语文字的历史；创建乌蒙山区第一个西医医院；乌蒙山区第一个接种牛痘疫苗预防天花的地方；创办中国最早的麻风病院；建立中国第一所苗民医院……

石门坎在国内和国际上都产生了巨大影响。这个贵州西北角的乡镇，现在在地图上依然难以找到，但是，在20世纪上半叶，从欧洲寄往这里的邮件包裹，上面的收件地址却可以这样写：中国石门坎。

这一切，与一位英国传教士的名字紧密联系在一起，他就是柏格理。

柏格理1887年从英国来到中国上海，于次年到云南昭通，在滇黔川边地区传教。1905年，柏格理来到石门坎，建立教堂。柏格理一直坚持一个原则：哪里有教堂，哪里就有学校。柏格理曾经在日记里写道："苗族人要改变自己的命运，首先要接受教育。没有知识，是改变不了命运的。此外，就是要从大山里走出去，走到城市里去，扩大见识，考验自己的知识。"

1905年，柏格理在石门坎建立了第一所苗民小学，也是威宁县第一所新式教育学校。石门学校鼓励男女学童平等接受教育，首开男女同校先河。民国初年，学校取名"光华小学"，通过宣传苗族"读书识字就不受欺侮"的道理，吸引苗族子弟纷纷入学。

1943年光华小学扩建为石门坎私立边疆民族初级中学，这是西南苗区第一所中学。以石门学校为中心，柏格理和他的同事们先后在川滇黔边区分设了百余所分校。石门坎成为领导一个庞大教育体系的总部，从一个小村落辐射到黔西北、滇东北、川南等方圆七八百华里的地区，形成了一股不可低估的教育文化力量。到新中国成立时，石门学校培养了 4000 多名小学生，数百名初高中及中专生，培养出 30 多名大学毕业生，两个苗族博士、两个彝族博士，培养出中共厅级以上干部约 20 名，县处以下干部近 100 名。

在石门坎，柏格理实现了"苗族教育苗族办"的目标。办学初期，由柏格理牧师在昭通聘来的 15 名汉族和回族教师任教。1913 年，石门坎派出一批学生赴成都学习，他们毕业后全部回到石门坎，从此石门坎有了苗族教师，包括苗族女教师，此后送出去一批批孩子到大城市接受中等和高等教育。后来，石门学校教师和校长全部由出去深造后再回乡的苗族人担任。石门坎的实践，使我想到了今天西部贫困地区面临的教育人才困境。在"市场经济规律"的作用下，"孔雀东南飞"，不仅培养出来的人才基本上不会回到家乡，连优秀的教师也被发达地区吸引走了。当初，石门学校的学生为什么能够在学成后返回条件艰苦的家乡从教？是什么样的信念支持他们做出这样的选择，又是什么样的教育和社会环境使他们产生这样的信念？值得我们深思。

柏格理在苗族教育中，创制了苗族文字，首创了双语教学。苗族自古以来没有文字，历史文化依靠古歌传承。柏格理会同精通英文的苗汉知识分子李国镇、杨雅各、张武、钟焕然等人，潜心研究、几经失败，终于在 1905 年为苗族创立了简明易学的拼音文字。柏格理十分尊重苗族自身文化，他在带领大家创制苗文时，从大花苗传统服饰纹样中提取了一些符号，运用到苗文中去。新创制的文字获得了苗族人民的认同，在乌蒙山区广为传播，最远传到滇南文山红河地区。

柏格理不但培养学生，还积极开展对广大苗民的教育。给成年人开办了"平民学校"，利用苗族信徒在主日进礼拜堂的时机，在晚上让他们分班学习文化，通读苗文《平民夜读课本》。威宁县在 1949 年后的一次教育普查显示，当地苗族接受现代教育的人口比例超过其他少数民族，甚至超过汉族。教会还创建了"节制会"，限制皈依的苗民教徒酗酒，创建"改良会"，约束十五六岁早婚的习俗，规定"男子年满二十，女子年满十八然后结婚"。

柏格理十分重视体育教育，在石门小学建立了足球场，修了游泳池，每年举办运动会。比赛的项目有篮球、足球、长短跑、跳高、跳远、爬山、拔河，也有苗族喜欢的赛马。这个运动会开到后来就成了附近所有教会学校和教区的运动会。1932 年的第 21 届运动会，有贵州、云南、湖南、四川等地的 100 多支运动队参加。

石门坎的足球队在当时十分有名，1934年石门坎第23届运动会，驻扎在昭通的贵州省第三绥靖区司令杨森亲自带着他的部队足球队慕名来参加比赛，结果输了两场、勉强赢一场。杨森临走时，硬是带走了4个球员。20世纪50年代，石门坎8名主力入选第一届贵州省足球队，石门坎"贵州足球摇篮"的名声不胫而走。

柏格理看到苗族人被病痛折磨，于是利用自己的一点西医知识，给人看病发药。他专门从家乡带来一批小刀片和疫苗，满腔热忱地到处为苗民接种。他关心麻风病人，在他倡导下，他逝世后，他的继任者张道惠在石门坎建了一所麻风病院。

传教士受到当地政府和人民的仇视的情况很多，至少很难完全融入当地社会，而柏格理却做到了与当地苗族人民，与当地老师、学生融为一体，以至于当他去世时，当地苗族人说，他是我们的人，他的后事应当由我们来办。从材料中可以看出，这是因为柏格理并没有把传教放在第一位，而是把当地人民的福祉和需要放在了第一位。他没有一点儿架子，穿着苗民的粗麻布衣和草鞋，很快就学会了地道的苗族话，走乡串寨时不坐轿、没保镖，在路上给老者让道，与苗族人同吃洋芋和荞麦饭、和他们一起烤火住草堆，不嫌弃苗家很差的卫生条件。由于为苗族主持公道，苗族人民视他为可以信赖的人，称他"拉蒙"（苗王）。民间流传的中文书《苗族救星》记述这位外国人"宁愿自己以命相拼，都不愿苗民受土目的蹂躏"。

柏格里在石门坎和周围地区先后传教、办教育11年，其艰苦是难以想象的。首先是自然条件的艰苦。柏格理在日记中写道："今天的行程是穿过一道峡谷。所谓的路，其实是一条盘旋在山崖间的小径。有的路段，只陈放了几块粗糙的石板。如果从石板之间缝隙里往下看，会心惊胆战——石板下面是深不见底的沟壑。""这段路环绕在三座巨大山峦的悬崖上，悬崖下是激流汹涌的河谷。路约有3英里长，而且没有任何保护性设置物。据苗族向导说，经常有人摔下去。""在乌蒙山区，遭遇野兽是经常的事，有时候我们还会遇见黑熊和老虎。"除了行路，吃和住都是严峻的考验。苗族的食物非常简单，而且没有什么烹饪技术，食物经常是不熟的。住的地方通常是漏雨的，一块木板，铺一点儿稻草，而且经常会与牲畜住在隔壁，有时就隔几块木板。跳蚤和虫子也很多。所以在柏格理的日记中，时常有无法入睡，盼望天明的记载。

更可怕的是来自人的威胁。他传播平等的理念，办教育，使当地苗民觉醒，引起了当地土司、土目的仇恨。他们还悬赏买他的命。一次，一个苗族土司指使一群人殴打柏格理，使他几至丧命。

这一切困难，都是常人难以忍受的，但是柏格理没有退缩过，他的精神力量来自哪里？当然有他信仰的因素，但我想不止于此，更重要的是他无私的大爱。对苗族人、彝族人、汉族人的爱，对这片地方的爱，从某种意义上可以说，柏格理已经属于这片土地。

1915 年 7 月，苗族人称为"黑病"的伤寒在石门坎开始传播，很多苗民和学生都病倒了，健康的苗民大都逃走了，但是柏格理没有走，他和医生一起，在学校山崖下的一个山洞里，一直守护着病人，后来药用完了，他和医生也被感染了。9 月 15 日，柏格理去世，时年 51 岁。后来牧师们发现，柏格理日记本上最后一页只有寥寥两句："昨夜和今晨都在下大暴雨。学校里的孩子们已经开始了他们的考试。"

为柏格理送葬的时候，数千苗民从四面八方赶来，痛哭之声不绝于耳，几百人连续数天守在他的墓旁。后来，有几百位苗族同胞在去世后葬在了柏格理墓的周围，陪伴这个"苗族救星"。

柏格理在石门坎所做的事情，其价值已经远远超出了宗教和教育现象本身。

毛泽东在《纪念白求恩》一文中说："白求恩同志是加拿大共产党员，五十多岁了，为了帮助中国的抗日战争，受加拿大共产党和美国共产党的派遣，不远万里，来到中国……不幸以身殉职。一个外国人，毫无利己的动机，把中国人民的解放事业当作他自己的事业，这是什么精神？这是国际主义的精神，这是共产主义的精神，每一个中国共产党员都要学习这种精神。"

柏格理不是共产党员，但是他为了帮助中国西南边疆的苗族人民，不远万里来到中国，毫无利己的动机，把中国西南地区人民的教育、文化、卫生事业当作他自己的事业。我想他是"中国教育的白求恩""中国西南苗疆的白求恩"。胡锦涛同志在任贵州省委书记时，在一次干部会议上讲过一段话：柏格理去世了，在中国一个荒凉的小乡村里，留下了他的坟墓，留下了他培育出来的一代中华精英……他传播了科学知识与西方文化，留下了奉献和敬业精神。近百年过去了，至今这个乡村，有的老人居然还能说上几句英语。柏格理用实践告诉人们，进步的科学工作者文化和艰苦创业，可以在贫困、落后地区实现教育的超常规发展。2005 年 9 月 4 日，时任中共贵州省委书记的钱运禄同志，在到石门坎考察时，也主动提出去拜谒柏格理的墓地。

在雨中，我们的汽车离开了威宁，渐行渐远，但是我心仪的石门坎与我景仰的柏格理，在我眼前却越来越清晰。

2008 年 6 月

第三章　北京印象

北京，是我来得最多的城市。但是每一次都是行色匆匆。2007年底到北京工作以后，作为一个新北京人，我也一直来往于北京与其他城市之间，似乎也没有时间好好打量这个身边的城市。在北京看过不少学校，但是一直没有留下像样的文字。这里收录的几篇文章，是关于四中、人大附中、十一学校和一零一中学的，它们都是北京最好的学校，但也不能代表北京的教育。所以，就用"印象"两字，简单做一些介绍。

四中的精神——北京教育印象之一

2007年两会期间，民进中央秘书长赵光华先生要我抽空去北京四中做报告。早就仰慕四中的大名，现在有机会去考察，自然顺水推舟，十分乐意。

最近连续在北京做了几次讲演。先是北京市教育委员会在全国政协礼堂请我为全北京的学校校长做了"新教育实验与素质教育"的报告，后是顺义区邀请我为全区骨干校长与教师做了"新教育实验与教师成长"的讲演。两会期间，又为《北京教育》期刊社的编辑记者和北京八中的全体教师做了关于新教育的专题报告。我知道，北京人的眼界是非常高的，尤其是四中、八中这样的著名学校，要登上他们的讲台，不是一件非常容易的事情。我清楚，尽管新教育实验还不够成熟，但是它的理念与行动精神，已经在影响着许多学校，改变着许多教师，这或许是校长们最看重的。

在刘长铭校长的陪同下，考察了四中的校园。北京四中校园不大，几幢20世纪80年代的建筑甚至已经显得陈旧。学校的介绍上写道，它创建于1907年，初名为顺天中学堂，1912年改名为京师公立第四中学校，1949年定名北京市第四中学；1988年由完全中学改为纯高中校。别看学校不大，但是名气很响，江泽民、贾庆林、刘淇等先后到学校参加各种活动。建校90年来，共培养毕业生近3万名。其中不少人成为著名的科学家、文学家、艺术家和企业家，绝大多数成为党、政、军以及各行各业的领导干部和高级技术人员，现任国家领导人和部长中间，就有不少是四中的毕业生，李敖、陶西平、马凯等都是四中的学生。近年来，学校每年有100余人次在市区以上各种竞赛中获奖，在国际奥林匹克竞赛中，四中学生共获得六枚金牌、两枚银牌、一枚铜牌。据说，四中是北京优秀高中学生成长的摇篮，它的毕业生每年高考到重点大学的占96%左右，考入北大、清华两所著名高校的学生近年来一直稳定在40%左右。

刘长铭校长也是全国政协委员，所以交谈得特别亲切。他陪同我在校园里转了十几分钟。有几件事情我印象非常深刻。一是学校的两座铜像，不是那些声名显赫的领导人，而是两个普通的老教师——张子锷和刘景昆。二是学校体育课，我在操场上看到的不是许多重点中学的暮气沉沉，而是活力四射。三是北京四中的教师与学生共读活动。我做报告之前，每一位老师都拿到一份丰子恺先生的文章《怀李叔同先生》。我感觉到，四中的许多做法，就是新教育实验强调和追求的东西。我们的距离更近了。

刘校长告诉我，虽然考试的竞争非常激烈，但是学校并不主张加班加点，而是严格控制课程总量，减少必修课课时，增设选修课和活动课，使学生全面、主动、健康、和谐地发展。学校有30个左右的学生社团，他们的学生合唱团曾经出访过许多国家和地区，他们的科技俱乐部经常参加各种科学论坛、野外考察、进入国家重点实验室体验研究过程，他们的游泳队、篮球队都是北京的冠军。优良的校风学风和高雅的文化氛围使四中成为学生健康成长的沃土。据说，2001年2月，四中二十几名"学生形象大使"成功接待了国际奥委会评估团。"大使"们良好的风尚、高雅的气质和流畅的英语给国际奥委会评估团全体成员留下了深刻印象，使评估团对四中的考察成为整个申奥活动中的亮点。

在这样的学校做报告，似乎更加理直气壮，更加精神焕发。近2个小时的时间一晃而过。在回去的路上，我翻开学校刚刚发的师生共读材料，学校的编后语这样说——记得有学生曾在一篇习作中提及：她很佩服那种连买支铅笔也要专门跑到某国外品牌专卖店的同学，因为那种对生活品位的执着。这固然有理，但我想，认真也是有品的——不仅有对物质要求的认真，还有精神上的乃至灵魂上的认真。在一个又一个主题词像小汤山的温泉水泡一样咕嘟咕嘟往外冒的时代,"认真"这个看似土得掉渣的词汇是否已缺失,在你灵魂的某个角落?

不知道是否偶然,我似乎知道了四中的精神:认真。这也是所有成功的学校的精神。

2007 年 3 月

告诉你一个你所不知道的人大附中
——北京教育印象之二

不速之客独闯校园

在中国教育界,中国人民大学附属中学是一个颇受瞩目又争议不少的学校。

之所以受瞩目,是因为它创造了若干当代中国基础教育的奇迹,创办了全国第一个中学校园网、第一个中学生汽车模拟驾驶教室、第一个虚拟科学实验室、第一个中学生足球俱乐部,第一个与美国、日本、加拿大等国的学校开通远程教学,率先开设了综合创新的校本课程。之所以受瞩目,还因为人大附中多年在高考中独占鳌头。2004 年、2005 年、2007 年、2008 年,都摘得北京市高考文科或理科状元桂冠,还有单科状元、理综满分、数学满分……

之所以争议不少,是因为有些专家学者批评它独占了优质教育资源,积聚了北京最好的生源,是因为它行走的是"应试教育"的路线。

作为这个学校的"掌门人",刘彭芝校长也经常体验到这两股力量带给她的欢乐与烦恼。有时候,她在媒体的聚光灯下享受人大附中的各种荣耀与辉煌;有时候,她又在专家的批评场中咀嚼不被理解的痛楚与失落。在这样一个冰火两重世界中生活的刘校长,自然有许多感慨。

几年前,我们同作为中国国际象棋协会副会长,曾经有过一次"亲密接触"的机会,但未及深谈。后来,有机会读到刘彭芝校长的《人生为一大事来》,似乎又对她有了更多的了解。但一直没有真正地走进人大附中,走进刘校长的心灵世界。到北京工作以后,我一直想探索这个学校的真实面目,一直想了解这个学校的成长奥秘。于是,在一个周五的下午,我在事先没有打任何招呼的情况下独自"闯入"这个让我神往已久的校园。第一次走进校园，丝毫没有让我"兴奋"，不像有些人曾经对我说的"富丽堂皇"。坦率地说，与我们苏州的梁丰中学、木渎高级中学相比，人大附中的校园与建筑，只能算是"二流"。脚下的道路，有高低不平的地方，有裂缝很大地方，让我更加目瞪口呆，陪我的副校长、数学特级教师周建华苦笑："没有钱修，所有的钱都用在那幢正在修的学生宿舍上了。"

到了行政楼，刘校长正在与学生家长"谈心"。周校长告诉我，学生家长、学生和老师中所有棘手的问题（包括心理问题），都由校长亲自解决，教师、学生的喜怒哀乐也愿意向校长诉说，校长也力图全面了解每个学生和老师的真实情况。

我提出不影响刘校长的正常工作，先去看看学生们的课堂。于是看了几个教室，有的在学京剧，有的在学法语，有的在学陶艺，周校长自豪地告诉我，学校开设了150多门选修课程，涉及自然科学、社会科学、综合实践活动、体育与艺术四个领域，仅外语就有英、法、德、日等11种。为了开设劳技课，学校成立了劳技教研组，几年来，学校通过自己培养和引进，形成了一支专业合理、优势互补、凝聚力强的10人通用技术教育团队。他们所学专业涵盖了物理、园林、机械、化学、数学、美术、哲学，文、理、工兼备，使得学校的技术教育能够兼顾技术和人文两个方面。每逢选修课报名时，老师们都要利用多媒体展板、实物热情宣传，同学们则要挑剔地选择。我想，只专注于考试，只关心分数的学校，是不可能用如此大的精力，花如此大的心思，开设如此多的课程的。

周校长告诉我，人大附中提出要创建适合每个学生发展的教育，不拘一格培养人才。他说，刘校长一直认为，当代学生应当对不同的学科、文化和不同的思维模式保持兴趣和尊重，基础教育应该给学生更多的选择机会，让他们接触不同的事物，增进对自身的了解，发展自己的潜能，在未来的生活中能够做出明智的选择。刘校长有一句很精彩的话：每个人都希望有一个表现自我的舞台，每个人都希望能尽情展示自己的精彩，而学校就应该为学生搭建舞台，拉开大幕。有一个非常有意思的案例：王羽熙同学具有绘画天赋，尽管分数不到，人大附中还是破格录取了他，并给了他发展才华的舞台。他策划指导班里的英语剧《指环王》，在全校引起轰动，毕业时考入北京电影学院电脑动画专业。

学校的12名同学参与了破译人类基因图谱的研究实验，他们的成果获得了全国大奖，世界权威杂志 *Nature* 首次出现了中国学生的名字。

下午四点多，刘校长终于有时间"接见"我了。"接见"的地点是在学校的乒乓球室。周校长告诉我，刘校长擅长"乒乓外交"，客人到学校的最高礼遇是打乒乓。这是一个地下室，原来是准备停放自行车的，刘校长把它改造成一个体育活动场所。刘校长对体育的情有独钟是出了名的。她自豪地告诉我，人大附中的"三高足球队"多次荣获世界冠、亚军。成立于1992年的"三高足球俱乐部"取意"道德品质高、文化素质高、运动水平高"。这个俱乐部开创了教体结合、由学校直接培养体育人才的先河。通过俱乐部的建立，引进了社会资金和专业人才，俱乐部还与中国足协对口挂上了钩，为国家输送了数十名职业球员，为清华、北大等高校输送了100多名优秀毕业生。

人大附中国际象棋队成立于1997年，多次获得北京市冠军，举办了全国中学生国际象棋比赛，队员们在没有影响学业的情况下，取得了骄人的成绩。2002年，人大附中与中国国际象棋协会共建国际象棋国家少年队，中国棋院派教练常驻基地，少年队两度获得世界青少年奥林匹克团体赛冠军，多次获得全国冠军。国际象棋国家少年队培养出了多名国家大师，有的队员还入选国家队。人大附中的围棋队、健美操队，也同样成绩斐然。

学校体育活动场所的第一间房是台球室，据介绍，一位爱好台球的同学进入人大附中时，家长问学校能不能给配个台球室，刘校长觉得应该为每位学生的发展提供足够的空间，便答应了。这让我们听了很感到意外，但这样的事在人大附中却很多。

还有一位同学叫程丛夫，12岁就获得了北京市首届卡丁车比赛冠军。虽然他学习成绩一般，还经常因参加训练耽误上课，但学校认为他有特殊天赋，不但录取了他，还允许他不按时上课，落下的课由老师个别补。后来，又特批他直接升入高中。在学校期间，程丛夫获得了多个冠军，毕业后成为麦凯伦车队的签约车手。

一个如此重视体育，如此重视特长与个性发展的校长，丝毫让我们感觉不出这是一个以"应试"见长的学校。

一番较量，打了一个平手。坦率地说，刘校长的乒乓水平不一定比我强，但她敢于拼搏的精神让我感动。

再访人大附中感佩不已

如果说第一次访问人大附中是不速之客的话，第二次则是刘校长主动邀请的"座上宾"了。六月十二日，我陪同十届全国人大常委会副委员长、原民进中央主席许嘉璐同志再次走进人大附中校园。

再访人大附中，又有许多新的发现。而人大附中教师们的成长故事，给我留下了最深的印象。在学校参观时，我们见到了王玢老师，他本是学校物理实验室的管理员，刘校长发现了他的才能，给他创造机会学习，委以工作重任，他成了学校校园网的开发和管理者。

我们还见到了王琦老师。她是物理教研组组长、特级物理教师，撰写的论文多次在国家核心刊物发表，并在国际学术会议上进行交流。王琦通晓英语和计算机，一口流利的英语让国际研讨会上的专家佩服不已。2005年她赴英国参加了专门培训英语教师的"中学英语教师里丁项目"的英语培训，作为非英语教师，王琦获得了只有10%的学员才能得到的最高等级成绩，英国教师认为她完全可以教英语。刘校长创意并与中科院院士设计，建成了虚拟科学实验室，王琦被刘彭芝校长"点将"，成为开创使用人大附中虚拟科学实验室的主力。

化学实验员曹葵的故事更加神奇。曹老师在工作之余喜欢经济理论，在学校引起了议论。刘校长却力排众议，支持他取得了相应学历，他刻苦钻研，取得了研究成果，在学校开设了"西方经济学"选修课，受到广大学生的欢迎。

刘校长不但对学生因材施教，让教师充分发挥特长，而且能发挥学校里每一个人的潜能。魏二明是来自河南的临时工，在人大附中食堂当炊事员，他向学校提出想通过成人高考上教育学院餐旅系中国烹饪教育专业深造时，刘校长立即表示支持，还给他报销了学费。魏二明的毕业论文被学院评为优秀论文，后来，他获得了全国烹饪大赛金奖，为学生开设了"厨艺雕塑"选修课。现在已经是学校食堂的主管了。另外一个临时工王峰的故事也同样感人。王峰来自陕北，在人大附中种过花，做过饭，烧过锅炉。刘校长注意到他喜欢摆弄电器，就破格把他调入电教室，他自学掌握了各种电教器材的使用，学校多次送他外出进修学习，拿到了电教上岗证。他的电教作品多次被电台、电视台以及各类报纸征用选用，成为学校的电教室副主任、中国摄影家协会会员，发表多幅作品，多次参与大型专题片的拍摄。他的摄影选修课也非常受学生的欢迎。刘校长骄傲地用PPT给我们展示了他的摄影作品。保洁员小齐边工作边学习，已通过全国高校自考的多门课程，能和外教做简单对话，她还立下了从事幼儿心理教育工作的理想。这样的故事还有许多。我想，学校的工勤人员都能够这样培养成为出色的人才，普通的教师就不必说了。

刘校长说："我希望我们的教师能在世界一流的环境中成就世界一流的工作业绩。他们能翻多大的跟头，学校就给他搭建多大的舞台。"

其实，人大附中引进的教师非常少，大部分还是自己培养出来的。

在参观时，我注意到学校有一个专门的排练厅，供爱好艺术的同学们在这里磨炼基本功，在这间不大的排练厅里，培养出了在国际上受到赞誉的人大附中艺术团。1995年成立的学校交响乐团，已经名声在外，2006年获得了第35届维也纳国际青年音乐节交响乐组金奖第一名，大赛评委会盛赞他们的演奏"给人们带来了视听的享受"，展示了"一流的音乐教育"。人大附中艺术团多次赴法国、奥地利、俄罗斯、美国、英国等国家演出。艺术团2006年、2007年连续两年赴美展演，引起轰动，纽约、芝加哥、波士顿市市长相继宣布人大附中艺术团到访之日为该市的"人大附中日"。

人大附中的各种学生团体十分活跃，学生志愿团经常开展活动，深入社会。学校还开展"模拟联合国"，开办学生公司，每年举办一次学生电影节、文化节、科技节、学生嘉年华、主持人大赛……这里的社团活动和社会实践甚至比一些大学还丰富。

一个多小时的参观以后，我们在会议室里坐下来，聆听刘校长如数家珍般的情况介绍。其中的许多成绩，刘校长的教育理念，在媒体的报道中已经很熟悉了。

印象最深的是人大附中如何与国际教育接轨。我同样注意到，这是一所国际化程度非常高的学校。刘校长1997年一上任，就提出了"国内领先，国际一流，创世界名校"的办学目标。她带领教师和学生，坚持走出去，先后有800多名学生出国参观访问，给教师们也创造了很多国际交流的机会。学校也没有忘记"请进来"，其实后来已经不是"请进来"，是很多学校慕名而来。美国菲利普斯安多福学校、英国伊顿公学、澳大利亚三一学校、新加坡莱佛士书院等多所学校都派团到人大附中交流。学校每年都要接待很多来访的国际同行。美国纽约州堪顿中心学校、纽约州立大学等多所学校与人大附中建立了友好校关系。刘校长还极力推动远程教学，2000

年以来，先后与美国、加拿大、日本、意大利等国家的名校开展网上教学。适应国际化的需要，人大附中设立了国际部，招收了26个国家的200多名学生，已毕业的四届国际部毕业班均取得了不俗的成绩。

刘校长讲完之后，几位刚参加完高考的高三学生的简短发言，同样精彩。这些学生的综合素质的确非同一般。他们把自己的母校比作天堂，一位同学说，在人大附中学习是幸福的又是幸运的，人大附中的六年是他一生中最光荣的事，这件白色的校服值得每个人大附中人穿一辈子。

考察结束时，许嘉璐副委员长用八个字概括了他对人大附中的评价：感动、钦佩、羡慕、深思。感动的是刘校长带领的整个教师、职员、工人队伍爱学生，视学生为自己生命的延续，视教育事业为自己全部的感情、思想的寄托，也为老师和学生的成长和奉献感动。钦佩的是人大附中的创新。2001年以后，几乎每年都有新想法、新措施，人大附中是全面的创新，真正的与时俱进。既羡慕人大附中的同学们在这样优越的环境中学习，也羡慕老师们在这样的领导集体带领下工作。深思的是，以刘校长为代表的人大附中领导集体在实践中把中华传统文化和时代精神结合起来，以这种精神迎接中国教育改革关键阶段的到来。人大附中已经成为中国教育改革的先行者和试验田。

我的感受和想法与许嘉璐副委员长不谋而合，他说出了我想要说的话。不过他的概括更准确、更有高度。

两次来人大附中，明访暗察，挂一漏万，但是激动之心难以言表。中国的教育改革，需要这样的探索者。在一定意义上，他们代表着中国教育的未来。

2008 年 6 月

点石成金的刘彭芝——北京教育印象之三

刘彭芝校长在《人生为一大事来》书中曾经写道："对于人大附中的学生、老师、干部，都不能藏龙卧虎。是龙，就让他腾；是虎，就让他跃！他是龙是虎，你发现不了，是水平问题。你发现了不用，是品德问题。"这句话充分体现了刘彭芝校长和中国人民大学附属中学的人才观——善于发现人才，大胆使用人才。其实，人大附中近年来的迅速发展，一个重要的原因，就是为许多普通教师搭建了成长的平台，让他们能够源源不断地脱颖而出，成为教育英才，变得不再普通。

许多校长经常抱怨学校里面没有人才。其实，按照人才学的理论，只要使用恰当，每一个都是人才。从人大附中的实践来看，也证明了这一点。2008年，我曾经有机会陪同全国人大原副委员长许嘉璐先生访问人大附中，亲眼目睹了许多刘校长慧眼识出的、不拘一格培养出来的优秀人才，亲耳聆听了许多人大附中教师们的成长故事，给我留下了最深的印象。从前文提到的王玢老师、王琦老师、化学实验员曹癸老师以及炊事员魏二明的故事，就可以看出，从平凡中看出不平凡，于普通中发现不普通，这就是刘校长点铁成金的本事。而这个本事，是与她的人才观紧密联系的。她相信，每一个人都有无限的潜力，你给教师多大的舞台，教师就可以创造多大的精彩；你给教师多大的空间，教师就可以演绎多大的辉煌。

在教师队伍的建设方面，人大附中有许多非常独到的做法。在教师干部队伍的建设方面，刘校长更是用心打造一支特别能战斗的队伍。其中最精彩的就是"四子"，即给位子、搭台子、压担子、抬轿子。所谓给位子，就是及时任用，让人才有职有权。名不正则言不顺，有了位子，才能行使职权；所谓搭台子，就是放手让人才工作，充分相信人才的创造性，让人才大胆表现；所谓压担子，就是要把艰巨的任务交给人才，锻炼人才在实践中增强才能与胆识；所谓抬轿子，就是要充分、及时鼓励人才取得的每一个成绩，为他们的发展鸣锣开道。从操作的角度来看，刘校长往往是首先发现一个人的闪光点、特长，然后交给他一定的任务（压担子），赋予他相应的职务（给位子）与权力，让他自由创造（搭台子）。在取得成绩以后给予充分的肯定与鼓励（抬轿子），并且给予更加大的位子、担子。如学哲学出身的舒大军老师，因为在棋类方面有特长，刘校长就把学校成立围棋队、国际象棋队、五子棋队和中国象棋队的任务交给他。结果，他不负众望，不仅陆陆续续成立了各种棋类队伍，而且连续六年打败了大学生冠军队，取得了很多北京市冠军、全国冠军、世界冠军，向北大、清华、北师大等名校输送了有棋类特长的全面发展大学生，还向国家队输送了很多国手。非常有缘分的是，我与刘校长还同时担任了国家国际象棋协会的副会长。

如果我们用心地考察人大附中的领导班子建设，会有许多惊人的发现。可以毫不夸张地说，在中国的学校中，没有任何一所学校培养的干部人数超过人大附中，从京郊延庆，到西部农村；从河南新密，到广东珠海；从北航附中，到西山学校；从翠微中学，到海淀教师进修学校，乃至未来的朝阳学校，到处都有人大附中输出的干部。这里简直就是中国教育的"黄埔军校"！这些干部，就是人大附中的种子，把人大附中的精神、气质和品位，带到了新的单位，在新的学校传承着人大附中的文化。每一次，人大附中都要为派出的干部举行一个团队宣誓的仪式。这些即将踏上征途的校长们，会聚集在人大附中的旗帜下庄严宣誓："志存高远，追求卓越。传承精神，开拓创新。脚踏实地，无私奉献。培育英才，服务社会。"他们满怀感情地表示，如果说他们是在广阔的教育天空飞翔的话，那么人大附中就是他们"隐形的翅膀"。

就这样，刘校长把一个个普通的教师培养成为优秀的校长，又把他们一个个输送出去。然后再提拔一个个普通的教师成为优秀的校长，再把他们输送到最需要的地方。不仅为其他学校和地区输送了大量人才，也激活了学校的人力资源，让一批批具有发展潜力的教师脱颖而出。最近，刘校长又提拔了 10 多位年轻的校内副校长，其中有一直致力于本学科的研究，在业务上有突出成绩，做出过巨大贡献的"专家型教师"；也有多年以来勤勤恳恳、兢兢业业做着班主任、年级组长的工作，从基层教师中脱颖而出的"园丁型教师"；有人大附中从自己的教工队伍中一步步培养起来的，也有从外地、外校调入人大附中，在之前的工作单位曾担任过领导干部的。这些都充分体现出了人大附中"不拘一格选人才"的干部选拔理念，体现出刘校长让"智者尽其谋，勇者尽其力，能者显其才，贤者彰其德"的人才观念。

北航附中党委书记吴鹏程，曾经担任过人大附中的校长助理。他这样形容人大附中的力量："一般学校像江湖，有它的规则，有它的颜色；人大附中像大海，海纳百川，最终把江湖都变成了海的颜色。"从这个意义上说，人大附中是一所教育干部的培训学院，一点也不过分。

需要说明的是，刘校长不仅善于发现人才，大胆使用人才，对于人才的呵护与关心，也是值得称道的。我的学生周建华，是刘校长从苏州引进的数学特级教师，他身患重病以后，是刘校长第一时间告诉我的消息，也是她第一时间把建华送到医院进行救治。刘校长关注到所有的细节，从治疗的经费，到治疗的方案。当然，不仅是对于同事如此厚爱，甚至老师们的家人生病了，刘校长也会关怀备至。老师出国期间，妻子生病，是刘校长亲自安排病床；老师为学校加班，母亲生病住院，是刘校长亲自到病床前探望。许多老师都讲述过这样的故事。"士为知己者死"，刘校长对于教师队伍和干部队伍的关心，无疑也是促进他们成长的主要力量源泉。

最后特别要提出的是刘校长与学校书记王珉珠书记的关系。人大附中的老师们曾经用一副对联来评价她们：一个是"外柔内刚"，一个是"内柔外刚"，横批是"天衣无缝"。王书记曾经深有感触地介绍她与刘校长之间亲如姐妹的同志情谊：团结是基石，它是事业成功的保障；团结是幸福，它是紧张工作中的享受；团结是财富，它是心灵沟通的硕果。"刘校长和我是战友，是姊妹，我们在共同的战斗中互相扶持，我们在共同的战斗中收获了成功，也收获了一份真实的友情。愿我们的干部们能继承我们的团结，它是一件法宝，是保证人大附中盛名不坠，创百年名校，千年名校的必须。"是的，合力同心，其利断金。党政之间的亲密合作，校长与书记之间的默契共事，不仅为所有干部员工树立了榜样，也为年轻骨干的发展创造了非常好的氛围，他们不需要看书记校长的眼色，不需要揣摩领导的意图，只需要全力以赴做好自己的工作。校和万事兴。人大附中这些年的快速发展，与学校这种和谐团结的氛围是分不开的。

2008 年 6 月

"独善其身"与"兼济天下"——北京教育印象之四

关于人大附中，外界的议论最多的一条就是它"垄断"了北京的优质教育资源，挑选了最好的学生和最好的老师。

我们不否认人大附中聚集了全北京最优秀的学生，但是这是刘校长带领她的团队多年耕耘的自然结果。她们学校也聚集了最优秀的教师团队，其实这个团队的主体部分不是通过引进，而是在实践中培养起来的。更重要的是，人大附中最近几年送出去帮助中西部、农村学校和薄弱学校的人才，总数量不少于她们引进人才的数量。

在这里，我们暂时不讨论中国到底需要不需要精英教育和天才教育的问题，因为这是一个理论与实际都非常复杂的问题；也不讨论人大现在选拔学生与教师的做法是否合理，因为这是一个已经存在的事实。我更加关注的是，人大附中在拥有了这些资源以后，是独享其有，还是努力把这些资源放大，惠及更多的地区与学生。

从刘校长以及她的团队、她的合作者的发言来看，人大附中是比较自觉地实践"胸怀天下教育，履行社会责任"的理想，把自己的优质教育资源辐射影响到更多的地区与学校的。刘校长这样阐述她的社会责任观：我们经常讲到优质中学的社会责任，讲到人大附中的社会责任。把人大附中办好，当然是履行社会责任，但这还远远不够。我们不仅要"独善其身"，我们更要"兼济天下"。让更多的学校分享人大附中的优质教学资源，让更多的学校借鉴人大附中的办学经验，帮助更多的薄弱学校提高水平，这才是更高境界的履行社会责任，这才是墨子讲的"宇，弥异所也"，这才是从有限进入无限，这才是我们的追求的目标。

她不仅这样说，也努力这样做。最近几年，人大附中一直在努力利用优质教育资源支持西部教育和北京薄弱学校，先后与中西部七个省区的 12 个地区"手拉手"联合办学。他们"手拉手"结对帮助了宁夏六盘山高中，在干部挂职、学生培养、远程互动教学、网络资源共享、重大课题研究等方面全方位开展合作，而且把该校的学生请到人大附中来免费"留学"，使西部地区的孩子享受到了北京的优质教育资源。人大附中无偿帮助海淀区西颐中学、北航中学发展优质教育，把管理骨干、优秀教师长期派到这两所学校，带动这两所学校的管理和教师水平提升，真正实现了优质教育资源共享。他们与农大附中建立手拉手学校，还在北京郊区的延庆县设立了分校，把优秀教师派到延庆支教，一去就是至少一年，一般是三年，延庆的老师们慕名而来，在教室后面、过道里听课，一学期的课都上成了"公开课"。支教的老师还教延庆的同学们各种乐器，帮助他们成立了合唱团。2007 年 9 月，他们又派 11 名教师常驻该校。人大附中还与河南新密市政府合作创办了人大附中郑州分校，相继有 36 批，430 多位新密的教师和学生到人大附中培训、交流。在座谈时，又听刘校长说，他们已与云南省腾冲县政府签署协议，对腾冲县中学骨干教师的培养提供对口帮扶。

刘校长还发起成立了"国家基础教育资源共建共享联盟"，通过现代网络技术，实现对全国各地的优质基础教育资源的集成和共享，联合全国 200 多所优秀学校，将优质课件和互联网 P2P 联合输送到西部 12 省市的薄弱学校，供它们无偿使用。2005 年还发起了"百名中西部中小学体育教师培训营"，无偿培训农村体育教师。最近又建立了中国基础教育卓越校长、卓越教师培养基地，旨在通过校长培训，传播先进教育理念，交流教育教学改革实践成果，发挥优质资源的辐射、带动作用。下一步，人大附中还将把着眼点和着力点更多地放在向周边学校输送干部上，向周边学校输送干部，刘校长说，这"可能会成为人大附中履行社会责任的主渠道"。

许多学校也经常开展类似的活动，但是往往是在不影响本校教学的有限范围内，时间短、内容和形式单一，而人大附中则是全面帮，对本校的优质教育资源也很"舍得"，毫不吝惜地拿出来共享。刘校长不但没有独占优质教育资源，而且是在不断创造优质教育资源，共享优质教育资源。还有一点很重要，那就是刘校长和人大附中人深刻认识到，对别人的帮助绝不是单向的，不仅是付出，老师们在支教中也在新的平台上得到了锻炼和成长。应该承认，从一所学校的社会责任来看，刘校长已经非常努力地承诺和实践了，这也是许多优质学校学习的榜样。

2008 年 6 月

十一学校：那些可爱的孩子们——北京教育印象之五

一、教师节的鲜花

知道十一学校，最初是因为李金初校长。

我在主编《中国著名校长办学思想录》的时候，曾经与他有过接触，也在一些会议上见过李校长。他的改革精神与创造激情，给我留下了深刻的印象。

走进十一学校，是因为李希贵校长。

这些年来，一直关注着他的足迹，从潍坊的教育改革到十一学校的教室革命；从《为了自由呼吸的教育》到《36 天，我的美国教育之旅》。他与前任李金初一样拥有改革的精神与创造的激情。

应李希贵校长的邀请，教师节这天，我走进了心仪已久的十一学校。在听了一堂精彩的数学课以后，对学校进行了比较全面的"走马观花"。应该说，十一学校给我留下了非常深刻的印象，从数学课上学生的自主学习，到学生争相让我在开学护照上签名；从学科教室与教师工作室的合二为一，到丰富多彩的艺术体育活动，无不让我感慨万千。但是，最让我感动的，是那些可爱的孩子们。

李希贵校长写过一本书，书名叫作《学生第二》。这是他的随笔集，从书名就可以知道，他是把教师的发展放在首位的。是的，这与我们新教育的理念也是非常吻合的，我们一直把教师的发展作为新教育的逻辑起点，认为没有教师的发展永远不会有学生的成长，没有教师的幸福永远不会有学生的快乐。所以，与学生一起成长，是教师的重要职责与基本路径。

在十一学校那些可爱的孩子们的身上，我看到了李校长和他的教师团队的匠心独具。

因为是教师节，来到十一学校时，可爱的孩子们送上了一束鲜花。我说，应该把鲜花送给你们的老师！孩子们说，你就是老师啊，你是我们老师的老师，一会儿你还要给我们的老师做讲座呢！孩子们的消息真是非常灵通。这天，李校长让我为老师们专门谈谈教师专业发展的问题。

听完数学课，为教师们讲了一个小时的专业发展问题，说的是新教育实验的"前行、攀升、飞翔"理论，也就是要通过专业阅读站在大师的肩膀上前行，通过专业写作站在自己的肩膀上攀升，通过专业发展共同体站在集体的肩膀上飞翔。讲课期间，看到许多孩子们来到会堂，似乎在寻找他们的老师，表达他们教师节的特殊情感。

二、枣林村书院之梦

讲座结束以后，我提出看看老朋友魏勇老师，因为在十一学校，除了两个李校长，我最熟悉的就是历史特级教师魏勇先生了。他是"教育在线"网站的资深网友，网名叫作"刘支书助理"。他敏锐的思想和广阔的视野，通过犀利的文字，让许多网友敬佩不已。到了十一学校，自然要看看老朋友。

李校长告诉我，魏勇可是十一学校的"思想家"，现在担任北京十一学校枣林村书院的常务副院长，院长是副校长兼任的。李校长认为，现有的班级授课制在效率、成本控制和学生的相互教育等方面，拥有巨大的优越性，但同时也存在局限，因为有的知识和技能必须通过一对一的教育才能真正被掌握，譬如曲艺、中医等。但传统的一对一的师徒模式往往受制于文化底蕴的单薄，从而匠气十足，在其专业领域无法走得更远。所以，枣林村书院希望整合现代教育模式和传统教育模式的优点，既能够强化专长，又能够培植人文精神，提升人生境界，把他们培养成既有特殊专长又有独立人格的人。

我们一行来到了枣林村书院。看到几位学生正在魏勇的指导下读书。

魏勇告诉我们，枣林村书院有几个主要特色：一是课程高度个性化。书院的课程是订单式设计，根据学生专业发展需要，为学生量身设计课程、选择老师，学生可参与到课程设计当中。二是教学方式多元化。通过讲述、茶座、聊天、网络、合作学习、辩论、实验、游历等方式完成课程，彻底改变目前教学方式单一的弊病，使课堂成为最吸引学生的场所之一。三是教学管理多元化。根据不同专业类型的学生，灵活确定教学时间和教学场所，不拘泥于现行教学时间表和场所，最大限度满足学生专业发展的需要，同时保证基础学科的学习。四是教学评价多元化。改变一张试卷评价学生学习成果的传统做法，实行学分制和实际操作考核相结合。

枣林村书院面向全国招生。招收的专业丰富多彩，如民间工艺（包括景泰蓝、瓷器、剪纸、雕刻、古典乐器制作以及木、石、铁、灯、竹、泥水、刺绣、油漆等）、民间曲艺（民乐、相声、戏曲、魔术、杂技、小品、评书及其他说唱艺术等）、传统艺术（书法、国画、茶道、插花等）、传统医学（推拿、针灸、中医等）、传统体育（武术、围棋、象棋等）、传统收藏（珠宝及古玩鉴定）、现代体育（赛车、台球、桥牌、电子竞技及网络游戏开发等）、现代艺术（动漫、摄影、平面设计、园艺等）、演艺（模特、娱乐节目主持人、电影摄影等），另外还有计算机反入侵技术、经纪人等特殊专业。

针对不同的专业，枣林村书院开始了大量必修与选修课程，除了语文、数学、英语、物理、化学、历史、生物、音乐、写作、书法、美术（国画和油画），还有茶道、插花、推拿、针灸、动漫、摄影、平面设计、园艺、珠宝、古玩鉴定、赛车、台球、桥牌、电子竞技及网络游戏、地理、经济、政治哲学、政府与政治、戏剧、设计、通用技术、马术、棒球等大量选修课。书院为每位学生配备一位导师，形成一对一模式，指导学生形成健全人格、良好的沟通能力以及规范文明的礼仪，帮助学生制定个人发展计划。

虽然枣林村书院刚刚开张，但是从他们的愿景，以及与有关方面召开的中医研讨会等活动来看，我们是可以期待的，魏勇这个"思想家"，一定能够给我们交一份精彩的答卷。

三、模拟联合国

当我在枣林书院准备详细询问魏勇和他的学生一些问题时，几位"联合国官员"来邀请我旁听他们的辩论。原来，在书院的隔壁，模拟联合国讨论科索沃问题的辩论正在紧张地进行。我知道,中学生模拟联合国已活跃在国内外的校园里许多年,甚至还有国际性的组织,经常开展世界中学生模拟联合国的竞赛。在模拟联合国里,我看到那些代表着各个国家的官员,用英语侃侃而谈,有条有理,甚至可以脱稿讨论问题,禁不住对李校长笑着说,这些孩子真了不起。

离开了模拟联合国,我们在外面的准备教室看到了许多国际组织的宣传标贴,陪同的学生告诉我,为了让同学们更全面、更广泛地了解世界,他们以模拟联合国的社员为骨干,通过扩展新社员,成立了一系列模拟国际组织,如"欧盟""北大西洋公约组织""上海合作组织""世界原子能机构""世界卫生组织""中日韩六方会谈"等,希望通过这些模拟机构,培养有中国灵魂、世界眼光和多元化理解能力的杰出人才。尽管是模拟国际组织,但是他们的活动不拘泥于所模拟机构的固有议程,而是自己创建多种未发生的情况进行独立的讨论与交流。

更加有意思的是,学生们还自发地创新组建了一些新国际组织。如许多同学意识到,随着信息化数字化程度的提高,空间卫星会有突飞猛进的发展,如果空间协调不周,协调能力不强,将会给人类带来致命的灾难。而且,如何将战争可能对信息运行设施带来的损害降低到最低限度,有必要成立一个协调性国际组织,于是国际信息协调中心应运而生,且很快形成了《国际信息北京公约》。再如,有的同学预期后汽车时代的到来指日可待,如何从现在开始限制汽车生产,探讨废旧汽车增多可能给人类带来的负担,需要提到国际社会重要的议事日程,于是,由"巴西"发起,"智利""澳大利亚""加拿大"鼎力支持的"里约热内卢公约组织"揭牌,他们避开那些突飞猛进的行业,或如日中天的国家,从另外一个视角寻找力量与智慧。还有一些同学发现,随着风能、太阳能的出现,世界上一些相关能量充足或条件丰厚的国家和地区将成为各个国家战略利益争夺的焦点,所以,赶在问题没有形成之前,及早成立相应的协调机构,尽快制定相关的公约,应是当务之急。另外,如世界中小学教材循环使用推动委员会、国际中学生留学协调中心等,都是学生们在国际视野下寻求解决问题的办法或策略。

据悉,十一学校如此重视培养学生的国际意识与多元文化理解,与2009 年 5 月 22 日发生的一场冲突有着密切的关系。当时,十一学校的中国学生和韩国学生因为饮水问题发生争执,由于语言上的障碍,以及长期以来积蓄的不满，相互指责升级为肢体冲突。很快，网络让事态进一步扩大。十一的毕业生相互联络，希望回母校弄清情况，一些对韩国有看法的社会人士也开始通过多种途径，煽动十一学校的学生采取行动。形势很危急。李校长临危不惧，把"危"化成了"机"，适时推出了国际理解教育，在全校开展了多元文化理解的大讨论。同时把5月22日定为"多元文化理解日"。围绕这个日子，还有了三年一个系列的运动会，即模拟奥林匹克运动会、世界民族运动会、五洲城市运动会；有了首届世界文化艺术节；有了端午节国际部朋友沙龙；有了罗马尼亚日、美利坚文化周、法兰西文化周、澳大利亚日、德国文化日、英国文化日；有了"一班一国家，一校一世界"各国文化研究活动……

四、学生当老板

离开了模拟联合国的专门教室，李校长陪同我继续参观学校的艺术活动中心，中心几乎囊括了各种艺术门类。我已经记不清各个社团获得了什么奖项了，印象最深的，是贴在活动中心大厅的各种琳琅满目的海报。李校长得意地告诉我，这些海报作品均出自学生之手，是由一个叫作十一学生广告公司制作的。2008年11月，一些对广告设计颇有兴趣的同学找到团委，希望能够在学校支持下成立广告公司，除了为学校节约一大笔海报制作的费用，还能够锻炼自己的综合实践能力。学校支持了这个想法，特批一笔经费购买设备，搭建了校内第一个学生职业体验基地，由学校提供第一笔启动资金，接下来的公司运作全部交给学生。目前，公司已经更替了三届学生，每个人都是第一次接触广告公司的相关业务，从海报的设计、打印、覆膜技术的学习，到签订单、跑客户、工资分配等业务的训练，由一无所知到熟练掌握，由学校支持资金到向学校缴纳管理费，一群热爱创业、喜欢职业体验的孩子，在这个不足20平方米的小天地里，一群未来的设计师、企业家在成长着想法，成长着能力。

除了广告公司，还有复印社、学生书店、出版社等许多学生自己组建的公司。以出版社为例，李校长告诉我，过去学校一般是把学生的优秀作文编辑成册，装订后校内印刷，这些工作全部都是由语文老师来做。现在则由学生自己的出版社负责征集、编辑、出版同学们的优秀作品。第一次出版由学校扶持部分印刷经费，初期的编辑过程里，小编辑们的头脑里基本上还没有市场观念和客户意识，他们更多的是从自己的审美视角或阅读喜好出发去组织编辑。后来，当学校不再提供经费资助，完全通过自主经营、自负盈亏后，他们发现，能否让读者愿意掏钱，关键是要进行市场调查，研究读者需求，那种仅仅凭自我感觉，躺在自我的世界里编出来的东西，很难被同学们接受，经不起市场的检验。于是，他们编辑的选题环节建立在市场读者调查的基础之上，甚至当作整个出版工作最重要、最关键的环节。

学生"出版商"们在经营过程中还发现了经济学中的目标客户理论，用流程倒推的思路，首先研究每一本书出版后到底卖给哪一个群体。在校内有年级的不同、性别的差别、语文程度的不等，同学们的需求当然也不同；对校外他们则研究不同的家长群体甚至其他学校低年级学生的特点，以需求来确定选题，编选不同的内容，甚至包括设计风格都有不同的考虑。对于印刷的数量、出版物的定价，他们同样也会按照这些不同的信息，做出不同的选择。

出版物问世以后，他们在市场营销方面也下了不少功夫，家长会的会场外，食堂前的摊位上，总是摆着他们的作品。每一本新书出来以后，第一个推销的对象，总是李校长。原来，他们对校长在校园里的活动路线也进行了研究，以确保他们的首次销售"恰好"让校长"遇"到，让校长不得不掏自己的腰包，这样的交易，很容易成为他们接下来的推销广告。呵，这些可爱的孩子们，真是用足了脑筋。

五、名家进校园

在琳琅满目的海报中，有一张海报特别吸引人，因为上面布满了许多大家熟悉的名人，有政治精英、科学巨匠，也有商界领袖、文化巨擘，还有学界泰斗、艺体明星，杨利伟、俞敏洪、莫言、郑渊洁，等等，都在十一学校的报告厅为孩子们做过报告。新教育实验一直提倡聆听窗外声音，在这里我们看到了真正的实践。李校长告诉我，每周三的下午，他们都会邀请一位名家大师走进十一学校，与孩子们面对面，或讲述，或对话，或答疑，用他们自己的人生经历，讲述成长的故事，揭示成功的秘密，诠释人生的哲学。

他们认为，名家大师进校园可以起到学校教师无法代替的作用。学校立足培养志远意诚、思方行圆的学生，要求学生确立远大的志向，要求学生从初中一年级即着手进行职业规划与人生规划，参加与规划的职业相对应的社会实践和社区服务，阅读与规划职业相对应的名人传记，等等，但榜样的引领对一位中学生来说可能最具有感召力，因为他们在自己献身的领域里大量的积累和感悟足可以撼动同学们的心。

在邀请名家大师时，十一学校特别注意时机的选择。神舟七号宇宙飞船升空后，同学们对航天事业倍加关注，于是，学校邀请了航天英雄杨利伟将军与学生面对面。有一个学生社团面向全校的航天爱好者征集了许多问题，然后加以梳理归纳，形成了访谈提纲。现场的互动中，让同学们领略了航天英雄的坚毅、淡定以及为航天事业勇于牺牲的无私，也明白了任何时候、任何事情，机遇都不会从天而降，机遇总是垂青那些有准备的人。

当然，在选择名家大师时，不能仅仅考虑学生的兴趣，还要注意针对同学们的需求，特别是成长过程中的思想需求和心理需求，确保对症下药且如春风拂面。

有许多的学生喜欢当外交官，却并不清楚什么是外交官，驻印度大使孙玉玺先生的到来，使同学们对外交工作感同身受。孙大使通过自己参与重大外交谈判、处理外交危机等一系列外交活动，诠释了外交官的使命、责任以及幸福与自豪，尤其是在外交官风流倜傥的背后，让同学们也领略了其艰辛与困顿。

由于许多原因，在青少年学生中希望当明星、做大款、成为 CEO 的越来越多，而希望做科学家的却凤毛麟角，所以，学校注重引导，及时邀请科学家来校讲学。如中科院院士林群教授、著名探险家、北京大学数学系王诗宬院士的校园讲座，就唤醒了不少孩子的科学梦想，催生了许多同学的科学激情。

李校长介绍说，参加名家大师活动完全是同学们的自主活动。学校一般是提前一周通过海报、网络等各种方式周知全校，然后学生们根据自己的爱好通过网上选定报告厅的座位，没有选上的同学则可以通过电视网络收听收看，也可以事后到图书馆的视频教室用学校刻录的光盘收看。

到目前为止，已有将近 100 位名家大师走进十一学校的校园，有些则已经成为学校的常客，如童话大王郑渊洁，从相识、相知，到现在已经是学校少年文学院的名誉院长，不仅定期来学校讲学，还带着一批少年研究生。我的讲座，就是在以郑渊洁作品的主人公皮皮鲁命名的会堂进行的。另外北京大学生命科学家昌增益教授，则被学生聘为少年科学院的名誉院长，他在北大的实验室，也成了十一学校学生的实验室。

六、院士风采录

参观的最后一站是校刊编辑部。门外的长条桌上，放着许多本十一学校的校刊《瞰十一》。富有创意的刊名，精美的装帧，老到的文字，不亚于任何一本专业刊物。李校长告诉我，这是一本真正由学生创办的校刊。从总编、副总编、封面设计、排版、美工、摄影、校对发行总监、财务总监和广告总监，完全由学生担任。

在送我的 7 月号上，我看到了一篇《院士风采录》的文章，封面人物就是介绍学生的科学院、社科院、经济学院和文学院院长"四巨头"的。李校长介绍道："如果说少年文学院和科学院的建立还有些学校意志的话，那么，少年社科院和经济学院纯粹是学生意志的产物。"也就是说，是他们的强烈需要催生了这两个学院。

有一次李校长到高二（1）班听课，恰好与冯嘉荟同学同桌而坐。课间，她很正式地拿出一份关于成立学校少年社会科学院的构想给他。冯嘉荟认为，学校现有的少年科学院和少年文学院不能满足一部分对社会科学感兴趣的同学，他们愿意通过自己的劳动，为这些同学搭建一个施展自己才华的舞台。

结果，这份学生提案在校务会上获得全票通过。少年社科院很快正式成立，第一批小院士也正式产生。

在冯嘉荟等同学的影响下，一年之后，一个名字叫鄂铭希的初二女生，向校务会递交了一份提案，"关于成立十一学校少年经济学院的构想"。光是这个孩子看的书籍就足以让我们震撼了：《货币战争》《新帝国主义在中国》《国富论》《资本论》，等等，并且还有厚厚的一本读后感。鄂铭希说，她身边有一大拨这样的同学，对经济学特别感兴趣，希望学校能够为同学们搭建一个更广阔的有利于经济学研究的平台。

少年经济学院也很快得到批准，国际部一个专门教授经济学的外籍教师，欣然同意做这些小院士的学术导师。我在校刊上看到了这位院长同学写给同学的文字："经济学是一个永恒的话题，随着世界的逐渐融合，在和平世界的前提下，军事战略将不再那么风行，取而代之的将是经济学——无硝烟的智慧战争。作为'十一'学子，我们必须拥有与世界发展同步的眼光，比世界发展更快的思维，希望通过创建经济学院，让同学们养成理性思考问题的能力与如何培养选择的能力。"

据说，李校长对这四个学院特别厚爱，他们的院刊，第一位读者，往往也是李校长，他甚至愿意为这些学院的院士们，今后能否成为真正的院士，与人们赌一把。我相信，赢家一定是李校长。

七、个个是明星

在十一学校，我处处都能够感觉到学生是这个学校真正的主人。

大事小事，必须倾听学生的意见，所以，校务委员会有学生的代表。李校长还定期与学生聚餐，专门了解学生所思所想。"校园机会榜"则公开向学生提供各种工作机会，让学生自主选择。如果工作复杂程度较高，或遇有较多的学生选择同一项工作，则采取公开竞标的方式决定承办者。

在十一学校，不以分数论英雄。他们开展的"每月百星"评选活动，让每一个孩子都有成为"校园明星"的可能，让更多的学生都能感觉到自己的重要。

"百星"的命名五花八门，有"领袖之星""飞毛腿之星""换位思考之星""快乐天使之星""操心管家之星"……每个班主任都非常重视"每月一星"的产生过程，和班委们留心观察班级每个成员的表现，哪怕一个细小的闪光点，都可以成为当选的理由。成为"每月百星"的学生，会在学校最醒目的宣传栏里，看到自己的宣传海报。这个活动，让每年有1200多个孩子可以看到自己的优秀。

十一学校还创造了"校园吉尼斯大擂台"，每两周进行一次。李校长认为，每个学生都有属于自己的特长、爱好，哪怕仅仅是字典查得比较快，绕口令说得比较好，为什么不提供给他们一个展示的平台呢，闪光一次，也许就成了这个孩子上进的起点，校园吉尼斯大擂台和特殊技能测试站就是这样一个让任何人都可以闪光的地方。

最初只是设置了特殊技能测试站，但许多学生觉得一个人测试不过瘾，要求学校创造有相互"PK"的擂台，调动更多学生的参与热情。于是，这样一个擂台就自然而然地诞生了。现在，这个擂台无论是项目设计、宣传动员还是现场组织，全部由学生承担。"PK"的项目五花八门，擂主将获得校园吉尼斯证书。如果有学生想破纪录的话，会额外组织挑擂大赛。校园吉尼斯大擂台已经成为十一学校校园里"展示自我，超越自我"的文化象征。

半天的"走马观花"，对十一学校留下了非常深刻的印象。但是在写这些文字的时候，满脑子都是那些可爱的孩子们。

2010 年 9 月

一零一中学：书香满园竞风流——北京教育印象之六

到北京工作以后，先后三次去了这所学校，校长郭涵和副校长严寅贤等一群一零一人建设书香校园的理念与行动，给我留下了深刻的印象。

第一次去一零一，是 2008 年 9 月。来学校前，对学校的唯一印象是"一零一网校"，认为它一定是一所屹立在繁华都市中的现代化学校。没有想到，这是一所位于圆明园遗址中的学校，古风巍然。学校东临清华，南接北大，文气蔚然。进入学校长长的通道，古树参天，绿草如茵。学校的建筑，依山傍水，显得静谧、厚重、古朴。在北京这样寸土寸金的城市，一零一能够有这样宽敞大气、自然气息浓郁的校园，与众不同，独领风骚，真是难得。

郭校长告诉我，这里是北京奥运火炬接力的终点站，虽然奥运会的火炬刚刚熄灭，但是奥林匹克的精神，追求更快、更高、更强的精神，却永远地留在了学校。郭校长还专门带我参观了学校内部的奥林匹克青年营（Olympic Youth Camp）营地。人虽去，魂犹在，闭上眼睛，我可以想象到，不久前这里世界各国的年轻人，在这里狂欢、交流的盛况。

看到大门口郭沫若先生题写的校名，我不解地问郭校长，为什么叫一零一？她告诉我，学校建校于 1946 年，当时在张家口，后因国民党大举进攻，与回民中学、女子中学的全体师生一同撤离，合并为晋察冀边区联合中学，后演变为华北育才中学，最后迁至北京，是中国共产党在老区创办并迁入北京的唯一一所中学。定名为一零一中，正是因为郭沫若题写校名，并释其含义为"百尺竿头，更进一步"。

这一次，我为学校的老师们做了一场"过一种幸福完整的教育生活"的主题讲演。没有想到，在这里，遇到了不少知音。

听完报告，郭校长与我交流，她认为，在当今青少年远离名著、远离经典的大背景下，学生阅读应当成为学校阅读的重头戏。所以，一零一举行了"经典阅读，与大师为伍"的系列读书活动。另外，从高一到高三，每个年级每周向学生提供 5000 字左右的优美时文，这些美文都是教师们从各优秀报刊上精选而来的，文质兼美，具有很强的思想性、时代性和文学性。她说，让全体师生读书，无论从哪一个角度看，都应当是校长理所当然的教育使命。至于道理，其实很简单：一所学校，无论如何，也不能成为精神的荒漠，而应当生成文化的绿洲。

在一零一，我还遇到了副校长、特级教师严寅贤先生。他也是一位酷爱读书的老师，因为是江苏人，京城遇老乡，格外亲切。我的讲演结束后，他非常赞同教师应该成为读书的先锋的主张。他说："一个'浅'而'俗'的人，一定是不读书或读书少的人。而'浅'和'俗'，则是人的精神生命的软肋。中小学教师不一定成为思想家，但中小学教师一定要有思想，有境界。而思想和境界，通常要由丰富的阅读来承载。"

第二次去一零一，是参加中国教育学会的会长工作会议。一个重要的学术机构，选择在一所中学召开，也是不多见的。郭校长说，顾明远先生、谈松华先生、陶西平先生、朱小蔓教授等许多教育大家，都是教育学会的副会长，把你们这些大家一起请来，让学校呼吸一下学界的空气，帮助我们出出主意，多么难得！

郭校长还自豪地告诉我们，我们这些人只是她邀请的客人中的一小部分。不久前，她还把诺贝尔奖获得者请到学校做报告，与师生交流。不仅如此，2005年的全国青少年科技创新大赛、2006年的首届国际青少年艺术节、2007年的国际学校联盟校长峰会等，都先后在一零一中学举办。一所中学，承办这么多大型的全国和国际性活动，是非常不容易的。郭校长的机遇意识和魄力、胸怀，让我感佩不已。这些活动让师生有了和名家大师直接面对面交流的机会，对于开阔师生视野，提升学校品位，促进学校发展，无疑是难以估量的。

第三次去一零一，是参加一个青少年日记的课题培训，也是一个国家教育规划课题借这方宝地开展的一个活动。郭校长仍然没有放过机会，充分利用了我的"剩余价值"——让我为学校的教师发展学院首届毕业的教师讲话，颁发毕业证书。我为老师们介绍了新教育实验教师专业发展的"吉祥三宝"——专业阅读，站在大师的肩膀上前行；专业写作，站在自己的肩膀上攀升；专业发展共同体，站在集体的肩膀上飞翔。

这一次，郭校长给我透露了不少学校的"家底"，如十六大当选的中央委员和政治局委员中，有6人毕业于北京一零一中学，4人担任着党和国家领导职务。那些著名校友的名字，许多都是重量级的，曾庆红（原国家副主席）、刘淇（中共中央政治局委员、北京市委书记）、李铁映（全国人大原副委员长）、张梅颖（全国政协副主席）、廖晖（全国政协副主席）、刘敬民(北京市副市长)、白克明(全国人大教科文卫委员会主任)、聂力(中将)、粟前明(第二炮兵原副司令员)、粟戎生(北京军区原副司令员)、钱海皓(军事科学院副院长)、伍绍祖（前国家体委主任）、施光南（著名作曲家）、谢飞(北京电影学院副院长)、洪虎(吉林省原省委书记)、柯云路(著名作家)、张琳（北京奥运会男子 400 米自由泳银牌得主）。至于高考成绩，也是不同凡响，出过 6 个高考状元，几乎 100% 的本科升学率，90% 的重点本科大学升学率，等等。而在科技、体育、艺术方面的国际、国内奖项，更是不计其数。

郭校长的话不多，显得沉静而从容。她告诉我，在学校管理中，自己做的事情主要有三件：一是决定这个事情做不做，二是决定这个事由谁来做，三是确定做好这件事的标准。她认为，校长不可能每个具体的事情都要管，应该在把握学校发展的方向的基础上，高屋建瓴地进行决策。决策以后，就要给每个班子成员以充分的自主权，给他们施展才华搭建舞台。

我想，这正是郭校长的管理之道，也是学校能够持续发展、历久不衰的原因所在。

前不久，郭校长告诉我，为了纪念学校的校庆，也为了记录老师们的探索，准备出一套书，希望我为他们写一个序言。我毫不犹豫地答应了郭校长写序的要求。我知道，这套教育丛书所收集的文章，是一零一中学老师们教育教学思想和智慧的结晶，是他们在教学一线践行新课改理念、全面提升学生学科能力和创新能力的可贵探索。郭涵校长曾对我说，在出版物泛滥的今天，作为一所名校的教育丛书，确保其内在质量，让它有文化，有内涵，有看头，有看点，这是必须的。因此，她告诉我，丛书选文的标准比较高，必须是最近几年来在省市级以上专业报刊发表，或在省市级以上论文评选中获奖的方可入选。所以，这也是我走进一零一的又一次机会，学习郭校长和她的老师们的教育智慧和敬业爱岗精神的一次机会。

初次翻阅，纵览丛书中老师们的大作，确令人有美不胜收之感。一套丛书，洋洋 80 万言，几乎是立体化全方位的一种展现。最近若干年来，一零一中学的老师们在学科教学，尤其是新课改理念引领下学科教学的个性化的教学思想、风格、过程与成果，在此可以窥见一斑。从中，我们更可以鲜明地感受到一零一中学老师们对教育的一往情深，对教育的专注和投人——一种生命与情感的令人钦佩的专注与投入。

特别让我感到欣喜的是，整套丛书充分洋溢着与我的"新教育"理念不谋而合的清香与芬芳。丛书中异彩纷呈的文章告诉我，在这里，拥有一批极具生命活力的理想的教师，他们在用心灵和智慧，温馨和激情，从事着理想的德育、智育、体育、美育以及理想的劳动技术教育，进而培育出，并正在培育着一批又一批理想的学生，从而保证了北京一零一中这样一所理想的品牌学校青春永驻。

与不显山不露水，悄悄坐落在圆明园中的校园一样，扎实、有序、平稳和高效，是这套丛书赠予我的另一份美丽。毋庸讳言，在今天，浮躁、浮夸与浮华，喧嚣、炫耀和躁动，正在侵蚀着教育——这本该纯净健康的肌体。此类现象，让人眼花缭乱，更让人痛心疾首。但是，透过这套丛书，我却欣喜地看到，一零一没有这些痕迹。诚如社会舆论对一零一中的评价：这所学校既秉持其特有的传统与文化，又具有开放与包容的胸襟；它安静，和顺，不事张扬，不咄咄逼人，但又不失锐意进取，彰显的是大气、严谨与深刻；它既肩负使命，又不尚空谈；它崇尚在平静中做事，在常态中做好每一天，在常态中做好教育的每一个领域，精心呵护每一个生命稚嫩心灵的绽放，潜心培育每一个生命的健康、快乐成长；它始终注重学生潜能激发，培养学生的创新能力。天长日久，形成了一零一中特有的氛围、品性与风格。这对当今中国教育而言，尤其难能可贵，尤其需要大力倡导。

一零一中，以它的本分、本色和特色，赢得了世人由衷的赞美，赢得了有口皆碑。我知道，作为一所学校，这是非常难得的。也正因为如此，它始终是中国基础教育的一面旗帜。

所以，我要感谢郭涵校长，让我又一次走近一零一，走近一零一的老师，走近一零一精神，走近一零一文化。同时，它让我又一次思考：今日中国教育，实在需要更多的一零一，需要更多的宁静与淡定，纯真与朴素，需要更多有价值的思考与实践，需要更多的脚踏实地和孜孜以求。

真诚地祝愿一零一中学，百尺竿头更进步，书香满园竞风流！

2011 年 3 月

第四章　山西考察

　　山西是一个农业大省，也是一个出教育经验的大省。我一直关注着山西的教育改革，希望它能够为中国的农村教育"杀出一条血路"。所以，从前元庄到长治，从吕日周到马文有，都在我的视野之中。2009年，曾经随同严隽琪副委员长一行，对山西农村教育综合改革进行了比较系统深入的考察，对于前元庄等也有了更加深刻直接的认识，可惜的是还没有时间记录下来。但大同之行，让我对农村教育还是有了许多新的体验。

榜上有名，脚下有路——前元庄教育行

　　五一放假，由于"非典"的原因，不能远行，只好在家里整理自己的读书笔记和收藏报刊。很快，发现了一个很有价值的新闻线索——山西柳林县前元庄的教育改革。

　　于是，上网搜索，查询资料，进行了一次心灵之旅。

　　前元庄是山西省吕梁地区黄土高原深处的一个群岭环绕的小村庄，全村有195户人家、700余口人。20世纪80年代以前，这是一个贫穷落后、纠纷不断的穷山沟。但是，现在的前元庄已经变成闻名遐迩的文化村、文明村、富裕村：

　　"3—60岁的村民全部入学，15—45周岁的青壮年全部达到初中文化程度，并会几门实用技术；全村形成种植、养殖、运输三大产业，年人均收入由200多元上升到3000多元；十几年来无打架、赌博、盗窃、上访、封建迷信和邪教活动事件，13次被省地县评为文明村、模范村。"

　　我把这种变化称之为"前元现象"。中国的农村义务教育也许能够从中得到一些启发。首先，这是一种新型的教育体制。这里实行村校一体、三教一体、教科劳一体的大教育体制。村里成立由村委会主任和校长担任正

副主任的教育委员会，负责编制学校的发展规划和课程设置。学校成立由教师和学生组成的"智囊团"，随时为村里出谋划策。学校的图书、仪器向村民开放，村民的果园、土地供学生实习时使用。村干部既抓经济又抓教育，教师既教学生又教村民，村校一体，从体制上保证了学校与社会、教育与经济的有机结合。实行基础教育、成人教育、职业教育"三教一体"的教育体制。学校成立了学前教育部、小学教育部、初中教育部和成人教育部，全村 3 到 60 岁的村民全到学校学习。

其次，这是一种新型的课程体系。这里的学校课程设置，实行理论课与实践课分设，并有机结合。如初中课程，与语文、数学、体育、音乐等并列的一门课叫劳技。根据学生发展的规律和知识结构差异，初一学习农作物栽培，初二学习蔬菜栽培，初三学习林果栽培，初四除开设电工、摄影、美工课外，增设了高效增产微肥使用和高效农作物种植技术课程。根据需要，还开设养殖、汽车摩托车维修等。学校还先后创办了鸡场、猪场、农场、葡萄园、蔬菜园、苗圃等示范实习基地。学校利用农闲和结合农时，向村民传授农业技术，帮助村里改造百亩老果园，苹果品种得到了改良，产量由 3 万斤猛增到 20 万斤。推动了当地农村经济和生产技术的发展。从周一到周五，晚上还要为村里的成年人开设文化课和林果、蔬菜、缝纫、鞋帽加工等课程。

第三，这是一种新型的评价体系。这里的学校全面评价学生的学习，不搞分数第一。实验学校正式成立的第一年，学校就买了 200 棵葡萄苗，请来了技术员。技术员讲完课后，学校给小学三年级以上的学生每人发一棵苗，并明确提出，这棵葡萄的种植情况和语文、数学一样算成绩，不及格不能毕业。放学后，孩子们把幼苗拿回家种在院子里，每天一放学就浇水，一有空就观察。结果，他们不仅直观地理解了植物根、茎、叶、果各部分之间的关系和植物生长过程，有的还学会了剪枝、嫁接。

第四，这是一种新型的学制。这里的学校实行五、四分段。五年学完小学的课程，初中四年除按国家颁布的课程计划和教学大纲进行教学外，还开设了 20% 的农村职业技术课程，并要求学生毕业时达到初级农技校毕业生的水平。这样，学生既可以进一步到高中或者中专学习，也可以回到村里创业或者就业。十多年来，他们未上大学、中专回村就业的 238 个学生中，全部有三至五门实用技术，其中 120 多人是当地有名的技术人才。村里彻底告别了传统农业，形成了以科技为先导的种植、养殖、运输三大产业。

第五，这是一种新型的教师队伍。这里的学校，老师的舞台不仅在教室，同时在社会。学校的校长都在村支部或村委会任副职。31 位老师每人固定联系 6 个家庭。老师到村民家里不仅是家访，还要帮助他们解决生产、生活中一些实际问题。新华社的记者说，老师们就像一个"智囊团"，既为学校发展争取条件，也为村里发展出谋划策。如村民康丑小曾对计划生育政策想不通，康启明老师就借一次次家访的机会，给他们算经济账，讲科学理，最后夫妇俩心悦诚服地放弃了再生一胎的想法。

我虽然没有机会去前元村核实有关的资料，但是我相信，他们的探索是有意义的。目前，在广大的农村，一方面是义务教育经费严重缺乏，农民拿不出更多的钱提供给子女上学；另一方面是农村学校的教育严重脱离农村的生产与生活，把所有的学生引领到应试教育的"独木桥"。结果造成大多数学生陪伴少数学生读书的现象，许多农民也失去了对子女教育的兴趣。

我因此想到，前元村的探索也许就是中国农村义务教育的发展方向。农村的教育只有与农村发展和农民致富紧密结合，才能真正受到农民的欢迎、支持与参与。农村的义务教育既要使部分学生"榜上有名"，也要使大多数学生"脚下有路"。我们的教育应该选择最适合中国国情的道路，才是最有发展前景的道路。

我也因此想到，我们的教育政策制定，如何多去调查研究，既善于从理论中吸取营养，又善于从生活中发现典型，可能会更加符合我们的实际，更加受到群众的欢迎，更加取得辉煌的成绩。其实，前元村的探索也不是拍脑袋的结果。它和当时担任吕梁地委文教部副部长的刘辉汉同志有密切的关系，正是刘辉汉在认真学习陶行知先生关于乡村教育的长篇论述的基础上，去晋绥边区首府兴县蔡家崖村调查边区教育的传统，到方山县疙权咀学校总结教育和生产劳动相结合的经验，才有了这样的改革方案。所以，我们的教育行政管理部门，要大胆地鼓励地方和学校进行积极的探索，要主动地听取不同的意见与建议，要经常举行教育政策的听证会，使我们的工作做得更好。

2003 年 5 月

事在人为——长治教育启示录

应山西省长治市城区教育局秦兴局长之邀，我来到了这个对我来说还是一个谜的城市。7 月 13 日，大概是长治市历史上最酷热的一天。也许是对我的讲演质量做考验，我在没有空调、没有电扇的礼堂为 1600 余名教师做了近 4 个小时的报告。教师们虽然汗如雨下，但是无人离座位，会场上静得出奇，他们的专注与热情深深感染了我，教师们提问的意识与水准也大大出乎我的意料。长治的教育，长治教师的精神状态，给了我一份惊喜。于是，我下决心去解开长治这个谜。我与分管教育的秦来英副市长和秦局长进行了一番长谈，对长治的教育有了一些初步的印象。

长治，是山西省东南部的一个不大不小的城市。由于"居太行之巅，地势最高，与天为党"，所以历史上又称"上党"。长治的经济不算富裕，2001 年国内生产总值只有 187 亿元，财政收入也仅仅为 17.91 亿元，农民的人均收入 2427 元，在所辖的 13 个县、市、区中，仅国家级贫困县就高达 5 个。但是，长治人却在 2001 年率先在全国的困难地区做到了两件令人叹为观止的大事：结束了财政拖欠教师工资的历史，结束了中小学有危房的历史。

为什么在全国多年来无法解决的顽症，在一个比较贫困的地区反而能够顺利治愈？长治给我一个重要的启示：事在人为，只要真抓实干，农村教育的问题是可以在较短的时间内得到解决的。针对一些地方长期拖欠教师工资的问题，他们要求，哪个地方拖欠教师工资，哪个地方的领导就停发自己的工资；即使领导干部卖掉小车和手机，也要确保教师工资按时足额发放。市委、市政府加大督查力度，抓住不落实的事，追究不落实的人，短短几个月时间，全市拖欠的 380 多万元教师工资全部兑现，并将教师工资发放全部收归县管，在全省率先结束了财政拖欠教师工资的历史。针对全市 13.7 万余平方米的中小学危房，长治市委市政府在深入调研的基础上，提出了"全民动员、三级负责、苦干百天、消除危房"的方针，多方筹集资金，打响了危房改造攻坚战，他们的做法颇为值得推荐。

一是建立市、县两级帮扶制度。将市直党政机关、社会团体、事业单位效益好的厂矿企业与危房学校挂钩，实行结对帮扶，在财力和物力上给予大力支持。市直 114 个部门和单位积极响应市委、市政府号召，深入对口学校现场指导，共商改造大计，累计筹资（包括物力折合）达320多万元。

二是动员全市干部群众捐钱捐物，支持危房改造。本着自觉自愿的原则，他们积极引导广大干部群众捐资助教，有钱出钱、有物出物、有力出力，全力支持危房改造工作。在工作中涌现出许许多多的先进人物和可歌可泣的动人事迹。市委书记吕日周等四套班子领导深入危房改造第一线，带头捐款并参加义务劳动。众多企业老板纷纷解囊，捐资助教；襄垣、壶关、长子、沁县等县区的干部自愿捐出一个月的工资；全国人大代表、潞宝集团董事长韩长安为潞城市五所学校危房改造捐款累计130多万元；屯留余吾镇黄家岭村支部书记李建民卖掉自己的拖拉机，垫资1.5万元用于学校危房改造；全国人大代表、全国劳模申纪兰同志身系危房改造工程，在手头拮据的情况下，毅然卖掉家里储存的玉米，把所得的1000元全部捐给了当地学校；壶关县山后河村在外务工的村民听说村里的学校改造危房，放弃在外挣钱的念头，断然返村参加劳动，并给予资金上的援助。

三是利用撤并乡镇的时机，将闲置的办公场所优先划拨给学校，或变卖这些场所及设施，筹资进行危房改造。潞城市微子镇将闲置多年的农机厂旧址等变卖，筹资10万元用于当地学校危房改造。沁源、屯留等县把部分危房学校校舍及土地折价拍卖，把所得的资金用于并校后的新建学校建设。

四是启动学校后勤社会化工程，吸纳社会资金。屯留、长子、襄垣等县制定了关于启动学校后勤社会化工程的意见，利用社会资金改善办学条件，共融资1200多万元，既消除了学校危房，又拓展了社会办学的新路子，收到了明显成效。

五是清收历年欠征的城乡教育费附加，用于危房改造。在工作中，各县、市、区在足额征收全年教育费附加的同时，重点对历年拖欠、截留和挪用的款项进行追缴，专项用于中小学危房改造。

长治市在短时间内解决了农村义务教育的两大难题，但是，长治市也有他们的顾虑与苦恼，在解决这两个问题中，他们也负了数千万元的债务，他们担心由于解决了这些问题，今后的有关补助与扶贫教育经费不再有份，"鞭打快牛"会挫伤他们进一步发展教育，解决农村孩子人人有书读、学校校校通网络的积极性。因此，我们建议，国家的有关拨款机制能否进行改革？能否在明察暗访的基础上，对于在短期内解决农村义务教育两大难题的困难地区，拨出专款给予奖励？

我们真诚地希望，各级地方政府都能够像长治那样，上下齐心，下大决心，花大力气，立军令状，尽快解决教师工资拖欠与中小学危房两个当务之急。我们有理由相信：中国的农村义务教育可以做得更好！

2002 年 7 月

吕日周印象——大同教育行之一

2008 年 9 月 19 日，星期五早晨 7 点半，出发去山西大同。11 点到达高速公路神泉堡出口，原山西省政协副主席、山西省改革创新研究会会长吕日周已经在收费站迎候我们。

这次到山西来，是应吕日周主席邀请，参加"农村教育调查研究论证暨左云县综合技术学校案例研究会"。因为与其他活动冲突，一开始曾经犹豫要不要来，9 月 9 日，吕主席专程到民进中央来找我，向我介绍情况。我们谈得非常投机，原定半小时的见面，结果谈了两个小时，吕主席的激情与热情感染了我，当时就决定调整时间来参加这个活动。

作为改革家，在我的印象里，吕日周应该是一个风风火火、雷厉风行、锐意进取、精力充沛的人。真的见了面，这个个子高高、身体壮实的山西汉子，看起来依然精神抖擞，可岁月已经在他的脸上留下了太多的痕迹。真的没有想到，他已经 63 岁了。

吕主席对我说，日子过得太快，一晃就是几年。他当县委书记的时候，是山西省最年轻的，当市长的时候也是最年轻的。到省体改委一干就是 10 年，在长治 3 年，省政协 5 年，然后就退休了。吕日周还在长治当市委书记时，就已经有人发出了"恐日周之迟暮"的感慨。然而今日见面，感觉他的热情和干劲，仍是一般人所不能比的，63 岁的吕日周，仍然有很多理想，做着很多事情，离"迟暮"还远得很。他曾经说过这样的话："有实权干大事，有虚权干实事，没有权也能办好事。"他对我说："我现在干的是实事和好事。"

吕日周是中国改革的风云人物，电视剧《新星》的主人公李向南就是以他为原型的。1983 年，他被破格安排到当时山西全省唯一的改革试点县——原平县当县委书记。他创造的"搭台唱戏（即集体、国营企业、事业单位、党政机关拿出资金、场地，吸引离土农民参与生产经营）"模式曾经获得空前的成功，原平县工业利税达到周边 13 个县的总和。原平经验轰动全国，陆续到原平县参观学习的总计有 500 多个县、8 万多人次。20 世纪90 年代全国各地不同内容和形式的"搭台唱戏"就是从原平开始的。

1989 年，吕日周调任朔州市长，一年的时间，就把朔州搅得"天翻地覆"。在巨大的非议下，1990 年被调到山西省体改委当主任，一当就是十年。在这十年里，他跑遍了整个山西，堪称最了解山西省情、民情的人。2000年 2 月，吕日周调任长治市委书记，锐意前行——"拆墙透绿"，督促《长治日报》对各级政府部门进行舆论监督，点名批评处级以上干部 900 多名；向全国新闻单位发出邀请信，欢迎对长治各项工作进行舆论监督；提出建立"五大监督"体系，拆掉市委大门……这一系列举动，在山西乃至全国都引起了轰动。他本人就是长治和山西最具影响力的一张名片。

2002 年，我曾经去过长治，那是山西省东南部一个不大不小的城市，在所辖的 13 个县、市、区中，仅国家级贫困县就高达 5 个。但是，长治人却在 2001 年率先做到了两件在当时看来令人叹为观止的大事：结束了财政拖欠教师工资的历史，结束了中小学有危房的历史。当时，我对长治教育感触良多，回来后写了一篇题为《长治教育行》的文章。为什么在全国各地多年来无法解决的顽症，在一个比较贫困的地区反而能够顺利治愈？通过调查，我得出一个结论：事在人为，只要真抓实干，农村教育的问题是可以在较短的时间内得到解决的。而在长治，真抓实干的决策者和主持人就是吕日周。我们在民进中央交流的时候，吕主席对我说，他在原平当县委书记的时候，就提出用三分之一的财力、三分之一的人力、三分之一的精力来抓教育。当了长治市委书记以后，他用 100 天的时间，先是彻底调查出全市有危房的学校共 870 所，然后将这些学校总计 13.7 万余平方米的危房全部推倒并重建，创造了一个教育的"神话"。教育部为此在长治召开了现场会。有评论说，在其他地方，不要说三个月，就是三年也干不成。吕日周要求，哪个地方拖欠教师工资，哪个地方的领导就停发自己的工资，结果长治很快就结清了所有拖欠教师的工资，并且从此保障了教师工资的优先发放。

吕日周是个非常务实的人，他在长治市委市政府大院里立了一块大石头，上面刻着三个"数学公式"："开会＋不落实＝0""布置工作＋不检查＝0""抓住不落实的事＋追究不落实的人＝落实"。还有一些巨石上刻着吕日周撰写的口号和要求。比如，"到基层≠深入基层""见群众≠深入群众""发现问题没解决≠深入人心"。吕日周的方针实，口号实，工作更实。他跟我讲，一到长治，他就解决了发工资、农村修道路、给老干部补发两费问题，解决了上访、社会治安、精神文明建设问题。"当时就有人说我不抓经济。"他说，"在青藏高原上才能产生珠穆朗玛峰，全面工作上去了，多因一果，才能促进经济发展。另外，抓经济不是政府的唯一任务，政府主要是搞公共产品，搞社会服务。政府创造环境，人民创造财富。""不抓经济"的吕日周在长治三年，长治财政收入由 14 亿增加到 25.8 亿，他走一年以后，达到 35.6 亿。现在，长治已经是山西经济发展的排头兵，这与吕日周当年的潜心经营无疑是分不开的。

吕日周的改革，突出体现了他的对人民负责的精神和敢于承担的性格。他曾经说过："我们不求有好结果，只求人民有好生活。"他很喜欢于谦《咏煤炭》中的两句诗："但愿苍生俱饱暖，不辞辛苦出山村。"他要求各级干部一定要做到"三不"：不怕吃苦，不怕吃亏，不怕惹人。我一直认为，吕日周在长治的时间太短了，如果多给他几年，也许长治的改革实验，会给中国的改革带来更多的东西。中国需要更多的区域改革探索与实验，需要更多有勇气、有担当的人来突破"惯性"与"规则"。

吕主席说，他现在的主要工作就是带领山西省改革创新研究会做调查，搞研究。一线在任时，吕日周就特别爱搞调研，这也是他的工作能够屡屡切中要害、受到群众欢迎的"法宝"。他介绍说，他大约三分之一的时间都在下乡调研。在长治三年，几乎跑遍了全市 146 个乡镇。为了进村方便，他还经常骑单车下乡，被称为"单车书记"。据说，仅 2001 年，吕日周就下基层 209 天，住工厂、学校、农家 86 夜。现在，他把主要精力都放在调研和研究问题上，农村教育是其中的重点。

他说，农村小学校的合并，是好事，但不能"一刀切"，有的应该合并，有的就不应该合并。中国不能走英国、美国那种"羊吃人"的城市化道路，应当走农民就地变工人，农村就地变城镇，农业就地变工业的道路。农民进了城市，成为二等市民，对他们是不公平的，而且也给城市带来巨大的压力；从农村来说，年轻人走了，能人走了，学校里学生也少了，这样的村庄怎么建设新农村？必须稳住农村，才能搞好农村的教育，搞好新农村建设。他说，现在很多调查报告都是以肯定成绩为主，讲到问题时，每个问题用一句话概括了事。而由山西省政协教科文卫体委员会和山西省改革创新研究会共同组织的调查，56 人前后历时一个月，分赴山西（也到了内蒙古）

15 个县、65 个乡镇、250 个村庄、250 所学校，就农村教育现状进行调查，获得了大量第一手的资料，这些调查都是直面问题的。在此基础上，他们准备召开这次论证会。吕主席说，这次开会，目的就是想把一些问题弄清楚。在吕主席来之前，他们的调研材料就已经送到我手上了，厚厚的一本，其中反映的许多问题让我这个搞了几十年教育的人都感到吃惊，其中有很多个"没想到"。

为了让我增加感性认识，吕主席特意安排我今天到他的家乡，考察他所帮助的一个点——阳高县长城乡学校。吕主席对这所学校倾注了不少心血，而且还担任了名誉校长。从神泉堡下了高速，又经过一段时间的行车，我们来到了长城乡中心小学。这所学校的部分资金是台湾的王永庆捐赠的，也叫明德小学（前一阵子在滦平考察时到过一所明德小学）。

陪同我们考察的阳高县委书记曹世平介绍说，阳高位于山西省东北部，地处晋冀蒙三省（区）交界处，是大同的近郊区。全县国土总面积 1668 平方公里，耕地面积 92 万亩，辖 7 镇 6 乡，256 个行政村，总人口 28.8 万人，其中农业人口 24.6 万人，是国家扶贫开发工作重点县、山西省"两区"（晋西北、太行山革命老区）开发重点县。全县现有中小学 165 所，在校学生 52247 人，教职工 3057 人。

我问曹书记，目前农村教育面临的最大困难是什么？曹书记讲，目前教育面临的最大困难是投入不足。阳高财政连吃饭都非常困难，一般性预算收入 3500 万元，而人头经费就要 2 亿多。在"普九"二期项目中，国家投入了 900 多万元，都用在建村小上了，现在村小合并，资源整合，一些村小就成了牛羊圈。许多农村学生去了城里读书，城里的学校往往 80 多人一个班，教学质量很难保证，虽然当前教师工资问题解决了，但是县城并没有钱建新校舍。其次是教师素质太低，他说，全县 3000 多名教师，很多是从民办教师转过来的，没有受过正规教育训练，只有三分之一可以胜任，三分之一勉强可以从事教学，另外三分之一不合格。想培训，县里没有钱。

我们到的时候，正赶上学生们吃午饭，值日生把米饭和菜用大盆打回来，平均分给宿舍里的同学。饭菜都比较简单，也没有吃饭的桌子，每间屋子住十多个孩子，除了一个大通铺，就只有一条过道了，房间里没有其他家具。寄宿生每月 80 元伙食费，加上住宿费，一年需要 1000 多元，这对当地的许多家庭来说，都是不小的负担。乡领导介绍，全乡 6000 多人，常住人口不到 5000 人，人均年收入 2000 多元。全乡目前只有一所小学，一所中学。我们考察的是小学，学生 143 人，教师 21 名，另有 6 名特岗教师。教师学历以中专为主，也有师范和大专。教师工资最少的 1400 多元。校长是高中学历，是由代课教师转正的。

接下来看了教室和图书室。每间教室有一个大的电视机，是接收远程教育课程用的。图书馆里书不多，而且种类很杂，明显是东拼西凑捐来的，而且书都很新，平时应该是不给学生看的。借阅登记本证明了我的猜想，所有的借书登记都是同样的笔迹，整整齐齐，而且借阅日期居然都是同一天，显然是为了应付检查而造。我对校长讲，书是用来给孩子们读的，最好放到教室和宿舍去，让学生可以随时看，看烂了没有关系，看烂了说明有阅读量，说明这些书发挥了价值。没有了还可以再想办法买，我们也可以想办法捐，关键是要让有限的书发挥作用。教师素质确实是迫切需要提高，但我想，提高校长素质，培养好的校长可能更迫切，毕竟，一个好校长，往往就意味着一所好学校。

吕主席讲，这里之所以叫长城乡，是因为这里有很多古长城。在去乡里的路边，我们见到了这些长城，于是下车观看。这里一片宁静，但在历史上却曾经硝烟弥漫，征战不息。一条城墙，内外是截然不同的两个世界。站在这里，历史的沧桑，给人以无限的遐想。

午饭就在乡里吃的，饭后出发，16 点半到达开会地点——左云县综合技术学校。

2008 年 9 月

马文有与他的学校——大同教育行之二

上午 8 点半，参加山西省改革创新研究会与山西省政协教科文卫体委员会联合举办的"山西农村教育调查研究论证暨左云县综合技术学校案例研究会开幕式"。马文有校长在会上做了题为"穷人教育理念与实践"的发言。开幕式结束后，马校长带着大家参观了学校校园和校史展览馆。

吕日周主席把会议地点选在左云县综合技术学校，是因为他对这所学校办学成绩和办学模式的肯定，也是因为对校长马文有的肯定。在上次见面时，吕主席向我极力地宣传、举荐马校长的探索，他说马校长这个人及左云综合技术学校，很值得一看。两天下来，一方面看材料、看校史馆，一方面听马校长介绍，心里面有很多感动。

马文有1962年从城里来到学校任教。1963年，马文有和白老师在破庙里结婚，并且放弃了回城的机会，为农村教育奉献至今。马文有1965年任校长后，带领师生，把建在半山腰的古庙里，只有三个班、百余名师生的简陋小学，搬迁到废旧的粮油加工厂。

马文有同师生一道，一边勤工俭学，一边建校育人，挖山平地、种田植树、烧砖制瓦、办厂建站，用十年时间，把一个破烂不堪的加工厂，改建成一所像模像样的农村中学。1975年又带领师生开发千亩荒山，以50把铁锹、8辆小平车，挖平一面面坡，填起一道道沟，搬运土石百万立方米，整合成三块500亩大的人造平原。今天学校发展成一所融新时代小学、初级中学、职业中学、短期技能培训学校为一体的有2000多名师生员工的全国示范学校。同时兴办了农林牧场、煤矿、洗煤厂、活性炭厂、磁选厂等8个股份制实业，累计实现利税费2亿元，有形资产2亿元。自力更生，建成五所学校。厂校建筑面积达80000平方米。

学校先后开设过采煤、测绘、汽车运用与维修、计算机等十多个专业。2004年成为山西省首批农村劳动力转移培训基地。2006年建成山西省首家县级煤矿安监培训中心。应该说，如今的左云县综合技术学校俨然已经发展成为一个大型的教育集团。

马文有连任校长43年，婉谢了六次提拔机会、六次进城的机会，经历了三次免职，两次主动把校长职位让给县委书记，自己甘当副校长。学校里的教职工，有的任副校长十几年、二十几年，有的任处室主任三十多年，大都在同一岗位上工作到退休。马文有和他的团队用毕生心血，致力于平凡的教育事业，他的事迹感动了许许多多的人，被评为"全国教育系统先进工作者"。中央政治局常委李长春同志批示："要宣传像马文有这样献身于农村教育事业的好典型。"

马文有无疑是值得尊敬的一名教育工作者，堪称楷模，学校要我为马校长的塑像题词，虽然我自从到会中央工作后，原则上不题词，但面对马校长这样一位老教育工作者，我却不好推辞，于是写下了"牛马精神，人文情怀，心有农村"十二个字。

以我多年从事教育的经验，我觉得，如果能够将马校长和他的学校的创业历程、创业理念，进行一个全面的总结和提升，应该是十分有意义的。

两天的"走马观花"，不可能提出太多的东西，但我试图从几个方面，对马校长和他的学校做一个解读。

第一，关于"穷人教育学"。

马校长反复讲"穷人教育学"，并把它作为演讲的题目。我觉得这是值得探讨的。大家都知道"穷人教育学"是温总理提出来的，这是相类于"穷人经济学"的一个概念，实际上是讲教育应该面向弱势人群，应该帮助穷人、帮助老百姓能够有学上，上好学。我觉得这主要还是国家领导人的一个宏观的教育理念。作为一所农村学校，应该是有教无类，不能只为穷人服务，也要为富人服务。穷人教育的概念在一所学校怎么提，还应该进一步思考。当然，左云县贫困人口较多，左云技校的学生家庭绝大多数并不富裕，这样讲也似乎比较贴合学校的实际。

每所学校都应该确立自己的定位，而这个定位要怎么去确立、去表述，则是一个值得思考的问题。结合左云技校的特点，可不可以从职业教育这个角度来考虑呢？

第二，关于学校未来发展。

马校长有一个长期的改革方案，我们在校史馆也看到了他心目中未来"学校"的模型。实际上马校长的目标不仅是一所学校，准确来说，应该称之为新农村教育园区。他的设想是想要两千亩地，然后与自愿搬迁至煤矿采空区的 500 户贫困农民，共同建一个集农业教育、科研于一体的，以教育为龙头带动新农村建设的新型村镇。在管理上把学校和政府的功能整合，在经营上是公司加农户的模式，是一个"村校合一，政教一体，学企合作"的探索，是一个富有特色的新农村建设的蓝图。以前前元庄做过村校合一的探索，非常成功。实际上我国古代政体在很大程度上就是政教一体的，这种模式有其历史渊薮，自然具备一些重要的优势，在新时期下我们也应该鼓励这样的探索。中国很大，靠一个方案去解决所有的问题是不现实的，政府的智慧，总不如老百姓的智慧博大。集思才能广益，教育改革不光是自上而下，更多的是要吸取民间的智慧，要鼓励自下而上的探索。像马校长这样的探索是非常有意义的。

中国太需要一大批现实的理想主义者。现在空想的、理想的很多，现实的理想主义者太少。教育同样需要特区，我想我们应该一起来努力、一起来呼吁，来帮助马校长实验这个梦想、实现这个梦想。

同时我们也应该鼓励更多的优秀企业来参与新农村建设。年初我到国务院扶贫办去走访，范小健主任介绍说，全国还有 2.4 万个贫困村。如果我们能够为那些甘心扎根乡村、与乡村共发展的优秀企业提供更好的政策、更好的扶持、更好的服务，允许他们去大胆摸索和尝试，那么，我们一定会有惊喜的发现。

第三，关于矿区学校安全管理。

这所学校很漂亮，树林成荫，布局整齐，错落有致。但是吕主席介绍，这个学校其实很危险，学校地下是 11 米厚的采空区，随时可能发生重大的塌陷事故。吕主席和马校长专门和县里领导打过招呼，我们开会时地下不要采煤，不能出事情，一出事情，与会者可能就会有生命危险。不仅仅是这一所学校，整个山西矿区的学校都面临着同样的问题。我想，师生的安危才是第一位的。当务之急，应该立即全面勘测学校地下采空区的状况，对学校，特别是学生、教师的宿舍进行安全性评估。我们也建议山西省和大同市的有关部门，一定要切实加强矿区学校的安全管理。

首先，要对所有的矿区学校的地下状况进行全面普查，要立即停止在现有学校区域的周边一定范围内采煤挖矿，我想国家在这方面一定是有相关严肃规定的。我们现在不允许学校周边 500 米内有网吧——网吧都不允许有，违规采矿反倒如此肆无忌惮、大行其道？网吧起码没有生命安全隐患，矿洞如果塌陷，后果是不堪设想的！

其次，对确有安全隐患的矿区学校，政府部门要尽快制订相应的搬迁计划，否则一旦有事，悔之晚矣！像马校长这样的能人，像左云县综合技术学校这样的名校，愿意自己学校出钱去搬迁，非但不要政府一分钱，甚至整合整个区域的资源，积极探索以学校为中心带动社会主义新农村建设的新模式，我觉得更应该鼓励。

此外，如果我们把学校作为一个村，甚至附近几个村的文化、教育、体育中心，是否可行？这样既能加强学校的建设，又能推动农村文化体育活动。比如国家每年花 100 多个亿投入农家书屋。我觉得这个农家书屋就应该建在农村小学。这样既避免了重复建设、重复投资，又能够充分发挥书籍的作用。体育设施也是如此。

第四，关于农村中学管理体制改革。

农村教育管理体制的改革，是一个迫在眉睫的现实问题。要研究怎样让懂教育的人管教育，怎样让那些能人，有理想、有激情的人，能做好事的人做校长。左云县综合技术学校的改革方案就很有特点。这所学校把学校管理置于董事会的领导之下，董事会聘用校长、副校长，政事分开，校长全权管理学校，自主治校，教师自主治教，学生自主治学，然后组织民主评议——这一条很厉害，达不到60%的满意率，就自动辞职。同时，在学校的民主管理上，校长的产生也要民主化。董事会想聘用谁聘用谁，那不行，必须全体老师先投票，支持率过了60%的人才能当候选人，这样对董事会也有限制。这种民主体制的探索，将更有可能让优秀的人才走上管理岗位，我觉得也是很有价值的。

下午继续开会，大家对山西省政协和改革创新研究会组织的这次调研，对马文有和他的学校，发表了很多见解。郑海航教授提出，要把农村城市教育协调发展作为国家经济社会发展阶段性战略。打破城乡二元结构的关键，在于打破教育二元结构。中国在当前要防止经济衰退，要发展农村经济，就必须要发展农村教育。今后职业教育应该和普通教育一样，由单轨制变成双轨制，使农民离土不离乡。魏钢主任从马校长三次被罢免谈到，要培养更多像马校长这样的人才，社会上一定要提供更宽松的环境。改革创新人物，就是办出格的事儿，闯新路，开新思。

郭宇宽记者指出，马文有是个超人，能管理这么多企业和学校。但他的模式不符合管理学常识。马校长是教育家，如果全力做教育集团，成就会更大。但是他走现在的路——自己办学校，自己烧砖，养奶牛，开洗煤厂，小而全——是外部环境所迫。与其推广马校长的理念，不如社会做更多的反思。

我们希望马校长在过去近半个世纪对农村教育成功实践的基础上，与时俱进，再做一些探索，再出一些新的成绩，再做一些新的贡献，我们也会给予一些新的期待。

2008年9月

农村教育的困境与超越——大同教育行之三

早晨6点起床，继续准备今天的讲稿，这几天的所见所闻，给了我不少的启发和思索，又有了许多新的想法。

8点半参加会议，做题为"农村教育的困境与超越"的讲演，主要观点如下：

这几年党和国家花了相当大的精力加强农村教育的建设，投入力度是前所未有的——先后免除了农业税，义务教育阶段的学杂费、教科书费，以及困难家庭的寄宿费用，等等。这为解除农民负担，发展农村教育，打下了一个非常坚实的基础。当然，农村教育的长期欠债，还没有从根本上得到改观；农村教育所面临的很多新的情况和新的问题，也不仅仅是靠减免收费就能解决的。

这一次来，我是喜忧参半，感慨万千。喜的是国家出台了很好的政策，喜的是以马校长为代表的一些人坚守着、坚持着、奋斗着，这些农村教育的探索者，没有放弃理想，没有放弃追求，勇敢积极地行走在路上。忧的是我们目前的确面临许多关键性的问题，这些问题制约着农村教育的健康发展，甚至影响到农村教育的生死存亡。

第一，农村教育的方向问题。

农村教育的方向是什么？农村教育应该做什么？我觉得农村教育首先应该属于大教育的一个组成部分，应该服从整个教育的方向，先有共性，然后才有个性。我们首先要把教育做这样一个定位：教育是一个培养人的事业，应该通过塑造美好的人性，培养美好的人格，让学生拥有美好的人生，让人类社会不断走向崇高，让人类社会更加美好。

所以，对农村教育来说，在传授基本知识、基本技能的同时，它和所有教育都一样的是：应该让我们的孩子有一个积极的人生态度，懂得做人的道理；让农村的教师和学生，能够享受幸福完整的教育生活。当然，就像城市教育一样，农村教育是不可能回避升学问题的，但是我们不能把考试作为农村教育的方向，不能把跳出农门作为农村教育的方向。

现在，农村教育最大的问题是方向错了。农村教育不仅不是为了农村，不是为了农村的孩子，不是为了农村的未来，甚至是反农村的，它消弭农村的精神。我们是在用城市的模式来开展农村的教育，农村的教育严重地脱离农村的实际，复制城市的教育内容，它最后的结果就变成了让农村的孩子通过高考逃离农村。

把高考以及高考派生出来的中考、小学毕业考试作为教育的追求，是农村教育最危险的敌人。在农村（包括城市），不是所有孩子都有考取大学的机会，一部分排在前面的人有可能通过考试改变自己的命运，但是这样，大部分的农村孩子就成了陪读生，陪着这些将来有希望逃离农村的人读书。

陪读生是不会有幸福感的，他们选择的往往是放弃、辍学。

所以，改造农村教育，首先应该把握其方向，改造其内容，让农村的孩子能够认识农村，热爱农村，具有改造农村的理想与本领。教育，是让人成才的。母亲再穷，她是母亲；祖国再穷，她是祖国。我们学好本领来报效她，来服务她，来改造她，这是我们教育本应努力的方向。帮助我们的孩子树立改造农村的理想，学习改造农村的本领，此其一。在我们的小学教育中，甚至学前教育中，怎么样增加乡土化的内容，在我们的初中或高中怎么样增加职业教育的内容，举办综合性的初中和高中，让那些无望升学的学生，能够有一技之长，像左云县综合技术学校的学生们一样，能够具有创业的能力，具有就业的技能，此其二。总之，农村教育要真正地姓"农"，而不是姓"城"。让农村的孩子真正学到有用的知识和技能，才能让农村教育有吸引力、有生命力。

第二，农村教育移民的问题。

这次我看到调查报告，给我印象最深的一个词就是移民，也就是空洞化。因为这是几乎在每一篇调查报告中都反映到的一个问题。我看到关于河曲县的调研报告，有60%—70%的中小学生完全集中到县城，农村的学生大部分跑到县城，只有30%左右的人还在乡村。这就导致县城的班容量非常之大，平均80人一个班级，最大的班级93人。这种情况在山西还是比较普遍的，我到阳高县去调查的时候，阳高县也是这种情况。

一般来说，农村教育的移民主要有三种情况。

一种是父母外出打工，孩子跟父母进入到大中城市。这些孩子现在基本都在城市里生活，在城市教育行政部门指定的学校就读，主要以城乡接合部的学校为主。这些学校相对城市里面最好的学校来说基础比较薄弱，但是和乡村的学校相比已经是天壤之别了，甚至比县城里的学校也要好。全国大批外出打工者的子女，在这种学校上学的大约有1000万人，苏州就有24万人。

第二种情况，农村学校的质量实在太差，不少人觉得对不起孩子，应该给孩子找个好的学校。只有上一个好的小学，才有可能上一个好的初中、好的高中、好的大学，有一个好的前途，所以想方设法进行教育移民。前一种是随着父母的迁移而迁移的，这一种移民则完全是以教育为目的的。这个情况往往有两种家庭：一种是经济条件好一点的，有一点钱，到城市里边租个房子，或者买个房子，然后把孩子接到城里上学；还有一种是家庭比较困难一点的，就想法去城市打工，找一份工作，然后就把孩子安顿下来读书。打工不是纯粹为了赚钱，而是为了孩子，甚至有一些父母亲让爷爷奶奶到城里照看孩子，他们自己回到农村去干活。

第三种情况是没办法照看孩子，舍不得孩子到农村寄宿制学校读书，或者读不起寄宿制学校，而带着孩子走出农村。现在因为关于农村寄宿制学校还没有相应的完整的法律法规出台，各个地方做法都不一样。贵州的农村寄宿制学校就很少。教育部门的人跟我讲，办寄宿制学校就得盖房子让学生住，可地方上的资金太少了。所以我在这里建议，学校哪怕挪出一间房子也好，让那些路远的孩子们，有一个睡觉的地方，不要让他们每天再这样走几个小时上学。即使有寄宿制学校，现在条件往往也比较差。这次我到河北考察，看了很多农村寄宿制学校，小一点的一个小房间10个人，再大一点的，住几十个孩子。而且寄宿制学校是要付钱的。我大概了解了一下，在山西，一个孩子一年的寄宿费在1000元左右，甚至贵的达到1500—2000元。咱们来算一下，生活费一个月是80元左右，已经很低了，基本上不能吃肉，再加上交通费，差不多每年也要1000元。对于一个人均收入只有1500元左右，甚至更低的农村来说，寄宿制学校也是上不起的。那么，寄宿制条件又差，又比较昂贵，很多父母亲就觉得与其这样，还不如带孩子到城里去打工，这样的出走属于无奈之举。

要解决教育移民，防止教育空洞化，首先，最关键的就是要办好农村教育，切实地提高农村教育的质量，这样农民才能放心地让孩子到家门口的学校去读书。如果这一条做不到，出走是必然的。所以要把农民孩子家门口的学校认真地去办好，用心去办好，像我们左云综合技术学校这样。中国人是有乡土情结的，不到万不得已，他是不愿意出走的。其次，要认真落实《教育部关于实事求是地做好农村中小学布局调整工作的通知》精神。农村中小学教育布局调整从大的方向来说是对的，它有利于教育资源的整合，有利于集约化办学，有利于提高教育质量。一个学校三四个人毕竟教育效率太低，也不利于教育质量提升。但是，我们知道中国是一个幅员辽阔、地大物博、各地情况差异很大的国家，一座山上就那么一两户人家，你让人家跨几座山、走那么远的路也不太现实。在交通不便的地区，还是应该保留必要的小学和教学点，防止因为调整过度而造成学生的失学、辍学和上学难。

第三，农村教育经费短缺的问题。

虽然国家出台了很多政策来保障农村义务教育经费，最近又要出台政策，准备用几年的时间，全面化解农村教育欠债问题，但问题还是很突出。现在农村教育基本建设的投入已有法律保障，诸如义务教育经费、生均公用经费等也开始得到保障。小学生均公用经费已经从过去的150元提升到300元或350元，以后还要逐步地提高。这些钱会丁是丁、卯是卯，全部用到学校去，作为学校基本运转的经费。但是，在过去"普九"攻坚过程中，大量的教育经费投入到村小，所有的农村都有村小，这其中出现了不少重复建设和过度建设的现象。阳高县县委书记跟我讲，"普九"一期、二期投资900万，每个村都建了学校，都很漂亮，现在村里的孩子都走了，又投资搞集中办学，过去修建的村小基本上全部废弃了。如我去的那个乡，只剩下两所学校：一所小学，一所初中。从这次调研报告里也看到，有一些村小的校舍租给人家干别的，很多房屋干脆就废弃了，被村民用来养鸡、养猪。我前一段时间去看了一些农村村小，废弃的、关了门的很多。村小的资产怎么办？现在还没有一个很好的办法。应该想办法把这些资产盘活，让它成为下一轮教育经费的来源。

现在一些地方已经再没有财力新建学校了，特别是在贫困县。像我们去的阳高县，县财政可支配资金只有3000多万元，但是人头经费就要两个亿，完全靠财政转移支付，你让它再拿钱建学校，根本拿不出来。这个县城里面的学校班容量全部是八九十人。如果要根据每班四十五个人的标准的话，差不多还要再扩建一倍的学校。这一部分钱哪里来？所以建校经费还是一个大问题。因此我提出国家应该建立教育标准，或者说叫国家教育基准。基准规定，所有的学校，最大的班容量多大，所有的学校都应该有哪些基本的设施。基本的图书室、实验室、运动场，哪怕再小的学校都必须要具备这样的基本条件。

通过制定国家教育基准，让所有孩子接受基本上均等的教育，然后在均等的前提下来提高教育的品质，这是政府应该努力去做的事情，这项投入应该通过国家保障来实现。

农村教育经费的短缺，使其实际运转非常困难。教育经费是按人头拨付的，如兴县小学生年生均费用是150元左右，包括了办公经费、水电费、取暖费等。这150元，对于那些学校规模在10人左右的教学点来说，根本无法维持。"开门七件事"，学校里的水费、电费，以及粉笔、纸张等用品的费用，你怎么去花？根本没法花。至少需要40—50人的学校规模，这样的标准在山西农村才能勉强维持。所以从这些例子、现象上看，农村教育经费问题实际上还没有解决，还需要全面调查、大力呼吁。

第四，农村教师的问题。

农村教育发展的关键是教师，农村学校的发展关键是校长。用什么样的人来管理农村教育，这是摆在我们面前的一个很现实的问题。

管理农村教育的人必须要懂得教育。现在我们经常说，干部队伍要逐步专业化，管经济的人要懂经济，管教育的人要懂教育。但事实上，教育局长，分管教育的副县长、副乡长，包括教育行政部门的一些官员，往往缺乏专业化的知识。当今，公务员的考试只考一般能力，不强调专业化。各级领导干部的培训，也没有或几乎没有关于教育的内容。因此，建议国家应该出台一些相应的措施，应该对农村教育干部进行系统的培训，培训以后才能上岗。

当然，在解决了干部问题以后，最大的问题就是校长。实际上农村教育的问题，特别是农村学校的问题，校长是关键。一个有理想、有激情、想做事、能做事、热爱农村、情系农民的校长，是办好农村学校最关键的因素。

我们应该建立一套合理的、科学的遴选农村中小学优秀校长的机制，让那些事业心强、思路开阔、为人正派的教师走上校长的岗位，而不能仅仅靠政府部门的任命，选择"七大姑、八大姨"，有关系、有背景的人来当农村学校的校长，那只能是毁了农村教育。

有了好校长，农村教师就是非常重要的因素了。目前，农村师资数量不足，质量不高，补充机制不健全，补充难，提高难，是制约农村教育发展的关键因素之一。

在农村教师队伍建设方面，国家出台了一些政策，比如说现在实行的免费师范生的政策、农村特岗教师计划、大学生义务支教的办法，等等。这些在一定程度上缓解、改善了农村教师队伍的问题，但是对于面广、量大的广大农村来说，对于那些交通不便、地处偏僻区域的山区农村来说，农村教师队伍的问题依然没有得到根本解决。一个方面，优秀农村教师的流失还在延续，村走镇，镇走县，县走市，西部走东部，东部走北京。好的教师，不要说出类拔萃的，只要稍微好一点的，他就想换一个地方。留不住好教师，很大的原因是学校和学校之间教师待遇上悬殊太大，东部和西部、城市和乡村，镇里和村里，都有差距。国家应该出台相应的政策来切实提高农村和贫困地区教师的收入。如果镇上老师的待遇跟村里面是一样的，甚至村里面教师的待遇比镇里面的还高，你看他还走不走。

农村教师的编制问题，是影响农村教育的一个重要因素。根据教育部、财政部联合下发的《关于制定中小学教职工编制标准的意见》，中小学教师的配置在城市、县镇和农村是不一样的，小学生的生师比分别是19：1、21：1和23：1；初中生的生师比分别是13.5：1、16：1和18：1。这个比例是不合理的，因为在农村尤其是在山区，人口居住分散，交通不便，学校的规模比较小。这次调研报告也有反映，左云县就有很多就是一所学校一个老师，还有学校1—5年级总共3名学生。如果根据师生比，农村小学是23：1，按照编制，这个学校连0.5个教师都不到。教育行政部门要赶快出台新政策，调整农村教育编制，特别是边远山区的教师编制，以彰显教育公平。

我认为，每一所农村学校，哪怕是再小的村小，也应该有一个真正懂教育的教师，城市里面的教师一年一年轮流来，会带动这所学校。然后，农村学校每年再派一个人到对口的学校里面去。我想如果这个政策可以出台，经过几年的努力，将是提升农村村小教师队伍素质最好的措施，这比拿上一些钱在假期里培训三到五天作用要大得多，"身教重于言传"啊。现在的培训往往是"走马观花"，到城市里面看一看，这些当然也有作用，但不如真正的对口挂职顶岗有实效。所以我认为应该保证每一所农村学校有一个教学骨干，让先进的教育理念能够惠及农村学校和农村的孩子。应该鼓励城市优秀的教师或大学生去农村支教，确保农村教师的待遇不低于城市教师。如果这些政策出台，对农村的教师队伍的建设会起到很大的作用。

此外，对于农村寄宿制学校和幼儿教育等问题，我也谈了自己的一些想法。

2008 年 9 月

第五章　黑龙江行

这是一片广袤肥沃的黑土地。2008 年，我参加了全国人大关于《义务教育法》的执法调研，在这片土地上行走了一周的时间，看了十几所学校，农村的，城市的，中心的，边境的，随看随记，有感而发。黑龙江两任分管教育的副省长王佐书和程幼东，都是我们中国民主促进会的成员，佐书现在和我是同事，所以感到特别亲切。

夜幕下的哈尔滨——黑龙江教育行之一

晚上 8 点 40 分到达哈尔滨机场。从机场到我们下榻的花园宾馆大约 40 分钟路程。在夜幕下，我们穿行在哈尔滨这个黑龙江的省府之城。

2005 年我曾经来过这个城市，在八一剧场为哈尔滨的近 1000 名教师讲新教育，在南马路小学与老师们座谈"阅读与教师成长"，考察过几所学校，对哈尔滨乃至黑龙江的教育有了一些初步的印象。一方面，东北教师特有的教学能力与教育激情让我记忆犹新；另一方面，哈尔滨公办学校举办民办学校的规模让我非常吃惊。当时有校长告诉我，这是没有办法的办法，政府没有钱，学校只好自救。

三年过去了，这一次再来哈尔滨，是随全国人大常委会副委员长严隽琪对黑龙江省义务教育进行执法检查。一路上我一直在想，哈尔滨的教育有什么新的发展？黑龙江的义务教育有什么特点？带着这些问题，我一边打量着夜幕下的哈尔滨，一边在头脑中检索着关于黑龙江教育的信息。

因为参加毕节试验区 20 周年纪念活动，没有赶上今天黑龙江省政府和哈尔滨市政府的汇报会。所以，一到宾馆，我就要来了全套汇报材料。在哈尔滨的夜色下，我翻阅着这些厚厚的材料，再次接触黑龙江的教育。

黑龙江地处我国东北边陲，面积 45.4 万平方公里，人口 3823 万。是一个资源非常丰富，但是经济并不十分发达的中部省份。黑龙江在落实农村义务教育经费保障的过程中，加大省级财政的统筹力度，给我留下了非常深刻的印象。2006 年和 2007 年，省级财政承担农村义务教育经费的比例达到了 87% 和 89%，其中免杂费和补助公用经费的部分，省级财政负担了96.8%，这在全国是不多见的。同时，黑龙江坚持财政对教育投入的三个增长，解决了历年拖欠教师的工资 5.1 亿元。

在农村义务教育阶段的教师队伍建设方面，黑龙江也做了许多工作。他们从黑龙江地广人稀、学校分散的实际出发，确定教师编制标准，注重向农村地区和少数民族地区、边境地区倾斜。把农村小学的编制标准从1：23 调整为 1：16—1：20，边境县农村小学的编制调整为 1：9—1：16，为 16 个边境县的农村学校增加了 2600 个编制。在推进中小学人事制度改革的过程中，黑龙江清理整顿了超编人员 6 万多名，全省的代课教师只有不到 2000 人。

在加强薄弱学校建设，促进义务教育均衡发展方面，黑龙江也做了大量工作。如哈尔滨选派了 1 万名城镇教师和师范毕业生到农村轮岗支教，全市有 1600 所城镇学校与农村学校结了帮扶对子，5000 名城市教师与农村教师结了对子。农村学校有 250 名校长、1000 名教师在城市学校挂职锻炼或者接受培训。由于加强了义务教育均衡发展的力度，农村学校的办学水平有了明显提高，出现了学生从城镇向农村回流的趋势。据哈尔滨市反映，2002—2005 年，农村学生流向城市学校的达 6000 人，流向县镇学校的 3.2万人。2006—2007 年，从城市学校回流到县镇的 1000 人，从县镇学校回流农村的达 1 万人。其中也有农村免除义务教育各种费用的因素。

关于上次来哈尔滨发现的名校办民校问题，黑龙江的同志告诉我，140所学校已经基本清理完毕，大部分已经改为公办，少数改为"四独立"的民办学校，教育部还在黑龙江召开了现场会。当然，黑龙江的教育也面临一些问题。首先是义务教育的经费保障机制进一步完善的问题。由于黑龙江地处高纬度、高寒地区，冬季取暖经费等开支占了学校公用经费的很大组成部分，学校公用经费标准应该有所提高，教师的编制名额也应该有所增加。另外，黑龙江"普九"的 24 亿元债务虽然已经列入了偿还范围，但是，在 20 世纪 90 年代后期至国家实施新机制前近十年时间里实现"两基"的县，由于标准比较低等原因，产生了 26 亿元债务，这些没有列入偿还范围，对于经济基础相对薄弱的黑龙江来说，仍然是一个沉重的负担。

读完这些材料，已经是晚上 12 点钟了。推开窗户，一股寒气袭来。夜幕下的哈尔滨一片寂静，没有大城市的光与声的喧闹。赶紧洗漱休息。

第二天，检查组兵分两路：一路由全国人大教科文卫委员会副主任程津培和朱文泉委员带队，考察延兴小学和虹桥学校；一路由严隽琪副委员长带队，与民进黑龙江省委的同志们座谈。我随严主席一行，没有去考察学校。回来以后朱文泉委员兴奋地告诉我，两所学校都非常好，虽然学校设施不是第一流的，但是校长的精神状态和办学思路都不错。尤其是以打工子弟为主的延兴小学，以写字特色为抓手推进素质教育；虹桥学校对于年轻教师的严格管理与培养，让一个城乡接合部的薄弱学校很快成长起来，都给他们留下了深刻印象。程幼东副省长告诉我，这两位校长都是从城市著名学校的副校长的岗位上调去的。

下午 2 点，我们一行出发赴牡丹江市继续进行义务教育执法检查。近 4 个小时的路程，下午 5 点 40 左右到达牡丹江市。

2008 年 9 月

牡丹江教育印象——黑龙江教育行之二

早晨 6 点起床，阅读关于牡丹江市的画册与资料。6 点半与林海在北山山脚下散步。这么美丽的山，四周被一些房地产商开发成为公寓与别墅，还有一些凌乱的工厂与棚屋，似乎有些可惜。在城市，山与水的资源是最为宝贵的。显山露水，是城市建设与规划的基本要求。

上午 8 点半在北山宾馆听取牡丹江市政府关于贯彻实施《义务教育法》的情况汇报。

以前知道牡丹江，是与一个样板戏有关。《智取威虎山》中的威虎山，就在牡丹江。林海雪原、杨子荣、座山雕、百鸡宴，差不多就是这些基本的印象了。现在才知道，这是一个非常值得关注的城市。著名的渤海国遗址等文化遗产就坐落在这里，有着深厚的文化底蕴；镜泊湖、地下森林等自然景观位于境内，有着美丽的自然风光。拥有四个国家一类口岸，有着陆海联运的国际大通道。4 万多平方公里的面积，280 万的人口，素有"塞北江南""中国雪乡"的美誉。

副市长闫岩介绍说，牡丹江义务教育阶段共有 593 所学校，其中小学

477 所，初中 110 所，特殊学校 6 所。义务教育阶段在校生 23 万人，其中小学生 14 万人，入学率 100%，辍学率 0.37%；初中生 9 万人，入学率 99%，辍学率 1.77%。1996 年，牡丹江是黑龙江 14 个地级市中率先实现"两基"的城市，2003 年又开始了"双高普九"的工程。

牡丹江在保障义务教育经费方面做了大量工作，尤其是 2007 年，全口径义务教育经费投入达 76470 万元，其中农村义务教育经费投入 57477 万元。农村小学生和初中生的生均公用经费达到 568 元和 646 元，高于城市小学生和初中生的 413 元和 490 元，更加高于省规定的农村小学生 305 元和初中生 354 元的标准。在学校校舍维修改造方面，2007 年投入了 2309 万元，维修改造了 3.8 万平方米的校舍，消除了全部的 D 级危房。

在教师队伍建设方面，牡丹江从 2004 年进行人事制度改革，教职工总数从 25382 人减少到 20230 人，精简比例达到 20.3%，优化了教师结构。为了帮助农村学校教师的成长，从 2005 年开始，每年有 200 名城镇教师到农村偏远地区支教，并且将支教作为教师晋升的必备条件。同时，努力提高教师待遇，城市教师的年平均收入 25760 元，高于公务员的 24086 元，农村教师的年工资平均 26818 元，高于公务员的 21317 元。全市没有代课教师。

闫岩副市长也反映了一些农村义务教育发展面临的新问题、新情况。如农村教育经费紧张，教育信息化很难开展；东北取暖期较长，近几年煤电价格上涨过快，学校公用经费大部分用于学校的供热、水电等费用，正常的教育经费无法保证；等等。

在讨论座谈的时候，我们问到，既然教师工资已经高于公务员，是否有教师外流的情况时，答案是肯定的。据教育局人事科的同志介绍，从 2005 年到 2008 年 8 月，牡丹江的教师就流失了 74 人，主要流向广东、上海和北京。流失的教师大部分是优秀的骨干教师，尽管牡丹江的教师待遇高于公务员，但是与发达城市相比，还是有比较大的差距。

2008 年 9 月

职业教育的喜与忧——黑龙江教育行之三

9 月 25 日下午，考察组再次兵分两路，我陪同严隽琪副委员长去牡丹江职业教育中心学校参加职业教育座谈会。

一下车，学校的同志就热情地迎了上来，李晓军校长一边带我们参观学校，一边介绍学校的情况。

学校建立于1994年，是首批国家级重点职业高中，占地面积3.3万平方米，建筑面积近2.8万平方米。学校现有教职工199人，其中特级教师2人，省级学科带头人7名，7人获硕士研究生学历，70%以上的教师具有中高级专业技术职称。学校有48个教学班，在校生1800余人。学校开设的专业有汽修机械加工、现代信息、现代旅游和金融商贸四大类15个专业。

我们首先来到学校汽车修理实验室参观，几位教师正在给学生上课。李校长介绍说，汽车运用与维修是牡丹江职业教育中心学校的重点专业，是黑龙江省示范专业。学校办这个专业已经有20年，办学基础和师资力量都比较好，学生在黑龙江各种技能比赛中多次获奖，在2007年黑龙江省中职学生技能竞赛中，汽修专业学生荣获个人第一名、第四名。该专业的毕业生遍布东三省。李校长说，学校正在通过做强汽车运用与维修专业，带动机械加工、焊接技术等专业的发展。

接下来参观了动漫设计实验室、广告设计实验室、网络实验室等。以计算机应用为主的现代信息专业，是学校的另一个重点专业。学校的实训条件和师资力量在黑龙江省处在领先地位。学校引入了北大青鸟的教学模式，今年还和黑龙江省动漫产业基地建立了合作办学关系，充分利用自身教学设备和省动漫产业基地的实习条件，开办具有广阔前景的动漫影视专业。李晓军校长介绍说，在2008年3月举行的黑龙江省中职学生技能竞赛中，学校计算机专业的学生分别获得团体一等奖和二等奖，并代表黑龙江省参加了全国职业院校学生技能竞赛，获得二等奖。学校希望把现代信息相关专业打造成精品专业。

在广告设计实验室，一名学生正在设计茶叶包装，严隽琪副委员长看后高兴地说："你设计得这么漂亮，如果应用到实际，产品一定会好卖。"

李校长说，为了提升计算机应用为主的现代信息专业，学校2006年引进北大青鸟的课程体系，实行了课程置换式联合办学，其丰富的课程内容与先进的教学方法，对提升学校的教学质量和学生整体的专业能力起到了很好的作用。

我们还参观了服装裁剪实验室、餐饮服务实验室等。为了配合牡丹江市提出的"以旅游会展业为重点，加快现代服务业追赶跨越式发展"的目标，学校整合金融和旅游两个专业的设置，重点开设旅游与酒店服务、商贸外语（英、韩、俄）、会展服务、商贸、物流、金融等专业。在办学方式上，学校把学历教育与短期培训结合起来，取得了不错的效果。

李校长说，学校实施了名校拉动促进专业发展的策略。2006 年与上海南湖职业学校，2007 年与上海工商信息学校、天津南洋工业学校进行了"1+2"合作办学。通过与这些名校开展校长交流任职、教师交流任教、资源交流使用、专业交流开发，网络信息交流达到教学经验共享、管理方法共享、改革措施共享、科研成果共享、办学功能共享，把上海先进的教育理念、先进的办学模式、先进的经营管理办法整体移植到牡丹江职业教育的土壤中，带动了学校物流、会展、机械加工等新设专业的提档升级，使牡丹江市职业教育中心学校在短时期内有一个突破性的进展。

看了这所学校，还是很让人振奋的。现在国家非常重视职业教育，职业教育的现状虽然还远不能令人满意，但是发展势头还是很好的。

参观结束后，在学校举行了座谈会，牡丹江市分管教育的副市长、市教育局的同志和各职业学校的负责人参加。牡丹江市教育局原敏局长首先汇报有关情况：牡丹江市现有高等职业院校 5 所，其中地方职业大学 2 所（牡丹江大学、黑龙江幼儿师范高等专科学校），省属高职院校 3 所（黑龙江农业经济职业学院、黑龙江商业职业学院、黑龙江林业职业技术学院）；普通中专 5 所，其中公办 1 所（市卫生学校），民办 4 所（阳光、精英、航空、迈克尔），成人中专 3 所（供销、建设、交通）；职教中心学校 7 所（市区 1 所、6 县市各 1 所），高级技工学校 1 所，农广校 1 所。现有在校生 44121 人（其中高职 26393 人，中职 17728 人），教职工 3491 人（其中高职 1912 人，中职 1579 人）。全市职教学校占地面积 299 万平方米（其中高职 217 万平方米，中职 82 万平方米），建筑面积 71.2 万平方米（其中高职 58.8 万平方米，中职 12.4 万平方米）。目前专业设置基本覆盖了第一、二、三产业，基本形成了以计算机应用、电子电器、机械加工、汽修、化工、农林、医药、商服、旅游、俄语、学前教育等为主要专业的办学格局，形成了较为完备的，以"中等职业教育为主体，初、中、高等职业教育相互衔接，与普通教育相互融通，职前教育与职后培训并举，学历教育与职业能力培养并重"的职教体系。从 2003 年到 2005 年，牡丹江市连续三年荣获黑龙江省政府、省教育厅命名的"黑龙江省职业教育先进单位"称号，2006 年、2007 年牡丹江市教育局分别被省政府和省教育厅评为全省职业教育先进单位。

牡丹江市职业教育有以下几个特点：

一是主动适应市场。培养目标面向市场，办学形式适应市场，专业设置瞄准市场，毕业生就业服务市场，积极为社会"量身打造"各类人才，特别是急需实用型人才，努力实现职业教育主动适应市场，职业教育与社会经济发展的良性互动的局面。"淘汰旧专业，改造老专业，嫁接先进专业，推广复合专业"，努力做大骨干专业，做强示范专业，各类职业学校专业由2004年时平均5—8个，增长为10—15个，其中国家级骨干专业8个，省级专业31个。

二是职教规模不断扩大。仅职教中心学校占地面积就由2004年的27万平方米，增长为40万平方米；建筑面积由2004年的6.5万平方米，增长为9.3万平方米，设备总值由2004年的572万元，增长为2253万元。

三是办学水平逐步提升。企业进学校，课堂变车间；学校进企业，车间代课堂。如牡丹江市职业教育中心与哈尔滨动漫基地盛源文化公司合作，企业在学校设立工作室，把生产任务带到学校，并提供主要专业课师资，按照生产流程授课，并为学生提供定期实习的条件。该校与牡丹江空调机厂合作机械加工专业，学校为企业注入一定资金，企业提供设备，在企业共建实习基础，车间课堂化，学生到企业一线实践锻炼，通过真实的项目，经受岗位训练。多元化办学，采取股份制，引进战略投资，如与大众汽车等联合办学。2007年汽修专业获得全国职业教育技能比赛第一名。毕业生就业率达95%，基本实现了毕业生与就业岗位顺利对接。

四是实训基地建设加快推进。本着"适应需求、精心规划、发挥优势、整合资源"的原则，立足当地，结合校情，推进职业教育实训基地建设。2006年牡丹江市政府制定出台了《牡丹江市职业教育"十一五"期间实训基地建设规划》以及分年度建设实施方案，确立了"一个综合性、一个区域性、五个专业性"的实训基地建设格局，明确了基地建设的规模、采用的模式、实施的步骤、配套的政策、资金的投入以及管理体制、运行机制等保障措施。积极拓展多元化的融资渠道，采取援建、校企合作、协作等途径，改善基础条件。

五是注重师资培养。如牡丹江市职业教育中心学校提出了"培养职业人，必须先做企业人"，引进企业有丰富实践经验的工程技术人员来学校做兼职教师，他们给学校带来了生产科研一线的新技术、新工艺，以及社会对从业人员素质的新要求。学校还制定了专业课教师每三年必须到企业实践锻炼两个月的规定。

六是围绕地方经济发展抓职业教育。加强产学结合，提高为地方经济的服务能力。围绕推进对俄经济合作战略升级、构建哈牡绥东对俄产业带、畅通陆海联运国际大通道、招商引资和大项目建设等，培养实用型技能人才。首先是依托职教资源优势，面向行业需要，开展在职职工适应性培训，年培训人员达 2.5 万人次。其次是围绕牡丹江市农业和农村经济结构战略性调整、县域经济发展的要求，充分发挥职教专业优势，在办好长线专业的同时，采取短、平、快的培训模式，重点培养农村经济人、信息员、营销员、科技骨干和致富带头人。如穆棱市职教中心把畜牧兽医专业当成主导专业，目前毕业生 230 人，遍布全市各村，村村都有他们的毕业生从事畜牧养殖和畜病防治工作，为"肉牛富市"提供了人才支持。最后是主动服务"阳光工程"，为劳动力输出提供培训，全市 7 所职教中心学校全部被命名为省级劳动力转移培训基地。

接下来，各个职业学校的校长们纷纷发言。很多学校的日子并不像市职教中心那么好过，他们提出了职业教育面临的许多困难。主要有以下几个方面：

一是社会和家长在认识上仍"重普教，轻职教"，普通高中教育和中等职业教育发展"一条腿长、一条腿短"的不协调现象普遍存在。牡丹江普职比是 7：3。

二是生源不足。"重普轻职"直接导致了职教招生难。一方面黑龙江缺乏农业人才，另一方面农职校招不到生。有的同志建议一是单独招生，二是国家对种植养殖专业的学生免费培养，三是推动"村村大学生"工程。生源不足与近几年中职升高职的政策有很大关系，中职升高职的比例的大规模减少，直接影响了中职学校的生源。

三是经费不足。政府拨款主要用于教职工基本工资支出和部分日常办学经费，学校的发展经费主要靠自身解决。

四是师资不足，教师结构比例不合理。专业课教师的"双师"培养力量相对不足，缺乏有动手能力和实践能力的专业课教师，缺乏经验丰富的工程技术人员和高技能人才。师资的不足，与职业教育的教师编制、待遇、师资培养等有直接的关系。

五是企业参与职业教育积极性不高。企业需要职业教育，又不愿意投入职业教育；需要职业技术人才，又不愿意接受学生实训，供需脱节。建议企业招收、录用职工，一定要有相应学历证书和职业培训合格证，劳动部门要加强监管，落实职业准入制度。

六是实训基地规模小，布局分散，满足不了培养技能型人才的需要。建立加大投入，从模拟教学转到实物教学。

七是毕业生流失问题。大部分优秀毕业生流向了发达城市。

职业教育目前的状况，让人又喜又忧。我们所需要的是对现状理性的思考，探索中国职业教育健康发展之路。

严隽琪副委员长在座谈会结束时说，我们需要各种各样的劳动者，职业教育对培养数以亿计的高素质劳动者，提升产业结构发挥着重要作用。人是多种多样的，兴趣、爱好都不一样，不能把教育工业化、标准化，要使人内心和谐。职业教育满足了人们多样化发展的需求，发挥人的特长，是实现以人为本的重要途径。职业教育对于加快教育改革，推进素质教育具有重要意义，是突破素质教育的瓶颈。职业教育发展，首先要思想上重视，同时思路要清晰。必须坚持统筹规划，面向市场，主动服务。发展职业教育的关键是解决好"出口"问题。要理顺体制机制，开展校企合作，加强专业设置和学生培养计划的针对性，有效适应市场对人才的需求。既要发挥学校的积极性和教师的积极性，还要充分依靠社会力量。原来企业办技工学校是有其道理的。要把企业支持教育的积极性调动起来，要多元化办学。要发挥行业协会的作用，如在就业许可准入制度方面发挥作用。高职招生制度要改革，要定一个标准。现在比例逐年缩小的政策不尽合理。同时，要加强对职业教育的宣传，努力转变社会的就学和就业观念。

座谈会结束以后，陪同严隽琪副委员长会见牡丹江民进的同志们，感到十分亲切。下午陪同严隽琪主席考察牡丹江职业教育中心，看望牡丹江民进市委会的同志们。

晚上9点30分，守候在电视机前，看"神舟七号"飞天。在喜悦与激动的同时，我不禁想，何时我们的教育能够像"神舟七号"一样一飞冲天，像宇航技术一样彰显我们国家的风范呢？我憧憬着。

2008年9月

小城宁安的教育名片——黑龙江教育行之四

早晨6点半出门散步，登上了北山的山顶，一览城市的景观。城市的色彩基本是红色的，大大小小的红色屋顶，显得格外醒目。突然想起了城市色彩设计的问题。苏州的粉墙黛瓦，已经成为城市的符号语言，城市的个性也因此张扬起来了。

上午8点半出发去宁安市，考察农村义务教育。40分钟左右，我们就到达了宁安市下属的东京城镇下马河小学。在座谈会上听取了宁安市副市长杨冬梅和下马河小学校长刘炳辉的介绍。没有想到，我的眼睛在这里一亮。

位于黑龙江东南部的宁安市，面积7924平方公里，人口44万，面积与苏州差不多，人口却不到苏州的1/20。宁安有义务教育阶段的中小学116所，其中小学93所，初中22所，特殊学校1所。在校生35074人，小学与初中入学率均为100%，小学无辍学现象，初中辍学率1.61%。这里政府的财力不富裕，2006年的财政收入是1.38亿，2007年也只有2.08亿，在牡丹江排名倒数第二。但是，他们在教育投入方面毫不吝啬，2007年达到1.276亿元，超过了财政收入的60%。

一分耕耘一分收获。宁安在教育上连获殊荣。1958年，被国务院命名为全国第一个文化县，2001年被评为全国基础教育先进地区，2004年通过了黑龙江省的"双高普九"验收，2006年教育部在这里召开了全国农村地区基础教育课程改革现场会和黑龙江省的义务教育均衡发展现场会。

杨冬梅副市长介绍说："把教育打造成宁安亮丽的城市名片，把宁安建设成全省乃至全国的基础教育高地，是宁安市委市政府的目标。"把教育作为城市的名片，是我近年来第一次听到。因此，他们明确提出了"四个优先"：在制定经济社会发展规划的时候，保证教育经费的优先增长；在制定城市建设规划的时候，优先考虑学校建设布局，保证学校用地；在改善人民生活的时候，优先安排教师工资和改善教师住房条件；在安排大学生就业的时候，优先满足教育发展的需要。

宁安将教育经费全部列入部门预算，预算安排直接核算到学校。2007年，教育经费超出预算16.43%，小学生生均公用经费545元，初中生728元；2008年又分别增加到590元和885元。在一个经济欠发达的地区，能够达到这样的力度，让我非常感动。

在推进农村学校布局调整的过程中，宁安坚持不减编制、不减人员、不减经费和加大投入的"三不减、一增加"，投入一个亿改善农村学校的办学条件，彻底消灭了危房，并且为所有学校统一配置了教学设备，建设了各种实验室、微机房、语音室、多媒体教室等，城乡学校的办学条件基本上实现了均衡化。为了稳定农村骨干教师队伍，宁安在省市骨干教师认定、职称评审、先进优秀模范评选等方面向农村教师倾斜，设立乡村教师奖，在建立城乡教师交流制度等方面进行了可贵的尝试，结成了支教对子48个，下派了教学骨干140名。在招生计划中，也拿出一定比例作为配额指标，向农村和薄弱学校倾斜。

在教学改革方面，宁安提出了"升学有基础，就业有技术，创业有能力，发展有潜力"的培养目标，开发了126种校本课程，把具有地方特色的"绿色证书"教育纳入学校的课程体系，其中既有面向农村的种植业、养殖业、农业经济管理等，又有面向城镇的家政服务、酒店管理、导游、经贸俄语等。同时，强化课程资源和实践基地建设，现在中学的实践基地平均达52.3亩，小学达31.6亩，这些基地成为了学生们的"无字课本，广阔课堂"。

值得一提的是，在大力发展义务教育的同时，宁安非常注重各级各类教育的协调发展。按照"普及幼教、优化小学、提升初中、发展高中、激活职教、扶持民办"的工作思路，他们投资550万元，兴建了幼儿教育示范中心，幼教工资纳入财政统发，基本实现了城镇普及三年、农村普及两年的学前教育。在经济相对薄弱的地区，这也是非常难能可贵的。

在交流的时候，杨副市长也提出了宁安教育面临的一些问题，如经费短缺的问题、教师队伍的年龄老化与结构性短缺问题、农村教师与城镇教师工作条件的差异问题等。特别是班主任津贴与教师教龄津贴的问题，现在执行的还是20世纪80年代的标准，班主任津贴每月14元，教龄津贴每年3—10元，与班主任、教师的实际工作量根本无法对应。所以，建议把义务教育阶段的班主任与教龄津贴全面纳入财政保障范围，制定新的津贴标准，大幅度提高班主任津贴与教龄津贴，同时对于寄宿制学校、特殊学校的教师等也要增加津贴。

宁安的教育给我们留下了非常深刻的印象，它告诉我们，只要真抓实干，只要真正重视教育，我们完全是可以有所作为的，中国教育的现状完全是可以改变的。非不能也，实不为也。

在黑龙江考察，宁安的教育是一道最美丽的风景。它毫不亚于美丽的镜泊湖。

2008 年 9 月

下马河小学老师的心声——黑龙江教育行之五

我们的座谈会是在一个普通的农村村小召开的。这个小学的名字叫下马河小学。校长刘炳辉 1989 年大专毕业，1991 年当校长，现在是中学高级教师，也是学校职称最高的人。他同时是一名精明能干的美术老师，从学校墙壁上孩子们涂鸦的作品，可以看到刘校长的影子。

下马河小学是宁安市东京城镇的一所村小。有 6 个教学班级，学生 120 人，教师 12 人。虽然是一所普通的村小，12 名教师中竟然有中学高级教师 1 人，小学高级教师 8 人，小学一级教师 1 人；黑龙江省骨干教师 1 人，牡丹江骨干教师 2 人，牡丹江市学科带头人 2 人。师资阵容还是比较强大的。

学校看起来不显眼，是一排普通的平房，校舍 968 平方米。但是实验室、图书室、卫生室、多功能教室、语音室、微机室、综合活动室、远程教育播放室、网络教研室等一应俱全。

我在图书室里详细看了配备的图书，大部分还是比较陈旧的，适合教师成长阅读的书几乎没有。下马河小学在农村小学中已经是佼佼者了，看来农村学校图书配备的问题，应该引起充分的重视。

刘校长最得意的是学校的教育实践基地，有 16000 平方米。建有日光节能温室一座、塑料大棚 1400 平方米、经济田 10000 平方米。基地在校舍前后各有一块。刘校长告诉我们，他们是"一地两制"。学校前面的一块地是让学生创造的，学生提出创意，种植什么作物，在答辩通过以后由学生自己实施、自己管理。学校提供必要的支持。这一块是赔钱的。

学校后面的一块是学校创收的，由专门的人员种植，平时作为学生观察学习的基地，收获以后的收入可以补充学校的办学经费。为此，学校开设了劳动观察、蔬菜的药用价值、家常菜的制作、农作物栽培、如何利用信息技术、市场调查及预测、实用菌栽培、南菜北种、制作植物标本等校本课程，并且把语文、数学、科学、美术等学科的教学与基地资源有机整合起来，有效发挥了基地的"为课程建设服务，为学生发展服务"的作用。

虽然是村小，刘校长对于素质教育的理念，对于新课程改革的精神却如数家珍。他介绍说，学校制定了从备课到辅导各个环节的管理条例和实施要求，开齐学科，开满课时；既要为学生升入初中做准备，也要为培养有一技之长的新型农民打基础。

我们问刘校长学校面临的最大困难是什么，他回答说仍然是经费的问题。他细算了一笔账：学校的办公经费一年需要 1 万元，水电费 4500 元，培训费 5000 元，差旅费 4500 元，图书经费 3500 元，维修经费 4500 元，取暖经费 27000 元，如果按照省里生均经费 305 元，是无论如何也不够的。其次是教师待遇的问题，学校教师平均月工资 1749 元，由于村小的老师大部分是家里唯一吃公家饭的人，家庭人均收入还是比较低。教师编制的问题，也是刘校长呼吁关注的重要问题。他说，如果按照国家 1∶23 的师生比，学校只能有不到 6 位老师，这是无论如何也无法执行的。下马河小学的三年级学生 16 人，四年级 15 人，根据规定只能配不到 1 人。关于学生上学的半径问题，刘校长建议控制在 1.5—3 公里以内为宜。

我们问老师们，大家面临的最大困难是什么？老师们几乎不约而同地说："累！因为学校的管理非常严格，每天工作的时间很长，回到家还要干家务，所以感到疲倦。"教师的职业倦怠在农村学校是一个非常普遍的问题。

离开下马河小学已经中午 11 点多了。我仍然在思考着，究竟怎样才能让农村教师有更好的职业认同，过上幸福而完整的教育生活呢？

2008 年 9 月

第六章　江苏探访

我是江苏人，对于江苏自然有特别的感情。我出生在黄海之滨的大丰，那是麋鹿和丹顶鹤的故乡。后来考大学来到苏州，一待就是 30 年。所以，苏南、苏北，都是我的家乡。这次考察江苏的职业教育，主要的路线自然是苏南，苏北的职业教育与苏南不可同日而语，因为职业教育的发展始终是与经济发展的水平相适应的。我曾经承担过江苏教育均衡发展的研究课题，认为没有苏北教育的现代化，就永远没有江苏教育的现代化，职业教育也是如此。

经济大省的职业教育之路——江苏教育行之一

中午 11 点 40 分，搭乘的国航 CA1583 准时起飞。下午 1 点 10 分左右，顺利到达南京禄口国际机场。

这次来南京，是参加全国人大的《职业教育法》修订的调研，本届全国人大五年的立法计划中，教育方面就排上了这一部《职业教育法》，所以我特别珍惜这一次调研，也想借这个机会全面熟悉人大的立法过程，全方位接触一下职业教育的领域。

下午 3 点，在江苏省人大会议室参加省人大和有关部门的职业教育情况汇报会。

江苏省人大的丁解民副主任致欢迎辞以后，全国人大教科文卫委员会唐天标副主任介绍了调研组此行的主要意图。唐主任说，《职业教育法》的修订已列入本届人大立法规划，2009 年 4 月，人大还将听取国务院关于职业教育的专项汇报。此次调研，既是为了了解《职业教育法》执法情况，也是为审议国务院汇报和法律修订做准备。江苏职业教育搞得很好，有丰富经验，也有深刻思考。前不久路甬祥副委员长专门批示："建议到常州去看看，他们的职业教育搞得好，受到用人单位的普遍欢迎，了解他们的经验，对修订《职业教育法》有积极意义。"

唐主任指出，《职业教育法》自 1996 年颁布实施以来，发挥了重要作用，但随着社会经济的快速发展、形势变化，部分条文已经不适应形势发展的需要，有必要进行修订。职业教育关系到就业，关系到社会经济发展，关系到社会和谐稳定，关系到如何从人力资源大国变成人力资源强国。职业教育事业发展和《职业教育法》的修订工作始终是全国人大代表关注的重点。

唐主任指出，目前关于职业教育的问题主要有以下几点：一是社会上认识不够，人事劳动制度、就业准入制度和职业资格体系不完善；二是多头管理；三是经费普遍困难，缺乏投入保障机制；四是师资不足，尤其"双师"型教师不足，讲理论的多，能操作的少。他希望通过了解江苏职业教育，对全国职业教育形成完整的、指导性的看法，为《职业教育法》修订打下基础。唐主任特别强调，要多谈问题、多提建议。

对于我来说，因为在江苏生活、学习、工作了差不多 50 年的时间，对于这方水土有着特别的感情。江苏的 13 个省辖市，我全部去过；106 个县（市）区，我走过三分之一。可以用五句话概括江苏的基本省情：幅员不大、人口不少、区位独特、人文荟萃、产业发达。

所谓幅员不大，是因为江苏全省总面积只有 10.26 万平方公里，占全国的 1.06%，居第 24 位。

所谓人口不少，是因为江苏人口 7500 多万，占全国的 5.7%。人口总量居全国第五位，人口密度高达每平方公里 732 人，居全国之首。

所谓区位独特，是因为江苏紧邻上海、浙江、安徽，居于长江三角洲的中心地带，在以上海为龙头的长江流域开发格局中，处于"龙颈"位置。同时，江苏跨江滨海，交通便利，海岸线绵延 954 公里，沿海和沿江开放港口众多。公路四通八达，高速公路密度全国第一。

所谓人文荟萃，是因为江苏历史上名人辈出，灿若繁星。明清两朝，全国 212 个状元中江苏就出了 66 个，约占三分之一。江苏科教基础雄厚，人才资源丰富，现有普通高校 105 所，在校学生超过了 100 万人，均居全国第一。江苏 1996 年在全国率先实现"两基"，目前苏南已普及 12 年教育。

所谓产业发达，是因为江苏素有"鱼米之乡"之称，现在又是全国第二位的工业大省。2007 年，江苏全省地区生产总值突破 2.5 万亿元，比

2002 年翻了一番，年均增长 14.5%；人均地区生产总值 4428 美元，五年增长 91.5%。同口径财政总收入 5591.3 亿元，其中地方一般预算收入 2237.7 亿元，分别增长 2.8 倍和 2.5 倍。大体可以说，江苏以全国 1% 的土地，养活了 6% 的人口，创造了全国 1/10 的财富。

经济是果，科技是花，教育是土。虽然我对于苏州的职业教育可以如数家珍，但是对于全省的职业教育并不是十分熟悉。所以，我非常想知道，作为一个经济大省，江苏是如何发展职业教育的。

带着这个问题，先后聆听了江苏省教育厅沈健厅长、劳动保障厅吴可立副厅长、财政厅江建平副厅长、南京市教育局陈舒泛副局长、南京市劳动保障局周中副局长、江苏经贸职业技术学院王兆明院长、南京高等职业技术学校潘东标校长等人的发言，再通过及时的对话，对于江苏职业教育的发展有了初步的了解，留下了非常深刻的印象。

改革开放以来，江苏职业教育经历了恢复起步、快速发展、调整提高三个阶段，进行了起步兴办、建设骨干学校、推进职教现代化的三次创业。进入新世纪，牢固确立了职业教育在现代化建设全局中的重要地位，职业教育发展规模迅速扩大。全省现有中等职业学校 634 所（其中五年制高职校 40 所，普通中专 121 所，职业高中 216 所，技工学校 145 所，成人中专 112 所）。"十五"期间，中等职业教育招生以年均 7 万人的速度递增。2008 年，中等职业教育招生 51 万人，在校生 155 万人，招生和在校生规模连续四年保持与普通高中大体相当，全省中、高等职业教育在校生规模位居全国第一。积极发展高等职业教育，现有独立设置的高等职业技术学院 76 所，高等职业教育年招生 20 万人，在校生近 70 万人，分别占高等教育规模的一半左右。成人技术培训学校和各类社会培训机构 8000 多个。全省基本形成了以独立设置的中等职业教育和高职院校为主体，其他院校广泛参与，三年制高职、五年制高职与应用型本科相衔接，职前职后教育并行，具有江苏特色的中、高等职业教育体系。

江苏省对职业教育的经费投入在全国来说是非常好的。据财政总决算，2007 年全省财政一般预算支出中的职业教育支出 51.8 亿元（含高等职业教育、职业高中教育、技校教育和中专教育等），较 2005 年的 27.4 亿元增加 24.4 亿元，年均增长 37.5%，高于同期财政一般预算支出，年均增幅 13.6 个百分点。2007 年全省职业教育生均教育经费支出 6703 元，较 2005 年的 5658 元增加 1045 元，年均增长 8.8%；生均预算内教育经费 2615 元，较

2005 年的 2356 元增加 259 元，年均增幅 5.4%。

省政府明确投入责任，形成"生均经费＋离退休人员经费＋专项经费"的财政拨款核定办法。省政府在文件中明确提出，从 2006 年起，城市教育费附加用于职业教育的比例不低于 30%。农村成人教育经费定额按年人均 0.5 元以上，由县级政府统筹安排。

江苏职业教育注重办学体制、管理体制和运行机制改革，积极推进职业教育集约化发展。一是集群式发展。以常州高职园区为代表，在同一区域内，政府加强统筹，若干所职业院校有计划、有目标地共同建设、发展。全省现有 11 个省辖市建成或启动建设职业教育园区，职业教育优质资源集中度进一步提高、共享面进一步扩大。二是集团式发展。以专业为纽带、高职为龙头、中职为主体，行业企业广泛参与，实现跨地区集团式发展。目前江苏已经成立了商业、农林、现代服务、建筑、旅游、纺织、信息、化工、机电、汽车、艺术设计等 11 个职业教育集团，覆盖了江苏主要产业领域，融合了 300 多所职业院校与近 600 家企业，形成职业教育与行业企业互利共赢的局面。三是集合式发展。经省政府批准，2003 年正式成立江苏联合职业技术学院，学院为独立设置、专科层次的普通高等学校，由省教育厅负责管理，实行"小学院、大学校"的办学模式，下设若干高等职业技术学校作为学院的分校，由学院专门承担对五年制高等职业技术学校的教育教学和学生管理等方面的指导和服务工作。目前学院下辖 40 个分院实体，形成在学院统筹规划下共同发展的局面。

职业教育的发展为江苏经济社会各项事业发展做出了重要贡献。"十五"以来，全省职业院校累计培养毕业生 200 万人，就业率保持在 90% 以上；开展劳动力转移培训 600 多万人次，培训后输出 178 万人。依托职业院校和农业技术推广机构，建立了 52 个农科教结合示范基地，重点建设了 30 个省级农业信息服务网站，示范推广新技术、新品种 5000 多项。

职业教育的多头管理，是一个老问题，也正因如此，技工教育的情况要由省劳动和社会保障厅单独汇报。江苏全省共有 149 所技工院校，在校生 324052 人，每年招生 10 万人左右。在初中生源不断减少的情况下，吴厅长说，江苏技工学校学生反而有所增加，说明江苏技工教育品牌已经打出来了。省委、省政府强化职业技术等级与专业等级衔接，规定高技工享受助理工程师待遇，高级工班享受大专待遇。江苏有民办培训机构 1625 所，年培训人数 146 万人。全省 402 多万人取得各类职业技能证书。

当然，江苏职业教育也面临着一些问题，几乎每位发言者都提出了一大堆问题。这些问题是全国比较普遍的问题，也是这次职业教育立法调研需要重点关注和解决的。

一是办学体制和管理体制方面，多头管理，管理缺位，交叉管理，所以统筹规划管理的呼声较高。二是经费问题，制定职业学校生均公用经费标准，保障教师工资也是各地职业教育管理部门和学校多年普遍关心的问题。三是师资数量不足，结构不合理，素质不够高，引进渠道单一，培训体系不完善，兼职教师政策不到位。四是民办职业教育没有获得应有的政策扶持，江苏全省有 69 所民办职业院校，在校生 12.6 万人，但办学水平普遍偏低。五是校企合作缺乏制度保障和推动。六是就业准入制度和职业资格制度无法实施，职业学校毕业生优势无法体现。七是中、高等职业教育衔接方式、渠道少，中等职业学校毕业对口升入高等职业院校的比例和规模偏低。八是缺乏实训基地。九是企业对职业教育的责任问题。十是职业准入制度问题。

其实，管理体制是一个非常重要的问题。现在教育和劳动部门都办学校，教育部门管学历，劳动部门管职业资格证书。管办不分，是很多问题的根源。

2008 年 12 月

老牌职业学校的传统与创新——江苏教育行之二

今天开始实地考察江苏的职业教育。上午 8 点半出发去金陵职业教育中心参观。

这是一所由区政府主办的国家级重点中等职业学校，是 1999 年由两所省级重点职业学校合并组成的。其中的南京商业职业学校的前身是创建于 1932 年的私立两广中学；而南京经营管理职教中心的前身是创建于 1946 年的协和中学，是为纪念国民党元老李烈钧（又名协和）而建，当时冯玉祥为董事长，张之江任校长。两所学校均曾数易其名，办学内容和方向也是几经变化，最终定位于职业学校。

金陵职业教育中心有两个校区、一个创业园区，总占地面积 150 亩，建筑面积 5 万平方米。学校现有教职工 259 人，其中专任教师 186 人，双师型教师 40 人。学校有 82 个班级，3633 名学生。

学校的学历教育分为五年一贯制高职和三年制中职两个层次。五年高职有计算机网络技术、市场营销、汽车检测与维修 3 个专业群。市场营销专业有电子商务和汽车评估与营销两个方向，汽车评估与营销方向是与宝马集团合作的项目；汽车检测与维修专业有中德班、宝马班和汽车高级诊断与维修三个方向。三年制中职也有汽车技术、信息技术、现代服务 3 个专业群。汽车技术专业是中德合作项目，是"国家级汽车运用与维修专业技能型紧缺人才培训基地"、江苏省汽车检测与维修首批"技能型紧缺人才培养培训实习基地"、"宝马技术导入综合培训基地"、丰田 TEAM21 项目学校、上海通用 ASEP 项目学校，该专业有汽车保养与维修和中德班两个专业方向。

学校教育与企业技能培训相结合是该校的最大特色，也是我们参观的重点。学校与宝马集团等 20 多家企业建立了联合办学关系，实施订单培养、工学结合。

上午 9 点 45 分，我们一行又去南京仙林大学城考察南京工业职业技术学院。

南京工业职业技术学院的历史更为久远，前身是我国近现代著名教育家黄炎培先生于 1918 年在上海创办的中华职业学校，是我国教育史上第一所专门从事职业教育并以此冠名的学校，主要为民族工商业培养中级技术和管理人才。中华职业学校以推行职业教育为宗旨，提倡"劳工神圣"，力求与爱国主义教育、人格教育相结合，培养"双手万能""手脑并用"的人才。建校初期除开设铁工、木工各科以外，为抵制外货倾销，还开设了电镀科和纽扣科，完全是针对生产实践的。随后开办了留法勤工俭学预备科、职业教育科等，1920 年以后又增设了机械科、文书科、商科等。至 1937 年，在校学生已达到 1027 人，学制有三年和五年一贯制。

抗战爆发后，学校一部分迁至现上海延安东路浦东大厦，简称"中职沪校"；一部分迁至重庆，校名为重庆中华职业学校，简称"中职渝校"。抗战胜利后，沪、渝两分校均迁回原址，恢复原校名，全校师生平整土地，重建校园，恢复招生上课。到 1951 年，在校生达 1200 余人。

1952 年，根据黄炎培先生"将所创办的学校依其必要和可能归于公家"

的建议，经过酝酿，学校由轻工业部接管。

学校先后为国家培养了八万余名各类建设和管理人才，张闻天、华罗庚、江竹筠均是该学校的毕业生。特别值得一提的是，学校毕业生中还有一些成为两院院士。谈到学校的校史，姚寿广校长脸上写满了自豪。

姚校长介绍说，学校在传承黄炎培职教思想的基础上，形成了"手脑并用，学做合一"的办学理念和"产学结合，学做合一"的办学特色，成为江苏省第一所国家高职高专人才培养工作水平评估"优秀"学校和"国家示范性高等职业院校建设计划"2006年首批建设的28家学校之一。学院有仙林、中山、天堂三个校区，占地面积1360余亩，建筑面积近40万平方米；有教职员工800余人，其中专任教师659人、教授22人、副教授179人；设五系三部二院，19个专业群，近80个专业方向，有全日制在校生13300人。我们在仙林校区，看到了这个山水学校的美丽校园。姚校长告诉我，与许多建设新校区的大学一样，他们也欠了4个多亿的债务。大概需要十年以上的时间才能还清。

姚校长说，学院招生就业"出口畅、进口旺"，近五年来平均就业率在98%以上，近三年连续被评为"江苏省毕业生就业工作先进集体"。谈到学校的成功经验，姚校长提到了三个"合一"：即通过校内综合实验室，实现实验教学与理论教学融通合一；通过校内产学实训基地，实现实训教学与工学结合对接合一；通过校外实习与就业基地，实现实习教学与顶岗工作全面合一。姚校长认为在三个"合一"中，校企合作应该是职业教育发展的生命线。同时，姚校长也坦言，职业学校与企业合作还存在诸多困难，"院校热，企业冷"，这其中有政府政策不到位的原因，也有企业和院校自身的原因。中国企业尚处在生存的阶段，既缺乏足够的实力投入到职业教育中来，也缺乏长远的发展眼光。希望学校与企业能共同努力，实现良性循环，互动双赢。

其实，校企合作难是中国职业教育面临的普遍性问题，的确如姚院长所说，需要政府、学校、企业三方面共同努力来解决。

午饭后出发去扬州。

2008 年 12 月

听企业家讲职业教育——江苏教育行之三

上午 8 点半在扬州迎宾馆参加职业教育座谈会。

扬州分管教育的副市长董玉海是我的老朋友，之前在高邮中学做校长，后来又担任了主管教育的副县长，前几年成为江苏省的名校扬州中学的校长。董市长与他的前任孙永如都是民进的会员，所以见面感到分外亲切。由于行程安排特别紧，没有时间看望扬州民进的同志们，有点小小的遗憾。

扬州是一个历史文化名城。"腰缠十万贯，骑鹤下扬州"，扬州的富庶与繁华曾经名噪一时。扬州位于江苏中部，长江与京杭大运河的交汇处，总面积 6634 平方公里，人口 459 万。扬州不大，但是与苏州非常相似。尤其是苏州人季建业书记主政扬州 8 年，这个城市与苏州的品质越来越接近，精致而闲适。2006 年，扬州荣获"联合国人居奖"。2007 年，扬州实现了地区生产总值 1311 亿元，财政总收入 213.6 亿元。我最喜欢的是扬州那些不大但是很有城市个性的博物馆，如漆器博物馆、雕版博物馆、佛教博物馆等。

董市长告诉我们，扬州全市现有高等职业技术院校 4 所，在校生 36427 人；中等职业学校 29 所，在校生 102166 人。其中高职校 2 所，技师学院 3 所、国家级重点职业学校 14 所。现有国家级实训基地（高技能人才培养示范基地）7 个，省级实训基地（高技能人才培养示范基地）14 个，省级示范专业 21 个，所有县都已建成"国字号"职教中心。全市"双师型"教师比例为 52.7%。每年接受职业教育的初中毕业生和高中毕业生均保持在 50% 以上。职校年毕业 4 万人左右，就业率 98%。

2003 年，扬州召开全市职教工作会议，出台了《关于加快推进职业教育改革与发展的意见》，2006 年建立了职业教育联席会议制度，完善了"分级管理，地方为主，政府统筹，社会参与"的职业教育管理体制。2008 年教师节前夕，市委书记季建业在专题调研职业教育时强调，抓职业教育就是抓生产力，就是抓产业竞争力，要求把职业教育与经济建设相结合，把教育优势转化为竞争优势，把人力资源优势转化为经济优势，把崇文尚技的优势转化为培养高素质能工巧匠的优势。

在教育经费投入上，政府规定教育费附加用于职业教育的比例不低于 30%，并统一纳入财政预算管理。市政府要求企业要按照职工工资总额 1.5%—2.5% 的比例提取培训费，用于企业职工的教育和培训，其中 0.5%

由市、县政府统筹用于职业教育。"十一五"以来，全市用于职业教育的经费达 30 亿元。

办学层次上，推进中等与高等职业教育协调发展。整合资源，重视优质中等职教资源。中等职业教育办学单位由 2000 年的 58 个调整为现在的 29 个，招生人数逐年增加，规模效益显著提高。投资 15 亿元，重点打造占地 1473 亩、总建筑面积 60 万平方米的扬子津科教园，集中发展职业教育，把整合后的几所优质学校集中到园区。

扬州市政府积极推动校企合作，出台文件，要求企业与职业学校联合办学，并积极为职业学校提供兼职教师和实习场所。政府支持企业在职业学校建立研发机构和实验中心，鼓励企业参与学校的基本建设和后勤社会化改革，要求销售额亿元以上的企业至少与 1 所职业院校建立合作关系，所有职业技术院校都要与相关企业联合办学。目前，扬州的职业院校分别与市内外 1000 多家知名企业建立了长期合作关系，建立了校企合作的长效机制。今年，全市职业教育订单培养的比例已达到 60%，冠名班 123 个。

实训基地方面，扬州先后投资 10 亿元，在中高等职业院校开工建设了与十大产业群相配套的实训基地。全市中等职业学校已建设实训基地 475 个，其中校企共建基地 351 个。

招生方面，扬州把职业学校的招生扩大到往届初中毕业生、高中肄业生、高考落榜生。大力与西部合作，采取"2+1"，"1+2"，半工半读。2004 年以来，职业教育招生数连续五年反超普通教育，每年招生 3 万人，其中有市外招生 2000 人。

除了介绍情况和经验，就是提出问题和建议，后者是我们更想听到的。整场发言下来，所提问题基本上和省里提的差不多。倒是最后发言的一位企业代表给我留下了深刻印象。这位来自台湾企业的董事长助理管逸虎先生讲，他所在的川奇光电工业园区，有 6000 多名员工，全部是中等职业技术学校的毕业生。管先生说，职业学校培养出来的学生和企业的期望相比，一年比一年差距大，学生缺乏起码的道德修养和职业精神。这跟我国的大环境有很大关系，独生子女、商业化、信仰危机、道德和信用水平下降等是重要原因。管先生告诉我们，他最看重的并不是技术，而是做人。作为一家高科技企业的管理人员，他要把很大精力花在强调开会关手机、不倒剩饭、冲厕所等问题上。他说，有的员工打开浴室的热水去看电视，一小时后才回来洗澡，说这样就不冷了。为了自己的舒适竟然浪费如此多的水电资源。他告诉我们，曾经有客户见到企业的员工不冲厕所，就问他："有这样不负责的员工，你的产品我怎么会放心？"

管先生说，他们曾经规定，员工在厂外违反交通规则闯红灯的，给予警告处分，但是现在社会上大家闯红灯是家常便饭，这样做反而令他们很尴尬。

管先生认为，职业学校与其他教育阶段的学校一样，关键都是人的教育。非常希望学校能够加强做人的教育，培养学生基本的道德和行为规范。管先生说，他来大陆前在台湾桃园工业区工作，那里的企业人事经理都特别愿意招聘忠信职业学校的学生。他们企业的骨干基本都是来自忠信的毕业生。为什么？因为忠信的学生品行端正。其实，忠信学校我非常熟悉，两任校长高震东和高天极父子都是我的好朋友。在忠信，特别强调道德修养的训练和行为习惯的养成，强调爱国主义。在孩子进学校时，学校会要求父母与学校签订协议，转让"监护"的权利。学校所有的工作包括厕所的打扫，都是学生完成的。

听完管先生的讲述，我非常有感触。我们的教育，尤其是职业教育，为什么不能够多听一听企业家的意见呢？

座谈会结束以后，我们去参观了扬州科技学院（筹），该校基本上是苏州职业大学的办学模式，是由广播电视大学、教育学院、职业大学等合并而成的，也在积极地申办本科职业教育。教育部已经基本上把本科职业教育的大门关死了，这样职业教育就成为断头桥，没有成为一个独立的体系。

扬州科技学院的职业教育家底，基本上还是职业大学的。因为与苏州的情况特别相似，所以没有留下特别深刻的印象。

下午2点半出发去常州。

晚上7点半去武进，与湖塘桥中心小学集团的老师们座谈。湖塘桥是比较早开始新教育实验的学校，奚亚英校长也是一位有梦想有激情的实干家。从1999年第一次到湖塘桥小学，我已经记不起来了多少次了。但是，我一直关注与见证着它的成长与辉煌。那些年轻的老师们，争先恐后地讲述着自己成长的故事。我对奚亚英校长说，希望他们能够充分利用新教育研究中心的资源，及时关注新教育实验的最新进展，努力打造新教育实验的品牌学校。要真正让学校成为新教育的研究与实践的重要基地。最后，写下了"追梦"两个字，与老师们共勉。

2008 年 12 月

常州科教城的教育风景——江苏教育行之四

早晨 7 点 20 分，与常州民进的主委、副主委共进早餐，交流民进的工作。

上午 8 点半，在常州科教城听取常州市政府关于职业教育工作的汇报。进入科教城，学校没有围墙，只有象征性的校门标志。绿树青草装点在校园之间，科教城一片绿茵。应该说，在江苏乃至全国，常州科教城的规划建设、环境绿化、管理水平等都是一流的。

常州位于长江三角洲中心地带，与苏州、无锡联袂成片，构成了苏锡常都市圈。全市辖两县五区，国土面积 4385 平方公里，户籍人口 357 万。常州在 20 世纪 80 年代和 20 世纪 90 年代初期曾经是一个经济快速发展的工业化城市，在苏锡常三个城市中是"大哥大"。随着浦东开放开发进程的加快，因为距离上海比苏州、无锡较远，常州的发展开始式微，在三个城市中位居最后。但是，最近几年常州奋起直追，在城市建设、工业发展等方面取得了长足的发展。这一次到常州，从常州新城的建设到老城的改造，都给我们留下了深刻的印象。

2007 年，常州全市实现地区生产总值（GDP）1880 亿元。三大产业比重结构为 3.4：59.6：37。全市按常住人口、户籍人口计算人均生产总值分别达 43674 元和 52805 元，按现行汇率折算分别超过 5800 美元和 7000 美元。全年实现地方一般预算收入 158 亿元。财政的公共服务能力有所增强，对科技、教育、文化、卫生、环境保护、社会保障以及新农村建设等领域的资金投入力度稳步加大，全年一般预算财政支出 150.7 亿元，比上年增长 28.1%；教育支出 24.5 亿元，比上年增长 34.6%。城镇居民人均可支配收入 19100 元，农民人均纯收入 8960 元。

常州的教育尤其是职业教育，也具有良好的底蕴。其中，常州科教城是最值得介绍的亮点。主持建设科教城的是周亚瑜副市长，我们曾经同是分管教育的市长，也是很好的朋友。当时他告诉我们，他的很大一部分精力用于建设天宁寺和科教城。昨天我们在参观天宁寺的时候，看到塔顶上面的四个字"高钟第一"，就是出自他的手笔。

今天是主管开发区的张耀钢副市长汇报，他自豪地说，职业教育已经成为常州的一张"城市名片"。胡锦涛、江泽民、贾庆林、李瑞环、吴官正、罗干、刘延东、路甬祥、孟建柱、万钢等中央领导都曾视察常州科教城。常州的职业教育的确引人关注，路甬祥副委员长在全国人大开展这次职业教育调研的相关文件上，专门批示要到常州看看。

张市长介绍说，常州的高等职业教育发展很快。以集约发展、资源共享为特点的常州科教城，是一个高职教育园区，也是产学研合作的科技创新平台。园区内 5 所高职院校在校学生 6 万余人，建有公共实训基地 14 个，装备总值 2.5 亿元，每年接纳 4 万多名学生实训，并建成了"产学研一体"的科教园区，五年来累计与省内外 1600 余家企业开展技术服务和研发合作项目 1645 个，合同金额 1 亿元。

科教城按照"经科教联动、产学研合作、校所企共赢"的目标，引进、整合、运用科教资源，构筑柔性、灵活、多元迸发、机制全新的科技创新平台，打造"六个中心"：技术转移、技术研发、人才集聚、科技创业、国际科技合作、现代服务业。

科教城有公共实训基地面积 7 万平方米，涉及加工、数控、模具等 14 个专业。其中有国家级实训基地 16 个，省级实训基地 18 个。这些实训基地由不同的学校分别建设，集中在同一个区域，面向科教城的所有学校开放。集中管理，统筹安排，统一结算，这对于提高实训效率，具有重要意义。我们专门考察了一个数控的公共实训基地，看到穿着不同校服的学生正在实习，紧张地忙碌着。

教师队伍建设是困扰各职业院校的一个大问题。常州科教城的教师中，研究生占 37.7%，高级职称占 35%，"双师型"教师比例达 73.3%，拥有省级优秀教学团队 4 个，算是比较好的，这大概也是他们发展较好的一个重要原因。陪同的同志告诉我们，教师和学生可以跨学校上课选课，充分利用科教城的教学资源。

在职业教育的经费投入方面，常州市也做了许多工作。从 2003 年开始，对各类企业按职工工资总额的 0.5% 统一征收教育费附加，其中的 20% 由市财政列出专户统一管理，统筹用于支持职业教育重点项目建设。凡校区土地转换溢价的政府收益部分全额返还，用于支持院校事业发展。对农村成人教育培训，市政府出台了《关于大力发展农村成人教育的意见》，规定农村成人教育经费按农村人口年人均 1 元以上标准，由辖市（区）政府财政预算安排。

在推进职业教育与普通教育协调发展方面，常州也做了大量工作，在严格控制普通高中招生规模的同时，实行职业学校在重点高中招生前自主招生的办法，在重点高中录取前由学生及家长与职业学校面对面双向选择，引导合理分流。按照"重点普高不做宣传，民办中学规范宣传，职业学校大力宣传"的原则，鼓励职业学校大力宣传职业教育。职业教育与普通教育比例多年来保持在 13∶12。

常州还积极扶持民办职业教育和培训机构发展，目前建有非学历民办教育机构 450 余所，年培训 60 万人次。

虽然常州的职业教育搞得非常好，但是像其他地方一样，张市长每讲完一个方面，都会相应地指出问题，提出建议。在接下来的发言中，常州刘国钧高等职业技术学校的王亮伟校长等也提出了很好的建议。大体上包括《职业教育法》的适用范围、经费、师资队伍、行业企业办职业教育、职业资格准入、创业创新人才培养等。特别值得一提的是，一位企业代表同样提出了职业学校在专业教育的同时，要加强思想品质和职业意识教育的问题。常州铁道高等职业技术学校提出了技工学校应该由财政拨款的建议。这是几乎所有技工学校的愿望，其实，这也是条块办学的结果。

座谈结束后，我们参观了科教城里的常州轻工职业技术学院。学校有八系三部，40 多个专业，13000 多名在校生。陪同我们参观的校领导介绍说，常州市"省市主导、学校主体、统一规划、市场动作"的思路，使学校受益良多，而"政府统筹、资源共享"也大大提高了资源利用率。他特别提到省委书记梁保华的一句话："搞经济一定要办职教，办职教就是搞经济。"在江苏，职业教育和经济发展互相促进、良性互动的局面，已经初步显现。

校长特别提到了学校的校园文化建设。在大学，校园文化提得是比较多的，一路考察过来，这还是第一次听职业学校的校长讲校园文化。

常州轻工职业技术学院把"爱岗敬业，自强不息"作为校园文化核心。他们特别注重榜样的作用，校友邓建军作为一名技师，成为中共十七大代表，享受政府特殊津贴，五次受到胡锦涛同志接见，他获得"全国五一劳动奖章""全国技术能手"等多项全国性的荣誉。学校深度挖掘邓建军精神，成立了校友邓建军研究会，塑邓建军像，并以"建军"命名校园内的桥和路，把邓建军事迹报告文学作为新生必读教材。通过榜样的作用，轻工学院不断强化"爱岗敬业，自强不息"的理念。听了邓建军的故事，我想起了在扬州时那位台湾企业家对职业院校毕业生的希望，心里感到一丝欣慰。

中午就在学校的食堂与学生一起用餐，同桌的是一位旅游专业的学生，竟然是一位苏州老乡！她告诉我，她正在努力学习外语，打算出国进一步深造。她对目前的学习环境比较满意，对未来也很有信心。

午餐以后，我们驱车赶往下一站——苏州。

2008 年 12 月

古城苏州的教育梦想——江苏教育行之五

从常州到苏州，只有一个多小时的车程。一上汽车，朱文泉司令就宣布"纪律"——不允许说话，抓紧休息。因为一到苏州就要听汇报。

下午 4 点，我们在苏州会议中心参加关于苏州市概况和职业教育发展的情况汇报会。分管教育的王鸿声副市长代表政府做了详细的汇报。

谈到苏州，每个苏州人都必然要先自豪地讲讲这里的历史和人文，尽管每个中国人，甚至是许多外国朋友，对苏州多少都会有一些了解。的确，苏州的历史太值得说一说了，苏州古城建成至今，已有 2500 多年历史，目前古城仍坐落在春秋时代的原址上。全市现有保存完好的古典园林 60 余个，其中 9 个被列为世界文化遗产，中国昆曲和中国古琴艺术被列为世界"人类口述和非物质遗产代表作"。苏州是吴文化的发祥地之一，历史上孕育了51 名状元、1500 多名进士、100 余名苏州籍两院院士。

苏州又是一座以现代经济为支撑的长江三角洲重要中心城市。全市面积 8488 平方公里，去年年底户籍人口为 624 万。其中市区面积 1650 平方公里，户籍人口 235 万。

改革开放以来，苏州经济社会持续健康快速发展。苏州地区生产总值、财政收入、工业总产值年均增长率分别达到 14.5%、18.8% 和 24.5%。苏州以占全国不到 0.1% 的国土面积和 0.7% 的人口，创造了全国 2.3% 的地区生产总值、2.4% 的财政收入、9.7% 的外贸进出口总额。2007 年，苏州实现地区生产总值 5700 亿元，地方一般预算收入 541.8 亿元、进出口总额 2118 亿美元，实际利用外资 71.6 亿美元，分别列全国第 5 位、第 4 位、第 3 位和第 2 位；城镇居民人均可支配收入 21260 元，农民人均纯收入 10475 元；完成工业总产值 1.9 万亿元，高新技术产业产值占规模以上工业产值的比重达到 33%。目前，苏州民营企业达到 13.9 万家，已成为全国第五个民营企业数超 10 万家的城市；投资苏州的世界 500 强企业累计达到 122 家。经过多年的发展，苏州已成为备受世界瞩目的现代制造业基地和新兴科技城市。

苏州的改革开放历程大体可以分为三个阶段：一是在 20 世纪 80 年代，抓住农村改革机遇，大力发展乡镇企业，开创了"苏南模式"。到 80 年代末，乡镇工业在全市工业中"三分天下有其二"，实现了"农转工"的历史性跨越。二是在 20 世纪 90 年代后，抓住浦东开发开放机遇，大力发展外向型经济，形成了以电子信息等高新技术产业为主导、以开发区为主要载体的现代经济板块。2002 年末，高新技术产业产值占规模以上工业比重达到 30%，实现了"内转外""低转高"的阶段性提升。三是在 21 世纪初，2003 年以昆山为样板开始了建设全面小康社会的探索和实践。2005 年底，苏州率先完成江苏省全面小康建设"四大类 18 项 25 个"指标考核任务。经过最近两年来的巩固提升，苏州的科学发展、和谐建设水平又有了新的提高，实现了"量转质"的转变。

苏州是一座古韵和今风并存的城市，正如中央电视台在评选活力城市的时候给苏州的颁奖词所说的那样："一座东方的水城，让世界读了两千五百年；一个现代工业园，用十年时间磨砺出超越传统的利剑。她用古典园林的精巧，布局出现代经济的版图；她用双面刺绣的绝活，实现了东方与西方的对接。"

苏州是一个具有崇文尚教传统的城市。宋代范仲淹在这里创办的府学，据说是开创了地方政府办学的先河。1992 年，苏州在全国中等城市中率先实现了普及九年义务教育。苏州十分重视普通高中和职业教育的协调发展。苏州的职业教育紧紧围绕苏州产业发展的需求，坚持"以服务为宗旨，以就业为导向，以能力为本位"的办学方针，树立"为社会服务，为企业服务，为学生服务"的理念，以改革促发展，以质量求提高，为地方经济社会发展培养了大批高素质技能型人才，呈现出"规模大，结构优，出口畅，合作广"的良好态势。目前全市有中等职业学校 48 所，其中省级以上重点职业学校 27 所（国家级重点职校 14 所），省级合格职业教育中心校 11 所，在校生 13.5 万人；有高职院校 18 所，在校生 10 万人。开设的主要专业有电子类、机电类、信息类、旅游类、服装类、外贸类、汽车类、建筑类、农业类、艺术类等，基本覆盖了苏州产业发展的所有门类。

从办学体制和管理体制上来看，苏州职业院校主要由政府办学、行业企业办学和民间办学三部分组成。形成了"政府办学为主，行业企业和民间办学为辅"的格局。在重点骨干院校中，公办学校占了绝大多数，各级政府始终是办学主体，公办职业院校的办学经费自然也主要由财政负担。苏州从1993年下半年开始按职工工资总额的1%在企业中征收职教专项经费，2006年开始按企业职工工资总额的2.5%提取职业教育和培训经费，列入成本开支，其中2.0%由企业使用，0.5%由市和市（县）、区政府统筹。

在师资队伍建设方面，苏州通过建设"教育培训""下厂实践""技能竞赛""教学评比""学历进修""名师评选"六大平台，打造高素质教师队伍。全市5000余名职业学校专任教师中本科率超过88%，硕士研究生的比例达到54%，专业教师中"双师型"教师比例达到56%。

苏州把校企合作、产学研结合看作职业教育的生命线。职业学校始终面向企业、面向市场办学，通过开展形式多样的校企合作，职业学校与用人单位结成了"合作双赢，共同发展"的伙伴。一是学校和企业共建实验室，企业将一些生产设备提供给学校，供学生和教师的教学、训练使用，建立以企业名称或以产品名称命名的"专门实验室"，为学生直观学习知识、全面了解企业提供场所。二是企业到学校设立奖学金和赞助技能竞赛，这不仅能使企业吸引到更多的优秀学生，同时也能把企业文化、企业精神渗透到职业学校之中。三是建立专业委员会或校董会，企业的技术人员和人事部门负责人参与相关专业教学计划和培养目标的制定，开展专业建设和课程改革，开展"订单式"培养，共同进行过程管理，使职业教育最大限度地贴近企业的需要。四是合作办学，实现了学校与企业的"零距离"对接，大大提高了职业教育主动服务经济建设的能力。

特别要介绍的是苏州职业教育的三个亮点。

一是苏州工业园区职业技术学院。调研组于次日上午考察了这个学校。目前我还兼任着这个学校的董事长。这是由新加坡总理吴作栋提议，经江苏省人民政府批准设立的一所高等职业技术学院，地处中新合作苏州工业园区，良好的外部产业环境成为学院发展的丰厚土壤。

苏州工业园区是中新两国政府间最重要的合作项目，自成立以来，主要经济指标年均增幅达40%左右。飞速增长的区域经济，成为学院发展最强劲的动力。学院位于园区产业聚集的核心地带，处于超威、旭电、日立、飞索、博世、三星、欧尚、欧莱雅等世界知名企业的包围之中。目前，苏州工业园区产业结构中，电子信息占50%，精密机械占20%，生物制药占

6%，新材料占 9%，现代服务等占 15%。学院现有专业中，电子信息类学生占 33%，机电精密类占 38%，工商外语类占 16%，建筑艺术类占 13%；可见工程类的学生占学院学生数的 70% 以上。学院"紧跟园区产业发展脉搏，积极为园区产业做好服务"的定位，使得学院的专业与园区的产业结构高度匹配，学院为园区产业发展培养人才的能力得到了外资企业的高度评价。一方面，园区产业的发展，有力拉动了对高技能人才的需求，给学院的发展提供了机遇。另一方面，学院为园区产业提供了强有力的技术人才支持，实现了产业与教育的良性互动。

学院在建立之初就仿照南洋理工学院的办学体制，成立了由政府主管部门、中外著名跨国公司、国内外知名高校组成的董事会，实行董事会领导下的院长负责制。十多家中外著名跨国公司加入学院董事会，为学院发展提供强大的战略支撑；由外企管理与工程人员组成的专业咨询委员会，为学院专业开发提供咨询；60 余家外资企业接受学院教师做"访问工程师"，选送师资出国培训，成为学院师资的培养单位；133 家企业与学院签订了合作协议，成为学生的校外实训基地；飞利浦（PHILIPS）、诺基亚（NOKIA）、三星（SAMSUNG）等企业与学院共建 60 多个实训室。

在一年一度的董事会上，政府主管部门的领导、国内外著名大学的专家、世界一流企业的高级管理人员，都会对学院过去一年的工作进行总结，提供最新市场需求信息，明确学院的发展方向。董事会为学院的发展提供了政策、经费、专业等方面的强大支持。

有效的办学体制使社会与政府、教育与市场得到了有机的融合。这种体制为学院核心业务流程紧扣市场和行业需求提供了保障，为学院教学组织提供了资金保障，为学院教学实施提供了优质师资保障，为学院教学管理提供了质量监控保障，为学院发展提供了管理理念和活力。学院根据市场和客户需求，积极改革传统的刚性教学管理模式为柔性教学管理模式。在学生和企业客户多样性需求的引导下，学院形成了教学组织与管理的灵活性、针对性和多样性，做到了刚性质量规范、柔性管理实现。

学院从建院之初就借鉴了新加坡等国家高技术培训的理念，通过自身的创新实践，形成了"教学工厂"的人才培养模式，实现了教学和生产的有机融合。学校结合园区的招商引资，全面导入了新加坡公共管理领域的"亲商理念"，并发展为自己独特的"客户服务"理念。学院坚持"客户服务"理念，把企业作为学院的终端客户，走校企共成长之路，形成了订单式培养、使用权共享、共建实训室、培训换设备、引企业进校园、产学研实体化等校企合作模式。

自建立以来，学院的人才培养方向和质量与园区外资企业的要求高度匹配，毕业生受到外资企业的争相聘用，目前学院工科专业的毕业生中有80% 在园区的外资企业工作，近80% 的同学担任企业的生产线长、班组长和技术员，核心专业毕业生中有约40% 的同学进入世界 500 强企业；此外，学院每年还为企业提供各类培训课程 93 种，以及 5650 人次的岗位培训。

二是苏州国际教育园。调研组于次日下午考察。

始建于 2002 年 7 月的苏州国际教育园位于姑苏城外著名的上方山石湖风景区内，北临胥江，东傍石湖。总体规划面积 10.66 平方千米，首期开发6.7 平方千米。整个园区以风景秀丽的上方山森林公园为界，分为南、北两区，南区 3.2 平方千米，北区 3.5 平方千米。

整个园区依上方山两侧、傍著名的石湖风景区而建，自然环境和历史人文条件得天独厚，因此在规划编制上深入考虑了教育园与自然山水的融合、协调，使之与周边的石湖、上方山相映生辉，从而建设成为具有开发性、可持续发展性、综合性的，教育、科技、文化及旅游协调发展的山水大学城。

苏州国际教育园是一个以高等职业教育为主，高素质、应用型人才的培养基地；一个实行开放式办学、资源共享的教育实验区；一个与国际融合、开展中外合作办学的示范区；一个融现代教育与山水人文为一体的文化旅游区。

目前，苏州国际教育园南区基本建成，北区初具规模，入驻师生近 8万人，入驻院校 13 所。其中南区入驻院校 9 所：苏州大学文正学院、苏州学院（筹）、苏州工艺美术职业技术学院、苏州工业职业技术学院、苏州旅游与财经高等职业技术学校、苏州建设交通高等职业技术学校、东吴外国语高等师范学校、蓝缨学校、苏州语言专修学院。北区入驻院校 4 所：苏州科技学院、苏州卫生职业技术学院、苏州经贸职业技术学院、苏州医药科技学校。

三是苏州独墅湖高等教育园区。

独墅湖高教区位于苏州工业园区南部，总占地面积 10 平方千米，其中3 平方千米辟为研究生教育基地，将吸引 8—10 所国内外著名大学在城内设立研究生院或分支机构，主要进行研究生教育；3 平方千米建设创业园地，吸引研发机构，探索创新人才培养模式以及产学研一体化新机制；2平方千米为苏州大学的新校区，建设苏大理工学院；其余建设教学科研和生活服务配套设施。

园区采取"统一规划，分期开发；政府搭台，高校办学；运作市场化，后勤城市化"的发展模式。办学形式多样，包括政府投入、联合投入、地方与学校合作、社会力量办学、学校独立自主办学等多种形式。

发展目标：成为一个具有国际水准的高等教育资源集聚地；具备储备和培养高素质复合型创新人才的两大功能；成为苏州的高科技人才、高等教育资源和高校科技研发等中心；成为学、研、产、住四位一体的现代化区域；成为探索和发展我国高等教育，进行多种办学体制、多种办学形式、多种运行机制、多种资金投入以及多种培养模式的实验基地。功能定位：以高等教育为主体，形成集科研生产、生活居住、文化休闲于一体的现代化城市新区。

目前已有中国科学技术大学苏州研究院、西安交通大学苏州研究院、南京大学苏州研究生院、苏州港大思培科技职业学院、苏州大学新校区、东南大学苏州研究院、西交利物浦大学、复旦大学—新加坡国立大学联合研究生院、中国人民大学苏州研究院、华中科技大学入驻园区。

我曾经为他们做过一个广告："读书要到独墅湖，上学要上利物浦。"

2008 年 12 月

职业教育的问题与出路——江苏教育行之六

早晨 7 点 34 分，列车到达北京。

在火车上，我一直在思考：中国职业教育面临的主要问题究竟是哪些？《职业教育法》修订究竟应该围绕哪些重点问题展开？

一路的调研，归纳起来，以下这些问题是呼声比较强烈的。

（1）行业企业办学困难重重。

行业企业办学在职业教育的发展进程中发挥过积极作用，在行业企业改制后，这些学校依靠自身的努力，不花国家的钱，继续为经济社会培养实用型人才。但是，由于没有上级部门的经费投入，这些学校的办学条件与公办学校的差距日益加大，教师对待遇不公的反响也日益强烈，来信来访量不断上升，在一定范围内影响到社会的稳定。因此，解决行业企业办学的问题已迫在眉睫，建议《职业教育法》明确行业企业办学及主管部门的责权利，对现有行业企业办学要进行清理，有能力和有必要创办的行业企业要切实履行创办者的责任，足额拨付办学所需的经费，对行业企业创办的"准民办学校"，则改为政府投入。

我们的建议是：第一，为鼓励企业办职业学校，对兴办职业学校，或者与职业学校合作办学、接纳职业学校学生及教师实习的企业，在税收上给予优惠，建立企业发展职业教育基金，使企业有能力办好职业教育。第二，通过立法，明确企业在职业教育方面的责任，并在政策方面给予扶持，真正建立起校企合作、共同参与职业教育的机制。

（2）办学经费依然紧张。

相对于普通教育而言，职业教育是高投入教育，一般认为其投入是普通教育的2—3倍，尤其是引进现代化的生产和教育设备，需要不断有大量的经费投入，但是，目前对职业教育的经费投入还比较少，很多学校通过贷款购买实训设备，给学校的发展造成了很大压力。建议《职业教育法》要通过定性和定量两方面来强化经费投入问题，明确各级政府要按GDP的一定百分比支持职业教育的发展。职业学校生均经费标准要单独制定，并高于普通高中的1—2倍。

（3）教师队伍依然是制约职业教育发展的重要因素。

目前，职业学校中有企业经验和实践技能的专业教师很少，大多数专业教师都是从学校到学校，缺乏应有的知识和技能，大大影响了职业教育人才培养的质量和水平。

一是职业学校引进急需的企业高技能人才、能工巧匠的政策不畅，来自企业的兼职教师不足，教师结构不合理。二是职业学校教师均来自高等院校，实践能力、课程开发能力、企业经历明显不足，而相应的教师培训针对性又不够强。教师评价体系还不能体现职业教育技能型人才培养的本质要求。"双师型"教师是职业教育办学特色的特殊需要，但是在实际中，专业技术职称与教师工资、职称关系都不大。建议《职业教育法》明确在职业院校中有企业经历和实践经验的专业教师的比例，逐步实行"先到企业，再到学校"的专业教师制度。同时，建议建立从企业引进专业人才、聘任兼职教师、教师到企业锻炼等机制；建立职业教育教师评价体系和职称评审标准，引导教师专业发展。

（4）职业教育的管理体制不顺。

目前职业学校分属教育和劳动两大部门主管，两类学校无论是在招生对象、学制，还是教学模式和培养目标等方面并无什么区别，仅是主管部门有别，各成系统。主管部门的不同，对招生政策、经费统筹、专业设置、评估评价等方面产生了很多不利影响，因此，希望《职业教育法》能在职业学校的管理体制上有所突破，理清两部门的职能和关系，减少矛盾，切实改变目前多头管理的局面，实现各类职业教育资源的统筹。

（5）高等职业教育的管理体制"普通化"。

高等职业教育在"十五"期间得到快速发展，高职院校中有很大一部分是原来的中专学校升格而成的，高等职业教育和中等职业教育同属职业教育体系，在培养目标、教学模式、专业建设等方面有共同点。目前，将高职院校放在高等教育中管理，人为地把高职院校向研究型高校靠拢，把高等职业教育与中等职业教育进行分割，使高等职业教育出现"普通化"，缺乏"职业化"，体现不出职业教育的特点，不利于高职的发展，也不利于职业教育体系的建立。因此，要改变目前对高等教育的管理办法，建议《职业教育法》明确初等、中等、高等职业教育的管理办法，实行归口统一管理。

（6）企业在人才培养中的责任不明确。

高素质技能型人才的培养需要学校和企业共同努力，企业的需求是学校的培养目标，目前，广泛开展的校企合作就是努力地将企业的需求变成学校的教学行动。但在实际中，往往出现"一头热，一头冷"的现象。企业只愿用人，不愿意承担相应的责任（例如：提供人才标准，共同研究培养方案，提供相应设备，提供技术服务，培训教师等）。要培养出企业所真正需要的人才，没有企业的深度参与是不行的。为此，许多国家在法律层面规定了企业在培养技能人才中的责任和义务（例如：德国的"双元制"），建议《职业教育法》学习发达国家的先进做法，在明确地方政府、学校责任的同时，明确企业的责任和义务。

（7）职业资格准入制度没有形成。

一是职业技能鉴定标准多年不变，许多内容不能适应技术发展的要求。二是就业准入制度主要取决于企业用工需要，刚性管理困难很大，科技水平较高的企业出于增强企业竞争力的需要，对新录用人员技能水平有明确要求，但是中小企业、个私企业为降低成本，更愿意录用一般劳动力。

建议：一是加快原有职业（工种）技能鉴定内容和标准的开发，开展新的职业技能标准，职业技能鉴定形成动态适应机制；二是进一步推进技能鉴定社会化，符合条件的职业学校，特别是示范性职业学校均可申办职业技能鉴定机构，通过加强管理，促进技能鉴定服务水平提升。

还有两点值得一提，一是要加强思想品质和职业意识的教育，增强毕业生的稳定性和归属感；二是常州铁道高等职业技术学校提出了技工学校应该由财政拨款的建议，这是几乎所有技工学校的愿望，其实，这也是条块办学的结果。

另外，江苏作为一个经济大省似乎没有提出的问题——农村职业教育的问题也应该关注。

2008 年 12 月

海门教育奇迹解码——江苏教育行之七

2006 年，海门教育局的许新海副局长考取了我的博士，常常聊起海门教育的种种新变化，我也因此开始渐渐关注海门的教育。

其后，有几次机会来海门。海门教育发生的变化是随着"教育质量上台阶工程"的推进而越发引人瞩目的，我欣喜地看到了一个将教育改革成功落实到实践中的行动研究样本。在海门市委市政府的正确领导下，海门教育实现了"一年打基础，两年见成效，三年上台阶"的既定目标，并在随后的时间里不断创造了海门教育的一个又一个辉煌。

我一直认为，孩子们的学习成绩是给我们真心办教育、用心办教育、齐心办教育、科学办教育的人的额外奖赏，虽然我们不刻意地去追求，但它一定在前方的路上等着我们，给我们以惊喜。就像海门一样——2007 年一举实现"总均分、本二以上上线率、本一录取率、高分段人数"四大历史性突破；2008 年本二以上上线率和录取率双双跃居全省第二，提前一年实现"教育质量上台阶"目标；2009 年创造了本二以上上线率超过全省平均水平 30 个百分点的辉煌业绩；2010 年本二以上上线率高出全省平均水平 39 个百分点；到了 2011 年本二以上录取率更是达到了 60.3%。懂得教育的人知道，这是多么了不起的一组数字啊。而且，这些数字的取得不是靠加班加点，不是靠题海战术！

因为许新海的原因，我认识了何新局长。应该说，海门教育之所以能够快速发展，是因为海门教育的领头人何新、许新海等对海门教育所起的无比重要的作用，这也体现了他们以教育改造社会、以教育改变命运、以教育改良人生的伟大教育情怀。他们坚定地认为：教育改变一个学生，就改变了这个家庭的命运，就能让这个家庭率先步入基本现代化；如果海门教育改变了所有学生的生存状态，海门就无形中夯实了人才储备，扩展了在全国乃至全球的影响力，也就会改变海门整体经济发展的格局，促使海门在苏中、苏北地区率先实现基本现代化。

结缘何新局长与许新海博士，是因为新教育实验。伴随着新教育实验在海门落地、生根、开花、结果，和他们的接触也多了，他们对教育的痴迷和深刻认识，对改革的坚守和矢志不渝，对教育创新和一切先进事物的肯定、支持与维护，让我感动、感佩、感激。在一定意义上可以说，是他们的亲力亲为和全力支持，才使我们新教育的理想落到了实处，得到了实证的机会。营造书香校园，他们把晨诵、午读、暮省和日常的教学活动相结合，在幼儿园推广亲子阅读，在小学低年级推广绘本阅读，在小学的中高年级推广整本书阅读，在中学推广经典美文诵读与课本剧表演；构筑理想课堂，他们以"学程导航"教学范式为依托积极开展幼儿"兴趣课堂"、小学"活力课堂"、初中"智慧课堂"、高中"高效课堂"和职校"技能课堂"的实践与探索；建设数码社区，他们在鼓励海门教师积极参与新教育在线论坛讨论、网师学习、博客撰写等的同时，创建了海门新教育在线网站，给8000多位耕耘在海门教育沃土上的教师一个精神的港湾、一个学习的家园、一个研究的阵地、一个互动的平台、一个展示个人才华和班级风采的舞台；师生共写随笔，他们把普及性要求和培养名师工程结合在一起，一方面通过师生共读、共写、共同生活提高全体教师的进取愿望，激活全体教师的发展潜能，另一方面相信榜样的力量，通过打造名师工作室、名品教育项目工作室、学科教育工作室，建设名师培养梯队，实施"铸魂、领雁、名师、夯基"四大工程，为海门教育后30年发展积累了宝贵的财富。经过这几年的不懈努力，在海门推开任何一所学校任何一间教室的大门，你都可以看到精彩，感受到惊喜，海门新教育人在何新局长的带领下，为新教育做出了卓越的贡献，海门已经成为中国新教育的一个重镇。

正因为何新局长、许新海博士这种关注生命、落脚于生活、立足于田园的人文精神，我欣然与他们结伴而行。他们不仅在人力、物力、财力等方面全力支持新教育海门实验区的建设，更在 2009 年主动承办新教育海门年会。说实话，一开始把这样上千人参加的全国大型活动放在海门这样的县级市，我还是有些担心的。但他们用精彩绝伦、无懈可击的表现证明了自己。他们严密的组织领导、高效的办事作风、高品位的展示活动、高素质的师生队伍，无不让我暗暗喝彩叫好，也让来自全国的新教育人宾至如归、收获颇丰。从某种意义上说，海门年会是一个里程碑，提升了新教育年会的层次，为以后的活动开展树立了具有"海门标准"意义的标杆。

2010 年暮春，海门教育局从学校特色文化建设的反思中开始思考如何开展教室特色文化建设，这又与我们新教育缔造"完美教室"的思想不谋而合。一旦确定方向，他们就坚定不移地开始实施，全力以赴在海门开展缔造"完美教室"的实验，成立"完美教室"名品教育工作室，树立"完美教室"榜样教师，开展"完美教室"班主任全员培训，开设《海门日报·教育周刊·完美教室》专栏，编辑《海门教育·新教育专刊》。2011年 11 月，又举办了"全国新教育实验海门开放周暨缔造'完美教室'展示活动"，学校全面开放与集中展示相结合，六大主题工作坊研讨与大会汇报交流相结合，全国重点课题开题论证与具体活动项目相结合。原计划 200人参加，报名 300 人，实际到会 400 余人，足见海门新教育实验的号召力和影响力，加上海门自身的 500 余名教师代表，又是一个近千人的盛会。2012 年，新教育的年会将在山东临淄举行，主题就是"缔造'完美教室'"，海门的这次活动，不仅展现了一年多时间的研究成果和实践成绩，更拉开了 2012 年年会的序幕，为年会呐喊造势，为新教育再一次做出了重要的贡献。

应该说，海门教育跨越式发展的历程，也是我们与海门携手圆梦新教育的历程。新教育为海门的教育改革和发展略尽了绵薄之力，新教育人见证了海门教育的光荣与梦想。新教育与海门教育结识、结缘、结伴一路走来，我既见证了海门教育攀登的艰辛与成功，也见证了新教育实验的变革与突破。

我们期待继续与海门教育人共同努力，共同编织理想生活，书写师生生命传奇，为我们的孩子、为我们的教师、为我们的教育、为我们的社会、为我们的国家、为我们的世界、为我们的未来做出自己应有的贡献。

2011 年 12 月

第七章　魂牵苏州

作为一个苏州人，我一直为这个城市的独特魅力而自豪，为这个城市的每一口古井、每一条古巷、每一个古镇古村落、每一座古典园林而自豪，为这个城市拥有80%太湖水域的湖光山色而自豪，为这个城市美轮美奂的昆曲评弹和精彩纷呈的吴门书画、双面刺绣而自豪，为这个城市拥有伍子胥、孙武子、范仲淹、顾炎武、李政道、贝聿铭、吴健雄等文化名人而自豪。作为这个城市的管理者和服务生，我一直见证着这个城市的成长。见证着它如何从中国文化的一个宁静后院走向中华经济发展的前台，见证着它怎样从乡镇企业的创业到对外开放的领跑的全过程。我为自己能够参与其中的一些工作并且贡献一点心力而自豪。这里记录的是我看到的苏州教育的沧海一粟。

有感于敬文小学建博物馆——苏州教育印象之一

"博物馆"一词，源于希腊文，原意为"祭祀缪斯的地方"。缪斯是希腊神话中掌管科学与艺术的九位神女的通称，她们分别掌管着历史、天文、史诗、情诗、抒情诗、悲剧、喜剧、圣歌和舞蹈，代表着当时希腊人文活动的全部。

现代意义的博物馆则出现在17世纪后期。18世纪50年代，大英博物馆建立并首次向公众开放，成为全世界第一个向公众开放的大型博物馆。到18世纪末，西欧一些国家的博物馆相继建立，并向公众开放，博物馆的功能有了新的发展，人们对博物馆的认识也发生了变化。随着社会文化、科学技术的发展，博物馆的数量和种类也越来越多。为促进全球博物馆事业的健康发展，吸引全社会公众对博物馆事业的了解、参与和关注，从1977年开始，国际博物馆协会将每年的5月18日定为"国际博物馆日"。

现在，博物馆作为一个记载历史、弘扬文化、教育民众的场所，在我国也非常普及。除了各种政府建立的公共博物馆，还有大量的民间的博物馆。一些大学也开始向西方学习，建立自己的博物馆。但是，我几乎没有听说小学办博物馆的。

最近，苏州的朋友告诉我，敬文实验小学在建博物馆！我听了深感欣慰，并对新任校长潘娜的创意击节称叹。有思想有才华的校长，都很讲究在自己的学校里创出特色，并长久地将这种特色保持下去。这种有特色的学校，于万千学校中卓然独立，那就是"鸡中之鹤"，那就是标新立异。

敬文实验小学我并不陌生。今年春节期间还去过一次。我知道，他们在充分发掘本校校史资源上做足了文章，激发了学生爱学校、爱家乡、爱祖国的情操，培养出了一批品学兼优的学生。其中，大家交口称赞的好学生朱文卿和李韬，高考分获当年苏州文理科第一名，分别被北大和清华录取，临赴京之前，居然有情有义地来到当年的小学校园，与当年的小学老师告别，与矗立在校园的朱敬文铜像告别。我觉得，这两个学生，无异于两座最好的奖杯，而且不需要谁来颁发，他们自己就这么走着奖给自己的母校。这当然也是学校历史中让人感动、让人回味的闪光镜头，可以长久而津津乐道地讲给他们的学弟学妹们听，让这样的闪光镜头成为有源之水。

现在，他们又要建立博物馆，试图通过这样的方式，真实全面地反映学校 60 余年筚路蓝缕、自强不息、曲折辉煌的奋斗历程，传承深厚的人文底蕴，继往开来，追求卓越。据说，他们正在向学校在职教工、离退休教工、新老校友及家属，以及社会各界人士征集学校各个历史时期的教育文物、史料、照片、出版物、印刷品、票证、班级毕业照片、纪念册、徽标、印章及其他实物。作为响应，我愿意将我好几年前到学校会见朱敬文先生的长子朱恩馀先生的合影照片捐出。

敬文建博物馆，一定会记录朱敬文、朱恩馀父子的故事的。他们不仅与敬文实验小学渊源深厚，也给苏州这个城市增添过许多温暖。看到《姑苏晚报》在开辟一个《共和国记忆》专栏，来迎接中华人民共和国 60 周年大庆的日子，将苏州对新中国有贡献的儿女列出一份长长的名单来，作为苏州人读了都会油然而生自豪感。我不知朱敬文先生父子够不够格，但我觉得，在苏州人民的记忆中，是不应该忘记这两位创办"敬文义学"，并且为苏州的教育、卫生做过诸多贡献的慈善家的。

2009 年 3 月

有一个关于诚信的美丽故事——苏州教育印象之二

南浦春来绿一川，石桥朱塔两依然。
年年送客横塘路，细雨垂杨系画船。

这是南宋著名田园诗人范成大写横塘的名作。画面美，音韵美，人们往往只要一说"横塘"二字，这首诗的画面音韵就会不期而至地在眼前耳际萦绕。但我今天提起这首诗，倒不是来欣赏它的艺术意境，而是想说说这个古镇中的一所小学——横塘中心小学，他们开展的诚信教育，也能给人带来这样的愉悦心情。

2007 年的夏天，我到过该校，进了学校的教室，与老师和孩子们交谈过。那时，这所学校的"十一五"省级课题"在城乡交合的商贸地区，小学生进行诚信教育的研究"刚立项，我就感觉这是个非常好的选题。因为如今的横塘镇是苏州最大的房屋装饰市场，数以千计的各种装饰材料店集中在这个城乡结合部，天南地北的商人汇集在这里，各家的规模不是很大，造就了众多的小老板和打工人家庭，同样就带来众多各色背景的学童。统计得知，该校生源 70% 左右都是外地借读生，这些借读生在日常生活中，目睹其父母经商过程，他们的经商理念因而也很超前，如何有针对性地加强学生中的道德教育，就显得比别的学校重要得多，也有效得多。

凡到过这所学校的人无不惊讶，校门口狭窄的百米路上就有几十家交易市场，不论是进校还是出校，都回避不了摩肩接踵的人们讨价还价的面容和声音。也就是说，孩子们每天上学的头尾，都是在自发地接受交易的熏陶。王静娟校长说，不把好孩子们诚信的关，不但学习难上去，将来出了校门，也很难做个高品位的公民。于是，他们用调查法、行动研究法、经验总结法和个案跟踪法开展多姿多彩的活动，取得了明显的成效。

在我去他们学校之后，发生过一个小故事，生动地诠释了诚信教育的意义。有一个学生的母亲叫郑冬英，她在学校附近经营一个彩票站，一天，一个关系户电话委托她花 200 元买了 10 注彩票，买彩票的钱都是她垫付的，结果买彩票的人都忘记了买彩票这件事，更不记得当时选的号码，她却能及时将中彩的消息通知对方。对方起先还不相信，以为她是开玩笑，因为这个奖金数字比较特殊，是多少呢？整整 100 万元！如果她不通知对方，她完全可以将这笔巨款据为己有。但她没有，她记得与人有电话中的口头委托，有口头承诺，就应该一诺千金。信誉和人品比金钱更宝贵。

这个故事通过媒体和网络，让千千万万的人都知道并感动着，成为"诚信苏州"的一朵美丽浪花。尤其让我感动的是，王静娟校长告诉我，郑冬英家庭是经济困难户，她在横塘甚至都没有自己的房子，而是租住人家的房子。我连连点头，理解了古话所说的"人穷志不短"！我对王校长说，没有房子是暂时的。没有房子但她有孩子啊，孩子远比房子重要。其实，人只要有了诚信，就有了心灵的房子，有了心灵的家园。相信她与学校共同教育出来的孩子，将来会给她买到漂漂亮亮的房子！

未来新一代商贾的成长，是需要正确商业理念的支撑的：诚信守诺，他们才能走得更远。"无奸不商"是短视的，也是终究成不了大气候的。通过学校和家庭对孩子共同的教育，同时，也用孩子明净的心灵、正确的观念影响家庭成员，以小学诚信教育为平台，形成不可小看的向大社会辐射诚实、传播守信的力量，非常宝贵。

还是回到小文开头范成大的诗。有人说这首诗是伤感的，多情自古伤离别嘛，这的确是一首送别的诗。但在春天气息的包裹中，也并非全然伤感，没有别离哪来重逢？"年年送客横塘路"，其实就是学校亘古的规则，年年都会有老师送别学子远行。但许多美丽的故事，就是从我们小小的校园生出引子的，对吗？让我们期待横塘这个古驿站中诞生更多美丽的新故事。

2010 年 4 月

大校的胸襟——苏州教育印象之三

这些年，由于研究推广新教育的缘故，我认识了很多中小学校长朋友，他们向我诉说心中的喜悦和忧虑，也向我陈述心中的发现和困惑。他们有很多的一手资料，很多鲜活的个案，谈起来很生动，吸引人，也感动人。他们视我为"专家"，遇到困惑问题向我讨教，有的还聘请我为他们的名誉校长。聘我为名誉校长的学校，江苏的学校有，山东的学校也有，还有远在台湾的学校，反正我这个名誉校长是"挂名"的，不拿一分钱工资，也没有义务做许多具体的工作，我觉得聘请我为名誉校长是看得起我，同时为我了解校园最新动态提供了便捷，我也乐意为之。不过，由于工作繁忙的缘故，我已经声明不担任新的"名誉校长"了，以免读者朋友误会，继续请我担任各种名誉的职务。

苏州平江实验学校的吕荣校长是我的许多校长朋友之一。记得他给我"名誉校长"的聘书，是在他们十周年校庆中专门颁发的。之前，他们还请我为他们的校庆题词，因为学校是在百年府学基础上建立的苏州首家九年制的学校，又是我亲自参与建立的学校，所以有着特别的感情。记得当时写了"百年文脉，十载回眸"八个字，聊表祝贺之意。

正式校庆前，我原本答应到场庆贺的，可临时又有出访欧洲的任务，就只能从北京给他们发一篇贺电，既以中国教育学会副会长的名义，也以学校"名誉校长"的名义。

校庆不能到场，别的时候有空总是要去看看的吧，可每次回苏州，又总是分身乏术，几次计划到学校看看，临了还是没有去成。但是有几次与校长打球、交流的机会，我只能通过吕校长的介绍，了解到露天的运动场又增添了两个大塑胶篮球场，恩玲楼的地下一层也有一个篮球场，孩子们天晴在露天的球场上体育课，雨雪天可以在恩玲楼的地下一层上体育课，打篮球或者排球、羽毛球。我每次都不忘鼓劲，认为很好，持续不断有新气象。

但最让我感觉有新气象的，还是吕校长的教师专业发展思考，他在学校中分层发展，建设金字塔型的教师队伍很有新意：一为青蓝班，一为希望班，一为名师班。青蓝班是金字塔的塔基，鼓励青年教师蓝中变青，脱颖而出；希望班是金字塔的塔身，提升中青年教师的教学能力，能够在区、市范围内出课，能够在省级以上刊物发表论文，能够学会教学反思，成为区、市级学科带头人和教学骨干；名师班，自然就是金字塔的塔尖了。打造名师、培养特级教师，对有发展前途的中年教师量身定做发展计划，并建立导师工作室，在导师的指导下，要求在核心期刊发表论文，在市、省甚至国家级教学活动中出课，并带动年轻教师发展。让教师脚踏实地有奔头，心中有规划，明天有希望，这是我一直提倡的教师幸福完整的教育生活的题中之义。新教育实验主张教师应该通过专业阅读、专业写作、专业发展共同体来实现真正意义上的专业发展，从自己的专业生涯中获得教师的尊严和职业的幸福，平江实验学校虽然还离我心中的梦想有一定距离，但是我看到了他们不断向这个方向行走。

在这所学校里，还能看到这样的新气象：教师都爱写作，都会写作，不论是语文教师，还是数学教师或者英语教师，都爱从身边的教育生活中发现情趣，发现美，并在报纸上他们开辟的《银杏树下》专栏发表，让自己的学生和家长感受教师的情调，感受校园的情调。

平江实验学校由九个年级组成，相对其他的学校，生源师资的规模都要大些，但大校的风范的体现，他们不仅仅靠这些看得见的东西，还有看不见的胸襟。

2010 年 5 月

百岁不减青春容——苏州教育印象之四

诞生日，是一个非常值得纪念的时间坐标，是一个生命从无到有的起点，是万里长征的第一步路，是万丈高楼的第一块砖，是一切辉煌的最平实的开始。一个生命经历了春夏秋冬四季一个周期，就是一岁，如果能从容迎来一百岁的整数，就是一个世纪，那是多么值得荣耀和开心的一件事啊。苏州的平直实验小学，就迎来了这样一个伟大的里程碑。我作为这所学校的一个老朋友，在北京遥寄祝福！

百岁的学校，总是与辉煌、睿智、大度等等联系在一起的。我想，在平直百岁之前和百岁之后，也都不断有百岁的学校，仅仅是时间上的积累，还不是很值得自豪的，就像生活水平的提高让百岁老人随处可见一样。但如果一个百岁老人还能上网，还能打电脑，还能享受高质量的人生，同时也如年轻人一样创造，一样成长，那才是真正的了不起，才让人肃然起敬。平直，这所坐落在苏州古城区的小学，恰恰是这样的一所年长同时青春勃发的小学。在苏州大学百年校庆的时候，我曾经写过一篇小文章《百年东吴仍青春》。现在，我同样要向平直的青春致敬。

平直在苏州不是一所耀眼的学校。市实小、沧浪、平江等学校的光芒，吸引了太多的眼球。但是，这也让它更加宁静、安详和精致。我在苏州工作时，曾经多次走进这所规模不是很大，却处处体现着苏州园林一样的雅致的校园。因为平直是我们比较早的新教育实验学校，所以也特别关注它的发展。早在 2001 年 9 月，这所学校就承担了苏州市"十五"规划课题"小学生日记教育实验"。参加了"新教育实验"后，逐步确立了以"日记教育"

为特色的学校文化，希望通过日记教育来实现育德、育心、育品。

记得我在平直曾经说过，要写得精彩，就要做得精彩、活得精彩。日记教育好比一条纽带、一座桥梁，它的一头是丰富多彩的生活，另一头是学生道德品质的养成和运用语言文字能力的提高。"文以载道"，日记教育的任务不仅仅是要让学生学会写日记，更要让学生学会思考、学会明辨、学会做人。也就是说，要将人文精神和人文品质的培养贯穿于整个日记教育过程中。他们的师生同写日记活动，开展得非常好，非常有成效。他们学校年轻的教师大都有博客，他们的教育叙事日记就坦荡地贴在博客上，供师生们评阅。我也不止一次上过他们的网，跟过他们的帖，明确地表示喝彩，告诉他们，我一直在关注着他们，希望他们坚持下去。

虽然他们最近几年不太参加新教育大家庭的年会等活动，对于新教育实验的"毛虫与蝴蝶""教师专业发展"等新项目也了解得不多，但是我知道，在近十年的时间里，他们没有停止探索的脚步，写日记的风气，一直是这所精致校园中的精致风景。回首百年岁月长廊，其中的十分之一就镶嵌有师生五彩斑斓的日记，的确让人感佩。

我知道，平直还有一个特色，那就是游泳。我喜爱游泳，不是太忙的时候，我会让自己的泳池挥臂斩清波成为一日的序曲。而平直人也是非常爱游泳的，据说，自20世纪80年代以来，学校共有500多人次获省游泳比赛前6名，30多人次破省年龄组纪录。20世纪90年代以来，学校代表沧浪区参加苏州市小学生游泳比赛，17次获团体冠军，17次获金牌总数第一，先后向国家、省、市输送运动员四百多名。走出了国际游泳比赛的金、银牌得主（糜彤、沈旦、朱轶）！想想都让人激动，试问，有哪所学校能出现这么多的游泳健儿？我甚至想象，将来有一天，这些游泳健将一起回苏探望平直母校，是大可以仿效岳麓山下湘江畔那个著名的爱游泳的伟大学子的，吟诵着那首豪迈的诗句："恰同学少年，风华正茂，书生意气，挥斥方遒！……曾记否，到中流击水，浪遏飞舟？"

为写这篇小文，我还特意翻查了有关平直的史料，发现该校百年前的首位校长孔昭晋，是孔子的第七十一代孙。这是位很有个性的孔子后人。他二十七岁中了举人，之后无意仕途，一直边教私塾边准备迎考，一直到四十一岁才中进士。进京赶考的过程中，他居然做了一把图书贩子，将苏州的书籍带了一批北上，大受考生的欢迎，不但帮了人家的忙，自己也小赚了一把，补充了羞涩的行囊。后来，他被委派赴日本考察教育一年，回国后，就办起了平直小学校。

百年一个轮回。现任校长徐玉英应该把自己放到这位孔校长的位置上重新起航了。她对我说，要让每一个学生的个性得到自由张扬，让每一个学生的人生体验更加丰富多彩；同时，创设和谐的育人氛围，让教师成为学生人格发展的促进者。我相信，有这样的认识作为起点，新的平直一定能够飞得更高，走得更远。

2010 年 9 月

诗人校长与诗性教育——苏州教育印象之五

日前，收到柳袁照校长寄赠的两本新诗集。一本是作家出版社出版的《柳袁照诗选》，一本是山东画报出版社出版的《星星降临》，很是喜欢。

柳袁照与徐天中一样，都是从教育行政部门到学校去主持工作的。在苏州期间，我多次去过十中，去过振华，经常暗自为柳袁照校长的文化情怀和诗人气质所感动。

一直想为柳校长，为十中写点文字。但是一直拿捏不准。因为我看到，他似乎一直在寻找什么。他爱石头，爱摄影，爱写诗，爱收藏，我一直担心，他会不会"玩物丧志"？他提出过许多校园：文化校园，最中国的校园，园林校园，诗性校园。我一直想为他的校园找一个最根本的象征，但是似乎还在生成之中。他自己也谈论过这样的矛盾心态："我是个边缘人，在学校改造过程中，我穿行在校园和园林之间；在办学理念上，我穿行在现实、传统和未来之间；作为语文老师，我穿行在教师、作家和诗人之间；在功利主义的背景下，我又是穿行在功利和超然之间。"

现在，似乎可以用"诗性教育"来表达他的特色、他的探索了。这不仅因为他出版了两本诗集，不仅因为他说"学校应该是诗意的教育天堂"，更因为他的学校，本身就是一首诗。美丽的十中校园，庭院深深，曲径通幽，奇石美景，诗意盎然；"质朴大气，真水无香，倾听天籁"的办学理念，也是优雅深远，微言大义。据说，在 2009 年高考之前的第 99 天，他举办了全校诗歌朗诵会，请苏州的知名作家、诗人参加。柳校长说："我们不是要学生都成为诗人，而是要让他们有诗意地生活，拥有浪漫的情怀，不要所有的事都看得那么功利。"

　　我不懂诗，但我还是喜欢读诗，也偶尔写点打油诗。我曾经说，教育就是一首诗，这首诗，属于青春，属于激情，属于理想。校长和教师需要有诗人的情怀，永远有美好的憧憬，有创造的激情。在这个意义上，我很同意我的好友范小青、陶文瑜等给十中和柳袁照校长的评价："一个学校，有一位诗人校长，有一位校长诗人，对于他的数千名学生来说，肯定是一件大好事情。"校长的诗和学生的诗同时在一个朗诵会上亮相，"给了这个校园一个气场，一个大大的浓浓的气场，一个经久不散的气场。这个气场，就是文化的氛围，就是素质教育的环境"。

　　诗歌创作是最讲究个性的，特立独行几乎就是诗歌的生命。没有创新也就无所谓诗歌。学校也是最讲究个性的，特立独行也是学校的生命。没有创新也永远没有教育。我想，苏州有这样的诗人校长，有这样的诗性校园，必定是教师满面春风，学生两眼有神的。

　　其实，在我的眼里，苏州就是一个诗性的城市。在我认识的校长中，除了柳袁照写诗，我记得斜塘实验小学的校长范里也在课堂上加进了教孩子们写诗，并且培养出了几个很有灵气的小诗人。平江实验学校校长吕荣也是诗歌爱好者，去年《姑苏晚报》推出天安门前留影的专版，我看到吕荣的天安门前留影，并且有他的打油诗："一生躬耕在教坛，半是艰辛半为甘；首都广场会心笑，如受检阅干劲添。"我看了也不觉会心而笑，这种打油诗其实就是典型的"诗言志"，玩笑中流露真情，让人受到感染。校长写诗，对于不拘一格育人才，有百益而无一害。而在那些开展新教育实验的学校里，每天早晨用一首诗开启新的一天，让学生与黎明共舞，更是苏州教育的一道亮丽的风景线。

　　真正的教育诗歌，始终是写在校园里、写在教室里的，正如马卡连柯的《教育诗》。我真诚地希望，柳校长和苏州的校长朋友们，能够在教育的田野里歌唱，为中国教育书写出更加精彩的诗篇。

2010 年 8 月

100 年的一中——苏州教育印象之六

　　还记得几年前去苏州一中参加她的百年校庆庆祝大会的情景。

　　100 岁的一中，在 1000 岁的古藤下，还是显得那么年轻，何况她经过无数次梳妆打扮，尤其是最近几年的精心呵护，更加风情万种。但是，在20多岁的一中校友韩雪面前，她还是略显逊色。

走进一中的接待室，人山人海。阎立市长在和谢院士、冯院士等打招呼，但是媒体关心的却是韩雪，这个被称为影视歌三项全能的"玉女明星"，刚刚完成了奥运福娃的主题歌的演唱，这次作为一中校庆的形象代表，受到大家的关注，也是自然的。

在这里看到了我上个星期写序言的《叶圣陶书影》，有几分惊喜。现在的出版业发展真快，以前至少几个月周期的出版，现在几天就可以搞定。据说，现在甚至有了立即出版的机器。8月份王胜君拿来的《朱永新博客》，就是这样的出版物。

在一中的校园里，除了千年紫藤，最让我沉思的是那尊汉白玉的叶圣陶塑像。叶圣陶先生曾经在一中的前身草桥中学做过老师。叶老作为一个教育家的形象，远比作为一个出版家、语言文字学家的形象更加让我关注。我们现在可能已经很难培养出这样的大师了。仅仅在这个一中的校园里，就出现过多少让我们灵魂震撼的人物啊！除了20多位院士，还有胡绳、顾廷龙、王伯祥、陆文夫等一批人文领域的大师，是我们的社会发展得太快，知识增长得太快，还是我们的教育发展得"太快"了？

100年，除教育的普及以外，除有更多的孩子接受到教育以外，我们的教育，尤其是真正意义上的精英教育，是进步了，还是停滞了，甚至是退步了？为什么现在没有当时的春晖了，没有当时的苏州中学了，也没有现在的一中过去的草桥了？我们能够再现当年的辉煌吗？我知道，这不完全是我们校长的问题。那个时代的大师们，曾经聚集在这个美丽的紫藤园里，才是问题的关键。所以，教师的问题，是教育的出发点。

12点，演出还没有结束。韩雪用她自己为母校创作的《紫藤花》把庆祝大会推向高潮，最后的评弹节目是一中学生表演的。我悄悄地走出会场，去上海虹桥机场。

2007 年 10 月

"少帅"校长和他的团队——苏州教育印象之七

人在北京，心装故乡事，心想故乡人。前不久，看到全国职业院校汽车和建筑技能大赛中，江苏省的 7 名选手一举夺得 4 金 3 银，我深感快慰。接着得知这 7 名选手全部来自苏州，更是让我心中油然而生自豪感。他们为苏州市争了光，也为江苏省争了光。这 7 名选手是苏州建设交通高等职业技术学校的学生，值得竖起大拇指称道，他们真了不起。

这是一所年轻的学校，也是一所出人才的学校。如果我没有记错，这应该是他们第三次在全国赛场扬威了。前年，他们首次参加全国汽车维修大赛，就获得了个人一等奖和团体二等奖；去年，他们的个人和团体双双获得了一等奖；今年，他们代表江苏省参加全国比赛，一股夺金掠银的狂潮，让人看得目瞪口呆。台上一分钟，台下十年功。没有艰苦卓绝的努力，是不可能取得如此优秀的成绩的。

这让我想起了自己与这所学校交往的点点滴滴，也让我想起年轻的校长杨建良。苏州建设交通高职校是由 5 所同类学校合并组建而成的。2004 年 9 月正式进驻苏州国际教育园，是苏州市规模最大的培养中高级交通、建设类职业技术人才的公办高等职业技术学校。由于人员陌生，学校性质不同，教师待遇不一，彼此又不了解，方方面面难得默契，一开始，的确出了不少"事情"，让人为他们心生一丝担忧。校长杨建良是一个 37 岁的年轻人，在诸多前辈面前，也很难放开手脚，工作的难度可想而知。坦率地说，包括我在内的许多人是为杨校长和他们的学校捏了一把汗的。

可是，杨校长和他的团队没有让人们失望。从一开始，他们就在苏州国际教育园中让人瞩目。他们的体育场是最热闹的，早操、课间操不说了，他们赛事频频，鼓掌声、加油声常常引来同一个教育园里其他学校的羡慕目光。在他们学校里，学生有统一校服，教师有统一工作服，这与别的学校无异；但他们学校的教师还有学校发的运动鞋和运动衣，这是其他学校所没有的。通过体育活动，增强教师学生的体质，同时也大大增强了教师与教师、教师与学生、学生与学生之间的沟通，增进了彼此的情谊，增强了团队意识，最后增强的是宝贵的凝聚力，大家都爱自己的学校了，连刚开始有些犹豫的教师，也有了很强的归属感和自豪感。老教师们亲切地称杨建良是他们的"少帅"。

杨建良真是有本事的校长，面对这么多的问题，他很快就让5所学校如同5根有力的手指，形成了一个团结的拳头，热热的心又让这只拳头的掌心沁出热汗，那是一种奋发有为的状态。对外，他引进了丰田汽车T-TEP项目，还有德国的职业教育模式；对内，他的管理也是极富人性化和艺术化的。他的观点简明而实用，譬如他的"为教师服务、为学生服务、为社会服务"，这"三服务"初听没有什么特别之处，但仔细一想，做学校的工作，不就是要突出这些吗？你不为教师服务，教学工作怎么落实？你不为学生服务，学生怎么能得到舒心的发展？你不为社会服务，学校培养出来的人才到哪里去找市场？所以，他们学校是全苏州市最早实行每年为教师体检的学校。他鼓励青年教师入党，自己给他们上党课。他鼓励教师订阅报刊，但不是学校全包干，而是学校补贴大头，教师自己挑选自己喜爱的品种。他说："阳光的教师，才可能教出阳光的学生。"他特别重视在教师中培养高尚的人格，光明磊落的品格。校园和谐，人心向上。所以，杨建良能够被评为"苏州市名校长""江苏省五一劳动奖章获得者""江苏省职业教育领军人才""中国职业教育杰出校长"等称号，他是实至名归的。

我到过他们学校多次，感受过他们学校的书香氛围，领略过他们学校的体育魅力。我还在他们学校打过乒乓球。遗憾的是，没有与他本人交过手。我知道他读大学时，就是学校的学生会主席，是个体育迷，田径、球类都很擅长。下次回苏州，一定要找他打乒乓球，同时，向他取经。

2010 年 6 月

百年东吴仍青春——苏州教育印象之八

1978 年初，作为恢复高考制度后的第一批大学生，我来到了美丽的东吴园。当时，它的名字叫江苏师范学院。1982 年 7 月，我成为这个学校的一名年轻的教师，它的名字已经改为苏州大学。2000 年，作为苏州市副市长，我有幸参加了苏州大学的百年庆典。30 年来，我参与了这所百年名校的建设与发展，见证了这所地方高校的崛起与辉煌。

一

1900 年，美国人 Hammond.J.D 等在美国田纳西州为一所在苏州成立的大学注册，名字为"Central University of China"。1907 年，学校再次向田纳西州申请，更名为"Soochow University"，东吴大学之译名由此而来，现在的苏州大学仍然以此作为英文名。

东吴大学的第一任校长是美国人孙乐文（D.L.Anderson），专业设置、课程设置、师资聘用、教材选用和学校管理等，都以开放的模式开展。学校办学的经费主要通过社会捐赠筹措，一是美国监理会在美的捐款，二是苏沪及周边地区的民众的捐款，已有二十多年办学史的博习书院成为学校最初的校址。学校的重点学科——东吴法科，也采取开放办学的模式，国内外司法界的一些名人都到学校兼职授课。东吴法科的主要目的是培养学生通晓东西方不同的法律体系，即让学生"在比较中掌握法律制度的基本原则"。东吴法科很快成为当时中国最有影响力的学科，赢得了"北有朝阳，南有东吴"之盛誉。

1927 年，中国人杨永清担任了东吴大学的校长，学校的运行模式仍然继承了开放的传统。在他的主持下，"养天地正气，法古今完人"的校训得以形成，于 1928 年正式招收女生。在教学管理方面，也保持了原先的开放格局，东吴法科逐步发展为东吴法学院，生物学科也开始声名鹊起，在国内处于领先地位。

20 世纪 80 年代以来，在中国改革开放大潮和苏州对外开放格局的推动下，苏州大学延续了开放的传统，加大了开放的力度，先后与日本、法国、韩国、新加坡、德国、美国、加拿大、澳大利亚等国家及中国香港、中国台湾等地区的 100 多所高校建立了校际交流关系，每年接收外国留学生、进修生 1600 余人来校学习。苏州大学的对外开放，与苏州市的外向型经济相辅相成、相得益彰，也为苏州的对外开放提供了人才资源。

二

如果说开放体现了苏州大学的一种精神、一种气概、一种胸怀的话，那么，融合则展示了它另外的一种精神、一种姿态、一种风情。

苏州大学的发展历史，就是一部开放融合的历史。1952 年，全国范围内的院系调整时，东吴大学法学院大部分并入华东政法大学，会计系和经济系并入上海财经学院，化工系并入华东化工学院，药学科并入南京的华东药学院。此前不久，社会学系并入复旦大学，医药组转入上海医学院。东吴大学约三分之二的师生及专业会同苏南文教学院等几所高校组建了苏南师范学院，两个月后改名为江苏师范学院。虽然这样的调整对于一所已经形成明显办学特色与优势的大学来说是伤筋动骨的，但是，保留着东吴大学精神的江苏师范学院，仍具有强大的融合功能，此后30年发展，学校励精图治、奋发进取，虽历经磨难，仍生机勃勃、青春不老。到20世纪80年代初，已成为省属高校中的领先者，并于1982年更名为苏州大学。

1995年开始，中国进行了新一轮的高校重组。苏州大学先后与苏州蚕桑专科学校、苏州丝绸工学院和苏州医学院合并办学，组建了苏南地区高校中的航空母舰。苏州大学抓住了这个历史上最大也是最好的发展机遇，用博大的胸怀迎接这场挑战。仍然依靠着开放融合的精神，只用了短短几年的时间，就使这所地方综合性大学跻身于中国"211"名校的行列。

三

开放与融合，既体现了苏州大学的精神气质，也彰显了苏州大学的活力魅力。而使这棵百年老树能够繁花似锦、硕果满枝、历久弥香的另一个重要原因，是它既根植于苏州这片神奇的土地，从肥沃的土壤中不断汲取养料，又反哺和报答这方水土，化作春泥更护花。

从20世纪80年代开始，苏州大学围绕地方经济与社会发展，进行了专业布局和结构调整，一方面，增设了苏州急需的经济管理、国际贸易、经济法、国际法等外向型的专业，成立了财经学院、法学院和工学院；另一方面，积极推进产学研结合，发展光机电技术、辐照技术、生物医药、化工技术、新材料等学科领域，以科研成果为依托，创立了高科技公司。在人文社会科学方面，先后成立了苏南发展研究院、中国农村城镇化研究中心、中国昆曲研究中心、吴文化国际研究中心、基层党建研究所、人力资源研究所等研究机构，主动为地方提供智力支持。"苏锡常特色研究""苏州和温州发展比较研究——区际比较的实证分析""政府推动与经济发展——苏南模式的理论思考"等研究成果，已成为苏南地区地方政府、企事业单位的决策的有力支持。

一方水土养育一方人才，一方人才服务一方水土。百年来，苏州大学先后向社会输送了25万多名毕业生，其中许多人已成为科学、教育、文化等各项事业中的著名学者和知名人士。

苏州大学依靠着天时、地利、人和的条件，抓住苏州和苏南经济的快速成长的历史机遇，在发展中服务，在服务中发展，在开放中融合，在融合中开放，使学校形成了独特的精神气质和办学风格，使这所百年老校仍然青春焕发、活力依旧。

2009 年 9 月

阅读节出台的前前后后——苏州教育印象之九

与曾经在全国产生过很大影响的免费义务教育政策一样，苏州阅读节的建立完全是在苏州市委市政府领导的直接推动下设立的。当时的王荣书记、阎立市长，尤其是市委常委、宣传部部长徐国强同志，对于阅读节都有具体的指导和帮助。苏州市委宣传部的许多同志，如高志罡副部长、缪学为副部长、郦方副部长等，都亲力亲为，具体策划。当时的新闻出版局（后来合并为文化与新闻广播电视局）的汤钰林局长、韩卫兵局长以及协助我工作的市政府董宙宙副秘书长等，都全力以赴，做了大量工作。

2003 年的全国两会上，我曾经提出过一个关于建立国家阅读节的提案。我在提案中说，一个人的精神发育史就是他的阅读史，一个民族的精神境界取决于这个民族的阅读水平，一个书香充盈的城市才会是一个美丽的城市。虽然提案由于种种原因没有被采纳，但是许多新教育实验的学校从此开始了书香校园的实践，他们把 9 月 28 日孔子的诞辰日作为校园阅读节，读书活动开展得如火如荼。这给我很大的启发，苏州是不是也可以拥有自己的阅读节呢？

把这个想法与宣传部的徐部长一说，他非常高兴地说，苏州是有着丰厚历史文化底蕴的城市，有着崇文重教的传统，如何让这个传统薪火相传，是一个非常重要的问题。他也一直在想着如何推进市民阅读这件事情，有这样一个节日作为载体，非常有必要。而与新闻出版局的同志们一商量，他们也非常兴奋，认为这是一个推动工作的好抓手。于是，大家开始紧锣密鼓地准备起来，从阅读节的标志征集（一个幻为水影的"阅"字），到阅读节的口号的讨论（阅读，让苏州更美丽），再到阅读节的具体活动设计，市委宣传部与新闻出版局都做了大量的工作。韩卫兵副局长还带队到阅读活动开展得比较好的深圳等地现场考察调研。

把这个想法向王荣书记和阎立市长汇报时，他们也高度赞同。王书记和阎市长都说，苏州不仅仅是一个经济强市，更加应该是文化强市。苏州应该有一些重要的文化品牌、文化活动，成为自己的城市名片。最后，阅读节的方案在市政府的办公会和市委常委会上都顺利通过了。

所以，应该说，阅读节是市委市政府的决策，作为分管文化、出版的副市长，我只是在市委市政府的总体部署和徐国强部长的具体指导下，在新闻出版局等部门的具体工作的基础上，做了应该做的事情。这些事情主要是事前的谋划，帮助领导做好参谋；过程的推进，做好工作的细节；事后的总结，研究得失成败，为今后的工作提供经验与教训。

当然，阅读节的提出，我也是出了一些主意的，但这是我作为副市长的本职工作，也是我一直在推动的事业，更是我发起的新教育实验的重要理想。如果没有市委、市政府主要领导和市委宣传部的鼎力支持，可能就会止于"提出"而难以"推出"了。

我一直感谢苏州这片土地，感谢与我共事的领导与朋友，让我能够比较放手地探索与实践我的一些想法。

苏州，是一个能够让梦想飞翔的城市。

2010 年 3 月

免费义务教育政策诞生记——苏州教育印象之十

2005 年教师节前一天，江苏省委常委、苏州市委书记王荣正式宣布：从 2006 年秋季入学起，苏州市在全国率先全面实行九年义务教育免费制度。消息一出台，立即引起了全国媒体的广泛关注。虽然王书记要求我们多做少说，但是各种媒体的记者还是纷至沓来，各种版本的报道也众说纷纭。

免费义务教育政策的出台发端于 2005 年上半年的省教育会议。苏州市委书记王荣在讨论时提出："苏州要研究自己在教育上应该做些什么，要拿出什么'干货'。"王书记提出这个要求以后，我与教育行政部门的同志进行了比较长时间的调研，初步提出了苏州教育的三个主要目标：一是到 2006 年秋季，实现免费义务教育；二是高质量普及 15 年教育；三是到 2007 年，苏州实现教育现代化。其中最关键与最急迫的就是免费义务教育。

苏州为什么要实施免费义务教育？市委、市政府有四方面考虑：其一，苏州要实现"两个率先"，要发展现代化、实现全面小康，教育是基础。没有教育的率先，就谈不上其他的率先。其二，这是富民强市的要求。苏州虽然经济发达，但人均收入与长三角地区同类城市相比并不多。免费教育，等于提高人均收入。其实，对于老百姓来说，减少支出甚至比提高收入更为重要。其三，免费教育本身也是政府职责。放眼世界，190多个国家中170多个国家实行免费教育，其中不乏贫困的国家。教育是政府应负的责任，提供基本的公共教育产品，是政府义不容辞的职责。其四，希望苏州的做法带动中国其他城市，共同推动我国义务教育的进程。

我们当时初步设想，苏州的免费义务教育，免费范围为苏州九年义务教育阶段公办学校在校生和符合条件的外来务工人员子女，免费项目包括杂费、课本费和技术信息费。免费额度，相当于小学生每年免300多元，初中生400多元。各级财政大概需要增加3亿元的支出。

有人认为，这笔支出对富裕的苏州来说可能并不困难，其实，论财政压力，苏州也是有的。虽说苏州市级与区级财政还可以，但很多基层财政并不富余，有些乡镇的教育支出甚至占财政支出的一半以上。如果免费是各级财政自行承担，有些地方肯定会感觉压力不小。因此我们提出必须是以县为主，通盘考虑。另外，教育部门也担心，实施免费义务教育会挤占正常的教育经费，影响教育公用经费的正常增长。所以，我们又提出必须由财政设立专项。

在研究是全面推广还是分步实施的时候，开始许多同志主张从农村开始做，但是，苏州城市化步伐很快，有些地区很难界定城市或者农村。又比如一些失地农民，户口进了城市，但他们难道能排除到免费义务教育之外吗？也不合适。所以我们考虑全面实施。

最关键的问题是外来务工人员子女是否享受免费义务教育的问题。苏州有近400万外来人口，其中有20多万义务教育阶段的孩子。毫无疑问，应该充分考虑这个群体接受免费义务教育的问题。当然同时应该有一些基本的条件，如符合国家计划生育政策、在苏州的工作年限等，以免使苏州成为就学的盆地。

苏州免费义务教育的实施，引起了媒体的广泛关注，也引发了全国各地推进免费义务教育的高潮。其对于中国义务教育进程的推进作用，已经开始显现出来。先是温总理宣布全国农村开始实施免费义务教育，又是浙江、北京、江苏等省市宣布全面实施免除义务教育的杂费。最终，免费义务教育成为国家政策，在全国实施。

2010 年 7 月

创造奇迹的张家港——苏州教育印象之十一

张家港是一个创造奇迹的地方。

它位于长江和沿海两大经济带交汇处，1962年由常熟、江阴两县各划出部分地区合并组成沙洲县。1986年撤县建市，因境内有天然良港——张家港而得名。

它曾经名不见经传，是苏州经济社会发展的"小六子"。现在，它已经是长三角乃至全国闻名的城市。2009年，张家港完成地区生产总值1425亿元，完成地方一般预算收入105亿元。先后荣获联合国人居奖、全国文明城市、国家生态城市、中国人居环境奖、全国基础教育先进市等近百项国家级荣誉称号。

在苏州担任分管教育的副市长期间，我曾经多次到张家港调研考察，差不多走遍了每一个乡镇。在这里，我几乎看不到城乡的边界，看不到学校的差距。

2007年4月16日，我在自己的日记中写下了这样一段文字：

张家港是全国精神文明建设的典型。最近几年以来，他们以"率先实现教育现代化，办好人民满意的教育"为目标，把推进教育的高位均衡发展和实施素质教育作为第一要务，始终保持一种敢于争先的锐气、自加压力的勇气和负重奋进的志气，教育工作出现了非常可喜的景象。

张家港教育坚持拉长最短的板，从农村村小现代化建设，到民工子弟学校的标准化建设，从269名骨干教师到农村，到学生乘车公交化，使学校之间的差距越来越小。可以说，张家港已经成为全国教育均衡发展的一面旗帜，而且是高位均衡的代表。

我随着会议代表先后参观了凤凰中学、阳光学校、永联学校、乐余中心小学、西港小学、旭东学校等11所各种类型的学校。最让我们感动的不是投资2亿多的梁丰高级中学，而是那些建筑漂亮、队伍精良的农村村小和外来民工子弟学校。这些学校，不仅在建设过程中政府给予大力支持和财政补助，而且每个学校20%的教师都是由政府选送派遣的。每一个学校都建成了艺术教室、科学教室、图书室、综合活动教室、团队活动室和多功能教室，拥有了计算机房、办公用房和厨房，还有了田径场和篮球场，并有了水冲式的厕所。

在素质教育的推进方面，他们提出了严格控制学生的在校时间、作业总量、竞赛活动、教辅书征订，严格执行课程计划和规范办学与考试行为的"六个严格"，以及"读名著、听名曲、唱名歌、背名诗、看名片"的"五名工程"等。我们在张家港高级中学感受了他们的课间跑步的活动。学生的精神气质，让大家非常感动。

特别值得高兴的是，在乐余中心小学，我们看到了"新农村、新教育、新希望"的全面展示。乐余镇党委副书记李婧娟是张家港实验小学的原校长，小学语文特级教师。到乐余担任领导以后，她一直希望在教育上做一些事情，了却自己的教育梦想。因此，我们一起推出了新农村、新教育、新希望的工程，在乐余党委黄书记的直接支持下，开展了新教育与学校素质教育行动、新教育与现代农民技能训练行动等三大行动计划。"小手拉大手，建设新乐余，打造一个真正的学习化的农村"的蓝图正在逐步展开。

总的来说，张家港的教育已经成为全国实践温总理政府工作报告中提出的既能"有学上"又能"上好学"的典型，是全国学校与学校差距最小又实现高位均衡的典型。

张家港的故事告诉我们，只要政府心里真正想着老百姓，只要我们真正地把教育公平作为社会公平的最重要的基础，我们完全可以做得更好，完全可以办人民群众满意的教育。

三年以后，我陪同全国人大教科文卫委员会唐天标副主任一行，再次来到了张家港，考察了梁丰高级中学、旭东学校等，对张家港全面推进义务教育均衡发展的实践有了更加深刻的认识。可以说，张家港是我多年所看到的城乡教育发展和学校差距最小的地区，是对于弱势人群的教育最为关注的地区，是义务教育发展最为均衡的地区。

张家港的同志告诉我们，他们的主要经验，就是坚持城乡教育发展的"六个同步"。

一是坚持城乡一体，实施城乡教育同步规划。

张家港先后出台了《张家港市实施教育现代化工程规划》《关于进一步加快基础教育改革与发展的意见》《2004—2010年教育发展规划》等文件，在规划城乡发展的同时，同步规划教育发展，全面加强城乡教育一体化建设。

经过多轮布局调整和资源重组，张家港的学校数得到了全面的优化，全市中小学、幼儿园由 1994 年的 547 所（中小学 307 所、幼儿园 240 所）减少到目前的 119 所（中小学 83 所、幼儿园 36 所），另有高等学校 2 所、民办外来人员子女学校 11 所。全市 85% 以上的小学生、100% 的初中生与高中生在城镇、街道就读。

与此同时，针对学校布局调整以后部分学生上学路程较远的实际情况，张家港实施了学生上学公交化工程，全市范围内凡家校距离在 3 公里以上的学生（包括所有外来人员子女）上学均由由校车接送改为由公交专线车接送。市政府和市公交公司共投资近 2500 万元，先后添置了 108 辆客车，开通了 241 条专线，市财政每年补贴运营成本 650 万元。

二是强化政策引导，推动城乡办学条件同步改善。

张家港先后通过村小基本现代化、外来务工人员子女学校标准化以及教育信息化等工程，有效地推动了城乡学校办学条件的同步提升。目前，全市 100% 的幼儿园创建成苏州市级以上优质园（其中省优质园的比例为 83%），100% 的小学、初中创建成苏州市教育现代化学校，100% 的公办高中创建成省三星级以上高中，100% 的公办职中创建成国家级重点职业高中。

2005 年 4 月，市政府出台了《张家港市农村小学基本现代化建设实施意见》，结合全市教育发展总体规划，撤并全市 30 所村校中 10 所规模小、条件差、点位不合理的村校，重点改造了 20 所村校。

用同一张图纸建设所有的学校，是张家港推进城乡教育硬件水平标准化的硬招之一。2006 年春季，张家港启动了"外来务工人员子女学校标准化建设工程"，明确要求用两年时间让所有学校达标，包括要有艺术教室、科学教室、图书室、计算机房、田径场、水冲式厕所等"六室三房两场一所"。政府对通过标准化建设评估验收的民办外来人员子女学校，按投入总额的 20% 予以奖励，我曾经考察过外来人员子女的学校旭东学校，该校就拥有移动多媒体 8 套，计算机 300 多台，有室内外篮球场，装备了电脑室、自然实验室、艺术室、多媒体室、图书室等——学校严格按照标准，所有软硬件都和最好的学校几无二致。

三是狠抓内涵质量，促进城乡学校管理水平同步提升。

张家港先后推出了分校式、辅导式和共建式等管理模式，促进优质教育资源的城乡整合，较好地实现了村校与市镇小学在办学理念、硬件设施、规章制度、课程体系、人员待遇、考核标准上的"六个一样"。2006年以来，从镇中心小学、市镇小学选派优秀副校长或中层干部担任村校校长，选调了11名公办学校副校长、中层干部到外来人员子女学校担任校长，负责其日常教学管理工作，促进了全市公办学校和民办学校的优质协调发展。近三年来，又先后从市区优质学校挑选近20名校级干部到相对薄弱的农村学校担任校长职务，为提升农村学校管理水平发挥了积极的作用。

在评价考核方面，张家港从1990年起取消了小学升初中统一考试，公办义务教育学校全部实行免试就近入学；从1997年起，小学全部实行等级评价；将省梁丰高中统招计划的85%分配到各初中学校；2003年起，取消了义务教育阶段学校所有学科类竞赛。坚持面向全体学生，促进学生全面发展，不断完善包括全科合格率和学生视力、因病缺课率等身体素质指标在内的中小学教育质量评估方案。

四是优化农村师资，实现城乡教师素质同步增强。

2003年以来，张家港通过"下派、上挂、横向流动"等途径，实施"优质教育资源下乡工程"。2007年，全市支教工作实现了"两个25%"的目标，即支教教师分别占村校和民办外来人员子女学校专任教师数的25%。2009年5月，张家港市政府印发了《关于进一步加强教师队伍建设，促进城乡教育优质均衡发展的意见》，加大了城区学校教师支教工作力度；提高了农村学校中高级教师岗位的结构比例和农村教师在各级各类评先表彰中的比例，在2009年新命名的454名市级骨干教师中，农村教师占58.6%；建立和完善了骨干教师农村岗位3年服务期制度；明确城区学校教师评选市级骨干教师、评审高级教师职称，都必须有2年以上农村学校工作经历等。

2009年，张家港又出台文件，较大幅度地提高了农村学校骨干教师的奖励和津贴标准，规定获得同类骨干教师称号的教师在农村学校任教（支教）的，特殊津贴标准提高一倍。将城区学校到农村学校支教教师的支教津贴从每月300元的标准提高到500元，将镇属学校到本镇农村学校和民办外来人员子女学校支教教师的津贴从每月100元的标准提高到300元。同时，积极推进义务教育阶段教师绩效工资改革，较大幅度地提高了城乡义务教育学校教师和非义务教育学校教师的收入水平。

五是健全保障机制，确保城乡教育经费同步增长。

2008年，张家港出台了《关于推进义务教育阶段保障机制改革的实施意见》，进一步完善了义务教育经费的保障形式。一是建立义务教育阶段学校预算编制制度。各义务教育阶段学校严格按照统一的政策、统一的预算定额标准、统一的要求编制经费预算，经批准后执行。二是对公办义务教育阶段学校公用经费实行统一标准，统一核拨。2009年全市学校的生均公用经费标准为小学生均520元、初中生均680元。三是对教育费附加实行专项管理，统筹安排，专款专用。四是建立校舍维修改造长效机制。五是将师资队伍建设的专项经费列入市财政预算，规定市财政按不低于教师工资总额2%—2.5%的标准设立全市教师培训专用经费，各义务教育阶段学校按照年度公用经费预算总额的5%、其他学校按照不低于核定工资总额的1.5%的标准安排教师培训经费。

通过几年的努力，张家港城乡教育一体化的格局基本形成，城乡群众对于教育的满意度也同步提升。很多到镇区、市区学校读书的孩子，这两年又"回流"到了村小。如西港小学原本舍近求远到镇上读小学的6个孩子，都被家长接了回来。原来感觉收入差、地位低的村小老师也不再人在心思走。

2010 年 4 月

为第三十中学的 40 岁祝寿——苏州教育印象之十二

国庆期间，收到了第三十中学陈琳校长的来信。

陈校长在信中告诉我，创办于1970年的三十中，将迎来40周年的校庆，今年11月18日，就是学校历史上的首个校庆。2000年，在第三十中学的30岁寿辰的时候，他们也想过为自己庆生。然而，相对落后的办学条件，持续低迷的教育质量，让他们望而却步。"新千年新世纪，三十中学三十而立"，成为三十中人一个美丽又奢华的梦想。从那个时候开始，他们一直没有选择自暴自弃，一直在追寻与探索。

陈校长说，40年风雨兼程创新业，三十中昂首跨越铸辉煌。在德育导师全员育人，教学质量连年刷新纪录的今天，他们终于有勇气、有信心举办三十中历史上的首个校庆。他们希望我能够为校庆题词。

看到来信，我的眼睛湿润了。就像面对一个从来没有过过生日的孩子，我的心中还有一份愧疚：2000年，作为一个分管教育的副市长，为什么没有注意到一个奋发图变的学校，面对自己生日的尴尬呢？我对陈校长说，一定为他们写一点文字。

陈校长的信中附了两张照片，勾起了我的回忆。记得那是 2005 年 1 月，我陪同杜国玲副书记视察苏州教育的几个"薄弱学校"时留下的纪念。记得在即将离开第三十中学的时候，陈校长还让我为学校题写了"建设家园学校，回报人民群众"几个字，聊作纪念。她说，朱市长，你要把特别的爱，给我们这些特别的孩子，给我们这个特别的学校！

我知道，第三十中学是一所定点吸纳民工子弟的学校。多年来，他们积极探寻发展之路，努力实施亲民教育、贫民教育和惠民教育，以"建设家园学校"为宗旨，为外来务工人员的子女构建温馨祥和的家园，营造尊师如父母、爱生如子女的良好氛围。同时，学校提出了创建"德育导师制"的构想，在"整体、合作、优化"的基础上，全校教职员工被派分到各个班级，以班级为单位组建德育导师组，班主任承担导师组组长之职，群策群力发挥班主任与"德育导师"的合力，既教书又育人，既管教又管导，帮助孩子学会做人，学会生活。

在苏州工作的时候，我就亲眼看到了"德育导师制"给学校带来的三个转变，即从单纯的班主任负责制转变为班主任、导师组双轨负责制，从教师灌输说教转变为师生平等对话，从单纯的奉献爱心转变为帮助孩子培育尊严、规划人生。2006 年 11 月 13 日，《苏州日报》中小学教育专刊以头版头条的醒目位置刊登了《德育导师的悲喜故事》。记得我看到后曾经批示给教育局，要求学习三十中的做法，充分发挥学科老师在德育中的作用，在中小学推广导师制。

陈校长告诉我，这些年来学校质量不断攀升，2008 年 5 月 13 日，"德育导师制"推广会在学校召开，先后获得了"苏州市未成年人思想道德建设创新案例二等奖"、苏州市文明单位等称号。2010 年 6 月，市教育局发文将"德育导师制"向全市中等职业学校推广。

看到这些成绩，我感到非常欣慰。我知道，苏州是一个外来务工人员子女非常多的城市。苏州的非户籍常住人口已经突破了 600 万，这些人与苏州本地人一起创造了这个城市的财富，他们的子女也是这个城市未来的主人。苏州的明天是要靠他们一起打造的。他们的成长，他们的素质，直接影响到苏州的品质。所以，陈校长的学校，是在为苏州的明天奠基。

第三十中学的老师和孩子们，我要大声地对你们喊一声：生日快乐！虽然我不能够回苏州与你们分享生日蛋糕，但是我会在北京与你们一起分享你们成功的喜悦！我为你们骄傲！

2010 年 10 月

小学校长的大教育视野——苏州教育印象之十三

我认识一些很有创新精神的校长，熟悉很多擅长管理的校长，也见过不少有活动能力的校长。但是能够身兼这三者，而且在每一方面都有出色表现的校长，还并不多见，苏州市实验小学的校长徐天中先生就是其中之一。

我与徐天中校长是老朋友了。虽然在苏州担任分管教育的副市长十年，但是我们从来没有什么"大"与"小"、"上"与"下"的感觉，我甚至给他取了一个"资深美男校长"的绰号。1992 年，他从教育局中层干部的岗位到苏州市实验小学工作，一待就是 18 年。从一个小伙子变成了一个中年人。

见过徐校长的人，都会感到扑面而来的是一种"大气"。早在 1999 年的《人民教育》上，徐校长就提出"小学校研究大教育"的理念。正如陶行知在《第一流的教育家》中写道："第一流的教育家是敢于探究未发明的新理，敢于进入未开化的边境，富于创造精神和开辟精神的人。"徐校长的"小学校研究大教育"历程，正是他开拓创新精神的真实写照。治校 18 年来，他以"小学校研究大教育，小学校演绎大教育"的思想为指导，从学校实际出发，进行整体改革，办成了许多在全国范围领先一步的大事情：率先进行课程改革实验，率先建立学生素质教育基地，率先建立小学教育集团，率先构建"科学、规范、精细化"的现代学校管理体系，率先在国外联合办学。所以，学校虽小，视野不小，志向不小，手笔不小，是许多教育专家对徐校长发自肺腑的评价。

徐校长善于管理是出名的，他来自教育管理部门，骨子里有"管理"的细胞，所以对于科学管理有着天然的兴趣。2003 年底，苏州市实验小学通过引入质量管理体系，建立了比较"刚性"的制度化管理模式。随着管理实践的不断深入，他开始意识到，最好的管理应该是"刚柔并济"甚至"无为而治"，他的管理思想也逐渐进入一种制度与人文相融合的境界。他曾经说："我的目标是做一个'道'和'技'结合得很好的校长，竭尽全力为每一个学生成器、成大器打下坚实的基础。"我理解，这里所说的"道"，指的是一个校长的眼界和胸怀，思维的广度和深度；这里所说的"技"，则是指一个校长处理事务所把握的技巧和尺度。现在，作为一个总校长，天中管理着多所学校，已经游刃有余。

天中的社会活动能力也是出了名的，说他是一个教育活动家，一点也不过分。我曾经去过他在太湖边上的青少年教育活动基地，基地风景之秀美，设计之大气，活动之丰富，虽然无法与上海的"东方绿舟"相提并论，但后者是上海市政府投资数亿元打造出来的，而天中的太湖基地，却是他"无中生有"干出来的。城市拆迁的许多树木、石头都成为他这里的宝贝。天中非常善于沟通学校与社会各界之间的关系，把学校当作社会的一个组成部分，也取得了社会各界对学校的广泛关注和支持。在他眼里，家庭、社会中存在着许多学校急需的宝贵教育资源，要懂得积极地去发掘、整合、用好这些资源，为学生发展、学校发展服务。

一个小学校的校长，有创新精神，有管理才能，有活动能力，有教育家的智慧，是十分难得的。他曾经有一些"提拔"的机会，但他说自己不适合"当官"；也有一些"发财"的机遇，但他说自己更喜欢在苏州做一个"小校长"。他愿意守着"教育"这方热土，把爱倾注在每一个教师与学生身上。

18 年的耕耘，18 年的坚守，18 年的经验，这是苏州教育的财富。相信天中的人生经历和 18 年的办学经验，以及他"小学校大教育"的办学思想，能够给大家有益的启示。也希望徐天中校长的办学理念，能够走出苏州，成为全国教育的财富。

2010 年 6 月

苏图"大礼包"的寓意——苏州教育印象之十四

2011 年 4 月 23 日，我专程回到苏州，在苏州图书馆参加第六届苏州阅读节启动仪式。我和高希均教授、辛广伟先生还出席了《阅读救自己》《阅读，让城市更美丽》《学习，让城市更精彩》的首发式。向市民赠送了《阅读，让城市更美丽》等书籍。印象深刻的，还有现场领导向 0—3 周岁的婴幼儿家长代表赠送包含婴幼儿读物、亲子阅读指导书、阅读测量尺、宣传册及苏州图书馆少儿读者证的"阅读大礼包"。这个"大礼包"多达1000份，仍供不应求，还有许多带着婴幼儿前来的家长没有领到这份别具创意的礼品。

当天，我还做了一场题为"阅读的力量"的公益讲座，阐述阅读与知识积累、阅读与精神成长、阅读与政治文明、阅读与教育生活、阅读与城市品质、阅读与民族竞争力等六方面的关系。不失时机地继续"鼓吹"我的观点——"一个人的精神发育史就是他的阅读史""一个没有阅读的学校不可能有真正的教育""一个书香充盈的城市才会是美丽的城市""一个民族的精神境界取决于他的阅读水平"等。同时，我还介绍了"毛虫与蝴蝶——新教育儿童阶梯阅读"的理念：（1）为每一个儿童寻找到此时此刻他最适合的书；（2）共读、共写、共同生活；（3）童年是一段由浪漫到精确，由粉红到天蓝的彩色阶梯。在讲这些的过程中，我的脑海中始终萦回着那个1000的数字，那1000个得到"大礼包"的幸福家庭。一个这样的礼包，将给一个拥有新生命的小家庭，带去多少美好幸福的憧憬啊！在英国，"大礼包"曾经作为"起跑线计划"，帮助了无数家庭与阅读结缘，帮助了无数孩子热爱阅读，现在苏州的家庭和孩子们也有了这样的缘分和福气。

6月18日是苏州图书馆的新馆10周岁的生日。10年对一个人来说，他可以从一个婴儿长成英俊少年，但对于一座生命绵长的图书馆，可能还是处在一个"婴儿期"吧？是一个需要呵护同时也给一座城市带来美好幸福憧憬的新生命。苏州图书馆的邱冠华馆长给了我两个数字：十年来，图书馆接待了2400万读者，建起了32个图书分馆。这是两个非常了不起的数字，足以让人欢欣鼓舞的数字。

图书馆，真是个奇妙的地方。在这个储藏着人类智慧的所在，任何人，包括白发银鬓的老者，也都成了婴儿，而且是嗷嗷待哺的婴儿。人一到这里，就谦和了，就文静了，就知自己之不足了，就虚怀若谷了。苏州图书馆更是如此。参与和见证苏州图书馆的建设，一直是我非常自豪的一件事。我在苏州工作时，曾多次来到这个"书香园林"，有时是自己借阅图书，更多的时候，是接待外地的客人，陪同他们来看看苏州的"知识集散地"。就像接待自己的朋友，最自得最惬意的地方莫过于书房。苏州图书馆，显然就是苏州读书人共同的大书房。在新馆十年庆的日子里，这1000份大礼包，我们可以想象成1000轮喷薄的旭日，或者，又像1000把金钥匙，将打开我们城市未来的 1000 个绚丽多彩的宝库。

祝福你，苏图！祝福你，苏州！

2011 年 6 月

由清华想到振华——苏州教育印象之十五

最近与清华大学缘分不浅。先是在清华大学百年校庆前受邀参观新的校史陈列室和科研成果展，后是受邀在人民大会堂参加校庆的庆典，亲耳聆听作为清华学子的胡锦涛总书记讲话。

我无意中注意到，无论是在清华的校史陈列室隆重推出还是在总书记的讲话中提到的十数位著名的学人中，有不少是苏州人，他们大多是在各自的学科执牛耳者。我还无意中发现，其中有数位与苏州的十中（振华）有关，如费孝通、李政道、竺可桢等。这三位都是振华的校友或校董，他们的青少年时代，都曾经在振华中学的校园里读书或教书。再细想，还有两位著名学人，钱三强和钱钟书，也与振华有着不可分割的关系。他们两位虽没有在振华中学求学，但对他们的成功起着极其重要作用的他们各自的夫人——何泽慧和杨绛，却都是振华当年的女生，其中杨绛毕业后还在振华任教。

这样说来，振华与清华真是有着割不断的情缘。在中国，与清华有如此情缘的中学，振华也许是绝无仅有吧。其中，一定有值得总结和发掘的东西，一定有可以光耀后人的文化积淀，有的我们已经发现并传承，有的可能还在等待我们去发现。

这使我不由想起我多次到振华的美好记忆。还是在苏州大学做学生的时候，就经常散步到十中，徜徉在美丽的校园，从资料和碑文中才知道，它以前是江苏师范学院附中，再之前是振华女中。

到市政府分管教育以后，为了满足群众对于优质教育的需求，我们决定把苏州八中并入十中，成为十中的初中部，命名为"振华中学"。八中原来是一所奄奄一息的学校，校园也是破旧不堪。但是，我们相信柳袁照校长化腐朽为神奇的能力。

柳校长本来是教育局的笔杆子，长期在教育局做办公室主任，他的诗人气质与理想情怀多少被淹没在日常的迎来送往和官样文章中了。后来我们尊重他的要求，委派他执掌十中。我们知道，他本人中学就是从十中毕业的，做了母校的校长，不会敷衍了事，得过且过。

果然，不长的时间，柳袁照就将十中经营得有声有色。十中的校园，被媒体评论为"最有中国味道的校园"，他本人也被媒体评论为"最有诗人气质的校长"。在十中，我们共同的感觉是传统文化气息十分浓郁，一些著名的校友名字成为一幢幢教学楼的楼名，围绕"江南三大名石"之一的瑞云峰周围，匠心独运地布置名人墨宝，形成一种金石气。可以想象，学生在这样的校园耳濡目染了几年，将来走出校园门，一定会像古代书画佳话中的"踏花归去马蹄香""蛙声十里出山泉"那样，身上沾染着浓浓的金石气和书卷气。

我们猜想，新振华的校园建设，当然会与老振华如出一辙，石头文化大大地得到张扬。果然不出所料，当新振华落成启用，我们作为嘉宾走进校园的时候，感觉宛如在瑞云峰旁。现在还记得围绕在体育场周围的那堵文化墙，功成名就的老校友画像和成就，以及他们的寄语，都刻在墙上的黑色大理石上。还有那么两块大理石，居然是空的，像无字碑一样立在那里。柳袁照校长说，希望它达到一种"无声胜有声"的效果，即无字胜有字。我想，这或许是一种启示，是一种挑战，同学们看了，是完全可以用自己的感动和梦想来填写的，今后那上面的画像和介绍，或许就是自己！

现在，十中和振华虽然分开了，但新老两个振华的因缘已经割不断了。据说现在的校长是周颖，如果我没有记错的话，他的中学时代也是在老振华——即现在的十中度过的。我想，他一定也会像他的前任柳袁照一样，将母校的好传统生根开花在振华校园中。

好久没有去振华了。我的"探子"告诉我，现在周颖校长将"诚朴仁勇"当作校训，5月份，他们还以"诚朴仁勇"的校训为题，开展了全校的演讲比赛，让校训深入师生的内心。他们的教师与学生经常搞校园义卖义买活动，所得全部捐献给希望工程。他们经常组织学生教师进社区，了解民俗文化，体察民生民情，聆听窗外的声音。因为他们知道，现在的荣誉，大都是前人创造的；而要让振华与清华的情缘佳话源源不断地后续下去，今天的振华人，还有很多事情要做。

2011 年 6 月

第八章 江西调查

2011 年 5 月，我随同全国人大常委会副委员长严隽琪和全国政协副主席罗富和率领的民进中央调研组，在江西调研民办教育问题，感触良多。应该说，江西在发展民办教育上取得了令人瞩目的成绩：发展规模位居全国前列，支持力度位居全国前列，特色建设位居全国前列，已经构建起纵向有学前教育、初等教育、中等教育和高等教育四个层次，横向有普通教育和职业教育两大门类，以发展职业教育为重点的教育体系，形成了公办教育与民办教育共同发展的新格局。

为民办教育把脉——江西教育行之一

近年来，我国民办教育事业有了长足的发展。据统计，到 2009 年底，中国各级各类民办学校有 10.65 万所，在校生 3065.42 万人。其中民办高校 658 所，在校生为 446.14 万人，占全国普通本专科在校生总数的 20.8%；高中阶段民办学校在校生 548.2 万人，占全国高中阶段在校生总数的 11.9%；义务教育阶段全国民办小学在校生达到 502.9 万人，占全国小学在校生总数的 4.99%；民办初中在校生为 433.98 万人，占初中在校生的 7.98%；学前教育民办学校在园幼儿 1134.2 万人，占全国在园幼儿总数的 42.7%。这些数据表明，民办教育已经成为中国教育事业的重要组成部分。

尽管民办教育近年发展成就可圈可点，但在发展中还存在不少问题。如《民办教育促进法》及其实施条例很多具体条款得不到落实，民办学校的办学权益不能得到充分保障，基层民办学校的生存境况仍显逼仄，民办学校的办学自主权和教师权益仍然得不到基本保障，部分地区基础教育阶段的民办学校难以为继等。

作为以教育为主要界别的参政党，中国民主促进会决定把完善民办教育的政策，促进民办教育健康发展作为今年大调研的主题，由全国人大常委会副委员长、民进中央主席严隽琪和全国政协副主席、民进中央常务副主席罗富和亲自带队，到全国民办教育的重省江西进行调查研究。

这次调研阵容非常强大，除两位国家领导人外，安徽省教育厅副厅长、民进中央教育委员会副主任李和平、中国民办教育协会副会长、上海市教科院副院长、民进上海市委会副主委胡卫、中国民办教育协会常务理事、民进中央教育委员会委员、广东第二师范学院民办教育研究中心主任张铁明、中国民办教育协会副秘书长、北京教育科学研究院民办教育研究所所长王文源，以及中央统战部副部长黄跃金、教育部发展规划司副司长宋德民等均参加调研活动。

这次调研，主要是想全面了解《民办教育促进法》出台后，全国各省、市支持和促进民办教育发展的主要成绩和经验，以及落实《国家中长期教育改革和发展规划纲要（2010—2020 年）》，促进民办教育健康发展的基本思路和重要举措，研究民办教育发展中存在的主要问题，如民办学校的法人地位问题，民办学校产权属性问题，民办学校分类管理问题，民办学校教师权益保障问题，以及对民办学校的财政扶持政策、税收和金融优惠政策等。

为什么选择江西？一个主要的原因是它在民办教育方面的特殊地位。这个地处长江中下游南岸、面积只有 16.69 万平方公里、总人口为 4456.75 万的中等规模的省份，到 2005 年，民办教育办学规模已经超过 100 万人，校园占地超过 5 万亩，固定资产接近 140 个亿，成为与北京、陕西并列的民办教育"三强"之一。近年来，在科学发展、进位赶超、绿色崛起的奋斗目标指引下，江西全省上下齐心协力，顽强拼搏，经济社会发展和教育事业均取得了显著成就，实现了义务教育全面普及、职业教育快速发展、高等教育稳步进入大众化三大跨越，民办教育也实现了从无到有、从小到大、从弱到强，无论是学校数量、办学层次、办学条件，还是在校生人数、教职工人数，均逐年增长，并且达到了历史的新水平。到 2010 年，全省各级各类民办学校共计 8668 所（个），在校生达到 163.27 万人，分别比 2005 年增长 80.51%、59.99%。其中民办中等职业学校 193 所，比 2005 年增长 27.81%，在校生 175593 人，比 2005 年增长 39.03%；民办幼儿园 8091 所，比 2005 年增长 96.86%，在园幼儿 869576 人，比 2005 年增长 167.50%。

所以，我们在预备调研的基础上，选择江西进行正式调研。这一方面是因为江西在发展民办教育方面有经验可资借鉴，另一方面是因为江西具有代表性，他们遇到的问题和困难也有普遍性。

因为严主席和罗主席有重要的活动安排，我带着调研组乘坐国航 1557 次航班先期来到南昌。

难得的好运气，飞机基本准时起飞，6 点左右到达南昌昌北机场。几位外地专家也已经先期到达，与我们在滨江宾馆会合。

一到宾馆，江西省政协副主席、民进江西省委会主委汤建人就拿出一份《赣之蓝》的宣传册给我介绍。他告诉我，"1% 工程"是民进江西省委会与共青团江西省委合作的一个项目，以"捐献 1%，爱心 100%"为主题，希望人们捐献出一年总收入的 1%，帮助贫困大学生完成学业。"1% 工程"承诺，所筹得的善款百分之百用于公益资助，工程产生的额外管理费和运作费也绝不从捐赠的款物中抽取一分钱。所有的捐赠单位或个人都会收到 3 样东西：捐赠发票、"1% 工程"的爱心徽章或铜牌、贫困生的助学金签领凭证。为保障资金使用的透明和公信力，他们专门邀请审计部门定期审计并把结果向社会公布。现在，"1% 工程"已经成为江西民进社会服务工作的一个崭新的平台和一张闪亮的名片。

汤主委告诉我，为了使"1% 工程"能够可持续发展，前不久民进的六位企业家专门出资成立了江西百分之一实业有限公司，第一个产品就是"赣之蓝"天然矿泉水。这个公司是一个企业化运作的公益性机构。公司章程规定，公司的所有收益都无条件捐献给"1% 工程"，公司清算时，按照实缴出资比例分享剩余财产，均以股东个人名义捐赠给"1% 工程"公益事业。股东转让股权所得收益也全部捐献给"1% 工程"。

这是一个颇具创意的公益活动。

晚上读江西省人民政府关于江西省民办教育发展情况的材料，对江西省民办教育发展的基本情况，贯彻落实《民办教育促进法》的主要举措，民办教育发展中需要关注的问题及建议，有了初步的认识。这也是我们今年大调研进行的一项改革。以前一般是下车伊始就听汇报，听完汇报就要讲意见，往往不得要领。现在改为先看材料，然后考察现场，最后再交流。这样针对性更强，准备也会更加充分。

一边看材料，一边想起前两天在浙江考察的安吉浙江宇翔外语专修学院。作为一个民营经济高度发展的大省，为什么民办教育的发展规模还不如江西呢？江西并不肥沃的土壤，为什么能够生长出民办教育的大树？

希望为期一周的考察，能够回答这个问题。

2011 年 5 月

小新余，大职教——江西教育行之二（上）

早晨 5 点半起床，读台湾《商业周刊》1223 期。我有几十种报刊，最喜欢读的杂志之一，就是《商业周刊》。它的选题和编辑都是极其用心的。这一期的主题是"没有他，就没有巴菲特"——关于蒙格的故事。任何成功的人，往往都是成功的学习者。正如尼克松曾经所说，"Great leaders must be great readers"。蒙格介绍说，如果我们拿着计时器观察巴菲特，会发现他醒着时，有一半时间在看书，其余时间大部分是与那些有才华的人一对一地交谈，有时候打电话，有时候是面对面。仔细一看，巴菲特俨然是一个学究，虽然他在世俗生活中非常成功。而正如他自己所说："这漫长的一生中，没有什么比持续学习对我的帮助更大。"

上午 8 点半乘坐汽车赶往新余市，考察新余的民办职业教育。新余距南昌 150 公里左右，不到两个小时，我们就到达这个新兴的工业城市。在市委书记李安泽和副市长万筱明的陪同下，我们一行直接去江西太阳能科技职业学院考察。

这是一所以新能源为主要特色的职业技术学院，创办人之一、现在学院的董事长张亢曾经是大学老师，他们白手起家从培训学校开始逐步滚动发展起来，现在的总资产已经达到 1.46 亿元，校园占地面积 800 亩，建筑面积 154457 平方米，在校大专学生 3800 余人，继续教育学院和中专部在籍在校学生 5300 人。学校有专任教师 197 人，其中教授 15 人，副教授 33 人，博士 2 人，硕士 39 人，研究生比例约 20.8%，另有一批企业的工程技术人员做学院的兼职教师。

学院紧密结合新余经济发展的特色，设置了光伏材料加工与应用技术、光伏发电技术及应用、太阳能光热技术及应用、光伏建筑一体化技术与应用、新能源应用技术（风电方向）、化学电源技术及应用、应用电子技术（光伏电子）、机电设备维修与管理（光伏设备运维方向）、机电一体化技术（光伏设备制造方向）、供热通风与空调工程技术（节能技术）等一系列面向新能源的专业。并对传统专业进行课程体系改造，把"机电设备维修与管理"专业定位为光伏设备维修方向，"机电一体化技术"专业定位为节能设备制造方向，"供热通风与空调技术"定位为太阳能光热利用方向；还对"会计与统计核算""商务英语"等专业加入与新能源、光伏产品成本核算、营销等相关知识课程，使这些专业的学生毕业后能够进入到新能源相关企业从事对口工作。在学院已有的专业中，有14个专业都是直接或者间接面向新能源、节能减排产业的，在校大专学生就读于直接和太阳能、节能技术等相关专业的超过了2000名，形成了学院的鲜明专业特色。这从我们参观的太阳能光伏技术实验实训中心、太阳能光热利用实验实训中心、空调制冷实验实训中心、模具和数控实训中心、金工实训中心等实训场所，可以明显地感受到。

董事长张亢告诉我们，学院与产业的结合非常紧密，先后与江西赛维LDK公司、江西瑞晶、江西晶科、江西旭阳雷迪、力德风电、江西赣锋锂业股份有限公司、华电科技（节能减排设备）等省内著名新能源企业建立了校企合作关系，还与无锡尚德（太阳能光伏）、韩华太阳能（世界500强控股）、皇明太阳能（洁能建筑、光热利用）、正泰太阳能（薄膜太阳能及设备）等国内外著名新能源、节能减排及设备制造企业合作建立了校企合作关系，实行订单培养。我们在实训中心问了许多2009年入学的学生，他们基本上都已经落实了工作单位，第三年就开始顶岗实习了。

下午两点半，调研组一行赶往位于仙女湖附近的江西渝州科技职业学院实训中心考察。未来的江西职业教育园区就选址在这里，园区管委会也在这里临时办公。据说，这个园区规划面积25.63平方千米，建设用地11平方千米，计划入驻万人以上的学校10所，在校生将达到20万人。这个园区已经列入江西省的"十二五"规划，是教育部、江西省和新余市的教育改革试点项目——现代学徒制的重要平台。

江西渝州科技职业学院用盛大的学生腰鼓队、管弦乐队来欢迎调研组一行。当我批评学校董事长杨名权不应该让学生在如此炎热的天气下表演时，他憨厚地笑着说，我就怕你们认为民办职业学院没有文化。董事长是广东人。1983年来到新余办了一个家电维修培训班，1986年成立培训中心，1988年建立电子技术学校，学校1997年被列为江西省首批国家学历文凭考试试点院校，2001年正式成立江西渝州科技职业学院。现在学院有三个校区，占地面积2002.98亩，校舍建筑面积45.36万平方米，总资产8.3亿元，其中教学科研仪器设备总值 8690 万元；图书馆藏书量为 97.4 万册。学院现有学生 21599 人（其中高职生 8840 人，自考大专生 4475 人，中职生 8284 人）。现有专任教师 765 人，其中，具有副高以上职称教师 148 人，研究生学历（学位）教师 156 人，双师素质教师 515 人，占专业课及专业基础课教师的 92.25%。

在董事长的陪同下，我们考察了集实训、生产、科研于一体的科技园区（实训中心），这里不仅有一大批先进的教学实验设备，同时还有一些企业在学校设立车间，实现校中办厂，厂中办学，把先进的工业文化引进学校，让优秀的企业文化走进课堂，为学生的创新创业能力提供了非常好的基础。董事长告诉我们，这里有 4000 平方米的厂房，四大实训中心，每年可以容纳 4000 名学生实训，提供 400 个工作岗位，创造 4000 万效益。

董事长最开心的事情就是学校培养了 10 万名学生，遍布全国各地，"凡是有电子厂的地方，就有江西渝州科技职业学院的学子"，在毕业生中，涌现了一大批像"中国首届民办高校十大就业之星"黄帅民、IT 软件专家刘东华、年产值逾 10 亿元的 LED 产业巨头中山木林森公司董事长孙清焕那样的优秀人才。他最大的烦恼，就是去年升本没有成功。

在校史陈列室，我们看到了一台严隽琪主席赠送的钢琴。据说，这是严主席在上海担任分管教育的副市长期间，带着一批区县长来新余考察职业教育时赠送的。董事长知道民进中央调研组来学校，特地安排学生在这里演奏，让大家感到很亲切。

2011 年 5 月

小新余，大职教——江西教育行之二（下）

下午 3 点 40 分，我们来到江西渝州科技职业学院的第三校区图文信息中心，参加"完善制度环境，促进民办教育发展"专题座谈会。

座谈会由新余市政协副主席欧阳长城主持，万筱明副市长介绍新余民办教育的发展情况。从万副市长的介绍中我们了解到，新余位于江西中部，总面积 3178 平方千米，人口 115 万。应该说，这样的规模，按照中国地级市的标准，是非常小的，与许多县级市相仿。

虽然规模不大，但是新余却是一个历史悠久、人文荟萃的城市。它于三国吴宝鼎二年（公元267年）建县，有1740多年的建城史；是江西历史上第一个状元卢肇、北宋江南第一个宰相王钦若、当代著名国画大师傅抱石和著名医学博士何大一的故乡，明代宋应星的世界科学巨著《天工开物》和毛泽东的《兴国调查》均成书于此。

新余也是一个新兴的工业城市，工业化率达57.1%，城市化率达58.5%，是全国唯一的国家新能源科技示范城、全省唯一的国家森林城市。2010年，新余在13项主要经济指标中，增幅有5项排在全省第一位，有1项排在全省第二位，有4项排在全省第四位，人均GDP突破8500美元，人均财政收入突破7000元。

新余的教育坚持"以教育培养人才，以人才支撑产业，以产业带动发展"的思路，为经济社会发展做出了重要的贡献，特别是民办职业教育的快速发展壮大，为解决企业结构性招工难和劳动力就业难的问题，满足新能源、钢铁、新材料三大产业和2.4万家中小企业用工需求，发挥了重要作用。据统计，新余全市现有民办教育机构207个，其中民办高校6所（高职3所，专修学院3所）、中职20所、小学4所、幼儿园177所，万人以上规模的民办院校3所、国家级重点职业学校3所、省级重点职业学校3所、省级示范职业学校3所、省级示范性民办幼儿园5所。开设了光伏、机械加工、数控技术及应用、模具设计与制造、计算机信息工程等50多个专业，在校生94358人（其中幼儿26599人，小学761人，职业教育66998人），超过全市学生总数的三分之一。尤其是民办职业教育，在校生66998人，占职业教育学生总人数的87%。在一个人口只有115万的城市，这是一个奇迹。

新余的民办教育为什么发展得如此好？万副市长介绍了他们的做法：一是强化政府职责，营造良好环境。他们坚持先发展后规范，在发展中求规范，在规范中求发展，做到因势利导，有需求就满足，有困难就解决，有障碍就排除，不断为民办教育发展营造良好环境。注重依法落实民办学校、学生、教师与公办学校、学生、教师平等的法律地位，加大政府扶持的力度。在资金支持上，市财政每年拿出30%的教育附加费足额用于职业教育发展，并设立了民办教育发展信用担保基金和民办教育发展专项经费账户，通过担保、贴息等办法，解决民办职校融资难问题。市财政每年拿出100万元用于民办职业院校贷款贴息，支持民办职业院校基础设施建设。本市居民就读本地职业院校实行财政补贴政策，民办职业院校退城进园土地置换所得资金全部返还用于新校区基础设施建设。在学校用地和规费减免上，民办学校用地全部纳入土地利用总体规划和城镇建设规划统筹安排，并按行政划拨或出让方式供地。民办学校建设规费减免享受公办学校同等待遇。在人才扶持上，民办院校引进高层次人才享受全市统一的政策支持，目前共引进博士、硕士研究生200余人。

二是转变办学方式，增强发展活力。面对产业结构调整和升级对职业教育提出的更高要求，新余不断加强民办职业教育基础能力和内涵建设，通过合并、共建、联办等形式，积极推进辖区内民办职业教育布局结构调整，推进民办教育规模化、集约化办学。近几年，围绕江西主导产业、特色优势产业，适应鄱阳湖生态经济区、工业园区开发建设需求，全市投资数亿元，建立新余市综合性公共实训基地，并在企业建立了69个实习实训基地、80个教学工厂（车间），有10所职业院校到企业承包了生产线，提供了1万个左右的学生实训岗位。

三是改革培养模式，探索现代学徒制。新余市紧紧围绕企业用工和现代产业用人标准，坚持以"政府主导、企业主体、学校主办"为平台，以"招生即招工，上课即上岗，毕业即就业"为主线，以"学徒对接岗位，学校对接企业，教育对接产业"为核心，适应市场需求，灵活设置专业、科学设置课程，企业和学校交替培养，使更多的学生成为技能型专门人才，以满足企业用工需求。同时，通过探索职业教育现代学徒制人才培养模式，深化校企合作，企业从紧密合作的职业院校直接录用"学徒"或"学徒生"。这些"学徒生"通过"师傅带徒弟"的方式在生产一线实践，逐渐成长为同时获得职业资格证书、职业教育学历证书"双证书"的技能应用型人才。2010年，全市就有在校生近2.3万人次进入企业成为带薪学徒，学徒生每月工资1000元，政府和企业共同负担。

四是强化内涵建设，加强监督管理。新余的民办院校坚持"以质量求生存，以特色求发展"，在专业设置上突出职业性，在教学方法上突出实践性，在培养目标上突出应用性，真正做到对准市场设专业，对准岗位设课程，对准实践抓教学。他们努力适应市场，灵活设置专业，围绕全市产业结构调整和升级，及时指导各职业院校调整专业设置，新开设了光伏、新材料、物流、化工、动漫、智能一体化等专业；他们大力引进一批高学历人才和专业骨干、学科带头人、师资紧缺学科教师以及"双师型"教师人才，鼓励民办院校采取优秀大学毕业生中选、企业专业技术骨干中挑、人才市场上聘等多种途径充实师资队伍；他们开展"订单培养"拓展产学结合教育，各职业院校与一批执行劳动合同好、员工收入高、工作环境优、发展前景广的企业建立了稳固的就业合作伙伴关系，民办职业院校毕业生就业率达98%。在规范管理方面，他们积极完善法人治理结构，形成了董事会领导下的校长负责制管理模式，推进了投资者与管理者分离。如江西渝州科技职业学院聘请了九江学院原副院长涂明华教授任院长、江西太阳能科技职业学院聘请了华东交大高职学院原院长宋京伟教授任院长、赣西科技职业学院聘请了东华理工大学原副校长范绎民教授任院长，真正让专家来管理学校。他们在人事上全面推行聘用制，在工资报酬上全部实行动态管理，做到高职低聘与低职高聘相结合，建立健全了"人员能进能出，职务能升能降，待遇能高能低"的灵活管理体制。同时，充分发挥党组织的政治核心作用等。

接着，江西渝州科技职业学院董事长杨名权，赣西科技职业学院副董事长艾敏，江西太阳能科技职业学院董事长张亢，分宜县教育体育局局长朱晓宏，康盛世纪幼儿园园长丁晓斌，江西渝州科技职业学院督导专员、党委书记易光华等分别发言，介绍学校的发展情况以及遇到的困难与问题，区域推动民办教育的做法与经验，加强民办高校党的建设的体会等。

从万副市长和大家的发言来看，影响和制约民办教育发展的主要问题，一是同等待遇落实难。《民办教育促进法》规定民办学校与公办学校具有同等法律地位，民办学校教师、受教育者与公办学校教师、受教育者具有同等法律地位。但在实际操作中，由于没有具体的政策文件，一些工作还很难落实到位。二是合理回报取得难。《民办教育促进法》提出，在坚持民办教育公益性质的前提下，作为对民办教育的一种扶持和奖励措施，规定出资人可以从办学结余中获得合理回报，但由于缺乏具体的实施细则，民办学校出资人根本无法合理取得回报。三是发展资金筹措难。新余民办教育以职业教育为主体，民办学校主要靠收取学生学费维持学校的运转和发展，绝大部分学校在办学过程中面临的资金困难难以解决，严重影响到学校适应市场需求开展专业建设的能力。

他们还对于进一步促进民办教育发展提出了许多建议，如希望进一步完善民办教育发展扶持政策，出台操作细则，依法落实民办学校、学生、教师与公办学校、学生、教师平等的法律地位，保障民办学校办学自主权。希望逐步建立完善民办学校教师养老、医疗等社会保障制度，探索"民办非企业单位法人"向"事业单位法人"转变的有效途径。建立完善民办学校教师社会保险、人事代理等制度。希望健全公共财政对民办教育的扶持政策，民办学校学生享受与公办学校学生同样的助学政策。希望加大民办学校的办学自主权等。

调研组的领导和专家教育部发展规划司副司长宋德民以及安徽省教育厅副厅长、民进中央教育委员会副主任李和平，中国民办教育协会常务理事、民进中央教育委员会委员、广东第二师范学院民办教育研究中心主任张铁明，中国民办教育协会副秘书长、北京教育科学研究院民办教育研究所所长王文源等，通过插话、提问、评论等方式，分别对新余民办教育的发展提出了富于建设性的意见和建议。

最后，我在发言中谈了几点个人的想法。我认为，民办教育不仅是中国教育的重要组成部分，也是教育事业发展的重要增长点和促进教育改革的重要力量，为我国教育事业的发展做出了重大贡献。新余市政府具有远见卓识，为民办教育的发展提供了良好的土壤，使得民办教育在新余从无到有、从小到大、从不正规到正规，实现了先发展后规范，在发展中求规范，逐步前行并不断做大，成为新余一张闪亮的名片、一道亮丽的风景，形成了著名的"新余现象"，这是值得肯定和认真总结的。

针对下一轮民办教育的发展，我对新余市提出了三点建议：一是创新民办教育的政府管理方式。民办教育的发展固然需要国家给予政策上的支持，但是我们不能等待天上掉馅饼，地方政府完全可以主动探索适合当地经济社会发展的民办教育发展政策，率先进行局部的民办教育创新试验，先期试点，积累经验。二是处理好学做人与学技术的关系。当前民办教育更多的是注重就业与技术的培训，但更重要的应该是塑造学生良好的人格、诚信的品行。教育中这两手都要抓，两手都要硬。要把培养良好素质的人放在职业教育最重要的位置上。三是加大产学研合作的力度。新余的职业教育可以与产业发展更加紧密结合。可以尝试把学校的课堂与企业的车间结合起来，把劳动服务外包与学生的就业结合起来，真正做到以教育培养人才，人才支持产业，产业带动发展，实现互利共赢。

不知不觉，会议一直开到了下午6点20分。

晚餐以后，调研组继续开会，分析一天调研的情况。尽管有一些专家来过新余，但对于新余民办职业教育的发展还是感触很深。小新余创造的大职教奇迹，的确让我们有许多想象的空间，许多反思的问题。

2011 年 5 月

"一所好学校，万户解千愁"——江西教育行之三

早晨 5 点半起床。读新出版的《教育研究与评论》第二期。这是江苏教育出版社与新教育研究院联合编辑的刊物，我担任理事会的会长，李庆明博士担任执行主编。本期的卷首是吕型伟先生的文章《寻找传统教育和现代教育的"结合点"》。先生认为，从西方 300 余年的现代教育发展，一直到中国百余年现代教育的发生发展过程，教育领域的基本矛盾可以归结为四个方面：一是人的自由发展与人的社会化之间的矛盾，二是统一的基本素养要求与个性差异之间的矛盾，三是书本知识与实践经验的关系之间的矛盾，四是教师本位和学生本位之间的矛盾。如何应对和解决这些矛盾，先生开出的药方是寻找结合点或者说是寻找中间地带。作为一位 93 岁高龄的教育家，仍然有着如此清晰的思维和深刻的思考，我等心怀敬意。

早晨 7 点半，调研组一行从新余市乘车前往上饶市。这是一段 370 公里的旅程，大约需要 4 个小时。因此，下载了《启蒙的反思》《中国文化的展望》《新哲学讲演录》等电子书，在车上慢慢浏览。电子书虽然越来越方便，也可以在上面做批注，但是总觉得不如纸质图书看起来过瘾，在车上看看书眯眯眼，时间过得也挺快。

中午 11 点左右，我们在休息站与罗富和常务副主席一行汇聚。他昨天上午刚刚参加完中央统战部的一个重要会议，晚上就赶到了南昌，今天一早从南昌出发，与大部队会合以后直接去我们的第二个调研点——上饶。

上饶是一个美丽的城市。南宋诗人辛弃疾曾经用"句里春风正剪裁，溪山一片画图开"的诗句描写这里的景致。上饶东部有世界自然遗产地——三清山，西部有中国面积最大、水质最好的淡水湖——鄱阳湖，南部有武夷山的主峰——黄岗山，北部有中国最美的乡村——婺源。这里也是理学大师朱熹和中国铁路之父詹天佑的故乡，这里还是一块红色的故土，是方志敏烈士家乡。他曾经天才地预言这里的明天：到处是活跃跃的创造，到处是亮堂堂的前景。

中午 11 点 40 分左右到达上饶境内。市委书记蔡晓明一上车就给罗主席一行全面介绍上饶经济社会发展的情况，如数家珍。他告诉我们，虽然我们从新余到上饶花了不少时间，但是未来的交通将会非常便捷。正在建设中的京福、杭州—南昌—长沙高速铁路经过上饶，并且在这里形成汇接

点，据说专家组在讨论路线时，知道这里是詹天佑的故乡，全部投了赞成票。今后，从上海到上饶只要 3 个小时左右，从北京到上饶，也只要 5 个小时左右；三清山机场的建设，也已经在紧锣密鼓地进行当中。

蔡书记风风火火，曾经在四个城市担任过主要领导，谈起数字来，一个接着一个；讲起思路来，一条接着一条。他告诉我们，前几年他们组建了 10 个工作组到北京争取资金和项目，派出了 100 支专业招商小分队到沿海发达地区引资金和项目，派了 5000 余名干部下企业、进农村、到工地，传政策、解难题、暖人心。为了加快鄱阳湖生态经济区的建设，他们又提出了"走绿色崛起之路，建生态和谐之城"的目标，去年生产总值比 2006 年增长了一倍，财政收入比 2006 年增长了 2.8 倍。

20 分钟以后，我们到达龙潭湖宾馆。午餐以后稍事休息，就赶往上饶火车站。下午 2 点 41 分，在上饶火车站与严隽琪主席会合。她刚刚结束在上海交通大学举行的高校科研体制改革的国际研讨会，就马不停蹄赶到江西参加这次大调研活动。调研组一行从车站直奔玉山县。

下午 3 点半左右，我们到达玉山县文苑中学。一进大门，看到墙上有一副对联：培栋梁育英才代代园丁含辛茹苦花香桃林，知天文通地理莘莘学子携手共进鱼跃龙门。这是许多学校的"励志"教育方式，但是感觉格局小了一些，教师凄清了一些，学生功利了一些。

文苑中学全称玉山一中文苑学校，创办于 2003 年 6 月，是一所民营股份制学校。学校占地面积 86 亩，校舍建筑面积 36000 多平方米，总投资 5334 多万元。校舍一部分是原来县政府大院，后来陆续修建了教学实验综合楼 13250 平方米，食堂 4392 平方米，学生公寓 8523 平方米。校园里古樟参天，丹桂成行，绿草如茵。教学设施比较完备先进，现有理化生实验室 5 个，多媒体教室 3 个，多功能演播厅 1 个，每个教室都安装了投影仪；建设了 9105 平方米塑胶田径场；购置了图书 32 万册（含电子图书）。严主席一行认真考察了校园环境和学校的各种设施、教室、运动场、学生宿舍等。然后在行政楼召开专题座谈会。

座谈会由蔡书记主持。上饶市胡汉平副市长、玉山一中文苑中学校长姚礼木、弋阳县私立育才中学董事长郑亚雄、余干县私立新时代学校董事长齐进成、上饶市教育局局长徐建华、鄱阳县秋实学校董事长邓定乾、万年县私立华兴学校校长王从军等先后发言，介绍了有关县市民办教育和民办学校的发展情况。

从介绍中我们得知，上饶总人口 710 万，现有各级各类学校 4396 所，在校生 144.3 万人，教职工 10 万人。其中各级各类民办教育机构 1781 所，在校生 287229 人，占总在校生的 19.9%。从具体的不同层次看，民办高中 31 所，在校生 41624 人，占全市普通高中在校生的 33.2%；民办职业高中 18 所，在校生 7195 人，占全市职业高中在校生的 52.3%；民办初中 67 所，在校生 66366 人，占全市初中在校生的 20%；民办小学 21 所，在校生 42600 人，占全市小学在校生的 6%；民办幼儿园 1635 所，在园幼儿 129444 人，占全市在园幼儿的 70%。

在"十一五"期间，上饶的民办教育总量有了较大的增长，学校从 1021 所增加到 1781 所，增长了 73%；在校生增长 46%；校园占地面积增长 20%；固定资产投入增长 63%；教职工数增长 33%。同时，形成了一批质量优异、特色鲜明、社会满意度高的优质民办学校。其中，弋阳县育才学校就是一个典型。

弋阳县育才学校创办于 1999 年，学校占地 150 亩，先后投资近 600 万元，是一所集幼儿园、小学、初中于一体的全寄宿民办学校。学校设施齐全，有 400 米标准运动场，学生公寓和教工宿舍，理化生实验室，大型报告厅和多媒体教室，每个班级配备电视机和投影仪，绿化覆盖面积 80%，是一所园林式的学校。学校的管理规范民主，形成了以校长（董事长）和教师代表组成的决策机构。

特别需要指出的是，在 2625 名学生中，95% 左右属于留守儿童。郑亚雄校长坚持"为国家分忧，为社会减压，为家庭解困，为祖国育才"的理念，全身心地关爱每一个学生。有一些孩子一年到头看不到父母，就把校长和老师当作是自己的亲人。上饶市教育局局长苏万能感动地写下了"一所好学校，万户解千愁"的赞誉，《中国教育报》也用这个题目，报道了他们关爱"留守儿童"的事迹。

其实，在上饶，这样的民办学校还有许多。如万年县华兴学校，4000 多名学生中有 3000 多名是留守儿童。每逢传统节日，学校都用传统的方式为学生过节，中秋吃月饼、柚子；端午吃粽子、面条；生日有贺卡祝福；生病有专门照顾，努力做到让留守儿童有"家"的感觉，感受到"爱"的幸福。

蔡书记介绍说，上饶是一个外出务工人员非常多的地区，常年有 140 万人在外地打工，留守儿童的数量近 43 万人。其中 10% 左右是由民办学校接受入学的，这些孩子的父母选择民办学校，并不是因为他们有钱，而是因为民办学校可以提供全寄宿的服务。根据我们的了解，上饶的民办学校收费并不高，每学期 1400—1700 元不等，还要拿出部分经费减免贫困生的费用等。

从市长到局长、校长的发言，我们都感觉到上饶民办教育的发展得益于两个最重要的政策。一是土地政策，二是教师政策。上饶市委市政府2004 年 9 月出台了《关于进一步促进民办教育发展的决定》的文件，从民办教育的性质和地位、民办教育在经济社会发展和社会进步中的作用、发展民办教育对构建中心城市的战略意义等三个方面强调了发展民办教育的意义，同时在民办学校土地征用、报建立项、税费减免、用水用电、贷款融资、自主招生、学校收费、教师聘用等方面给予了许多优惠政策。如土地基本属于无偿划拨或者先征后返，公办教师可以停薪保编到民办学校任职等。现在这些当年作为骨干的公办教师大部分已经到了规定的 8—10 年的期限，如果全部回到公办学校，可能对于民办学校是一个致命的打击；而如果不回去，他们公办教师的性质就难以保住。所以，在发言中意见最集中的仍然是两大问题，即落实民办学校的法律地位，明确民办学校的民办事业单位性质；落实民办学校教师与公办学校教师具有同等性质的身份，解决养老、医疗等福利待遇问题。

在听取了大家的发言以后，严隽琪主席代表调研组一行做了讲话。她在讲话中说，中国民主促进会是一个以教育为主界别的参政党，长期以来，我们为中国教育的改革与发展做出了积极的贡献，如教师法的出台、教师节的建立等。之所以这次把民办教育作为大调研的主题，因为我们认为民办教育是中国教育不可或缺的重要组成部分，是中国教育改革的重要力量。《民办教育促进法》颁布以来，对于推动民办教育的发展起到了一定作用，但是 10 年来也遇到许多新情况、新问题，有许多需要完善的地方。"对于民办教育，我们的认识提到多高，支持的力度就有多大"。对于民办教育，不是需要我们的"恩赐"，而是需要真正发现它的价值。

会议的气氛非常热烈，一直交流到下午近 6 点半。

晚上 8 点在下榻的酒店参加民进江西省委会和上饶市委会的工作汇报会。江西民进主委、省政协副主席汤建人和上饶市民进主委、市政协副主席饶爱京分别报告了近年来民进在参政议政、社会服务、自身建设等方面的工作，对会中央的工作也提出了一些具体建议。上饶民进的部分会员代表，也在会上交流了自己在工作和生活方面的情况。听了大家的交流，我有一个突出的感受，大家都真正地把民进视为自己的家。会议一直持续到晚上 10 点。

回房间以后翻阅饶爱京主委送的《经济欠发达地区民办高等教育研究》一书，这是她的博士论文，导师邬大光是我的朋友，我们曾经同时在香港中文大学访学。这本书与本次调研的主题比较接近，所以值得好好看看。如其中关于江西民办高等教育发展极不平衡的问题，就值得关注。从民办高等教育的资源分布来看，南昌有 41 所，新余 6 所，吉安 4 所，九江、上饶各 2 所，景德镇、宜春、赣州各 1 所，鹰潭、抚州、萍乡均为 0，可见高校的地域分布是不均衡的。

晚上 11 点开始整理昨天的日志，继续写"江西教育行"的文字。凌晨12 点休息。

2011 年 5 月

股份制与改制学校的前景如何——江西教育行之四

又是"5·12"。曾经担任八一帐篷学校校长的李江团长发来短信，问候在 2008 年为灾区伸出援助之手的新教育人。感动之中有愧疚之意，今年以来，新教育研究中心忙着在罕台深耕细作新教育，任务艰巨，没有太多的时间为北川新教育指导。但是，我一直没有忘记我们的承诺，北川新教育实验区的建设一直在我们的视野之中。尚勇局长在北川推进新教育的遗愿我们一定帮助他实现。

昨天下午，被称为"三清山下的一朵新葩"的玉山县私立学校玉山一中文苑学校校长和董事长的发言引起了我的注意。

这所创办于 2003 年 6 月的股份制学校，董事长连书荣本人占股 57%，玉山一中占股 43%。很明显是当时玉山一中初高中分离时，为了保持一中的优秀初中生源和品牌，双方合作的。学校收购了原玉山县政府大院，吸收了原玉山一中初中部的在编公办教师（现有 65 人），吸引了玉山县其他公办学校的部分优秀教师（现有 15 人），同时向社会招聘了一些优秀毕业生。现在，学校有专任教师 153 人，其中省特级教师 1 名，高级职称教师 55 名，中级职称教师 60 名，教学班 56 个，在校学生 3500 多人。

八年来，文苑学校办学成绩优异，为重点高中输送了 2000 多名优秀学生。全县教育教学质量评估，文苑学校每年都夺得第一名；学校曾组织科普活动，荣获"中国少年科学院科普基地"称号；每年参加县田径运动会和文艺汇演多次获团体一、二等奖；多次被评为先进学校、文明学校。2009 年第 6 期的《江西教育》（教学版）的《特色校巡礼》栏目刊登了《一株怒放的玉兰花——玉山一中文苑学校办学侧记》，专题报道了该校的办学成就。

学校的成就背后，当然是优秀的教师团队。为了调动教师的积极性，学校为每位教职工办理了医疗保险、社会保险和工伤保险，定期为教职工体检。教师工资由基础工资＋职级工资＋课时补贴＋岗位津贴四部分组成。教师的职级工资按资历、工作表现、对学校的贡献，每年调整一次。对贡献特别突出的班主任给予特别奖励。

但是，在实际办学的过程中，文苑学校也面临着很大的办学压力。一是一些行政部门把学校当作"企业"法人对待，导致了一系列实际问题，如在教师、税费、会计制度、保险等问题上得不到与公办学校同等待遇；二是物价上涨、水费电费大幅上调、公务员加薪，学校的办学成本大幅提高，越来越难以承受，教师的收入由过去比公办教师高 1 万元以上下降到高 5000 元左右，吸引力逐步下降；三是公办学校学生享受"二免一补"政策，而他们的学生还不能够享受公用经费以及住校生困难补助，招生越来越困难；四是教师不稳定、流动性大。弋阳县的郑亚雄校长也告诉我们，这些年他们就为公办学校培养输送了 60 多位优秀的公办教师，主要原因就是职称评定、福利待遇、住房等方面与公办教师有差距；五是按现有政策，学校资产不能办理抵押贷款，民营学校的资金周转的困难难以解决。

董事长告诉我们，学校成立以来，从来没有分红之说，只有不断投入，因为一直处在发展之中。但是眼看十年的"大限"就要到期，如果 65 个骨干教师全面撤退，不知道学校如何办下去。

其实，文苑中学的困境，也是许多民办股份制学校和改制学校共同的困境。中国民办学校的生存环境已经发生了非常深刻的变化，最初的民办学校，一部分是为了满足扩大教育资源，解决政府投入不足的矛盾，所以愿意送地、支持公办教师，先把学校办起来再说（玉山县的大部分学校属于这种情况）；一部分是为了满足初高中分离时，能够将优质初中教育资源留在手中，将初中阶段进行股份制改造而产生的（玉山县的文苑中学属于这种情况）。现在，一方面是政府的财政逐步好转了，一方面当时承诺的一些优惠条件即将到期，何去何从，对于民办学校来说是性命攸关的事情。

无论什么情况，我个人认为，政策和策略是党和政府的生命线，我们千万不能够再办那些朝令夕改、出尔反尔的事情。

首先，要充分认识民办教育的价值和意义，不仅仅是解决了政府投入不足的矛盾，不仅仅是满足多元的教育需求，它更是国家教育事业不可或缺的重要组成部分，是教育改革发展的重要力量。这次我们在江西看到，凡是民办学校办得好的地方，公办学校的水平也都在不断提升。所以，民办教育不是可有可无的，不是政府没有钱才需要办，有了钱就可以不办的。

其次，要历史地对待现有的民办学校。中国如此之大，最怕做什么事情都是"一窝蜂"，处理事情"一刀切"，而应该按照实事求是、具体问题具体分析的方法解决问题。对于因为当时政府财政困难而成立的民办学校，政府财力好转了不妨多给予一些优惠政策，让民办学校尤其是基础学历阶段的民办学校，也能够充分享受政府财政的阳光。原来承诺的条件如政策公办学校教师的条件，不妨继续支持。可以采取新校新办法、老校老办法，分类管理。

对于那些股份制学校或者改制学校，到底是改回公办还是继续民办下去，也不应该"一刀切"，而是充分考虑如何做才最有利于学校本身的发展，如何做才最受教师、学生和投资者的欢迎。

教育不能折腾，也折腾不起。

2011 年 5 月

紫阳园里书声响——江西教育行之五

早晨 8 点半从下榻的酒店出发前往婺源县。

婺源位于赣东北，行政上是属于上饶的一个县。面积 2947 平方公里，人口 33 万，辖 16 个乡镇、1 个街道。婺源历史悠久，物华天宝，素有"书乡""茶乡"之称。

"书乡"，是说其人文之美。自宋至清，出进士 552 人，历朝仕宦 2665 人，著作 3100 多部，其中 172 部入选《四库全书》。走进婺源，你会发现历代名人遗迹和明清徽派古建筑遍布乡野。小小的一个县竟然有 16 个省级历史文化名村、2 个国家历史文化名村、13 处全国文物保护单位。这里耕读传家的观念非常深厚，有"山间茅屋书声响，放下扁担考一场"的美誉，更有"十户之村不废诵读"的传统。

"茶乡",是说其自然之美。"茂林修竹映村廓,飞禽走兽相对鸣",历史上有无数吟诵婺源自然风光的诗句。走进婺源,你会看到蓝天、青山、碧水、小桥、流水、人家、粉墙、青砖、黛瓦,天人合一,相映成趣。有人说它是一颗镶嵌在皖、浙、赣三省交界地的"绿色明珠",更有人称它为"中国最美的乡村"。

在担任苏州市副市长的时候,我曾经与文化部门的同志来婺源,考察历史文化遗产保护的情况,几乎走遍了婺源的山山水水,看遍了婺源的文物古迹,被它满目苍翠的景色所陶醉。当地的同志甚至还带我寻根访祖,并在一片荒废的草丛池塘边徜徉了许久。

这次再访婺源,是为了民办教育而来。这里有一所特别的学校。

一个多小时的车程,我们顺利来到了紫阳中学。

在县长贺瑞虎和校长孙标武的陪同下,调研组一行考察了学校的实验室、图书室、运动场和校园环境。学校里仍然有备战高考的浓郁氛围。以往考取北京大学、清华大学等国内外名校的学生的照片,被放大成一米左右的宣传广告,激励学生以他们为榜样。尤其是一条横幅上写道:"奋战100天破釜沉舟创辉煌。"

接下来是座谈会。由上饶市人大主任周华北主持。贺瑞虎县长介绍了婺源发展民办教育的基本情况。

他介绍说,婺源县共有各级各类学校410所,其中小学300所,初中22所,普通高中2所(民办1所),中等职业学校2所(民办1所),幼儿园83所(民办82所),特教学校1所。在职教职工3580人,其中民办643人。在校学生64279人,其中民办9023人,占七分之一左右。

婺源县发展民办教育其实也是被逼出来的。2000年,婺源只有一所高中,招生能力不足1000人,但初中毕业生却有4000人以上,高中教育成为制约婺源教育发展的瓶颈,作为经济欠发达的山区农业县,政府财力明显不足,吸引社会资金兴办学校是首选的出路。

为此,县委县政府解放思想,先后出台了一系列优惠政策,鼓励民办教育。如为破解民办学校的土地难题,县政府无偿划拨了100亩土地给紫阳中学、30亩土地给实验学校、3亩建设用地给星星幼儿园作为建设用地。专门成立了民办学校筹建领导小组,为民办学校开通"绿色通道"。紫阳中学从征地到平面布置红线图的划定只用了 5 天时间，一期工程从破土动工到交付使用只用了 7 个月时间。为了缓解民办学校创办初期的燃眉之急，在政府的支持下从公办学校天佑中学抽调 8 名学科带头人到紫阳中学任教，三年工资由县财政负担。2007 年，政府又决定同意孙标武等 41 名公办教师停薪保编聘用到紫阳中学任教，聘用期间一切关系转至人事部门所属的人才交流中心实行人事代理，代理期间，紫阳中学需按政策缴交除养老保险外的社会保险，聘用到退休的享受公办学校在编教师同等退休待遇。2002 年，婺源县成立了"民办学校教师交流服务中心"，隶属县人事劳动局，允许民办学校面向社会招聘教职工，对民办学校教师档案实行人事代理，促进了公办、民办学校间教师的流通；对应聘教师要求民办学校按国家和省有关规定办理教职工养老、医疗等社会保险，保障了民办学校教师的合法权益。

接着是紫阳学校的孙标武校长介绍情况。学校于 2000 年 10 月筹办，2010 年 9 月正式开学，占地 100 亩，建筑 5 万平方米，设计规模 3000 人，现在在校生 2430 人，教职工 212 人。这是一所由教师集体出资举办的民办学校，学校资产 4800 万元（最初教师出资近 2000 万元）。学校办学条件较好，教学设施齐备先进，管理规范严格，办学质量较高。获得上饶市高中教学质量综合考评一等奖，被评为上饶市优秀重点中学和江西省重点中学。校长介绍了紫阳中学六方面的社会效益：一是学校自筹办学资金近 5000 万，缓解了政府教育投入的压力；二是学校每年增加 1000 名左右初中生进入高中阶段学习，拓宽了升学渠道；三是每年为财政节省了数百万的教职工工资支出，减少了财政负担；四是增加了 100 多名婺源籍大学生的就业和几十人的再就业岗位；五是优化了婺源教育环境，降低了当地老百姓子女高中教育的费用；六是激发了当地教育管理和教学质量的良性竞争，促进了婺源教育品质的整体提升。

紫阳学校教导处的王主任和青年教师代表程国华等也介绍了学校的办学理念，和自己在学校成长的历程，生动而感人。如"紫阳无差生""自觉即自由"的理念，"励志、居敬、格致、笃行"的校训，"封而不闭的管理，让学生安心，家长放心；开放式的教学，因材施教，个性发展"的管理特色等。我们的确感觉到，这是一所颇具特色又非常用心的学校。

但是，学校办学遇到的困难也是巨大的，生存的危机已经出现。去年，因为生源的减少，学校已经开始出现财政赤字，亏损 128 万元。根据我们的了解，婺源另外一所公办高中天佑中学收费与紫阳相差无几，每学期 800 元左右（紫阳中学为 860 元左右），天佑招收的学生基础也更加好。在高中生源日益减少的情况下，如果天佑中学继续扩大招生，紫阳的命运可想而知。

所以，这就需要政府科学决策。我个人认为可以采取两个办法，一方面需要严格控制天佑中学的招生规模，为紫阳留有生存与发展的空间；另外一方面需要给紫阳一定的财政支持（在财务审计确认无法满足办学成本的前提下）。与其等到紫阳办不下去政府再来收拾烂摊子，不如未雨绸缪，创造适度竞争、公办民办双赢的格局，这样最终得到实惠的是老百姓。

这次调研发现，中国民办教育的发展的确形式多样，它们的产生与发展绝不是偶然的，都有其存在的理由。具体问题具体分析，个案解决民办学校的问题很有必要。

全国政协副主席、民进中央常务副主席罗富和在发言中充分肯定了紫阳中学的办学精神，提出了一个非常重要的观点：教育改革成功的标志，就是各级各类学校中，应该有一批最好的学校是民办学校。

全国人大常委会副委员长、民进中央主席严隽琪也对"紫阳无差生"等办学理念高度赞誉。严主席说，作为一个以教师为主体的参政党，对于老师，对于教育，有着发自内心、渗透到血液的天然情感。对于民办教育，应该作为一项基本的教育政策来考虑，不是可有可无的问题。在政府公共财政逐步好转以后，民办教育如何科学发展，是摆在各级政府面前的一张大考卷。她指出，应该明确中国民办教育的地位，给予充分的自主权。她也相信，民办学校一定有更加美好的明天。

晚餐以后，在婺源的朱子步行街散步。街上人流如潮，老人、孩子、妇女、游客、居民，锻炼的、玩耍的、闲逛的。没有想到，整条街都是品牌店，大部分都是服装店。因为是朱子步行街，以为会有朱熹的塑像之类，结果什么也没有发现，连一个书店也没有。不知道朱子有何感想啊。好在，这条街仍然在建设之中，希望地方政府能够考虑一些文化教育的设施，让这个最美丽的乡村从外表到灵魂真正地美丽起来。

2011 年 5 月

民办学校的自主权应该有哪些——江西教育行之六

早晨 6 点起床，整理江西教育行的日志，希望通过这次对在江西几个城市的调研，对民办教育进行比较全面的认识与思考，能够提出一些切实可行的政策性建议。

上午 8 点出发赶往南昌——本次调研的最后一站。370 公里的路程，又是一路红歌。还看了一部电影《007》。

中午 11 点 40 分左右，调研组一行抵达南昌，下榻滨江宾馆。

为了帮助调研组全面了解江西省和南昌市民办教育的基本情况，省市有关部门准备了书面材料。通过这些材料，我对南昌市民办教育有了初步的印象。

以南昌市而言，全市现共有各级各类民办教育机构 606 所。其中民办幼儿园 405 所，在园儿童 5.48 万人，教职工 5850 人。幼儿园数占同类教育中的比例为 80.8%，在园幼儿数占比为 61.1%。民办小学 17 所，在校学生 2.1 万人，教职工 1562 人。小学学校数占同类教育中的比例为 1.62%，小学生数占比为 4.75%。民办初中 24 所，在校学生 1.87 万人，初中学校数占同类教育中的比例为 11.82%，学生数占比为 8.64%。民办高中 14 所，在校学生 0.73 万人，占同类教育中的比例为 21.54%，学生数占同类教育的比例为 8.55%，说明民办高中的规模都较小。另外，民办职业教育 20 所，非学历教育机构 126 所。

南昌市民办教育的发展与市委、市政府对民办教育高度重视是分不开的，他们把民办教育纳入了"南昌市经济和社会发展总体规划"，出台了《南昌市积极鼓励民间办学的实施办法》，明确了民办教育机构在土地征用、规费减免、师生权益、业务指导及社会地位等方面享有与公办学校同等的待遇。在政府的大力扶持下，民办教育迅速发展，形成了一批品牌学校，各类民办学校固定资产由 2002 年的 3.5073 亿元发展到 2007 年的 40 多亿元，增长 10 倍多。在校生由 2002 年的 45486 人发展到 2009 年的 20 多万人，增长了近 5 倍。

下午 2 点半，调研组一行在南昌考察民办学校。首先来到位于红谷滩新区的协和幼儿园。幼儿园是上海协和教育中心（集团）投资兴办的一所民办校园，占地面积 3850 平方米，建筑面积 2460 平方米，现有 10 个教学班，学生 280 人，教职员工 49 人，是南昌一所品牌幼儿园。

这个幼儿园最大的特色是它实行把国家课程、发展性课程、特色课程相融合的课程结构。所谓国家课程，是以生活、游戏、学习、运动四类活动为基本课程内容开展各类保教活动，让幼儿获得最粗浅的知识经验，发展幼儿的智力、能力，培养幼儿良好的品德行为习惯和积极的情感。所谓发展性课程，是立足于幼儿的个体发展，以幼儿的需要、兴趣、能力、经验为中心，强调幼儿自我表现过程，使幼儿在愉快宽松的气氛中，接受潜移默化的教育。发展性课程包括：稚语心声、视听之旅、睡前故事、绘画日记、智能活动、亲子脑力激荡、识字活动、周末活动等。所谓特色课程，是应现代社会对人才素质的要求和家长的愿望而设，立足于幼儿的兴趣和家长的自愿选择，以培养兴趣、培养自信为出发点，对幼儿进行某些特殊才能的熏陶，为部分具有某方面天赋和特别爱好的幼儿奠定入门基础。

为满足 0—3 岁早期教育的需求，专为 12—24 个月婴幼儿设置家庭服务的宝贝俱乐部课程。这些课程的开发依托上海协和教育中心，所以相对比较专业、规范，深受孩子和父母欢迎。

一进幼儿园的大门，我们就看到了学校特色课程的各种展示，包括亲子脑力激荡的成果、儿童绘画日记样本等。在不同的班级，我们看到了许多颇具特点的创意设计，从模拟生活中的各种场景，到孩子们的自画像，琳琅满目，美不胜收。同行的中央统战部吴晓礼局长笑着说，真希望回到童年再上一次幼儿园啊！

幼儿园的园长也反映了一些她们遇到的困难，并且提出了建议。一是随着政府对公办幼儿园投入的不断增加，教师待遇逐年提高，民办幼儿园的成本不断增加，竞争优势逐步丧失，希望在招生、收费、特色项目建设方面给民办幼儿园更加大的空间。二是幼儿园教师待遇与公办幼儿园有较大差距，幼儿教师的稳定比较困难。三是希望建立扶持优质民办幼儿园的机制，既能够发挥民办教育的体制机制改革的示范作用，又能够激发公办教育的活力。

下午 3 点半左右，调研组一行继续赶往南昌工学院进行考察。南昌工学院是江西最早的一所民办大学，1988 年由江西原省委书记傅雨田等一大批老同志创办，最早叫赣江大学，1998 年更名为赣江专修学院，2003 年由江西超弦教育培训有限公司作为学校的举办者，成立江西赣江职业技术学院，成为专科层次的普通高等院校，2010 年升本，正式建立南昌工学院。

我们进入校园时，一条"升本不忘本"的横幅悬挂在校门口，学校到处洋溢着升本的喜悦气氛。

学校的董事长王斌是安徽人，以前是做文化企业的。他介绍说，自己也是偶然进入了民办教育的领域，从此一发而不可收。现在，校园占地面积 1180.84 亩，校舍建筑面积 37.2 万平方米，其中教学科研行政用房 16.1 万平方米。学校资产总额近 9 亿元，其中教学仪器设备总值 4245.1 万元。图书馆馆藏纸质图书 65 万册，中外文期刊 321 种，电子图书 20 万册，电子文献数据库 3 个，建有主干百兆校园网及校园无纸化 OA 办公系统。

学校设有机械工程学院、电子工程学院、信息学院、建筑工程学院、经济管理学院、人文艺术学院和民族教育学院等 7 个二级学院，开设机电一体化、建筑工程、电子信息工程、计算机应用和会计电算化等 46 个高职专业，涵盖理、工、经、管、文、法等 6 大学科，初步形成了以工学为主，其他学科协调发展的学科专业体系。

学校一个很显著的特色——为民族地区培养人才。学校面向新疆、西藏等 28 个省、市、自治区招收了维吾尔族、藏族等 50 个少数民族的学生。8 年来，学校为中央财经大学、同济大学、上海外国语大学、中国药科大学、南京理工大学、武汉大学和江西财经大学等 123 所本科院校培养了近 2 万名少数民族本科预科生。在行政楼前，几十位少数民族地区的学生向大家献上了哈达。校长告诉我们，学校现有全日制统招高职学生 6608 人，民族本科预科和专科预科生 4913 人。我们参观了民族食堂，食堂专门聘请了从新疆招聘的管理团队，负责人自豪地说，他们的清真食堂规模比新疆大学还要大。学校有教职工 812 人，其中专任教师 410 人，具有硕士以上学历和高级专业技术职务以上的教师均为 130 人，占专任教师总数的 31.7%。

学校建立了现代学校管理制度，严格按照《南昌工学院章程》开展办学，切实履行董事会领导下的校长负责制，制定了完善的《董事会议事规则》。在财务管理方面，学校严格执行"收支两条线"管理规定，实行"阳光收费"。在教学管理方面，学校构建了一个完善的高校内部教学质量监控体系，如校、院两级领导及督导听课制度，专职督导员制度，教、考分离制度，教学信息员制度，网上评教制度等，形成了立体式的教学监控体系。

王斌董事长也介绍了一些在办学过程中遇到的困难，其中最大的困难就是在招生、收费和学科设置方面缺乏相应的自主权。在招生问题上，学校必须严格地服从各省招办规定的名额和分数线；在收费问题上，学校必须严格执行省里规定的标准，作为一个工科类的高校，他们一年的学费只有5000多元，学校只能够维持基本运作，想办成高水平大学难度非常大；在学科设置上，许多社会急需的人才专业目录上面没有，而招生等必须严格按照专业目录来进行。

从今天考察的两所学校来看，民办学校办学自主权的落实问题，的确应该引起足够的关注。在招生自主权方面，目前民办学校招生计划和招生方式基本是按照公办学校招生政策执行，受限较多。行政部门对民办学校下达招生计划，确定生源比例、招生范围和录取标准时，往往简单套用公办学校模式，不尊重民办学校实际办学条件和办学机制，经常是先保公办，一些民办学校招不满学生，校舍设备大量闲置、教学资源浪费严重，生存难以为继。我们认为，作为直接面向市场配置资源的自负盈亏的民办学校，应该比公办学校享有更充分的办学自主权，尤其是更充分的自主招生权，可以在依照办学条件核定办学总规模的前提下，允许民办学校面向社会自主招生，实行"学校保障条件、政府核定规模、学生自由择校"。

在收费自主权方面，目前民办学校收费权受到不适当的行政干预，一是不按照办学成本核定民办学校收费标准，经常遭遇政府限价的行政命令，二是所有同层次民办学校执行相同的收费标准，没有遵循"优质优价"原则。这样就违背了民办教育应具有的选择性和多样性特点，不利于民办学校办出特色、提高水平。我们认为，民办学校的收费可以由审批制改为备案制，允许民办学校根据自身办学条件、服务水平和办学成本，结合社会需求和承受能力等因素，自定收费项目和标准，报价格主管部门备案后向社会公示。物价部门可以通过听证会、审核办学成本等方式，检查收费的合理性。

在专业设置权方面，目前民办学校不能自主设置专业，专业设置与调整需要报省、部审核备案，开办新专业的审批手续繁琐、程序漫长，导致民办高校间专业、课程设置高度雷同，影响了学校形成自身特色，削弱了学校满足社会需求的能力。我们认为，国家在建立专业设置标准的前提下，应该允许民办高校自主设置和调整专业，发挥专业学会的作用对学校的专业进行评估与考核。允许学校根据学校办学特色和地方经济社会发展需求新设、试办少量专业。

晚上，省委书记苏荣和省长吴新雄一行与专家组见面，介绍了江西的人文历史与自然遗产，讲述了江西近年来跨越式发展的思路与成就。大家对绿色江西、生态江西、人文江西增加了不少新的认识。

晚上 7 点 45 分，调研组继续开会，研究民办教育发展的深层次问题。王文源介绍了中国民办教育协会提出的十大问题及其解决思路，胡卫、张铁明、李和平等也就民办教育面临的新情况新问题进行了全面的分析与讨论。严隽琪主席和罗富和常务副主席全程参加会议，并提出了许多重要的建设性意见。严主席特别提出，应该对民办教育目前处于一个怎样的阶段做一个实事求是的分析，从顶层设计的角度考虑民办教育的未来走向，设计一个好的制度安排，鼓励真正的社会资本涌入民办教育领域。

2011 年 5 月

中国社会资本为什么不进入教育
——江西教育行之七（上）

早晨 4 点半起床，整理江西教育行日志。每一次外出调研，给自己一个任务、一个期待，也就多了一份责任、一份牵挂。我经常在凌晨起来工作，写到 7 点左右再上床小睡片刻，半个小时左右，宛如充电。

上午 8 点半出发，考察江西广电艺术幼儿园。江西广播电视艺术幼儿园成立于 1999 年，隶属于江西省广播电视局下属的广播电视发展中心，办学体制属于企事业办园。幼儿园占地面积约 18 亩，建筑面积约 11000 平方米，总投资约 1500 万元。全园现有入托幼儿 830 人，教职员工 186 人。幼儿园的办学宗旨是"让每一个孩子在现代而生态的环境中、亲切而周到的关爱中、适宜而生动的教育中，快乐、健康、全面、和谐地成长"。幼儿园依托广播电视传媒的优势，一方面为培养跨世纪的高素质人才和优秀的艺术人才打基础；另一方面，为江西省广播电视少儿节目的制作提供活动基地，形成了以艺术启蒙教育为特色的办园风格。这也是他们特有的优势条件，利用这个优势，他们还与上海绿地集团等机构合作开办了四所幼儿园，成为在江西颇具影响的幼儿教育集团。

我们参观了幼儿园的大班、中班、小班、托儿班、婴托班和早教中心。昨天参观协和幼儿园的时候，根据调研组的要求，孩子们正常休息，没有入园。但是今天尽管是星期天，孩子们还是来幼儿园了。园长告诉我们，他们是调整休息时间了。有了孩子的幼儿园，自然就显得活力四射。孩子们有的在沙场玩耍，有的在涂鸦墙上画画，有的在图书室听老师讲绘本，有的在模拟医院、商场等扮演角色。在早教中心，许多年轻的妈妈带着孩子在与老师交流，还有刚刚出生不久的孩子在小木桶里游泳。

幼儿园的管理比较规范。园长专门送了我们一本近 50 页的《员工手册——职业道德规范、园纪及相关规定》，其中对于幼儿园的安全防护工作制度、奖励与惩罚细则、员工处分办法、劳动人事和福利待遇规定等内容，进行了详细的说明。如私自接受家长钱物、使用学校热水器为自己洗澡等这样的细节，都有相应的处罚规定。幼儿园的收费每月 1300 元左右，比协和多 500 元左右。经费大部分用于人头的开支，刚刚参加工作的员工，月薪在 2000 元左右，工作 5 年的教师月薪 3000 元，满 10 年的月薪 4000 元。另外还要支付贷款利息、上交管理费，加上教师培训费、水电费、教具玩具费、设备添置费等，结余很少。

园长反映，民办幼儿园存在一些困难。首先是拿不到财政的发票，如果用财政的发票，就要调剂 10%，而公办幼儿园不需要交纳这个费用。另外，民办幼儿园的教师不够稳定，优秀幼儿教师流向公办幼儿园的情况比较普遍。我在调研中注意到，江西民办幼儿园的比例高达 98%，如果根据国家发展学前教育的文件规定，政府加大学前教育的工作力度，增加公办幼儿园的数量，这个问题将更加突出。如果这些问题不能够得到很好的解决，民间资本是不可能真正进入包括幼儿教育在内的教育领域的。

离开广电幼儿园，我们又来到位于南郊的江西服装学院。进入学校，一排巨大的罗马柱映入我们的眼帘，尽管我不喜欢这种欧式的建筑，但气势还是蛮大的。院长告诉我们，学院是一所以培养服装类应用性专业技术人才为特色的高等院校，其前身是 1991 年 7 月创办的民办江西服装学院。1998 年 2 月更名为江西服装专修学院。2003 年 4 月，正式成立高职性质的江西服装职业技术学院，2011 年升本。学院占地 754.24 亩，建筑面积 47.23 万平方米，校内实验实训基地 6 万多平方米。学院设有时装设计学院、服装设计与管理学院、服装工程学院、服装商贸学院、服饰艺术学院、艺术设计学院、公共教学部六院一部，开设有 30 个专业（含方向），现有在校生 6023 人，专任教师 338 人，其中副教授以上职称者 107 人，硕士以上学位者 103 人。

在院长的陪同下，调研组一行参观了集收藏、展示、教学和研究于一体的服饰文化陈列馆，8 名国内著名设计师的设计创意工作室，以及服装设计实验中心、服装工程实验中心、服装营销实验中心等实践教学中心。院长告诉我们，学院以服务于服装行业及相关领域为方向，坚持以职业为本的方针，突出"技术＋艺术"的教学模式，通过产学研结合，注重培养学生的动手能力，建设大服装专业主导下的多元化服装专业学院。所以，学院的毕业生几乎100%就业，还培养出如中国富贵鸟集团设计总监刘江宏、劲霸时装设计有限公司首席设计师万明亮、九牧王集团格利派蒙服饰设计总监邝鼎松、宁波洛兹制衣有限公司副总经理陈振富、广州邦德洋服有限公司总经理郭志强、第三届广东十佳设计师程飞、香港卡鑫隆服饰国际有限公司设计总监李志坚等优秀的毕业生。许多毕业生在国内知名服装、服饰品牌任职，担纲设计及管理。同时，大批毕业生下海创业大显身手，创造了奇迹。

在一间间教室和实验室里，我们看到了许许多多的学生作业。副院长徐炜告诉我。好的作业很快就可能成为作品，被企业生产，甚至成为品牌。

在参观的过程中，一个剃着光头、身着白色工作服的人引起了我的注意。边上的人告诉我，他是学院的董事长涂润华。于是，我们聊了起来。我问他为什么会办服装学院？他告诉我，自己从15岁开始就跟着父亲学做裁缝，1973年参加组建江西省服装研究所，先后曾担任过6年多的服装研究室主任，设计的作品曾分别获得1976年、1984年国家级服装设计大赛一、二等奖，撰写的《新法服装裁剪与缝制》发行60多万册。1980年，33岁的他受聘当上了"全国首期行业内服装技术专家培训班"的主讲教师，开始了他的服装教学生涯。改革开放以后，企业困难，研究所出现生存危机，他就下海到民办大学担任服装设计教师，先是偷偷学艺，两年以后自立门户，租借房屋和校舍开始办学。

我问他，学院未来前景如何？他说，希望能够成为一个"百年老店"，一所能够招收硕士博士、有世界影响的学院。为此，学院压缩了招生规模，从做大的目标改变为做强的追求。

我问他，准备从学院赚钱吗？他说，一开始想过，所以请的都是家里的亲戚，学校后来出了问题，才如梦初醒，亲戚全部退出，邀请了专家团队管理学校。他告诉我，现在学院的全部资产已经转入学校法人名下，实行全额预算管理，自己已经多年没有在学院签过一张发票了，完全交给院长管理。只是象征性地每月领取5000元工资而已。他说："学院的价值超过了他生命的价值。人生有机会做自己想做的事业，我一定要把江西服装学院做大、做强。"

我问他，有没有信心实现他的梦想？他说，关键是看国家的政策。总的来看，现在政策越来越好，但是学院办学还是非常困难，企业捐赠给学院，办免税很麻烦；学院收费，自己不能够按照专业成本定价；学院的专业性强，在教育部的大专业目录上只有很少一部分，自己不能够根据企业需要设置专业等。如果这些问题能够解决，如果政府也能够给他们这些不要任何回报的学院以公办学院同样的待遇，如生均教育经费、专项经费等，他有信心超过许多公办学院，甚至办成国内一流世界先进的专业化学院。

中午，刚刚上任不久的南昌市委王书记看望调研组一行，交流关于南昌经济社会发展和民办教育的情况。

2011 年 5 月

中国社会资本为什么不进入教育
——江西教育行之七（下）

下午 2 点出发，考察江西蓝天学院。

江西蓝天学院占地面积 2200 多亩，全日制本、专科在校生 21585 人，教职工 2440 人，其中具有硕士、博士学位的 683 人。校舍面积 97 万平方米，图书 259 万册，是全国具有较高影响力的民办高校，连续四次居全国民办院校排行榜榜首。

学院的创办人于果颇具传奇色彩。他 1978 年参加高考，因小儿麻痹症留下的腿疾而落榜，就去江西省赣剧团做起了美工和裁缝。1994 年，他在租借的学校教室里创办了"江西省高级职业学校"，第二年竟然就拥有了自己的教学楼，学生猛增到 3000 多人。此后一路凯歌。1996 年成立江西东南进修学院，学院于 1999 年晋升为具有高等学历教育资格的民办高校——蓝天职业技术学院，2005 年升格为具有颁发本科文凭资格的普通民办高校，2009 年成为学士学位授予单位。于果个人也先后被推举为第九届、十届、十一届全国人大代表，荣获"中国十大杰出青年""全国自强模范""全国优秀教育工作者""优秀中国社会主义事业建设者"等荣誉。

到达学院以后，先是在机械工程的教学实验室里参观。严主席是这个领域的权威，曾经在 2005 年考察过蓝天学院，他们敢于把机械工程专业的家底拿出来让严主席检查，说明还是有几分底气的。

然后我们乘车在校园兜了一大圈，校园之大，环境之美，让调研组一行感佩不已。尤其是在汽车驾校，看到这里是训练、考试、拿证"一条龙"，每年江西省 12 万学汽车的人，差不多一半来自蓝天。

下午 3 点左右，我们在江西蓝天学院举行座谈会，听取在南昌的部分民办学校的意见。于果和江西服装学院院长陈万龙、南昌理工学院董事长邱小林、江西泰豪动漫职业学院董事长黄代放、江西城市职业学院督导专员、党委书记汪忠武、江西创世纪学校董事长黄晓浪、南昌女子职业学校校长赵彤、江西广播电视艺术幼儿园园长涂建平等先后发言。

于果介绍了学校教学工作的特点，如专业设置与地方经济和社会对接，推进学科专业群建设；以培养面向基层、面向生产管理及服务一线高级应用型人才为目标，创新和改革应用型人才培养模式；积极推进名师培养、精品课程、品牌专业等教学质量与教学改革"六大工程"；强化教学质量监控；推进素质教育等。江西蓝天学院的梦想，就是在未来成为"中国应用型本科教育一流品牌"。

于果认为，办好一所学校的关键因素是学校（法人）、教师和学生三个方面。现在，民办学校的学生基本享受了公办学校学生的同等待遇，如奖助贷学金、购买火车票等，但学校（法人）、教师与公办的学校（法人）、教师的地位和待遇相差很远。

关于如何推进民办学校的分类管理，于果认为，不要求合理回报的学校其实就应该等同于捐资举办的学校，政府应该制定切实可行的、让选择不要求合理回报的学校看得见摸得着的、特别有吸引力的政策，加大公共财政对于这类民办学校的支持力度。在政府增加的教育经费中，民办学校应该得到足够的份额。对于不要求合理回报的民办学校，政府应该提供生均教育经费，享受公办学校的主要待遇，这样才可能办出一流水平的民办学校。对于要求合理回报的学校，建议回报额不低于学校当年办学结余的30%，或学费收入总额的 10%。总之，他希望出台的政策应该鼓励民办学校选择不需要合理回报。

关于如何推进民办学校教师队伍建设，于果认为，除经营性教育培训机构以外的三类民办学校，教师的身份、地位和待遇都应该与公办学校教师一样，不能够以学校法人的性质对教师定性。他主张民办学校的教师应该在事业编制身份、社会保障、学习进修、业务培训、职称评定、职务聘任等方面享受与公办教师同等权利和基本平等的法律地位。

关于如何推进高水平民办学校建设，于果认为，较之公办学校，民办学校有更加灵活高效、更具创新性和活力的办学机制，在争取教育资源、人力资源配置、教育活动建构、质量效益诉求等方面也更加灵活、敏锐、快捷和经济；如果政府在财政投入、基础设施建设、招生等方面对有特色、高水平的民办学校加以扶持，一定会形成一批真正一流的大学，成为中国教育体制改革创新的主力军和教育事业发展的生力军。

于果在发言中提出，作为民办学校的创办人，他们隐隐约约感受到政府对于民办学校太多的转变，从 20 世纪 90 年代初的到处寻找投资人，到现在可有可无的态度，这是非常可怕的根本的转变。社会上资金很多，为什么没有资金流到教育上来？他坦诚地告诉我们，就江西蓝天学院这样的学校也在犹豫观望之中，他们不希望在教育领域出现"国进民退"的局面。如果政府的政策到位，社会资本进入民办教育，根本不是问题。

陈万龙院长在发言中也指出，首先要解决的就是为民办学校"正名"的问题，民办学校的教师普遍感到自己没有身份，没有尊严，没有安全感。其次要对于高水平的民办学校有特殊的支持政策，对于不要合理回报的学校加大财政的支持力度。

在听完大家的发言以后，严主席深有感触地说，看到大家创业的艰辛、创业的精神，很感动。你们付出的，绝不仅仅是金钱，更有你们的心力。她对于江西省委省政府和有关部门支持民办教育发展的做法很欣赏，认为只有这样的"开明"和"前瞻"，才有了江西民办教育的今天。

严主席强调指出，教育改革离不开民办教育，公办学校一统天下，中国教育改革就永远没有希望，就会举步维艰。应该倡导公益慈善文化，让社会各界认识到民办学校其实也是社会公益事业，要吸引社会资本流向教育，就像流向实业一样。

的确，如何吸引中国的社会资本流向教育，应该是教育改革的重要方向，应该是教育行政部门思考的重要问题，也应该成为教育政策研究的重要课题。作为民主党派，也应该成为我们参政议政的重要问题。

座谈会结束后，严隽琪主席、罗富和常务副主席和中央统战部副部长黄跃金一行来到瑶湖校区的行政楼一楼，参加江西蓝天学院民进支部的活动。在听取了支部主任黄卫军的简要汇报以后，参加了"1% 工程"捐助江西蓝天学院贫困学生助学金发放活动。

　　将近 6 点半，调研组一行回到滨江饭店。来到江西 7 天，一直忙于看学校、读材料、写日志，每天的时间表都是满当当的，根本没有时间联系朋友。因为明天要离开南昌，想起来应该告诉一下几位朋友，否则他们看到媒体报道一定会"骂"我。没有想到，打了几个电话，半小时以后朋友们就陆陆续续来了。

　　先是《教师博览》的主编薛农基、我的学生——江西师范大学的何小忠博士和江西财大的郭海峰等来饭店看我。谈起我在腾讯和新浪开的微博。薛农基先生表示，他愿意赠送 20 位腾讯微博朋友全年的杂志。准备在我的 100 万听众中抽取。后是二十一世纪出版社的社长张秋林兄来访，也表示可以赠送 1000 位幸运朋友每人一册图书。最喜欢的是秋林兄送我的那套《南渡北归》三卷本，封面上赫然写着"大师远去再无大师"的字样，封四上面写着"首部全景再现中国最后一批大师群体命运剧烈变迁的史诗巨著"。据说央视已经买下版权，准备拍成电视。与他同来的还有《悦读》的主编褚钰泉先生。相谈甚欢。

　　晚上 9 点，去二十一世纪出版社参观。秋林兄临时的一个动议，15 分钟以后到出版社已经万事俱备，图书馆、影像室、亲子书吧等人员已经全部到位。可见他们的执行力之强。在影像室看了二十一世纪出版社的宣传片和社歌片，在图书馆参观了他们收集的优秀图书，在亲子书吧看了他们的"点书笔"，为他们的敬业和专业感动。秋林是我多年的朋友，一直为他的执着、义气，为他在儿童阅读上的理想而感动。希望能够一起为中国的孩子们做点实实在在的事情。

　　晚上 10 点半回饭店。翻阅《南渡北归》。

2011 年 5 月

善待民办教育——江西教育行之八

　　今天是这次大调研的最后一天。八天的行程，一路调研，一路思考，对民办教育发展的问题聚焦、剖析，有了许多新的心得。

　　早晨 6 点起床，收拾行囊，也收拾一路的心得，将一些思考整理出来。我经常说，写作是思考的开始，只有拿起笔来，或者在电脑上敲字的时候，真正的思考才能够深入下去，否则总感觉思绪如浮萍不断漂移而无法深入。

或者，这是我自己的思考习惯。

上午 9 点，参加调研组在江西的第四次座谈会。省委常委、常务副省长凌成兴主持会议，省人大常委会副主任陈安众、省政协副主席汤建人，省发展改革委、省教育厅、省财政厅、省委统战部等部门和南昌市的领导参加了座谈会。凌省长首先代表省委、省政府对调研组来赣考察调研表示欢迎，然后简要介绍了江西社会经济与民办教育的基本情况。

全国政协副主席、民进中央常务副主席罗富和代表调研组反馈调研情况。罗主席介绍说，民进中央此次在江西进行的专题调研，是中共中央委托中央统战部组织各民主党派中央、全国工商联和无党派人士开展年度专题调研活动的重要组成部分。在赣期间，调研组深入新余市、上饶市、南昌市等地的 10 余所民办学校和幼儿园进行实地考察，并与当地负责人，民办学校、幼儿园负责人和教职员工等进行了多次座谈，对于江西民办教育发展的现状、经验和问题有了初步的认识和思考。

罗主席指出，江西在发展民办教育上有三个位居全国前列：一是发展规模位居全国前列，二是支持力度位居全国前列，三是特色建设位居全国前列。到 2010 年，全省各级各类民办学校共计 8668 所（个），在校生 163.27 万人，分别比 2005 年增长 80.51% 和 59.99%。民办学校教职工 10 万余人，其中专任教师近 7 万人，超过全省专任教师总数的 13%。"十一五"期间，江西民办学校尤其是民办高中等职业院校毕业生大批走向工作岗位，对江西乃至全国其他地区的经济发展都发挥了积极作用，在民办职业教育领域形成了鲜明的特色。到目前为止，江西省民办教育已经构建起纵向有学前教育、初等教育、中等教育和高等教育四个层次，横向有普通教育和职业教育两大门类，以发展职业教育为重点体系，形成了公办教育与民办教育共同发展的新格局。

关于江西民办教育快速发展的原因，罗主席分析主要有以下几个方面：一是党委政府高度重视，认识到位、思路清晰，为民办教育发展提供了组织保障。二是各级政府积极落实支持鼓励政策，为民办教育创设了良好的政策环境。比如，民办学校的基本建设已经纳入地方城乡建设规划，民办学校新建、扩建已经按照公用事业用地及建设的有关规定给予了优惠。各地还积极落实民办学校师生与公办学校的同等待遇。在民办学校教师方面，户口迁移、人事代理、教师资格证考试、专业职称评定、业务进修、表彰奖励等问题，已经由公安、人事、教育等相关部门逐步解决。三是各级政府对民办教育的监督管理措施有力，优化了民办教育的发展环境。特别是从教育行政部门和公办高校选拔理论修养好、政策水平高、实践经验丰富的正、副厅级党员领导干部担任督导专员和学校党委书记，帮助民办高校完善法人治理结构，建立健全学校管理体制和运行机制，加强党团建设和思想政治工作，使学校走上了诚信办学、健康发展之路。四是在办学重心上不断突出内涵发展，努力提高教育质量。

罗主席也代表调研组一行，对于进一步加快江西省民办教育发展提出了一些建议。他希望江西省进一步提高认识，在新的起点上思考民办教育发展。他指出，民办教育是在公共教育资源不足的情况下发展起来的，随着国民经济实力的增强，公共财政投资教育的能力近年来大大提升，民办学校生存压力反而增加。这与大家对民办教育的作用和意义认识不足有关系。中国的民办教育风雨兼程，一路走来实属不易。《国家中长期教育改革和发展规划纲要》把民办教育作为教育的重要力量和改革的重要增长点，充分表明中共中央国务院对民办教育的高度重视和殷切期待，表明了在新的历史时期我国民办教育应有的地位和使命。应该强化发展民办教育是政府的重要职责的认识，细化政府对民办教育的扶持义务及其相应政策，把民办教育发展提高到不可或缺的重要组成部分的地位，明确"认识提到有多高，就有多高的扶持促进政策水平"的意识，建立起一个完整的公民办教育永远共存的国民教育体系。

罗主席还希望江西省能够在国家法律法规大背景下，结合当地社会经济与教育发展，面对新形势，与时俱进地进行区域改革与创新探索。他认为，30年来，江西民办教育的长足发展与各级政府敢想敢试、大胆创新的支持分不开的，在下一轮民办教育发展的过程中，国家需要进一步解放思想，勇于突破。要求省委、省政府发扬革命老区精神，勇于创新，首先在民办教育法人属性和教师待遇这两个关键政策上取得突破，为全国民办教育改革提供范例。可以先在地方进行试点，或者选择办学规范、质量高、社会声誉好的民办学校进行试点，在试点的基础总结经验，形成制度，然后在全省进行推广。

罗主席还就努力推动民办教育由规模发展向内涵发展转型，丰富民办教育的多样性，满足人民群众对教育的多样化需求；加强民办教育宏观设计，科学制定民办教育发展规划；加强对民办教育规范管理，促进民办教育健康发展等问题与江西省领导交换了意见。他最后说："几天来的考察调研令我们收获颇多，我们深切感受到了江西省委、省政府对教育事业，特别是民办教育事业的重视与支持，更看到了江西民办教育所取得显著成绩，相信江西民办教育事业明天会更好！"

调研组的专家和中央统战部的黄跃金副部长在座谈会上也先后发表了非常好的意见。民进中央教育委员会副主任、中国民办教育协会副会长、上海教科院民办教育研究所所长胡卫指出，目前我们的制度供给远远跟不上民办教育发展的实际，应继续出台关于民办教育的奖励扶持政策，如企业捐赠的税前列支，完善民办学校章程，建立民办学校基金等。民进中央教育委员会副主任、安徽省教育厅副厅长李和平就处理好民办教育发展的"四个关系"提出了建议。民进中央教育委员会委员、广东省第二教育学院民办教育研究中心主任张铁明对江西民办教育在解决留守儿童读书问题给予了高度评价，希望政府能够给予全额支持，同时建议加强民办教育理论和政策研究，为民办教育发展的科学决策提供智力支撑。中国民办教育协会副秘书长、北京教育科学研究院民办教育研究所所长王文源就如何建设高水平的民办大学、民办学前教育发展的问题与方向、民办中小学差异化发展道路如何走等三个重要问题，对江西提出了具体的建议。作为"江西老表"，他对于家乡的感情溢于言表。

我也作为调研组的成员发表了自己的一些想法。我认为，在现阶段，最需要说的一句话就是——"善待民办教育"。中国民办教育是在政府财政捉襟见肘、教育资源严重短缺的大背景下发展起来的，为中国义务教育的普及和高等教育的大众化做出了不可磨灭的贡献。现在，各级政府的财政有了很大好转，学生生源也逐步下降，我们不能够换上一副冷面孔，借着"整顿""规范"的名义，让民办教育退出历史舞台——目前已经在一些地区看到了这样的危险信号。

善待民办教育，首先是要充分认识到民办教育在中国教育历史上曾经发挥过的重要作用。要认真而稳妥地解决在发展民办教育过程中出现的各种问题，如对于各种政府举办的"假民办"当然可以回归公办的性质，而对于因为政府财政困难等各种原因已经改为民办的学校，就不能够轻易改为公办。尤其是对于那些民间资本进入较多，办学水平较高，社会声誉良好的学校，在是否改回公办问题上就要特别慎重。千万不应该我们需要时"招手即来"，可有可无时"挥手即去"，尊重历史，才能够取信于民。其实，民办教育发展到今天已经不是公办教育的补充，而是我们教育体系中不可或缺的重要组成部分，是推进教育改革的重要力量。是否拥有高水平的民办教育，是衡量一个区域的教育水平高低的重要指标。

善待民办教育，其次是要为民办教育的发展解决各种实际问题。如适当控制公办学校的办学规模，为民办学校留有发展空间；给民办学校在招收学生、收取学费等问题上充分的自主权；建立公办学校和民办学校教师流动的机制等。尤其是在发展民办教育过程中政府曾经承诺的各种优惠条件，不能够朝令夕改，出尔反尔。

我还就大力支持优质民办学校争创全国一流，民办高校的学科争创世界一流问题谈了自己的想法。我非常赞成罗主席在座谈会曾经提出的观点，衡量我们教育发展水平的重要标志是我们是否有一批民办学校在各级各类学校中脱颖而出。中国如果没有一批与北京大学、清华大学等抗衡的民办学校和优秀学科，可能永远无法建设世界一流大学。民办教育是中国教育的活力所在，它应该是一条"鲇鱼"，是改革的催化剂。所以，我建议江西能够率先选择一些不要合理回报的学校，用视同公办学校的拨款方式，在人员经费、项目经费等方面与公办学校一视同仁，给予支持，帮助它们从几个学科做起，瞄准国内一流、世界先进的水准，努力冲刺。

中央统战部黄跃金副部长用上海的案例说明，中国民办教育发展到了一个关键时期，希望我们这次调研能够认真研究民办教育发展的现状，为国家科学决策提供鲜活的材料和理论上的依据。

全国人大常委会副委员长、民进中央主席严隽琪在座谈会上高度肯定了江西省在促进民办教育发展方面取得的成果和宝贵经验。严主席说，调研组一行在江西受到了科学发展观、红色革命史和中华传统文化的全方位的教育，对江西民办教育留下了非常深刻的印象。中国民主促进会是以教育、文化、出版为主要界别的参政党，长期以来持续关注国家的教育事业发展，是《民办教育促进法》出台和民办教育协会成立的积极倡导者、呼吁者和参与者，近年来提交了多份有关促进民办教育发展的全国政协大会发言和提案。此次调研也是为民办教育的进一步发展献计出力的一个实际行动。

严主席在讲话中对进一步促进民办教育发展提出了明确要求。她指出，当前全国都处于转型的关键期、重大的战略机遇期、改革深入的攻关期，这必然会反映到教育领域。教育领域的改革和发展同样也已经站在新的历史起点上，这将为民办教育的发展带来新的发展机遇。各级政府要提高对发展民办教育的战略意义以及它在我国教育体系中地位的认识，特别是要增强政府促进民办教育发展的责任感和紧迫感，认清民办教育和公办教育都是公益性事业这一基本属性，民办学校的教师、学生与公办学校的教师、学生具有同等的法律地位，应该把促进民办教育发展作为政府应有的工作职责。

严主席指出，民办教育不是权宜之计，而是长久之计，是吸引社会资本、开辟教育经费来源的举措，是推动教育改革的催化剂，也是社会建设的抓手。在顶层设计上，要把社会资本引向公益性事业，尤其是教育事业作为国家重要的战略方针。同时还要规范制度、配套设计，出台操作性强、符合国情的政策措施，把支持民办教育的政策措施落到实处。关于民办教育的政策制定，严主席提出了坚持长期性与阶段性相统一、原则性与灵活性相统一、全局性与地方性相统一等要求。

严主席对民办学校自身也提出了期望。她认为，民办学校应肩负起更多的社会责任，树立"百年树人"的责任感，以学校长期发展为追求，在推进现代化学校制度方面勇于探索、加大改革，办出活力、办出特色、办出信誉，规范制度，成为"公益文化"的弘扬者，唱响公益性的主旋律。

严主席最后表示：此次江西之行，调研组获得了很多鲜活的案例、真实的数字、宝贵的建议，我们都会带回去，进行梳理、分析、研究，向中共中央提出调研报告，并利用参政议政的渠道为民办教育的健康发展建言献策。我们相信，江西的民办教育与江西的各项工作一样，一定会在"坚定信念、艰苦奋斗、实事求是、敢闯新路、依靠群众、勇于胜利"的井冈山精神的指引下，不断取得新成绩，不断创造新经验，不断结出丰硕的成果。

凌成兴常务副省长在总结时说，江西省委省政府将以民进中央专题调研为契机，认真研究落实严主席、罗副主席以及调研组专家提出的意见建议，进一步深化思想认识，深化办学体制改革，优化民办教育发展政策环境，加强学校内涵建设和规范管理，全面提高教育教学质量，促进民办教育办出特色，办出水平，办出信誉，为经济社会发展做出应有的贡献。具体来说，一是要巩固发展势头；二是要清理歧视政策；三是要优化环境，完善扶持措施，进一步健全公共财政对民办教育的扶持政策，引导社会力量捐资办学，加强对民办教育指导服务，完善保障机制，实现好、保护好民办学校和老师、学生的合法权益；四是要规范管理，创新体制机制，进一步完善法人治理结构和法人财产权，强化招生监管，改进校园党团建设，促进学校改善办学条件，优化师资队伍，提高人才培养素质。

会议 11 点半左右结束。8 天的调研也算基本告一段落。后面还有一些后续调研，我们希望能够通过这次大调研，全面了解和梳理民办教育的问题，提出切实可行的建议。

下午乘坐东航飞机回北京。原定 2 点 40 分起飞的航班，一直延误到近 4 点起飞。现在乘飞机延误已经见怪不怪，准备了一些书刊在包里，应对延误已经是我们的常规做法。在飞机上读二十一世纪出版社出版的《悦读 MOOK》第 21 卷。其中最感兴趣的是萧文泉的《散尽千金为书香》一文，讲美国亿万富翁卡内基的故事。卡内基曾经把自己的慈善事业按照重要性列了一个清单：大学、图书馆、医院、公园、音乐厅、游泳池和教堂。但是，他一生最着力、最用心、投资最大的却是图书馆。因为青年卡内基打工时是图书馆常客。据统计，1898 年以前全美国只有 637 家公共图书馆，到 1919 年，已经拥有 3500 家公共图书馆，其中的一半是卡内基一人出资建造的。他捐赠图书馆有两个条件，一是地方政府要无偿提供建设图书馆的地皮，二是地方政府必须每年提供他捐赠款项的 10% 作为图书馆的运行费用。这是他"四两拨千斤"的发明。

下了飞机就直接去中央教科所附近的花港观鱼，与顾明远先生、袁振国先生、王智新兄以及日本早稻田大学名誉教授铃木慎一和神户大学名誉教授铃木正幸等聚会。顾明远先生和两位铃木先生都是七八十岁的老人了，仍然醉心学问，可感可佩。铃木告诉我，他准备主编一本《亚洲教育学家词典》，用英文向世界各国介绍亚洲的教育学人。邀请顾明远、袁振国等参与。铃木正幸先生送来一本《那个时代的教育》和有关的录像资料，描写阪神大地震以后日本的学校如何应对灾难的故事。铃木慎一先生送了《朝向教育共生体》，阐述他的"教育体"思想。这是他 70 岁时学生为他祝寿编写的书籍。

铃木慎一先生是我的老朋友，1990 年在日本工作时曾经得到他的关照，1993 年曾经率团去早稻田大学参加他主持的国际会议。王智新也是我当年的合作者，我们曾经共同主编"当代日本教育丛书"，全面介绍日本教育改革与发展的经验与问题。老友见面，格外开心，把酒论教育，一直到晚上 9 点左右才结束。

2011 年 5 月

第九章　再访港澳

　　香港与澳门我去过好几次，都是与学术有关。记得第一次是去参加在香港中文大学举办的一次关于课程问题的国际讨论会，回程的时候，与内地的另外一个学者取道澳门，看了看"资本主义"的黑暗——赌城。后来应邀到香港中文大学做访问学者，但是忙于学术，还是没有好好近距离地打量。这次的任务就是考察文化，所以忙中偷闲，还是思考着教育。当然，教育与文化，本来就是一家子，教育是大文化，文化是大教育。

"教育晚餐会"——港澳行之一

　　早晨6点起床，准备去香港的行李与材料。

　　7点半，乘面包车去上海浦东国际机场。路途顺利，不到10点就到了浦东。这次是与文化局、侨办、博物馆的同志一起出访的，主要任务是接受石景宜先生的捐赠，拜访苏州在香港的著名人士，考察香港与澳门的文化与文物工作。又是一次文化之旅。

　　下午2点35分，飞机抵达香港国际机场。这是一个填海造出来的机场，据说围海的面积达到了14平方公里。香港的许多地方都是围海造出来的，在这个意义上说，香港已经是一个"海上"的城市。

　　晚上我们一行应朱恩馀先生的邀请，去半岛饭店共进晚餐。我们提前到达饭店的时候，朱先生已经在这里迎候我们了。74岁的老人，步履是那么轻快，身板是那么硬朗，态度是那么诚恳，让我们非常钦佩和感动。

　　我与朱恩馀先生是老朋友。他是香港翔龙有限公司的董事长，与我是本家。他的夫人叫谢玲玲，比我夫人的名字多了一个"玲"字。当我在苏州大学工作的时候，他就曾经捐赠过600万港币，建造了以他父亲的名字命名的"敬文图书馆"，设立了"朱敬文奖助学金"。后来朱先生又多次捐助我们的教育、卫生、侨务等事业。根据不完全的统计，他捐赠给苏州的资金已经达到1亿元人民币，其中5000万是捐赠教育的。另外，他在南京师范大学、徐州师范大学、扬州大学、安徽师范大学等大学也都捐赠了图书馆，设立奖、助学金。

这么一个慷慨捐赠的企业家，一定是钱多得花不完，一定是香港滩上著名的大老板了吧？其实也不然。在香港，他是一个不太大的企业家。那么，他为什么对教育事业如此热忱？这个扬州人为什么对苏州有如此的情感？抱着这些问题，我们边吃边交流，谈得非常深入。

朱先生是一个不善言谈的人。以前在苏州见面的时候，他的话也不多。印象最深的是，每一次他捐赠学校，都要感谢我们。他说没有我们的帮助，他就做不成这些事业。他有一颗感恩的心。

今天晚上他却谈兴非常浓，也许是在家门口，也许是教育的主题让他兴奋。他告诉我，他对教育的热爱，对弱势人群的关心，是受祖父与父亲的影响。他的祖父朱幼山在上海打工的时候，一家三口住在一个亭子间里。有一天，祖父刚刚拿到一个月的薪水，在公司门口看到一个妇女抱着刚刚去世的丈夫痛哭，三个可怜的孩子在边上，便把一个月的薪水送给这个妇女，让她安葬丈夫，回家生活。而他自己全家一个月的生活费也就没有着落了。先生的父亲朱敬文也是如此。在苏州，看到许多穷孩子没有书读，就办起了一个专门支持穷孩子上学的敬文小学。在今天的敬文小学，还保存着当年的贫困学生所写的感谢信。

20世纪70年代末，朱恩馀先生为祖父的墓地给苏州市政府写了一封信。没有想到，很快问题得到解决，并且专门修建了华侨公墓。从此便开始了他与苏州的缘分。80年代初，恩馀先生第一次回到苏州，来到了当年父亲创办的"敬文小学"。走出学校后，他委托自己的亲戚捐献了10万元。在先祖的墓地扫墓时，路过附近的东山小学，不忍见学校破败的样子，又出资帮助整建。

在苏州新区管委会的附近，有一家立锵服装有限公司。在这样的中心地带，有这样一个工厂，看起来不太协调。但这正是朱先生支持苏州建设的历史记录。当年苏州决定开发建设新区，这里还是一片农田，没有人愿意来投资。章新胜市长邀请他带头建厂，他二话没说，就在这片农田上圈了一小块地，建起了这家服装厂。现在的新区，已经是一片繁华胜景，朱先生是这片土地的拓荒者，也是开创者之一。

朱先生对于青少年的道德教育非常关注。言谈之中，我能够不断地感受到老人的焦虑与不安。我们专门讨论起道德教育与高考改革的问题，我向他介绍了我们的新教育实验。我告诉他，教育的问题需要实实在在的行动，道德的问题需要从基本的阅读、游戏开始。他非常有兴趣，他说："怎么不早一点告诉我，你们在做这样有意义的工作？"他表示愿意支持我们的事业，愿意与我们一起为中国的教育再做一些工作。

不知不觉，两个多小时的时间过去了。一起赶来与我们共进晚餐的朱先生的弟弟、弟媳也听得入神。一个真正的教育晚餐会！

考虑到先生身体的原因，我们提出让老人早点休息。晚上 10 点左右，我们与朱先生告别。希望将来能在苏州多多与他相聚，共谈新教育，共叙桑梓情。

2007 年 1 月

石氏父子与书的故事——港澳行之二

这次赴香港也是为看望石景宜、石汉基父子而来的。

去年 10 月，他们来苏州博物馆送贝叶经。古印度人采集贝多罗树的叶子，在其上书写佛经，片片相叠，上下以板相夹，以绳相结，即所谓"贝叶经"，是非常珍贵的佛教圣物，更有"见贝叶真经如见佛面"的说法。因为是博物馆建立以后的第一笔捐赠，同时又非常仰慕传奇般的石景宜先生，我早早地在博物馆等候他们。

我与石景宜先生的儿子石汉基去年曾经见过一面，2 月我们同时当选为"中国十大教育英才"，3 月则同时参加了全国政协的会议。有这个缘分，也就没有了距离。我与石先生父子相谈甚欢。老先生告诉我，他本来准备送苏州博物馆两套贝叶经的，但是经过扬州的时候，被中途"劫"走了一套。他开玩笑说："没有办法，吃了人家的东西，总应该表示表示吧！"他又说："现在又吃了你们的东西，我答应再补一套给你们。"我马上说："好！我尽快带人来拿。"老先生又说："如果你来拿，我再送你一套《永乐大典》，另外，你到我的仓库来，喜欢的书随便拿！只要你自己拿得动！"

这次，我们就是来为苏州博物馆"拿宝贝"的。

上午 10 点，我们如约到了石氏父子工作的地方。石汉基在门口迎接我们。首先带领我们参观导师出版社，这是专门出版教材为主的专业出版社，每年出版 50—70 个品种。

然后拜访石老先生。92 岁的石老眼不花耳不聋，思维清晰，行动敏捷。石老先生告诉我，他 1916 年生于广东南海西樵山麓，这一辈子就是和书打交道的一生。大学一年级因为战争而辍学，就在广州开了一家小书店。1958 年来到香港发展，一开始靠摆地摊卖旧书为生，后来开了一家"汉荣书店"。现在，汉荣书店已经从香港通菜街一个楼梯口的铺位发展成为香港最具规模的教科书书局之一。

石老先生说，他自己从读书到卖书，再到送书，一生都没有离开书。"我从图书挣来的钱，应当用图书回报社会。"因此，他与儿子石汉基、石国基一起，在从 1978 年到 2006 年的近 30 年间，先后向内地数千家文化教育科研机构无偿赠送图书近 700 万册，价值超过 4 亿港币，因此获得了"赠书大王""一代书使"等美誉。

尤其难能可贵的是，石老先生以书搭桥，为促进海峡两岸文化交流做了非常重要的贡献。他不仅为大陆的学校和科学研究机构送台湾出版的图书，而且冲破台湾禁止大陆图书入境的各种阻挠，先后向台湾历史博物馆、"中央图书馆"等十多个单位赠送大陆出版的珍贵图书 10 万余册。石汉基先生说："我们愿为促进祖国文化教育事业，为早日完成祖国统一大业，尽绵薄之力。书就是知识，有了知识后，工作的含金量就会越来越多，经济就会更发达。"

老先生告诉我，他二十年前就已经"退休"，不管公司的具体事务了，但是仍然每天到他自己的工作室来，因为只有工作，才能让他健康。其实，我能够看得出，他仍然是整个家族的掌门人。

老先生的记忆非常好，上次在苏州答应的贝叶经、《永乐大典》等已经准备好，整整齐齐地放在他的办公桌上。我代表苏州市政府感谢石老的慷慨捐赠，他又是以"取之以书，用之于书"回答。作为一个读书人、爱书人，在石老面前，能够真切感受到他对书的不同平常的情感。谈得开心的时候，他又说，他还准备给寒山寺捐赠一部贝叶经。我马上拿出手机，给寒山寺的大和尚秋爽打电话，告诉他这个好消息。石老先生说，你这么"迫不及待"啊！大家相视而笑。石老先生问我，苏州有几所艺术机构？我告诉他有苏州国画院和苏州工艺美术学院，他马上又给我一个惊喜：下次他来苏州要给他们各送一套一千多本的艺术书籍！

半个多小时的交流，让我们更深入地认识了这位可爱可敬的老人。然后，他请我们去他的仓库挑选书籍。他说，你们拿得动多少就可以带多少。在仓库中，琳琅满目的书籍，有不少是非常珍贵的古籍。我们为苏州图书馆挑选了台湾地方志目录40大卷等。也为自己挑选了一些教育的图书。石老始终陪着我们，甚至帮助我们把选好的书送到装箱的地方。而"老板"总经理石汉基，则亲自帮助我们装箱打包，俨然一副工人的模样。这就是为海峡两岸捐赠了4亿元图书的人吗？如果不是亲眼所见，我是绝对不会相信的。

中午石氏父子在香港老饭店宴请我们。我误把"老饭店"看成是"老板店"，问石先生，是不是来吃饭的都是老板？他笑了。在午餐的时候，我们还知道了另外一些细节。虽然石氏父子赠书可以说是一掷千金，但是他们的生活却极为俭朴。去饭店的时候，他们搭乘的是我们的车，石汉基一家和石国基一家至今仍各自住在不足60平方米的房子里。90岁的石老先生现在出入经常只坐公交车。这是一个非常传统的家庭，全家几代人星期一到星期五在一起吃晚饭！石老告诉我们，星期六和星期天，让儿女们自由，"他们也有他们的世界，媳妇也要回娘家"。哈哈，一个通情达理的老人。

下午2点多，告别了石老父子，我们去参观了贝聿铭先生在香港的一个代表作品——中国银行。关于这个作品有许多有趣的传说。贝聿铭的父亲曾经长期在香港的中国银行担任高级职员，贝先生设计中国银行，一方面是为了在香港留下一个作品，另一方面也是为了纪念自己的父亲。港人多信风水之说，街巷传言，中国银行大楼的四面像锋利的刀片，其中一面正好对着港英总督府，所以，香港人说是贝先生赶跑了英国人。据说，总督也因此在门口种了一棵杨柳，意为以柔克刚。也因为这个独特的设计，在香港引起了很多风水话题。不过，传说是传说，建筑归建筑，大宗师的风范在此楼亦彰显无遗。

下午4点，我们与著名的文物鉴赏与收藏家张宗宪先生相约一晤。张先生是苏州人，也是苏州的老朋友。他曾经捐赠苏州火车站广场的喷水池，并曾捐赠一批文物给苏州博物馆。去年香港嘉士德秋季拍卖会上，他珍藏多年的乾隆御制珐琅彩碗拍出了1.52亿港元的天价，创造了瓷器拍卖价格之最，成为轰动一时的新闻！我们希望他与博物馆加强合作，因此专门来拜访这位老朋友。张先生本在中国银行附近的置地广场等我们，然后又提议去太平山顶喝茶。在山顶上，我们一边欣赏着整个香港的美丽景色，一边听他讲自己的收藏的故事，讲对于苏州博物馆的发展的建议。一直到晚上6点半，才匆匆下山。

晚上，张先生在香格里拉饭店请我们用餐。餐后又邀请我们去他家喝茶，看他的收藏。张先生不愧是文物收藏的大家，家中的收藏可谓件件珍宝，齐白石的小苍蝇、傅抱石的板桥像，张大千的、吴昌硕的、徐悲鸿的，一个一个响亮的名字、一件一件的稀世珍宝，令我们的眼睛应接不暇，而那些精致的瓷器，更是让人大开眼界。我开玩笑说，在你家门口挂一个"苏州博物馆香港分馆"的牌子吧！

由于香港城市大学的岳晓东教授在饭店等着我，我于是赶回。晓东是我的好朋友，哈佛大学心理学的博士。最近几年在心理学的多个领域进行了许多有意义的探索。老朋友见面，谈得非常开心。

晚上11点，香港的亲戚来饭店看我。聊到近12点，送他们去车站。走在街上，见夜景繁华如斯，我深深知道，正是因为有了石氏父子、宗先先生、晓东兄等这样千千万万勤劳热忱的港人，才能有如今的香港。

2007年1月

周氏兄弟的教育情怀——港澳行之三

上午9点半出发，参观香港展览中心。这是为香港回归而建设的一个标志性建筑。据说香港在1997年回归时需要一个可以同时容纳8000名记者，4000人用餐，以及交接仪式与特首上任仪式可以相互衔接的地方。所以有了这样一个填海而成的新建筑。

按照计划，上午11点去拜访周文轩、周忠继兄弟。周氏兄弟是苏州的骄傲。文轩先生是企业的董事长，但是热爱音乐，他曾经用许多精力创作了吟咏中华古典诗词的歌曲，并在苏州大学设立了音乐创作奖，鼓励在音乐教学与研究上有成绩的教师与学生。同时，他对于中医有特别的感情，在苏州大学成立了中医研究所，研究开发传统的中药。他发起成立了香港保健会，推动中华传统保健的方法。据说，在香港和内地有许多朋友都在用他开发的保健品。

忠继则是一位计算机专家，他发明的汉字纵横码，已经在内地的许多省市推广。他资助苏州大学成立了纵横汉字计算机研究所。他的办公室里，堆放着许多纵横码的资料、书籍、论文、光盘，甚至广告，简直是一个纵横码的推广中心！

中午，周氏兄弟与我们共进午餐。周文轩先生的女婿袁绍良先生、女儿周薇青、亚洲电视台的王明青小姐等一起参加。袁绍良先生是香港太极拳推广的专家，也是文物收藏家，家学渊源；周薇青是幼儿教育的专家，非常想在苏州办一所有特色的幼儿园。

下午2点半参观香港古物古迹办事处，了解香港的文物文化保护的工作。香港文化博物馆的孙德荣馆长亲自陪同讲解。办事处是利用一个民国建筑改造而成的，把一个封闭的建筑变为了开放的场所。里面不仅有香港城市建设与文物保护的展览，而且有为青少年准备的文物发掘现场，以及实习与讨论的区域，公共空间更加人性化，能够让市民享受的地方都尽可能开放。在办事处的图书馆，孙主任介绍说，这里的资料是对市民开放的，甚至那些香港的房屋档案，只要不是保密的，都可以借阅。

下午4点拜访方润华先生。方先生也是我非常崇敬的老人，他倾心支持内地的教育事业，兴办了许多教育工程，曾经获得香港"银紫荆星章"，对苏州的孙子研究会也给予了大力支持。他也是一个有心人，经常给我邮寄一些关于经济、城市管理、健康方面的剪报。有时候，我曾经好奇地遥望天空，寻找那颗"方润华星"，这是中国科学家在1975年发现的，由紫金山天文台报经国际小行星中心批准，以方润华命名，以此颂扬方老的拳拳赤子情怀。

下午5点去中环的三联书店。书店的品种不少，港台出版的繁体字本与大陆的简体字本都有，书价比大陆贵许多，我还是咬牙买了几本。

下午6点看望一位好友在香港大学读书的公子。小伙子在港大读工程管理，来了半年，已经是满口流利的广东话。他告诉我，香港大学的教学基本是西方化的，看书、讨论、现场实习都比较多。

晚上6点半在上海总会与张宗先先生共进晚餐。这是一个会员制的餐馆，人不多，很安静。淮扬菜，味道正宗。我们继续听张先生讲文物的故事。

晚上9点回到宾馆，忙碌而充实的一天又过去了。

2007 年 1 月

在澳门看世界遗产——港澳行之四

作为一个分管文化文物的政府工作人员，澳门是必须去考察的地方，但不是赌场，而是保护文化遗产的许多做法。尤其是澳门的历史文化城区，集中保存了澳门四百多年中西文化交流的历史精髓。它是中国境内现存年代最远、规模最大、保存最完整和最集中，以西式建筑为主、中西式建筑互相辉映的历史城区；是西方宗教文化在中国和远东地区传播历史重要的见证；更是四百多年来中西文化交流互补、多元共存的结晶。

1995年，在香港中文大学做访问学者的时候，我曾经到过澳门。那个时候的记忆，除了赌场，已经荡然无存。

这一次是文化与文物的考察团，加上澳门申请世界文化遗产地的时候，是在苏州举行的28届世界遗产大会上决定的，我们对于澳门保护文化遗产的经验非常有兴趣，所以决定用一天的时间参观澳门的文化遗产。

在澳门的世界遗产官方网站上，有关于澳门的详细介绍。

16世纪中叶，明朝政府划出澳门半岛西南部一片地段，供以葡萄牙人为主的外国商人居住及进行贸易，澳门由此发展成19世纪前中国主要的对外港口，也是亚洲地区重要的国际港口。贸易活动的兴盛吸引了世界各地的人前来，一个融合欧、亚、非、美四洲人民的"华洋杂居"的国际化城市由此诞生。葡萄牙人将这个用城墙围起的城市命名为"天主圣名之城"，今天的澳门历史城区就是它的核心部分。

四百多年以来，来自葡萄牙、西班牙、荷兰、英国、法国、意大利、美国、日本、瑞典、印度、马来西亚、菲律宾、朝鲜，甚至非洲地区等不同地方的人，带着不同的文化思想、不同的职业技艺、不同的风俗习惯，在澳门历史城区内盖房子、建教堂、修马路、筑炮台，展开多姿多彩的生活和文化活动。澳门也因此得风气之先，成为中国境内接触近代西方器物与文化最早、最多、最重要的地方，是当时中国接触西方文化的桥头堡。与此同时，居住在澳门的外国人，也以绘画、文字、照片等各种方式，向世界各国介绍在澳门见到的中国。澳门，同时成为外国人认识中国的门户。

在澳门这个弹丸之地，曾经创造了许多"中国第一"。如中国第一所西式大学——圣保禄学院、中国第一所西式医院——白马行医院、中国第一所以西方金属制版和印刷拉丁文字的印刷厂——圣保禄学院附属印刷所、中国第一份外文报纸——《蜜蜂华报》(*Abelha Da China*)，等等。

一上码头，澳门世界遗产地的形象展示就随处可见：巨幅的广告牌，大量的宣传册。我非常喜欢一张绿色的《澳门世界遗产》的介绍，几乎是一个小型的百科全书。

澳门文化局的陈副局长在我们下榻的葡京酒店请大家吃了简单的午餐。他以前在文化局下面的一个厅工作，因为申请世界遗产成功，被提拔为副局长。在他的陪同下，我们对澳门的历史城区进行了非常详细的考察。这是一片以澳门旧城区为核心的历史街区，其间以相邻的广场和街道连接而成，包括妈阁庙前地、亚婆井前地、岗顶前地、议事亭前地、大堂前地、板樟堂前地、耶稣会纪念广场、白鸽巢前地等多个广场空间，以及妈阁庙、港务局大楼、郑家大屋、圣老楞佐教堂、圣若瑟修院及圣堂、岗顶剧院、何东图书馆、圣奥斯定教堂、民政总署大楼、三街会馆（关帝庙）、仁慈堂大楼、大堂（主教座堂）、卢家大屋、玫瑰堂、大三巴牌坊、哪吒庙、旧城墙遗址、大炮台、圣安多尼教堂、东方基金会会址、基督教坟场、东望洋炮台（含东望洋灯塔及圣母雪地殿圣堂）等 20 多处历史建筑。

印象最深的有几个地方。首先是大三巴牌坊。

大三巴牌坊是澳门最具代表性的名胜古迹，是天主之母教堂（圣保罗大教堂）正面前壁的遗址。教堂糅合了欧洲文艺复兴时期与东方建筑的风格，是东西方宗教艺术与建筑艺术的交融。它雕刻精细，巍峨壮观。据说它从 1580 年开始动工，1595 年和 1601 年先后两次失火，1637 年竣工。在 300 年前，它的建造成本就已高达 3 万两白银。1835 年，天主之母教堂惨遭大火焚毁，仅遗教堂前的 68 级石阶、花岗石建成的前壁，以及一部分地基。因剩下的前墙壁貌似中国牌坊，所以本地人叫它大三巴牌坊。

牌坊高约 27 米，宽 23.5 米，为意大利文艺复兴时期"巴洛克"式建筑物，共分五层。其顶端竖有十字架，其下嵌有象征圣灵的铜鸽；铜鸽像的旁边围着太阳、月亮及星辰的石刻，象征圣母童贞怀孕的一刹那时光；铜鸽之下为一圣婴雕像，其左上是"永恒之火"的雕像，右侧则是"生命之树"的石刻。第三层的正中刻着一个童贞圣母像，旁边以牡丹和菊花环绕，前者代表中国，后者代表日本；雕像左方还刻有"永恒之众"、一艘"葡式帆船"及一个面目狰狞的"魔鬼"。第四层分别供奉耶稣四名圣徒的雕像。第三层与第四层的左右两侧，雕刻有中华民族传统文化艺术的象征动物——狮子；底层为三面门户，正门的楣额上用葡文刻着"MATERDEL"，意即"天主圣母"，两侧的门上刻有耶稣的记号"HIS"。

其次是澳门博物馆。从大三巴往左拐，经过圣保禄学院的遗址，沿着一个小小的山坡上去，就是澳门博物馆。这是一所综合性的博物馆，于1998年4月19日建成并对外开放。博物馆共分三层，其中第一、二层位于炮台山地面之下，第三层在炮台山上。博物馆的展览专题内容分三大部分，分别在馆内三层展区展示。第一层是澳门地区文明的起源与发展，介绍了澳门地区的起源，欧维士于1513年到达珠江三角洲前中国和葡萄牙各自的发展历程，两者在澳门相遇后引起的贸易、宗教和文化等方面的接触，和在往后的数百年里逐渐形成的独特的澳门文化。第二层是澳门民间艺术与传统的展示，反映澳门人的日常生活方式、民间艺术和现已式微甚至消失的行业或活动，以及宗教礼仪和庆典等，我们可以看到不同文化和种族的人民在澳门相互包容、共存以及既丰富又独特的生活方式。第三层是当代澳门的特色，展示当代澳门城市生活的特色，以及作为中华人民共和国特别行政区的澳门的前景与机遇。

博物馆虽然不大，但是内容很丰富。在一楼的大厅，我看到了博物馆俱乐部的会员征集广告，马上告诉我们苏州博物馆的张馆长，回去可以如法炮制。顶上是著名的大炮台，近四百年前建设的一个防御工事，雄伟而壮观。

另外一个让我非常感兴趣的地方是民政总署大楼。它位于新马路中段，曾为澳门市政议会的办公场所，是2005年被列入联合国教科文组织世界文化遗产名录的"澳门历史城区"历史建筑群之一。据说，历史上民政总署大楼的位置为议事亭，是明朝政府宣读政府命令和作为中葡官员会面的场所。明万历十一年（1583年）澳门议事公局成立后，即计划向明朝政府购入该亭及其后方的华人屋宇。清乾隆四十九年（1784年），葡萄牙人用80000两白银购买该地皮，并兴建具有葡萄牙风格的议事公局大楼，使之成为葡萄牙人在澳门的地方政治心脏，一切市政事宜，以至葡萄牙人的集会和庆典活动，都会在此进行。清光绪三十年（1904年），澳门政府对大楼内外进行装修，大楼内所有布置均按照葡萄牙国王若昂五世王朝时代的图案样式配置。我在议长的位置上留下了一张照片。

2002年1月1日，民政总署成立，取代澳门的市政机构，大楼名称也改为"民政总署大楼"。大楼正门进去是一个葡式花园，有一个浑天仪形状的花圃，以及葡萄牙诗人贾梅士的半身像。花园不大，但很雅致。大楼地下右侧是展览厅，定期举办各项艺术展览；二楼前座是会议厅，历年的澳门市政议会，以至今天的民政总署公开会议和记者招待会，都会在这里举行。二楼西北后座设有一所公共图书馆，属澳门特别行政区政府文化局管辖，陪同我们的澳门文化局陈局长，就是他们的最高长官。图书馆的负责人告诉我们，这里是对公众开放的图书馆，是亚洲地区法文书最多的图书馆之一，三四百年以前的图书，在这里都可以看到。许多国外的学者，经常到这里查阅资料。在这里，我看到了许多面向市民的公共宣传资料，如关于学校教育的，关于健康的，关于青少年成长的，等等。

陈局长告诉我，澳门文化遗产的保护工作对澳门历史街区的增值起了很大的作用。那些象征着大海的黑白相间的道路，已经成为澳门历史街区的符号；那些临街的建筑，价格已经不知道升了多少倍！

下午5点半，我们来到澳门科技大学拜访许敖敖校长。许校长是我的老朋友，他曾经担任南京大学的教务长和分管教学的副校长，我们经常在各种会议和评审中见面。他也是全国政协委员，每年的两会，我们也有见面交流的机会。

学校的规模很大，大概有500亩占地面积。建筑比较朴实，没有高大的房子。我们到达的时候，许校长已经满面春风地在门口迎接我们了。行政大楼的大堂设计得非常好，一面墙上刻着澳门科技大学的校徽与校名，下面的台阶可以供客人随时合影。边上的墙上有一个电视大屏，写着欢迎我们的标语。我们在这两处地方都按下了快门。

会客室就在左拐处。许校长告诉我们，目前学生有6000多人，内地来的学生超过了50%。这里的学费每年4万人民币左右。好处是学校与国外接轨，双语教学，出国便利。学校有六年的历史，现在有资讯科技学院、行政与管理学院、法学院、中医药学院和继续教育学院，从本科到博士学位都有。

晚上7点，许校长在一个葡萄牙餐馆宴请我们一行。穿过一些葡式的别墅群和一条长长的古街，我们来到了餐馆。在这里，竟然遇到了暨南大学的朱寿桐教授、苏州大学的汤哲声教授等老朋友。原来他们是来澳门科技大学参加新移民文学的讨论会的，许校长"两场小麦一起打"，把我们聚在一起了。葡萄美酒葡萄牙餐，大家蛮尽兴的。

晚上9点，我们在星际和永利两个大型赌场走马观花地看了一圈。这样一个晚上比白天更有活力的城市，非常容易让我们有昼夜颠倒的感觉。

晚上10点回酒店。酒店里面可以免费上网，此外酒店的电影、饮料等也全部免费。没有兴趣享受电影与饮料，因为几天没有回我们的"家"——"教育在线"，于是畅游网海。

2007 年 1 月

澳门博彩业向何处去——港澳行之五

昨天晚上与团员一起走马观花地看了"星际""永利"，加上我们住在"葡京"，亲自感受到了澳门博彩业的兴旺发达。据说，在 2006 年，澳门的博彩收入已经达到 530 亿澳门币（澳门币与人民币汇率比较接近），压倒美国的拉斯维加斯，成为全世界第一赌城。去年澳门的游客突破了 2000 万，其中 80% 的游客曾经到赌场遣兴。

今天早晨，在回香港机场前，我们又来到了位于最大的赌场"金沙"前的莲花广场，看到了这个金碧辉煌的建筑。

"盛世莲花"雕塑是中央人民政府送给澳门特别行政区政府的礼物。底座是三层的红色花岗岩，象征着澳门的三个岛，上面是一朵金色的莲花。与我们在香港看到的紫荆花雕塑颇为神似。

对面的"金沙"看起来远没有昨天晚上那么繁华，但是澳门的朋友告诉我，这个投资 24 亿美元的建筑，原来准备用 10 年的时间收回成本，但是竟然在 7 个月内就能够全部收回投资！"金沙"的老板平均一个小时有 100 万美元的进账，被美国《福布斯》评为全美国三大富豪之一。他们马上建设了二期工程，同时在澳门的另外一个岛，投资 100 多亿美元，准备建设世界最大的赌场"威尼斯人"。昨天，我对澳门科技大学的校长许敖敖教授说，将来你们学校就在赌场的边上，有如何的对策？他告诉我，澳门的法律规定 21 岁以下不允许进赌场。但是，面对如此的诱惑，学生们能够抵挡吗？

澳门的博彩业，究竟往何处去？它对于今后的中国有什么影响？这些问题，我们思考过吗？

上午 10 点，我们去参观澳门艺术博物馆。澳门艺术博物馆隶属民政总署，为澳门文化中心的一个组成部分。其总面积 10192 平方米，展览面积近 4000 平方米，是澳门规模最大的文物艺术类博物馆。澳门是一个中西文化交流的历史名城，融合东、西方文化特色。作为艺术博物馆，它们展示的内容也正是这种既有东方传统文化特点，又渗透西方文明色彩的艺术风味。

艺术博物馆是非常"国际化"的。位于一楼的礼品店出售博物馆的出版物及具有澳门特色的书籍和礼品。零层设有多媒体图书馆，内置相关文物及艺术之书籍、有声读物，此外有国际互联网供读者免费使用。图书馆设有视听间，可让公众免费欣赏近五百部中外经典电影。另外，零层还置有工作坊空间，经常举办多种艺术活动与儿童艺术班等，供有兴趣人士参加。为了让公众有更多的机会接触及参与博物馆举办的各类展览与活动，他们还成立了"澳门艺术博物馆之友"的组织。在售票处，我们看到了"澳门艺术博物馆之友"的申请表，马上介绍给同行的苏州博物馆张馆长。

博物馆正在举行一个名叫"永乐文渊"的特展。这是一个清代宫廷典籍文化艺术专题展览，展品包括典籍、宝玺、书法、绘画、铜版画、瓷器、砚台、袍服、工艺品等，还展示了清帝书房景观。展览试图通过图书以及相关展品显示清初至清中期的宫廷文化面貌，以实物说明清初诸帝如何锐意吸收汉人文化，成为中华民族传统文化的有力继承者和发扬者。其中分成"稽古右文""渊海缥缃""文学侍从""嬛嬛珍赏"四个部分。"稽古右文"集中介绍清初诸帝博学深思，典学始终；"渊海缥缃"介绍官修书籍之荦荦大者；"文学侍从"则以人为出发点，介绍参与构建清代文明的文学侍从之臣，其学术及艺术成就；"嬛嬛珍赏"则是典籍精品介绍。四个部分构成"人""物""人""物"之节奏。

特展展览名截取自《永乐大典》及文渊阁。前者成书于明代初期，是中国古代最大的一部类书；后者为清廷储存乾隆年间官修图书总汇《四库全书》之所。明太祖朱元璋始创宫殿于南京，并建了存放书籍的文渊阁；明成祖朱棣迁都北京后，仍遵旧制。清乾隆四十一年（1776年），为贮藏《四库全书》，紫禁城以浙江鄞县范氏天一阁的轮廓开间为蓝图，又建了一座文渊阁。众所周知，《四库全书》是我国保存最完整、抄写最统一、内容最浩大的一套丛书。以《永乐大典》、文渊阁合成"永乐文渊"一词，意指从文治教化中获得恒久愉悦。

上午11点参观结束后赶往码头，搭乘下午1点去香港国际机场的渡轮。2点到达香港机场，午餐竟然比上海浦东国际机场便宜许多。下午4点35分，搭乘上海东方航空706次航班飞回。晚上7点抵达浦东国际机场，9点到达苏州。

2007年1月

第十章 台湾掠影

　　我三次去宝岛台湾，以三个不同的身份。第一次是以一个纯学者的身份去参加一个世界华人的心理学家大会，第二次是以副市长的身份去台湾"中研院"参加一个学术会议，第三次是以中国叶圣陶研究会常务副会长的身份陪同全国人大常委会原副委员长许嘉璐先生出访。时间的跨度近20年。从第一次费尽周折辗转来回，到第三次直航转瞬即到，感慨万千。但是，有一点始终没有变，那就是一家人的感觉。

"通而不畅"的台湾之旅——台湾教育行之一

　　准备了许久的宝岛台湾之行，终于可以出发了。

　　3月21日早晨8点至10点15分，乘CA984赴上海浦东机场。在华美达酒店用过餐后，12点50分乘CA195赴台北。由于北京还没有每天直航的飞机，我们只能取道上海。虽然比以前绕道香港方便了许多，但是仍然有"通而不畅"的感觉。

　　以全国人大原副委员长、民进中央原主席、叶圣陶研究会名誉会长许嘉璐为团长的叶圣陶研究会访台代表团，此行是应台湾中华海峡两岸客家文经交流协会的邀请，出席第三届海峡两岸客家高峰论坛。行前，岛内外各大媒体即已经报道，称这是迄今为止访台的大陆级别最高的前领导人。还有媒体针对温总理在两会的答记者问，说许嘉璐此行是为温总理"探路"的。

　　14点35分，飞机抵达台北桃园中正机场。台湾中华海峡两岸客家文经交流协会的刘志同先生等已经等在舱门口。大家都已经是老朋友，但在台北见面还是第一次，感到异常的亲切。我和许先生都是第三次来台湾，时隔7年，我再次踏上了台湾的土地，非常激动。而许嘉璐先生，更是阔别

13 年后，再次来到台湾。

抵达圆山饭店时，许嘉璐先生的老朋友饶颖奇夫妇已经在饭店门口迎候多时。热烈的握手，亲切的拥抱，说不完的话，好像都还不能完全表达他们之间的感情。多年前，许先生到台湾访问，见过饶先生一面。时隔数年后，许先生托一位台湾朋友向饶先生问好。再后来，饶先生到大陆参访，两人得以再次见面，并开始频繁联络，共同为两岸的交流努力。民进中央举行的文化、教育和企业三个关于两岸交流的论坛，饶先生每次必到，而且每次都带来很多台湾朋友。饶先生曾经风趣地说，他是中国民主促进会在台湾的"民进之友"，而许先生则欣然收下了世界客家总会颁发的"客家之友"的奖牌。对于饶先生主办的台湾中华海峡两岸客家高峰论坛，许先生不但每次必到，而且从选址到经费到人员邀请，都全力给予支持。两岸高层的这种莫逆之交，对于推动和平发展起到了重要的作用。用一个台湾朋友的话来说，他们两人都是两岸交流的"推手"，并且都做出了卓越的贡献。

我们到房间放下行李后，直接赶往会场，参加论坛的综合讨论。饶先生主持，两岸的代表发表意见，压轴的自然是许先生。他说，来到春意盎然的台北，有如进家门的感受。"见到每一位台湾同胞，都觉得似乎是多年未见的亲人"，"目前两岸是通了，但还不畅"。由于两岸有关部门间的沟通以及架构中的运作纷繁复杂，"我们就顺利地迟到了"。"三通"是两岸人们期盼已久的事情，现在基本实现，虽然我们之间还有许多不畅的地方，但是"有了开始，何愁未来"。他风趣地说："饶先生，你下次如果在台北或台东举行第 N 次客家高峰论坛，我一定不迟到。"许先生关于"通而不畅"和"开始与未来"的名言，很快成为港台媒体报道的大标题，也得到了台湾政要的呼应。

许先生说，客家文化是中华民族中一个独特民系的文化，它是以古代中原文化为主，融合了当地各民族的文化而形成的。它的核心内涵，也就是伦理观、价值观，较多地保留了中原文化特色，因此，客家人犹如中华民族文化的守护神，在当前，要更多、更形象地了解中华古代文化在实际生活中的情形，客家文化是最好的教材。同时，随着客家人向华夏大地和世界各国的散布，中华文化也随之进入全球各个角落。

客家人无论走到哪里，都保存着自己的文化特色，严守着"宁卖宗族田，莫忘祖宗言"的传统；客家人珍爱自己的风俗、礼仪、艺术、信仰、精神，即使散布到全世界也从不丢弃；客家人重视信义名节，重家族、宗族精神的传承，重坚忍耐劳、开拓进取。而当前的世界，许多民族渐渐疏远与抛弃了自己固有的文化传统，从而迷失了方向；对比之下，客家人的精神令人敬慕，催人深思。客家文化的内涵，无论是对于中华民族的今天和未来，还是对各国正在思考世界明天的政治家和学者，都极具参考价值和启发意义。

许先生指出，西方近二三百年的文化传统理念，已经受到严厉的质疑和批判；历史已经证明，继续完全按照西方文化理念走下去，世界不得安宁，人们不得幸福，还可能毁灭人类自己；文化是多元的，不应该也不可能一元化；不同文化之间的交往、对话，是各个文化不断前进、人类智慧不断提高的重要的动力；中华文化是世界上唯一在几千年中从没有中断过的文化，这是因为中华文化中有着丰富的从生活实践中归纳提炼出来的、适合人类生存发展的经验，这是与西方"神启"和理性思辨文化十分不同的文化，是人类的宝贵财富；西方应该重视和研究东方，重视和研究中华文化，东方同样地要重视和研究西方文化，互相取长补短，相互交融，以期未来形成人类在新的历史时期的新文化，只有这样，才能挽救世界，挽救人类。

针对目前正在发生的全球金融危机，许先生认为，这次危机的深层原因主要不是经济的，不是技术的，而是文化的。过分的贪婪、毫无节制的物质追求、不择手段的攫取利润，这正是西方文化重要内容的变体。大陆在这次危机中受影响最大的是外向型产业，而不是金融业。这固然和大陆始终坚持金融业有限度的开放，和汇率依据一揽子策略浮动有直接的关系，但是在这些决策的背后起作用的依然是中华民族成长过程中积累的"居安思危""独立自主"等经验；何况，"勤俭持家""克己复礼""防奢去华"等沉淀在人们意识中的古训一直在指导着政策的制定和人们的生活。因此，虽然在经济快速增长、国门大开的情况下，近年来大陆也出现了一夜暴富、超前消费、过度奢侈等现象，但是社会的基石却没有动摇，大大抵消了金融危机可能造成的影响。在经济全球化、生产率不断迅速提高的情况下，客家文化中的许多精华应该也必然会起到应有的作用。

许先生对于今后的客家研究提出了一些非常中肯的建议，他认为，客家文化要与时俱进，在继承传统的基础上适应现实，不断开拓提升文化的吸引力、感召力、凝聚力；要加强对客家文化的研究；逐步深入对深层文化，即精神（或曰哲学）层面的研究，研究的方法也需从平面的分析和叙述进入与中华整体文化、与异质文化、与侨居地文化对比的研究；加大宣传客家文化的力度，让客家文化走出客乡和客家人的范围，走向全世界。

许先生告诉我们，他之所以与客家人有如此深厚的感情，与他读大学的时候崇拜的两位教授黄药眠、钟敬文都是客家人是有关系的。他最后充满激情地说，现在我们赶上了实现孙中山先生的伟大理想"振兴中华"的绝好时代，这必将也是客家精神得到空前弘扬的大好时机。

晚上，在简单的晚餐以后，会议安排了内容丰富的、具有浓郁客家情趣的"客家文化之夜"文艺演出，演出深深地感动了我们。从中，我们也看到了教育界在传播和保护客家文化方面的努力。

2009 年 3 月

感受客家文化的魅力——台湾教育行之二

客家，是一个具有显著特征的汉族民系，也是汉族在世界上分布范围广阔、影响深远的民系之一。客家人先世居黄河流域，西晋末年（4世纪初）、唐代后期（9世纪末）因战乱大批南下。1276 年南宋灭亡后又迁至赣、闽、粤等地。自称"客家"或"来人"，以区别于本地人。太平天国以后，不少客家人被迫分散在更广阔的地区，有的转徙侨居南洋一带。

客家人在中原汉文化的基础上，结合迁入地的实际，创造出灿烂的文化。客家山歌就是客家文化的精髓之一。它主要流行于广东省、福建省、江西省和台湾一带的客家人当中，主要靠口头创作，随意而出，是客家音乐的代表。歌词形式多为七字仔，讲求平仄、押韵，但不做绝对的限制。特色是即兴、融合客家人生活题材，而且擅用隐喻与双关。

台湾是客家人的集聚地之一，据说，台湾的泛客家家族的总人数达25.6%，吴伯雄、饶颖奇等在台湾都被公认为是客家的重要代表人物（"大佬"）。最近几年，台湾对于客家文化的重视力度开始加大，在"行政院"成立了客家委员会，相继举办了"客家桐花祭""台湾客家文化艺术节"，并创设了"客家电视频道"，强化了客家在台湾多元文化价值中的重要性。

这一次台湾行，给我们印象最深的是客家文化的山歌。到达圆山饭店的时候，身穿客家传统服装的迎宾人员，就是唱着客家的山歌欢迎我们。这是我们在台湾上的客家文化第一课。在台湾，一般人仍以"山歌"作为客家民谣的总称，也有称为"采茶歌"或"九腔十八调"的。"采茶歌"是因为客家民谣与"三脚采茶戏"（客家传统戏曲）密不可分；"九腔十八调"

则是形容客家民谣曲调多、内容丰富，但总不如充满乡土味的"山歌"来得贴切。山歌是一种口唱文学，一切人情事物，均可用"七言四句"形式直接唱出，一般用"四句八节"来概括传统山歌特点。

到台湾的第一顿晚餐后，主人就奉献给我们一台丰富的"客家文化之夜"。首先是一个叫壮红如的乐团演出了《山歌仔》《食茶来寻妈俦》，这是比较传统的客家山歌。接下来宙斯爱乐管弦乐团演奏了《客家小调》《北管》《天公落水》《采茶》《十八姑娘》等曲子。用西洋器乐表现客家文化，是一种非常大胆的创新，乐团的负责人告诉我们，要让客家文化走向世界，就必须学会用世界的语言和符号，把客家文化的元素嵌入其中。他们的这种努力是一种非常有价值的探索，为传统文化的继承和创新提供了一条颇可参考的路径。接下来温金龙先生演奏的二胡《追梦人》《天公落水》等也充满情趣，他是全台湾最著名的二胡艺人，足迹踏遍了全世界。最后，台湾颇具知名度的歌唱家陈忠义先生演唱了《客人》《大憨牯汽车》《憨人有憨福》等诙谐、轻松、幽默的客家歌曲。整场晚会非常精彩，传统的客家文化融入了现代元素，充分展示了客家音乐的魅力。特别需要说明的是，为这些大腕演员配戏的往往都是在台湾非常流行的"亲子团"。那些三四十岁的年轻妈妈们和六七岁的孩子们，和着客家音乐的节拍，且舞且歌，活泼可爱。客家文化的种子，就这样悄悄地播下去了。

22日晚，论坛举行闭幕式，再次安排了长达两个多小时的客家文艺演出。这次的主人是台北市政府的客家机构，而演出者基本是台北的业余文化队伍，"亲子团"仍然是主力军。演出以一支"山清茶碧故乡情"的舞蹈拉开帷幕，接下的《台北是我的故乡》《我是客家人》《看花》《扛茶》《异乡客》《客家示》等节目，有些富有乡土气息，有些又有些后现代的意境，但是个个精彩。旁边的台湾朋友介绍，这些节目来自许多不同的艺术团体，基本上都是客家文化传播的义工。但是，政府对于这些民间团体十分关心，有许多扶持帮助的政策，政府和民间联起手来，共同保护和弘扬客家文化，是台湾客家文化得以保持与发展的主要原因。这两天参加表演的艺术团体，大都得到了政府的帮助。在这个意义上，也可以说，台湾客家文化的发展，社会教育也是立了汗马功劳的。

2009 年 3 月

血缘与文化的力量——台湾教育行之三

23 日上午，参访团一行随许嘉璐先生到财团法人张荣发基金会会见国民党主席吴伯雄先生。这里过去是国民党党部所在地，后来卖给了财团法人张荣发基金会，一楼大厅已经改成航海博物馆。

与吴伯雄先生见面，是我们访问团行程中最重要的内容之一。对这位 33 岁就成功竞选桃园"县长"的政治家，我一直充满着好奇与期待。而在国民党原党部与现在的国民党主席见面，也是非常有意义的一件事。

寒暄过后，吴伯雄主席马上提到了两岸交流的现状，他说："以后两岸直接'大三通'，往来会方便得多。这个礼拜大陆来旅游的有两三万人了吧？我认为这是很自然的，越交流、越接触，隔阂就越小。当然，目前有些争议需要搁置，但是存异求同，'同'的部分多的话，'异'的部分化解的可能性就越高。""和平发展是我们共同的愿景。我认为战争是人类最愚昧的行为。"他若有所思地说。

吴伯雄告诉我们，他四十多年前曾经在金门当过兵，当时他背后的两门炮就是锁定厦门车站的。最近，他重游金门，看到金门、厦门之间的来往非常方便，感触很深。吴伯雄说，现在海基会与海协会的协商，已经奠定了非常好的基础了。要让台湾一部分抱着"台独"思想的人知道，和平发展对两岸同胞有利，尤其对台湾有利。希望我们共同努力，尤其是希望加强文化的交流，让我们的后代子孙彼此更友好、更互助。

许嘉璐先生接过吴主席的话说，海峡两岸的这种因缘、文化之缘，是看不见的，但又是扭不断的，有强大的持久力。文化之源不仅仅是人力隔不断，原子弹也炸不毁。日据时期，日本人强迫台湾人民学日语，说闽南话会受到歧视，因为殖民者知道语言是生生不断的，但是台湾一光复，一夜之间，在台北街头全是闽南话。

许先生说，我们两岸吃东西口味相同，歌仔戏老人都喜欢看，有无数的相通之处，但还应该追寻到我们文化最根本之处，这种根本就是"和"，和而不同，和的前提是有差异，没有差异就同了，同了就单调，只有不同才求和，这是最根本的。到了今天，大家既回头看看祖宗，更重要的是向前看，需要磨合，需要妥协、互让，不计前嫌。

两人越说越投机，许嘉璐先生又回到了他最擅长的语言学问题上了。他说，现在中华民族真正要崛起，物质、经济是基础，但文化是根本。他认为，除两岸都要弘扬我们共同的中华文化以外，还要走出我们的圈子，让世界了解中华文化。现在我们对世界了解的深度和程度，超过了外国人对中国的了解。现在大陆在世界各地推动建设孔子学院，有很多台湾人也在外面进行华语教育，希望两岸在这个领域联起手来，把我们的资源用在推广上，做实在的事情，不要浪费在内耗上。比如用外国人喜闻乐见的形式普及中华文化。

吴伯雄先生特别提到最近胡总书记讲的一句话："中华文化在台湾根深叶茂，台湾文化丰富了中华文化内涵。"他说，这句话是一种鼓励，我们也会往这方面来努力。吴先生反复强调血缘和文化的力量，他一再说，"血缘跟文化，是谁都断不了的"！他告诉我们，自己回到福建祖居地，看到共同的族谱，那种亲切的感觉，是多么幸福！"和家乡人讲话，就是和去国外感觉不一样。"

吴伯雄特别对于"台湾意识"与"台独意识"做了明确的区分。他希望，我们在研究两岸文化时，也应该研究一下台湾的历史，理解台湾人民的感情。台湾被荷兰人统治过一段时间，郑成功拿回来，后来清朝又割让给日本，抗战胜利后总算回来了。"所以台湾人有他的历史过程，有他的悲情在里面。"吴先生坦然地说，"我也有台湾意识，但绝对不允许有'台独'意识。""台湾意识"和"台独意识"是不一样的。吴伯雄特别强调，国民党会掌握目前两岸和平发展这个契机，来追求双赢。只要国民党执政，捍卫了目前的"一中宪"，是不容许"台独"的。

许嘉璐先生回应说，海峡两岸隔了这么久，细微的东西，彼此了解起来还需要时间。

吴伯雄主席表示："不管最后要用多少时间，两岸的融合是要以喜事来面对，而不是悲情。"两岸的和平发展，两岸的融合，是用喜事来做！这是两位智者交流的结束语，也是今天访问的最高潮。时间虽然不长，但是两位对两岸关系、中华文化等的融洽交流和思考之深入，让人钦佩。

临别的时候，吴伯雄先生送我一个茶杯，上面有他的一句题词："天下为公，人民最大。"我知道，2008 年，吴伯雄先生在拜谒中山陵的时候，也是写的这八个字，可以想见它在吴先生心目中的地位了。作为一个政治家，只要真正时刻记住这句话，记住这八个字，我想，他的腰杆一定是硬的。

2009 年 3 月

听证严法师讲清淡人生——台湾教育行之四

与吴伯雄主席会见结束后，已经是中午时分。于是立即赶赴敦化北路的豪园，参加曾永权先生的工作午餐。曾先生也是客家"大佬"，因为我们是参加客家文化论坛，他自然要以客家东道主身份与大家见面。虽然我们是第一次相见，但是特别投缘，相谈甚欢。

14 点，乘复兴航空 GE011 航班赴花莲。在台湾岛内，这样的小型飞机非常便捷，半个小时的光景，飞机就抵达花莲机场。慈济功德会的林碧玉副总等已经在机场迎接，乘慈济的巴士车前往慈济静思精舍。

由于工作的关系，对于慈济我的接触机会比较多。差不多在十年以前，苏州发生了第一例来自海峡对岸的骨髓移植。一个可爱的江苏姑娘陈霞，因得了白血病而生命垂危。在台湾慈济的帮助下，李政道博士和一批慈济的志工，亲自护送骨髓从海峡的彼岸来到了苏州。他们自己付来回飞机票钱，到苏州以后自己吃住。他们从花莲出发，辗转台北、香港、上海，最后到达苏州。一路上，他们不停地晃动装骨髓的箱子，一刻也不敢休息。我去医院看望他们的时候，他们的安宁、温文尔雅，以及那藏青颜色的统一服装，就深深地印刻在我的脑海里。

后来，我认识了慈济的副总执行长林碧玉女士。为了慈济在大陆的慈善事业，她在海峡两岸穿梭，经常在一个星期内往返几次。30 年前，她关闭了自己生意兴隆的会计事务所，投入慈济的事业中去。她的坚毅、沉着和协调能力，给我留下了深刻的印象。我曾经参加过他们在苏州包粽子义卖的活动，帮助那些需要帮助的残障人士。许多苏州附近的慈济的志工，也赶到这里出力流汗。林碧玉告诉我，他们到哪里，希望爱的种子就播在哪里。

再后来，慈济基金会与新教育实验总课题组有了合作，我们联合举行了一次"大爱让世界亮起来——两岸书香交流"的主题活动。这是两岸文化教育交流的一次非常有价值的探索。国家的和平统一，最关键的是文化的统一，是心灵的交融，是教育的理解。而两岸教师的书香交流，正可以取得这样的成效。来自台湾的慈济老师大部分是退休教师，他们自称是"千岁团"，因为他们的年龄加起来已经超过了一千岁。他们为了这次培训，在台湾就进行了专门的研修，反复练习。他们精心准备的教具与教材，让我们的许多教师赞叹不已。他们说的一句话"让我们成为孩子们生命中的贵人"，后来成为许多大陆老师的口头禅。

让我特别感动的是，那次活动中，在厨房切菜的，有许多是大公司的董事长；在卫生间洗厕所的，有许多是总经理太太。他们脸上的那种宁静、祥和的笑容，给我们的老师留下了深刻印象。

2002 年，我借在台湾参加学术会议的机会，来到花莲看慈济。我看了慈济的学校、医院，看了证严法师的精舍，我想知道一个文弱的女子，是怎么样支撑着这样一个慈济的世界的。从与证严法师的交流中，我似乎找到了答案：只要有一颗爱心，一个普通的灵魂，就可以走很远很远。今天再次来到这里，自然充满欢喜。

除了我是第二次到这里，其余的人都是第一次到花莲和精舍。这里真的是一片净土，可谓世外桃源。满目皆是绿色，沿着掩映在树丛中的一条小路走进去，林副总边走边向我们介绍。在一片植物前，她特地让大家停下来，介绍说这是她们自己种的香料，并让大家摘下叶子来闻，她说，慈济十分注重亲身参与，精舍的大部分用品都是自己生产。接下来参观了装有稻谷脱粒机等农业设备的加工车间、制作佛像和蜡烛的手工作坊等，只看见慈济的师傅们和义工一起，在各处忙碌着，脸上充满祥和的笑容。

参观结束后，来到数位会议室（数位，在大陆叫数码，就是数字化产品的意思，因为这个会议室里有现场直播等数位设备而起此名），证严上人已经等在那里，她亲切地和大家一一打招呼。落座后，许嘉璐先生和上人很自然地交谈起来。

许嘉璐先生说，慈济在世界上、在大陆所做的事业，最好地体现了佛祖大慈大悲和四报恩的理念。佛祖一个重要思想就是，我们生在人世，要面对人世，人世如何能够给每个人带来安宁——心理的安宁和身体的安宁，安宁才有幸福，那么这里很重要的就是发心。而发的心，就是慈悲，也就是爱，爱心，这是一个最起码的要求，也是最伟大的要求。法师白手起家，从零开始，其结果不仅仅直接救助和解救了那么多众生，而且虽然没有经过佛教的仪式，其实让很多的众生开悟了，产生了这么大的影响，就证明了佛祖在"行深般若波罗蜜多"的时候，他给世人的启示。

证严法师说，佛教是很哲学的，也是很科学的，同时还是心理学。佛法在人间。我们人的生命不仅是为生活而生活，因为人的生命是有使命感的生命，天地之间众生——所谓众生就是很多很多的生命，虽然形态不一样，但是它们的名字都叫作众生。而人类是人生，是众生的领导，人类是领导众生的一个最有灵的人生。所以，我们既然来到人间，总要对人世间有贡献。佛陀来人间就是要告诉我们，人的目标就是要大爱。不仅要慈悲，还要喜舍——很开心地去付出，去布施，去舍得，这都是在佛陀教义中的，所以这就是大爱。假如只拘束在一个小小的宗教范围，那不叫作真正的人生的宗旨、生活的教义，宗教是人生的教义、人生的宗旨，还是生活上的教义，只要是好的事情，我们都应该不分彼此地用心去做。慈济多年来也是很期待把宗教回归到佛陀的时代——人间佛教的时代。佛陀的时代希望一个目标：让人人看开了，突破个人的习性，把心放宽，能包容天下事，为天下苦难众生去付出。

法师说，自己从台湾西部来到花莲将近五十年了。当时看到花莲很漂亮，有山、有水、有大海，但是可惜交通很不方便，到台北需要八个小时，所以年轻人都往西部走，这里留下来的都是老年人，他们都感觉到生命的凋零，没有朝气。她当时体会到，生命既然是同等的，这么美好的地方应该有很有朝气的生命力。所以才决定在花莲留下来。后来，感觉到因病而贫的人很多，就开展义诊，因为东部医疗条件差，义诊也无法满足需要，就盖起了医院。盖医院过程中感到东部的人才非常少，就设立了医学院，即现在的慈济大学。慈济教医师要永远保持一个立志当医生的志愿——那就是为救生命而做医生。

讲到这里，我眼前浮现出几十年前证严一个人来到花莲的情形。当看到当地人因为没有钱看病，无奈把病人抬回家而死在半路上的时候，她就发誓要办一所让穷人也能够看得起病的医院。这几乎是天方夜谭，一个没有分文的弱女子，竟然想办医院？证严和几个姐妹们依靠每天做手工，节省几毛钱，硬是打拼出一个慈济的世界出来。在路上，饶先生告诉我们，现在慈济每年用在慈善事业上的预算，就比好几个花莲县的财政预算还要多！

证严接着说，慈济的一切都是以人为中心的。人的贫和病，都是宗教教义最想要紧急去解决的苦难。慈悲的爱发出来最真诚。慈济人内心都要有诚、正、信、实，这是慈济人的宗教观。每一个人进慈济之前都要先接受培训，了解慈济要走的方向和精神理念，他们要上的课程最重要就是内心要"诚"。诚又要正，要有信，做事情要实实在在，以这诚、正、信、实为内修。慈悲就是想着为人群的幸福或者众生的苦难去做事情，这叫作慈悲；还要喜舍，要很开心地付出，要无所求，还要向对方说感恩——感恩他能接受我们的付出。就如医生要感恩病人，因为他医术的进步都是在病人的身上得到的。我们的慈悲心都是在苦难人的身上，让我们的慈悲更加深、更加广。慈济人的理念都是付出无所求，还要说感恩。

证严法师其实是在用自己的经历阐述慈济的文化。在慈济志言中，我曾读到这样的文字："我们的理想是以慈悲喜舍之心，起救苦救难之行，予乐拔苦，缔造清新洁净之慈济世界。我们的方法是以理事圆融之智慧，力邀天下善士，同耕一方福田；勤植万蕊心莲，同造爱的社会。我们的任务是集慈善、医疗、教育与人文四大单元于一炉。而我们的精神是诚、正、信、实。"这与今天证严的解释是完全一致的。

证严告诉我们，很多慈济人健康的时候为慈济努力付出，在重病时会回到花莲，住进安宁病房。他们会跟医学院的学生说："我的身体交给你，你可以在我身上划错千刀万刀，但你不能在病人的身上划错一刀。"这是一个最环保的人生，他得到了真正的那种喜，生命还剩下不多的时间，他一点也不惶恐，而且会欢喜付出，直到把他的身体又施舍，让学生们在他的身体上面探索人体的奥秘，这是一件幸福的事情。所以这就是慈悲、喜舍，也就是佛教所说的"真空"。这样的身体，在慈济被称为是"无语良师"，也叫"大体老师"。

许先生非常感慨地说，上人这样来解释慈悲、喜舍，受益匪浅，慈济的居士或者信众把自己的身体捐献出来是一种报恩，而所有的学生在他们身上练习，也是怀着一种感恩。现在全世界的医务界几乎都是技术至上，缺乏了对生命本质的认识，缺乏感恩之心，没有像慈济人一样，怀着慈悲喜舍的信念，来救治病人。现在人们最需要的是灵魂的充实，每个行业都是这样，所以慈济应该把这个理念大讲特讲。许嘉璐先生向慈济发出了邀请，希望能够在今年10月由民进中央举行的海峡两岸中华传统文化与现代化研讨会上，介绍一下慈济的人间佛教与医学文化。

许先生接下来谈到，现在社会上对宗教，特别是对佛教有很多的误解，比如很多人觉得佛教是出世的。其实佛教是以出世之心来入世的。它既是一种宗教，同时也是一种博大精深的文化，也是一种很奥妙和深刻的哲学。各个宗教都是平等的，都有它产生的原因、存在的理由、对社会的贡献，但是佛教和其他宗教比如天主教、伊斯兰教有很大的不同。世尊是在他作为王子观察到人类生老病死的苦难之后，突然有所动，于是求法。他病了以后怀着感恩之心，坐在那里彻底思考人生和宇宙的问题，最后他开悟。他开悟的是什么？还是解决人的生老病死的苦难问题，所以佛教是一个入世的宗教。但是他和一般人的入世不一样，他是以出世的心理、思想、心态来入世。慈济的所有事业，上人的一生，就是对佛教这种真正的面貌的一个最生动的说明。

最后，许先生和证严法师不约而同地谈到金融危机问题。许先生认为，这不单纯是经济、管理、技术的问题，归根结底更重要的是一种文化的问题，是追求、信仰的问题。无节制的贪欲，是它产生的根本原因。如果不是要追求那种无止境的财富、无止境的奢侈，就不会有这个危机。从中他看到的是人的贪欲进一步地放大。"人们已经又进一步地远离了平常心。"

证严法师回应说，其实，不是真的有什么金融风暴，实在是人心出了问题。早年听到的都是叫实业家，现在都叫企业家，实业家都是有多少资本就做多少事，现在都是企划，他想要做多少就不断地连锁，不是自己实在有多少钱而是银行借款，所以一旦动了什么，就会像倒多米诺骨牌一样。说来就是一个心理问题，也是心灵风暴。

证严说，从去年开始，慈济人就知道美国有什么事情可能会波及全球，她就跟大家说："只要大家清清淡淡地生活，很自然就能平平安安地渡过。"关键是人心能定下来、安下来。真有需要，就动员大家投入关怀。从去年年底开始，慈济人要救济之前，每个人都要去家访，了解每个家庭需要我们帮助他什么。慈济把几千户需要照顾的家庭分为照顾户和关怀户两类。所谓照顾户，或者贫穷，或是有病，或者家庭有精神不好的人，或者是老的、孤单没人照顾的，需要物质的帮助和人去关怀。比照顾户更多的就是关怀户，老人在家，儿女都远离家乡，不是经济上需要帮助，而是心灵空虚、患忧郁症或者是其他。需要有人关怀，有人常常去跟他聊天，了解他们的心理状况，等等。

全省的慈济人动员起来，在每一个社区、每一个地方，去了解、关怀这些需要照顾的家庭。同时，还动员了台湾全省的教师联谊会的3万多名老师，了解他们的学生有没有家庭问题；动员了几万名大学青年，也让他们了解同学、学弟、学妹等家庭的需要。然后制定具体的帮助计划。

在金融危机面前，证严法师一方面倡导人们过清清淡淡的生活，一方面动员慈济的力量和社会力量，去了解民情，实实在在地为困难的人们提供帮助。这两种精神真的都非常宝贵。

证严特别对于环境保护问题谈了一些精彩的意见。她说，普天之下都是生命共同体，不只是要爱人，更要爱地球。现在我们不只是要救人，还要救地球。很多环境问题其实都是因为人心的贪欲。很多自然灾害，是因为四大不调——地大不调、风大不调、雨大不调、火大不调，这样四大不调，都是因为人心。我们做了很多坏事，让大地被污染了，空气也被污染了。人如果都是清清淡淡地生活，物质也不会用得那样浪费，也不会造成那么多的环保问题，这么多的灾难。慈济把环保作为自己十分重要的责任，回收各种资源。

慈济与传统的佛教不同，非常重视行动，主张在行动中修行。证严说，开示在佛陀，悟路在众生。这个"悟"字好像很深奥，其实最重要的就是听而能致用，能用的时候才是悟到了。因为你用到了、体会到了，才知道这个道理是在说什么，所以先做了以后跟你说，你会更明白。所以，在全世界的几十个国家，都能看到慈济人救灾、助人的身影。

最后，证严谈到如何帮助富人的问题。她说，慈济的事业是希望能给人以启发，最重要的是我们要教富——让富有的人，不仅是富有钱财，还要富有力量、富有爱心——这样的教富。

许先生和证严的谈话很是投机，原定一小时左右的会见不知不觉谈了两个半小时，还言犹未尽。饶先生反复提醒天色已晚，只好依依惜别。上人亲自为每位客人的手腕戴上了一串佛珠，赠送一套慈济的书籍。这佛珠是用回收的荧光灯管做成的，虽然不是什么贵重的材料，但大家都很珍惜。

从精舍出来，去参观静思堂，中间经过了慈济医院，规模很大。静思堂是一座很宏伟的建筑，在暮色中显得尤为壮观。大家在门口脱鞋，换了小巧的鞋套，参观"静思博览会"，这是一个慈济历史的展览，用图片展示了证严法师白手起家，一路走来的历程，以及慈济的种种公益活动，更重要的当然是慈济的"大爱"理念。在过道里，随处可见上人的静思语。最后来到讲经堂。讲经堂门口正对面是巨大的石雕，记述了上人创办慈济的历程。讲经堂的大厅有七八层楼高，正对面墙上是一幅巨大的佛像，屋顶是星空图，点点繁星一闪一闪，描绘出宇宙的深邃，据说是按照真实的宇宙比例建设的。慈济的佛祖形象与传统有很大的不同，佛祖以手抚摸地球，显示了他们人间佛教的入世理念。讲经堂里的座椅设计十分巧妙，有放东西的地方也有放经书的地方，既方便坐下来，也方便打坐。可以看出，每一处都很精致，充分体现了慈济人用心做事的特点。

从静思堂出来，天已经完全黑了。赶往远雄饭店，晚餐后休息。

2009 年 3 月

太鲁阁义工——台湾教育行之五

今天是 3 月 24 日，已经是到台湾的第四天了。昨天晚上下了一夜的雨，早晨起床后，拉开窗帘，才发现原来窗户正对着大海，因为昨晚到这里天已经完全黑了，竟然没有发现。近处，绿树成荫，几栋别致的小楼掩映在绿树中，景致非常好。不远处就是无边无际的大海，好不壮观。

用过早餐后，乘车前往太鲁阁。这是许多台湾朋友竭力推荐的地方。2002 年我到花莲的时候，因为时间紧张，与之失之交臂。这一次总算可以如愿以偿。

我们的车首先在公园服务处停下来，在一位老者的引导下，我们进入接待中心的服务处。老者又带领我们到服务处的影像中心观看介绍太鲁阁的风光片。精彩的画面加上科学的解释，让我们对于太鲁阁有了初步的了解。原来，太鲁阁是由于地壳的隆起作用及立雾溪河水不断的侵蚀切割，使得大理石岩层外露而形成的。太鲁阁是当地少数民族的语言，意思是"伟大的山脉"。

太鲁阁公园成立于 1986 年 11 月，东起和仁溪口，西迄西合欢山，南至奇莱南峰，并沿着奇莱北峰东棱东伸至加礼宛山，北至南湖北山，横跨了花莲、南投及台中三县；立雾溪为区内最主要的水系，流域面积涵盖了全境的三分之二，总面积达 92000 公顷，是台湾第二大公园。

太鲁阁公园以峡谷及山岳为主要地形特色，峡谷地形以立雾溪最具代表性。百万年来，丰沛的立雾溪水不断向下侵蚀，切开了厚度超过 1000 米的大理石层，形成了中横公路太鲁阁到天祥间垂直壁立的 U 形峡谷，造就了令人震撼的地貌景观。

太鲁阁公园原始森林覆盖面积广大，境内从海拔最低的清水海滨到最高的南湖大山，落差达到 3742 米；从亚热带的樟楠林，温带的混合林、桧木林，寒带的铁杉、云杉、冷杉，到高山草原、寒原，呈现垂直分布，并有特殊的岩壁植群，及因地形陡峭所造成的"植被压缩"现象，造就了层次复杂的植物群相，植物种类达1100种以上。公园内裸露的白灰岩地表多，因此山地石灰岩植被成为公园里的一种特色植物，珍稀的清水圆柏就生长在这里。太鲁阁公园完整的植物群落，提供了野生动物栖息活动的空间，因而野生动物的种类也极其多。

听完介绍，出了公园管理处，几十米外就是苍翠的高山，薄薄的云雾缭绕在山间，仿佛少女的面纱，太鲁阁美丽的容貌就这样若隐若现地呈现在了我们面前。虽然还在公园的门口，大家已经被它的美丽所吸引，纷纷举起相机拍照。这时，管理处的黄科长发现半山腰有台湾猕猴在活动，于是拿来望远镜，请大家观看。在公园门口耽搁了好一阵，大家才想起，真正的太鲁阁美景还在后面，于是赶紧上车。黄科长和刚才那位老者陪我们一起参观。

这个时候我们才知道，老者叫邱运来，是太鲁阁的长期义工。老人今年已经70岁了，以前是一位中学老师。10年前退休以后，为了让自己的生命继续发挥作用，就选择了在太鲁阁为游客免费做导游的义工。邱老师告诉我，他每天早晨起来，要练毛笔字，写唐诗宋词。然后就到太鲁阁来，做义工，既服务大众，又锻炼自己，何乐不为呢？因此，除了一年中间去大陆旅游的时间，他基本上风雨无阻，天天来太鲁阁听从安排。

车在半山腰行进，向上看，两岸山峰高耸，插入云间，向下看，幽谷深涧，水流湍急。邱老师不由得哼起了吴均《与朱元思书》里的句子："夹岸高山，皆生寒树，负势竞上，互相轩邈，争高直指，千百成峰。泉水激石，泠泠作响；好鸟相鸣，嘤嘤成韵。"

我们停车的第一站是燕子口，位于中横公路距靳珩公园约500米的大理尺峡谷峭壁上，无数小岩洞构成了奇特的景观。邱老师告诉我们，这些景观的形成，是因为峭壁上的岩质为变质石灰岩，流水顺着石灰岩岩层侵蚀，终成许多小洞穴。久而久之，山谷间的燕群在其间筑巢而居，形成"百燕鸣谷"的奇景，因此而有燕子口之名。如今燕群早已被喧闹的车水马龙惊走，只留下一个个空空的巢穴。我们沿着公路走进山沿，每隔不远就有一个大的观景窗口，向外望去，下面是深谷，谷底溪流淙淙，对面是耸立的峭壁，十分壮观。

接下来看到了慈母桥，是利用花莲的特产大理石材所建成，洁白中透着庄严之美。邱老师又发挥他讲故事的特长，给我们介绍了桥名的来由。

据说曾有位少年在此被洪水冲走后，其母却仍每日望儿早归，深受感动的后人将此桥命名为"慈母桥"。在桥的东侧另有蒋介石先生为纪念母亲王太夫人而建的"慈母亭"。

当我们问远处那红颜色的建筑是什么的时候，邱老师话音低沉地告诉我们，那个建筑叫长春祠，是为纪念修山路牺牲的英雄们而建立的，也是一处景致不错的地方。祠在半山，中间有条瀑布，泉水明澈，与周边的绿树群山相映衬，非常协调。山上还有一些纪念碑，也是为了纪念那些伟大的开路工人而立的。是的，很难想象，在那个交通不便的年代，修路工人们能够在这个大山丛林中间开凿出来这样一条道路。说到这里邱老师的声音有些哽咽。

临上车前，在一处高高的山崖前，许嘉璐先生问工作人员，能拍下来吗，工作人员摇摇头说不能。许先生微微一笑。现在，上车前的图画已经看不见了，我们已经成为图画中人。真是，看风景的人也许正在看我们呢。站在这山崖前，不由也想起了《与朱元思书》中的句子："鸢飞戾天者，望峰息心；经纶世务者，窥谷忘反。"

中午在天祥丽晶酒店用餐。这个天祥酒店的名字，也是有来头的，据说蒋介石先生来太鲁阁，看见这巍巍大山蜿蜒起伏，想起了文天祥的"正气歌"，于是此酒店因此得名。在这里，我们与邱老师合影留念，依依不舍。

午餐以后立即赶往火车站。下午 2 点半，乘太鲁阁号返回台北。

晚上 6 点半，与"中华工程公司"的严隽泰董事长夫妇工作晚餐。严先生是台湾地区前领导人严家淦的儿子，也是民进中央严隽琪主席的堂兄。严家虽然是大户人家，出门显赫，但和严主席一样，都非常谦和低调。严隽泰虽然是著名的企业家，掌控着台湾工程的命脉，但是他不喜欢到处应酬，而是热心艺术。他的太太也是画家，善于具象、写实，而他本人则拿手抽象画，后现代的特色非常明显。去年，严隽泰夫妇先后参加过我们的天津论坛和厦门论坛，给我们许多支持。今年的唐山论坛，我们希望他们继续参加，并且邀请一些台湾的企业家参加。他愉快地答应了。同时，我们希望民进的开明画院在明年能够组织艺术家到台湾交流，开画展，请他们给予帮助。严先生夫妇愉快地接受了邀请。

2009 年 3 月

"大使命，理担当"——台湾教育行之六

3 月 25 日上午，因为日程相对宽松，11 点才会与海基会江丙坤先生见面，决定利用这段时间与赵光华秘书长、宁永丽处长、林海去参观大理高中。

大理高中是最最普通的学校，又是综合高中的试点学校。校长谢念慈更是老朋友。2006 年 8 月，民进中央在苏州主办"海峡两岸中学校长教育论坛"，那时我还在苏州做分管教育文化的副市长，是作为会议承办方来参加这次会议的。谢校长是与会的台湾校长之一，高高大大，却又文质彬彬。别看外表斯文，说话做事却又非常豪爽。所以，尽管当时没有许多时间单独交流，却已留下了非常深刻的印象。

自从参加那次会后，谢校长与民进结下了不解之缘，联系不断。2007 年年初，民进中央以叶圣陶研究会的名义到台湾做文化教育方面的参访，谢校长便极力邀请参访团到他任校长的大理高中参观，据参加那次访问的同志介绍，他把学校的所有中层以上领导全部请到场，连家长会的会长都请来了，中午更是把所在区的各方面人士请过来和参访团成员一起见面。这次一听说我们到了台北，他马上又发出了邀请，虽然行程紧张，但老朋友的盛情之邀总是却之不恭的，况且我也非常想多去台湾的各类学校看看。于是上午参访团兵分两路，许嘉璐先生在圆山饭店见客人，我们几个人到大理高中参观。

车还未进校门，远远地便看见学校围墙上挂着红色的大条幅：祝贺本校××同学在 ×× 国际比赛中获得第一名。不禁笑着对同事们说，原来台湾的学校对这些东西也是这么看重。谢校长已经率领一班人马在校门口迎候，和大家热情地握手、问候。寒暄过后，才发现教学楼上有六个大字"大使命，理担当"。巧妙地把学校的校名嵌入这样一个鼓舞人心的口号之中。

谢校长带领大家简单地参观校园，并自豪地介绍着他的学校。学校于 1967 年 8 月创办，原来是一所女子中学。20 世纪 90 年代，因为教育政策改变，奉命实施男女合校，开始招收男生，并改为大理中学。1997 年起正式改制为大理高级中学，试办综合高中课程实验，保留初中部。

谢念慈先生是大理高中的第六任校长，也是第一位男性校长，1994 年 8 月上任。他把"教育是教人成人"作为学校的教育理念，强调品格及生活

教育第一，培养学生具备语文、信息基本能力，热爱乡土与国家，建立国际视野，追求卓越和精致，以健全自己，成为有教养的人。谢校长的理念，很多与叶圣陶先生的相似，与我们新教育也有很多相通之处。

接下来到会议室座谈。会议室的墙上摆满了各种奖杯和证书。

学校校长室、教务处、学务处、教官室、总务处、辅导室、人事处、会计室、图书馆的负责人都来了。有老师埋怨说，他们什么准备也没有，今天一上班校长才通知大家，大陆有重要的代表团到学校，把大家弄得措手不及。我为谢校长打圆场："我们是昨天晚上临时决定的，时间表一直定不下来。同时，我们就想看看没有准备过的学校，哈哈！"

因为大理小学的同学到学校来参观，所以小学的校长也参加了座谈。台湾的小学，在快要升学时，会组织同学们到中学参观，提前了解情况，适应环境。据说大学更进一步，很多大学会在假期组织高中生参加各种活动，让他们提前了解大学，向他们传授自己的经验和体会。今天还有一位重要人物，那就是大理高中所在的万华区的"督学"。在台湾，各个区是没有教育局的，"督学"是台北市教育局派出的，代表教育局联系、协调和服务于本区的各学校和教育机构。

落座后，谢校长介绍说，学校现有初中部21班，高中部27班，合计48班，教职员工153名，学生1600余名。现任台北教育局局长吴清山提出了三个理念：每所学校发展出一个特色；每个学生都有一个专长，培养学生可以带得走的能力；一个都不能少，零辍学率。我问谢校长，大理的特色是什么？他笑着指着那些奖杯奖牌说，当然就是体育啦！他们的体育场，他们的篮球队，都是最棒的。谢校长说，别看这三条，校长的压力还是蛮大的。谢校长告诉我们，本来约了吴清山先生，但是正好与他的时间表冲突。吴清山先生也非常希望与我们见面，所以约了后天早晨和我们共进早餐。听了介绍，很期待与他的交流。

在座谈中，我们不断提出希望了解的问题，大理的谢校长和老师们也介绍了很多有关台湾教育的情况。

关于初中升高中的考试问题，需要考查的学力测验包括语文、英语、数学、社会（史、地、公民等）、自然（物理、化学、物理学等）、写作等。经过申请、登记、甄选等步骤来决定。

关于综合高中的问题。台湾自1997年试办综合高中课程，高中部同时开设学术导向（相当于普通高中）、综合导向及专门导向（相当于职业教育）

的学程。大理高中的专门导向学程就开设了观光餐饮、应用外语及信息应用等三个专门课程。综合高中是台湾近年推行的一项教育政策，分为职业高中办综合高中和普通高中办综合高中两种。大理高中属于后者，高一时不分方向，统一教学，给学生试探的机会，到高二时开始分化。目前选择职业专门导向的学生比例还非常低。台湾的职业高中学生可以跨校选课，费用由教育部门统一支付。台湾的综合高中问题，值得我们重视与研究。我个人认为，是可以在大陆进行这方面的探索的。大理高中的经验，增强了我的信心。

台湾有 150 多所大学，想上大学的基本上都可以上。大学的学力测验有五门：语文、英语、数学、社会、自然。分类考试，有十个学科可以选，最少要选够三门（语文、英语、数学）。据说去年几门功课加起来不满 10 分的也可以上大学，成为台湾教育界的笑谈。

为了推进教育均等化，台湾实行了"繁星计划"，只要达到标准的高中，即使不是名校，也会分到好大学的名额，这就为一般的高中在招生时增强了吸引力，有利于改善生源。

由于要赶去参加与海基会江丙坤董事长的会面，只好匆匆惜别，好多问题还没有来得及问，幸好谢校长有心，准备了一些资料，可以稍补遗憾。离开大理高中的时候，正好碰上小学的参观团，都是爱心妈妈带队维持次序。谢校长告诉我，爱心妈妈是台湾学校的一大风景。每天都有爱心妈妈到学校帮忙，她们自己安排时间，配合学校工作需要，有的在办公室帮助文印，有的在厨房帮助烹饪，有的负责学校的清洁，有的负责学生的上学放学时的安全，还有进教室的诗词妈妈、故事妈妈。曾经听说过许多爱心妈妈的故事，我一直想把爱心妈妈介绍到大陆，希望我们的新教育学校能够做起来。

大理小学的校长很热情，说学校就在隔壁，一定要我们去看一下。只有十分钟的时间，所以只能够走马观花。学校不大，但是看得出校长和学生都很用心，各方面做得都很到位。学校门口以前是车站，所以校园文化是围绕车站文化展开的，从校园建筑的设计，到校园文化的精神，都与车站有关，体现了一校一特色的要求。学校有附属幼儿园，但是独立设置与管理。可惜没有时间去深入了解，便在秘书长的催促中上路了。

2009 年 3 月

智者的对话——台湾教育行之七

从大理高中出发，直奔海基会。

还好，不到 11 点，我们在许嘉璐先生之前赶到了海基会。江董事长很忙，正在见客人，文化处处长接待我们，谈起了民进中央主办的海峡两岸中华传统文化与现代化研讨会和海峡两岸中学校长教育论坛，处长很感兴趣，表示愿意帮助做一些工作。

许嘉璐先生准时到了，江董事长的会见准时结束，座谈开始。

江丙坤董事长一见面就感叹说，过去这十个月两岸变化很快！他说，不过真正的变化是从 2005 年"连胡会谈"开始。到今天，所有的五大愿景，都已经变成台湾国民党政策的主流。"和平之旅"是两岸关系的最重要的转折点。

江董事长回顾了近期参与"两会"协商的过程，可以看出，心情很轻松，很高兴。他说，去年陈会长来的时候，我一直在看电视关注。他踏上台湾是 11 点 58 分，那是两岸"两会"历史的一刻，也是两岸和平关键的一刻。后来证明，几个协议下来，今天从大陆过来多方便啊！以前我们到北京去，需要准备一整天的时间，到上海也要 7 个钟头，现在上飞机看个报纸就到了，有些人现在做生意的方式开始变成早上去晚上回来。整个生活形态都发生了变化。

江董事长说，今年很快就要进入第三次会谈，要把定期航班、两岸金融合作、共同打击犯罪及司法互助等谈完，也会讨论大陆资金来台投资的问题。金融的交流等于经济的血流一样，把它活络起来，对两岸经济发展绝对有很大帮助。这次我们希望有个成果。当时我们看到"三通"的通航，没有想到影响这么大，我们只感受到成本会降低，时间会缩短，来往会更加方便，但没想到通航以后对每个人的生活、心理、物理影响会那么大。金融一开，和交通一样，一个是骨骼，一个是血流，这两个活络了，对两岸今后的发展会有很大帮助。两岸经贸发展对抵御这次的金融海啸有很大的帮助。大陆带动了整个地区的经济成长，台湾从中受益很大。江董事长期待地说，两岸经济合作架构协议议定后，交流就变成平常的、与任何地方一样的一种形式。

许嘉璐先生接过话题说，近期发生在两岸的这些变化，既是转折的亮点，也是将来我们回顾历史的时候的一个亮点。60年来，台湾本岛首次迎来了一个最好的时期。我这次开玩笑说两岸"通而不畅"，但是"既然有了开始就有未来，我相信不久就'畅'了"。

许先生说，从海峡两岸沟通之后，台湾同胞去过大陆的有700万人，4000多万人次，还有1600万台湾人没有去过大陆。大陆来台湾的人数更少。见和不见不一样，谈和不谈不一样，今后热络起来关键是要见面，一见面马上就贴近了。所以，"三通"的直通进一步常规化、制度化，的确非常必要。

对于两岸的金融交流问题。许先生说，经济的合作，从开始的贸易，到产业的合作，最后能保持永续发展，而且有后劲，必须有金融的合作作保证。现代社会，金融是产业的后盾。现在世界各大银行都在大陆落地，很多钱让他们赚走了。而海峡两岸的金融合作，既是联起手来赚全世界的钱，又方便了台资、陆资在对方投资永续的发展。所以这是当务之急。但是制度、体制、机制，以及运行的规则都有很大的差异，这需要大家共同的协商、磨合，但是也要在实践中去探索，在会议室中空谈，解决不了实际问题，到了实践中还会有问题，所以应该有先行示范区。

大陆方面，"海峡西岸经济区"的提法越来越受到重视，相应的可以设想，在台湾的西岸，也就是台中、新竹、高雄这一线，可根据需要整合，作为一个经济区。各是各的经济区，但产业、金融可以呼应。两边都可以给各自的经济区一些优惠的政策，包括金融落地，拿它作试点，取得经验再推广。真正在金融的支持下，不仅仅是两岸产业的互补和链接，也不仅仅是厦门到高雄、台中海运、空运的热络、繁荣，也不仅仅是海峡两岸就业有巨大的增加，两边都会成为亚洲的亮点，港资、新资甚至于韩资、日资都会感兴趣，海峡西岸也好，台湾的西岸也好，会真正成为一个国际性的经济区，世界上的增长极。很少听到许先生这样的文化学者谈经济问题，感到特别有意思。其实，这就是民主党派领导人与一般学者的重要区别，前者必须关注这些与自己专业关系不大，但是与国家民族的利益非常密切的问题。

江丙坤先生也提到了台商在大陆遇到的一些困难。第一是法律、价值观不一样，台商习惯台湾的"法律"、价值观，到了大陆往往会不适应。比如说，地方招商引资，批了地或优惠政策，但后来发现它没有审批权，给台商造成困扰；第二是大陆的法律会溯及既往；第三是大陆欠税用刑法处理等。我想这些问题随着两岸企业的交流日益频繁，会逐步得到解决的。

许先生解释说，全国人大制定法律的时候，其实一再强调，没有追溯权，但是在实施的时候还需要一个过程。他还补充说，还有台商在大陆融资的问题，主要原因是没有担保，又无法拿到可靠的资质证明。江先生建议成立信保基金来解决这个问题。由政府和银行投资，不以赚钱为目的，必要时甚至可以贴息。

约定的一个小时见面时间很快过去了。中午江董事长与饶先生一起与代表团一行共进工作午餐，继续会谈。饶先生的女儿饶庆龄专门从台东赶来，她正在全力以赴应对台东县县长的选举，抽出半天的时间非常不容易。庆龄从美国留学回台湾以后，就开始登上政治舞台，竞选台东县"副议长"一举成功。我们曾经在北京见过，她的服务精神和精干练达给我留下了深刻印象。在台湾，政治世家非常普遍，这次吴伯雄的儿子也在参加县长的选举。

又是一个多小时的交流。宾主谈锋仍健。这样没有拘束的交流非常畅快。

下午稍事休息。17 点，我们准时赶到晶华饭店，与国民党荣誉主席连战先生座谈。这一次晶华饭店平静如常，上一次陈云林入台的时候，曾经在这里被困数小时，我们多少有点担心。事实证明担心是多余的，饶先生考虑到了每一个细节，他绝不会让他的客人有任何难堪和不便。我们上楼时，连先生和夫人已经迎候在会议室门口，与大家一一握手，邀请大家入座。

一落座，许先生就说，时间过得太快，还没有看够，明天就要回北京了。连战先生马上回答："以后来回的机会会很多，这应该是大势所趋。最近两岸发展情势都很好，非常鼓舞人。国共两党达成共识，两岸经贸论坛已经举办了四次，达成了 47 项共识，这 47 项工作一一再落实，老百姓之间就会产生更加良性的互动。对台湾今天的老百姓而言，两岸关系不是要不要的问题，而是如何能掌握机遇、机会，能够快速推动的问题。"

许先生接过话题开玩笑："能不能给我办一个长期有效的往返证件啊？"众人大笑。

连战先生介绍说，去年，国民党重新执政后，在经济领域提出来松绑，还有旅游开放、两岸直航等几个原则。最近大陆来台湾旅游的同胞每周有一万六七千人。我们正式提议来签署两岸经济合作架构协议，这些都已经产生了巨大的效果，若持之以恒，一定会为两岸的交流奠定良好的基础。现在只不过是个开始，我们的目标是要正常地交流，不能只停留在哪一个部分。

在政治上面，"两会"已经交流了，国民党和共产党也有党际的论坛和交流平台，我们希望台湾其他的党派，尤其是有不同意见的人，也能够到大陆去访问，去交流。在经济上面，不仅观光、"三通"、投资、贸易，人员、技术、资金的交流也要一步步走。文化方面，比如新闻的交流，大陆学生到台湾念书的问题，教育人力资源的共享，合办学校，等等。社会方面，社区、社团，有计划地建立彼此对口交流的机制，从单位、基层来进行交流。这些都是目前想到的，而且能做的事情。

两岸关系中还有其复杂、困难的议题。第一就是台湾地区国际活动的参与问题，这个问题被"台独"分子和反对人士利用多年。我个人认为，要按照"九二共识"，给台湾一个空间。"九二共识"作为原则，一方面可以满足台湾人民在参与国际活动方面的希望，另外一方面可以排除搞"两个中国""一中一台"的疑虑。要充分地理解、包容、耐心，我们要面对的是个比较困难的事情。

连战先生特别提出，胡总书记在去年年底提到的"六点意见"非常好，是具有善意的声明。意见在军事方面特别提到，希望能透过建立两岸互信机制，降低或者排除莫须有的敌意，达到和平的协议，这是具有善意且具体的建议。所以我和我的很多在朝的朋友讲，要掌握国民党执政的机会，积极推动两岸在困难领域的交流、沟通、协商，形成共识，不要思前顾后，因为这是总的方向，必须要走。我认为，目前的环境基本上较乐观。

连先生说，我们要掌握当前的机会，勇敢地向前迈进。大家用理解、包容、耐心让交流更顺利，互动更良好。持之以恒、锲而不舍，和平发展的理想不但是一个过程，也是能达到的目标。

许嘉璐先生接过话题，对连先生的建议进行了呼应。他提出，"3·20"之后，才短短的一年时间，形势有如此巨大的变化，这和连先生的破冰之旅，第一次和胡总书记深入的交谈，一直到后来连续的多次往返，有着直接的密切的关系。我感受到连先生作为一个中山精神的继承者，是以全部的心和诚意，为了整个中华民族，也为了台湾地区，可以说不遗余力。连战先生不仅是一个政治领袖，觉得重任在肩，而且是发自内心，以饱满的热情来做这些事情。

13 年后再次来台湾的一个感受是目前的"通而不畅"。"通"是两岸共产党、国民党这些领袖人物极力推动的结果，来之不易。这是两岸关系一个质的变化，不是量的变化。"不畅"就说明我们刚刚开始，今后不仅要畅，而且的确应该像连先生所说的要更加广泛，只有一定的广泛性，才能更深入。

中华巨人在消化自己的遗留问题上，已经迈出了很重要的一大步，可是未来的路还长，因为一方面问题复杂，另一方面，毕竟隔绝了 60 年，需要相互的深入理解。

大陆和台湾的关系问题，首先是我们中华民族内部的问题，但是影响所及又不仅仅是两岸，还会影响到东亚、亚洲乃至世界的政治、军事格局。

时间到了 21 世纪，大陆经过磕磕绊绊，也跌过跤，找到了一条适合自己发展的道路，一个世界上人口最多、又穷又落后的国家，能在二十几年里发生巨变，可以说创造了人类的奇迹。翻一翻近代史、古代史，甚至可以翻到罗马帝国，都没有这样的和平崛起。

现在经济全球化，地球变小了。中华民族的子孙应该以自己的宽阔胸怀，把世界包容起来。虽然说中华民族 100 多年来受尽了欺凌、侮辱，但是我们记住历史，而不是记住仇恨，就可以为世界的持久和平做出我们的贡献。但是通观世界文化，这 200 多年来，基本上全世界的进步都是按照西方文化走的，特别是第二次世界大战之后，基本是按照美国的价值观、哲学走的。不管是两次世界大战还是冷战结束后此起彼伏的战火，还是这次金融危机，都证明了西方学者的论断：如果一味地仅仅按照西方的思路走下去，世界不得安宁，甚至人类将自己毁灭自己。世界需要的是文化多元化，来取长补短、相互交融，不断地让文化前进，找到一条人类和平相处的、幸福的道路，而中华民族五千年博大精深的文化，也是世界上四大文明唯一没有中断过的文化，理应再负起责任。我们的一些东西应当让世界知道，而要让世界知道，我们首先要"强身"，在这点上，两岸要联起手来，缺谁都不行，需要中华民族的整体智慧。

许嘉璐先生感叹地说，作为儒家思想的继承者，一直在鼓舞他不断努力的很重要的一句话，就是孔夫子在《论语》里说的"士不可以不弘毅"。"弘"就是大，心胸开阔，眼光远大；"毅"是坚毅，"任重道远"，就是"仁以为己任，不亦重乎？死而后已，不亦远乎"。他告诉连先生，自己一方面从孔夫子那里继承了中华传统文化，另一方面在共产党的教育下，学了马列主义，也吸收了西方的东西。还有一点，就是孙中山先生的精神给了他很大的教育和鞭策。当初他从台湾背回去了全套的《孙中山全集》。中山先生谈的三民主义的很多内容，大陆在逐步落实，大陆的政治架构很多是得益于孙中山先生的政治构想和他开创的局面。即使在经济建设领域，长江三峡、青藏铁路、京广铁路、京九铁路，乃至北方大港、南方大港、黄浦大港，在中山先生的《建国大纲》里都提到过。毛泽东主席说过，从孔夫子到孙中山都要总结。从孔夫子到孙中山这些都是我们精神的来源，需要我们两岸学者联起手来，研究讨论，让中华民族走向世界。世界理解了，也就好办了。

连战先生愉快地回忆起他在 2005 年去大陆的情景。他告诉我们，60年后头一次到大陆去的时候，胡锦涛先生亲自在钓鱼台请他们几个人吃饭，谈了一整天。胡锦涛先生送给他一个檀木箱子，说"您开开看"。"我一开，全是文件，是南京档案馆收藏的我的祖父 1913 年从台湾写给那时候的内务部的信，想要恢复他自己的中国国籍，好几本，我很感动。"连先生说。这就是台湾人特有的经验，不仅他的父亲要恢复国籍，他的祖父也要恢复国籍，他们已经恢复了两代。"所以陈水扁搞'台独'，我不能恢复第三次啊！"

连战先生说，台湾是中华民族所有生存空间里很特殊的地方，两次被侵占和殖民统治。17 世纪的时候，荷兰人把台湾地区当作亚太营运中心，只要有钱、有银子，其他事情不太管，所以对台湾人民的生活、价值、风俗、习惯等方面危害不多。但是甲午战争之后，把台湾地区割让给日本 50年，让台湾几乎割断了根，刚开始只是武力镇压，逆我者亡，之后开始就是一系列的政策，涉及交通、财政、教育等，目的就是：第一，隔绝台湾与祖国的关系；第二，要皇民化，就是要把台湾人变成二等的日本人。到了最凶的时候，太平洋战争开始之后，广播电台已经没有闽南语的广播了，所有的新闻、报纸没有汉文的版面了。台湾的小孩子每天都要向东京行礼拜天皇，所有的寺庙被摧毁，鼓励台湾人信神道，还有鼓励所谓的"国语家庭"，就是要大家讲日本话，鼓励台湾人改名换姓当日本人。日本人无所不用其极，50 年要断掉台湾的根。但是中华文化在台湾就从来没有中断过，仁人志士前仆后继，还是有很多知识分子从历史、文学、哲学各方面，要求保护、维护、发扬中华文化之声不绝于耳。所以中华文化没有断过，这就是我们的根，我们的力量，"去中国化"是去不了的。在 20 世纪 40 年代日本投降前曾做过统计，那个时候所谓"国语家庭"也就是讲日本话户数，折为人数的话，1000人里只有21个，即百分之二点一，改名换姓的1000个人里只有13个，所以日本人的皇民化没有成功。中国文化、儒家思想用在两岸关系上很对题，同时是最重要的事情。

聆听两位智慧的老人谈中国文化，谈历史，谈人生，宛如倾听两位邻家的大伯在谈家常，非常亲切。不知不觉，时间又到了。还好，要共进晚餐，只是换到隔壁的餐厅，换个氛围。宴会一直持续到晚上9点半，大家交流更加自由，宾主尽欢。

一天之内，两个重要的会见，两次智者的对话，沉甸甸的。是的，一条长长的海峡，把我们隔离得太久太久了。但是，两岸血浓于水的感情，两岸共同的文化基因，是任何力量都无法隔离的。

2009 年 3 月

特立独行的忠信学校——台湾教育行之八

3月26日，早晨6点起来，一大沓报纸已经从门缝里塞进来了。于是，读报纸成为每天早晨的必修课。

因为许嘉璐先生有要事，需要提前一天赶回北京，所以我们的日程也做了小小的调整。一大早就送许先生到桃园机场。台湾忠信学校的校政指导审议委员会执行长高天极先生也赶来送许先生，顺便把我们接到他的学校。许先生走后，我们一行就随同高先生，到位于新竹县新丰乡的忠信学校参观。

忠信学校的创办人高震东先生，是我的老朋友。他不但创办了忠信学校，而且创造了"不排外，不媚外，不带西洋色彩"的"忠信教育法"。高先生曾在大陆的各地做过几百场演讲，介绍他的教育理念，所到之处，每每引起强烈反响，很多学校聘他任客座教授、名誉院长等职。他的名片非常特别，把他在大陆讲演的路线与学校一一标明。他的《忠信教育法》一书多次重印，他的讲演在网络上的点击率也一直居高不下。在云南省政协副主席、民进云南省主委罗黎辉的介绍下，我也曾经专门邀请高先生到苏州讲演，受到了热烈的欢迎。

高天极是高震东先生的儿子，从美国读完教育学的博士学位以后，子承父业，回台湾管理着这所有 5400 名学生的学校。我和他也是好朋友，曾多次在大陆见面。忠信的计算机学校管理系统的开发研究团队，是全台湾最优秀的团队之一，曾经专门到苏州探讨帮助我们"教育在线"网站的有关事宜。他曾经专门派出新教育实验考察团，到昆山玉峰实验学校等地考察，准备在忠信引进新教育实验的理念与行动。天极先生和他的父亲一样，不但钟情教育，而且以弘扬中华传统文化为己任，以促进海峡两岸教育交流为使命，经常往返于两岸之间。高氏父子在大陆教育界有很多朋友，其中很多也是我的好朋友，大家对他们父子，对忠信学校，都非常欣赏。所以，很早就想到忠信来看看，一直没有机会，本来这次的行程表排得很满，事先也没有想到能来。后来，和团员们商量，大家都说很愿意到这所台湾名校去看看，于是调整行程，挤出了时间。

天极先生和震东先生一样，极富演讲天分，说起话来滔滔不绝。在从桃园机场到忠信学校的路上，他给我介绍了有关台湾教育的很多情况。他说，台湾的大学教育已经完全普及，高中毕业生凡是想上大学的，无论成绩有多差都会有大学上。这当然是好事，但也闹出了一些笑话。有个学生，所有的课加起来一共考了 9 分，照样进了大学。所以，对于忠信来说，重要的不是是否能够考取大学，而是是否"成人"。

天极先生对我们的来访非常重视，一进校门，发现居然铺了红地毯，学校的中层以上行政人员已经列队迎候在那里，学校乐团演奏了欢迎乐曲。透过简朴而隆重的欢迎仪式，老师和学生向上、乐观的精神状态给我们留下了深刻的印象。

我们的第一站是学校的会议室，里面的陈设同样简单，一面墙是书法和高震东、朱慕兰夫妇藏石的照片，一面墙是书柜，一面墙是学校各种奖杯、证书的陈列。还有一面墙是投影仪的幕布。落座后，天极先生通过电脑演示，开始滔滔不绝地介绍起忠信来。

他告诉我们，忠信创办于 1970 年，是一所民间集资创办的学校。学校占地一万八千坪，毗邻新竹工业区。学生大部分来自桃园、新竹及苗栗，也有从台北慕名而来的。目前有学生 5000 多人，教职员工 200 多人，师生比为 1：19。

其实，关于忠信创立的另外一个版本更加有意思。据说，当时高震东先生在台北做军官，追求正在读师范大学的朱慕兰小姐。震东先生年少气盛，信誓旦旦地对慕兰小姐说，如果你嫁给我，以后我一定帮助你建一所学校，让你做校长！也许，就是这样的诺言，成就了一个美满的婚姻，也成就了一个忠信学校。这是天极的父亲震东先生在苏州的时候亲口对我说的，应该有相当的权威性。

忠信的教育理念，已经听过不止一次了，但是百听不厌，常听常新。我想这应该与他们把中华传统文化融于现代教育之中，把教育理念化入教育实践当中有很大关系。忠信教育法指导下的教育实践在不断发展、创新，忠信学校的教育实践，又促进了中信教育法的完善和系统化，二者相得益彰，既有坚守，又处于发展之中。

天极兄告诉我们，"忠信"是孔子教育思想的重要核心。孔子多次说过"主忠信"。"吾日三省吾身，为人谋而不忠乎？与朋友交而不信？传不习乎？"孔子提倡的忠信，主要着眼于群体，关注社会，追求社会群体的和谐。

忠信教育法有很多独特的地方，有些甚至有些"另类"，但是忠信从成立之日起，一直坚守自己的教育理念，直至成为一所特立独行的学校。2007年，台湾当局启动12年基教，重点在平衡公私立学校学生的学费补助。当局规定，家庭年收入在30万元以下的学生，在目前每年补助1万元新台币的基础上，再补助2.4万元，30万元以上60万元以下的，再补助1万元。但是不经由联招渠道招收的私立学校学生不能享受补助。忠信学校经过研究，决定不参加联招，仍采取独立招生。忠信学校的学生一年支出在7万元左右，所以，学校做出这样的决定，是需要相当勇气的，表明了忠信对自己教育理念的坚守，更表明了他们的自信。事实证明，这个地处偏僻山区的学校，招生并未因此受到太大影响，则又从一个侧面反映出，忠信的教育是受到认可的。

忠信是一所"以传承中华文化为己任的学校"；一所"热爱民族、珍惜文化的学校"，他们认为，教育不能也不应该脱离本体民族文化而独立存在。高老校长就是一个文化味道非常浓厚的人，他精于书法，曾经送过我他的书法作品，颇具水准。他喜欢收藏文房四宝，收集的石砚曾经专门举办过展览，出版过画册。忠信学校提出了六大观念："忠群爱国、信守不渝"的忠贞观念；"孝顺父母，尊敬长上"的伦理观念；"天下兴亡，我的责任"的积极负责观念；"吃中国饭，说中国话，穿中国服饰，过中国年节"的文化振兴观念；"勿以善小而不为，勿以恶小而为之"的敬业观念；"为国家需要而求学问，为社会合作而学技能"的利他利群观念。每一条都是对中华传统文化和教育思想的继承。高老先生对于中国文化的热爱，有时甚至到了"极端"的地步。

每年开学，忠信都会搞祭孔典礼。天极先生特别自豪地介绍了"2008年首届两岸师生联合祭孔大典暨忠信 2011 级新生开学典礼"的情况。他告诉我，去年的 9 月 28 日孔子诞辰日，那一天台风很大，但是学校坚持如期举行了典礼，学校的 5400 名师生、3000 名毕业学生、1500 余位学生家长、100 多位大陆学生和教育界人士出席了典礼。亲民党主席宋楚瑜出席典礼并讲话。典礼分为祭孔三献，尊师开学三礼：家长教育权委付礼、学生立志礼、尊师礼。其中家长教育权委付礼，是非常特别的，也就是父母把监护权全部委托学校，甚至把惩罚权也交给了学校。中华传统文化渗透于忠信的教育之中，随处可见，这可以说是忠信最大的特色。

忠信学校的第二个特色是重视德育。他们提出，德育是一切教育的根本。天极先生称忠信"是一个以理念而结合的教育团体"，在教育上主张"德育为先、知行合一"，把德育放在首位。他们提出，德育是五育之首，其他四育围绕着德育应运而生。忠信提出德就是良好的品德，合乎社会标准的道德，以及一丝向善的意念。智育没有德育作基础，就是犯罪的帮凶；体育没有德育作基础，就是暴力的前卫；群育没有德育作基础，就是社会动乱的根源；美育没有德育做基础，就是腐化的催化剂。忠信提出，小学要学会生活的常识，中学要学会生存的技能，大学要了解生命的意义，进而创造生命的价值。不管哪一阶段的教育，都要培养出人格完整、智能健全，体格健壮、乐群善群，心理、生理平衡的学生。

忠信的德育，不是简单的说教，而是寓于非常具体的学校生活中。天极兄自豪地告诉我，忠信是全台湾唯一一所没有工友的学校，所有的卫生打扫等工作都是学生来自主完成。偌大的校园里，处处干干净净，一尘不染。学校的门卫，也是由教师轮流兼职做的。在这些具体的工作中，锻炼了学生吃苦耐劳、团结协作等很多优良品质。特别是学校设立了废旧物品回收站，对垃圾分类回收，做得非常好，培养了学生的环保意识和节约意识。学校把周六定为"孝亲日"和尊师日，要求学生陪同父母聊天、做家务，为老师打扫办公室，整理资料，辅导学弟、学妹，等等。我们离开校园的时候，正值学校开饭，从领饭菜到分发饭菜，整理教室，所有的工作都是由学生自己完成的。

忠信学校的第三个特色是爱的教育，高震东先生曾经提出"爱自己的孩子是人，爱别人的孩子是神"，它已经成为忠信学校教师的座右铭。他们提出，教育离开了爱，其意义就不复存在，充其量只是一种训练。社会的政策离开了爱与关怀，只是一些等待被打破的教条。教育是讲环境的，环境是人格的魔术师。学校相信："爱的教育"必须有"教育爱"作基础。学校是一个教育与学习的环境，学校很大一部分的责任，是要造就一个能教育人的环境。这个维持环境的努力和愿望，具体的实现，就是"教育爱"，这也是教育的基础。但是一个完整的教育工作却不能就此达成，它仍然必须靠每一个老师点点滴滴、孜孜不倦地对每一个学生谆谆善诱，才能充分实现。这种把每一个学生当作一个特别的个体并锲而不舍的做法，正是人们常谈的"爱的教育"，这也就是教育的手段。同时相信，社会也应该是一个教育与学习的环境，社会的领导者很大一部分的责任，是要将社会造就成一个能教育人的环境。

忠信提倡爱的教育，也注重纪律，所有学生入学前必须宣誓遵守学校"不打架、不抽烟、不作弊、不流气"的四大荣誉信条。一旦违反，严厉处罚，一律离开学校。高老校长告诉我，在学校创办的初期，每年因为违法纪律而离开的学生，比留在学校的还要多。但是，他们坚持下来了。现在每年仍然有少数学生为此离开学校，但是这些离开学校的学生，下一个选择仍然是忠信学校。所以，严格要求对学生的人格塑造起到了重要的作用。

天极兄介绍说，忠信的第四个特点是"四大公开"：经济公开、赏罚公开、人事公开、意见公开。学校认为，教育最后的重心落在教师的学术能力和正确的教育观念与教育热情上。忠信强调学校属于学校每一个成员。"四大公开"可以调动教师和职员的积极性。忠信之所以能做到"四大公开"，与高震东先生热心教育、投身教育、无私忘我的精神有很大关系。他们提出学校代表的正是"社会的良心"。忠信虽然是一所私立学校，但是不以营利为目的，这使得他们能做到完全公开。

听完介绍，我在高震东老校长的办公桌前留了一张纪念照。然后去参观校园，教学楼顶写着"入忠信、学忠信、行忠信"九个红色大字。其实，孔子提倡的忠信，用现代的语言来解释，就是主要着眼于群体，关注社会，追求社会群体的和谐。

校园的一角，有一栋房子，是高震东先生和朱慕兰女士的住所，高震东先生已经把学校管理的接力棒传给了天极，但是他仍然是学校的名誉校长，仍然希望每天有机会看到可爱的教师与学生。而朱慕兰老师，作为忠信第一个员工，仍然在学校里每周为孩子们上课。在大家参观学校的时候，我抓紧时间去看望两位可敬的老人。震东老先生刚刚在台北做了一个眼睛的小手术，不方便见人，但是老朋友来了，他昨天专门从台北赶回来，在住所迎接我。我们泡上一壶当地的美人牌乌龙茶，聊教育，聊学校，聊人生，非常投缘。

参观结束后，天极先生召集全校师生与我们见面。5000 多名学生，整齐划一，一队队从教室中跑出来。整个集合只用了五六分钟，不亚于部队的精神风貌。天极先生突然袭击，让我给同学们讲几句。于是用"信、望、爱，学、思、恒"六个字与大家共勉。

新竹县的郑永金县长也是客家人，前天我们没有参加会议组织的大部队考察新竹，听说我们来的消息，中午一定要我们到他的公馆小聚，补上前天缺席的一课。台湾的县长当选后，一般都有专门的公馆，离任时再搬出。小楼不大，但很安静雅致。用餐也很简单，与我们的农家乐非常相似。

餐后赶紧返回台北，下午还要参观另外一个我心仪很久的学校——台湾薇阁学校。

2009 年 3 月

薇阁学校的文化味道与田园气息——台湾教育行之九

薇阁是这次台湾行的最后一站，也是我期待已久的考察内容。因为在苏州的时候，南怀瑾老师经常提起薇阁，李传洪董事长等人也不断给我介绍薇阁的教育理念。而营伟华董事长也告诉我，这是一所在台湾非常有名的"贵族学校"，许多台湾政要的子女，都在这里读书。

26 日下午 3 点，当我们驱车赶到薇阁小学时，李传洪董事长已经率领学校一班人马等在那里，几个可爱的小朋友献上了鲜花。李校长把我们带到欢迎牌前合影，这时才发现上面写的是"欢迎本校总校长朱永新教授一行莅临指导"，又是一个"先斩后奏"。

"为什么要把我算成是薇阁学校的总校长？"我问李董事长。他笑着说："你既然担任了太湖大学堂的太湖国际实验学校的校长，自然也就是薇阁的总校长啦！这是我们的荣幸！"我想，反正不拿薪水，也不当真，也就一笑了之了。

学校不大。比起大陆的许多现代化学校来说，甚至显得寒酸。教学楼是一栋有几十年历史的老房子（其实在台湾应该并不算老房子，大概大陆这些年发展太快了，不断起新楼，所以会觉得时间稍长一点儿的都是老房子），并不高大，楼前有两棵大树，枝繁叶茂，与主楼相映衬，和谐而优美。李董事长自豪地介绍说，这栋楼获得过亚洲建筑大奖。这让我想起越来越多的花高昂设计费和建筑费用盖起来的奇形怪状的"新潮"建筑，不禁有些感慨。

主楼的正对面是关颐楼，据说是盛宣怀的女儿盛关颐女士捐建的，同样质朴而大方。

校园精致而漂亮。小小的操场边上有一棵大树，学校别出心裁地把它做成了供孩子娱乐的地方，树干周围搭上了滑梯，别具一格。很有意思。校园的小花园，虽然没有名贵的花草，但是打理得很干净，错落有致。

李董事长带我们大家到小会议室欣赏学生的表演。首先是表演经典朗诵，小朋友们打着快板，有节奏地背诵了《大学》《论语》和唐诗等经典，还用英文背诵了外国经典名著。薇阁的经典诵读教育是有名气的，他们的中学生参加台北市朗读比赛，初中、高中都获得一等奖。我在学校的校报上看到，一位叫王筱杰的校友回忆说："读经课受用无穷，小时候读的经典，让我习惯阅读较深的文字，也更能接受传统的观念。"

接下来小朋友们表演心算，一长串三位数的加减法，刚听完题目，我们还没来得及反应，小朋友们就已经算出来了，让我们惊叹不已。

接下来参观了学校的书法教室。一进门，就看到挂着南怀瑾老师的"南氏八法"。这间教室很特别，用现代化的教学手段教授传统得不能再传统的毛笔书法。老师在投影仪上写字，马上就能反映出来。每个孩子都可以清楚地看到老师如何运笔。而且电脑可以储存每一个过程和结果，可以进行比较，非常方便，大大提高了课堂效率。

在薇阁小学参观的最后一站是他们的厨房。薇阁小学的中央厨房，是全台湾第一家通过食品安全管制认证系统的学校厨房，总经理张文庆曾在美国康奈尔大学学习餐饮，曾在五星级饭店——台湾来来大饭店担任西餐主厨。厨房干净卫生，有专业的营养师，为不同年龄的孩子设计不同的菜单。张经理还开设了烹饪课，每周两次，教学生做最基本的饭菜，炒青菜、煎蛋、煎鲑鱼等。

李董事长介绍说，薇阁提出"培养品格与文化素养的实力儿童"的目标。学校的教学理念是培养学生"带得走"的能力，当品格和文化教育发于实力向外展现时，这些能力也将永远跟在孩子身边，终身受用无穷。这与叶圣陶先生"教是为了达到不需要教"，新教育"教给学生一生有用的东西"都不谋而合。

薇阁提出，品格力是学校给孩子一辈子的礼物。"让孩子变好，比让孩子变聪明来得更重要，人格养成远比智育成绩重要。"品格力是指责任、诚信、尊重、专心、合群、分享、勇敢、行善、同理心、思考、幽默、感恩、自省、包容、孝顺等。为此，薇阁学校组成了品格教育推行委员会，研讨以品格教育为主体的教育方针，由生活教育做起，培养学生的品格力。

薇阁强调，教出品格力，是家庭和学校的共同责任，要把这些美德的训练融入生活之中。学校通过课程、活动、言教、身教、境教与制教，鼓励孩子让自己变好。即使在幼儿园，学校也要在游戏中，让小朋友通过扮演的角色，体验到服务别人也是一件快乐的事，在游戏中学会尊重别人，体验各行各业工作者的辛苦，懂得惜福感恩。

薇阁学校设有"善行奖"，由董事长亲自为得奖者颁奖，肯定孩子的具体善行，为孩子建立行善的榜样，倡导行善需"量力、尽力"。我们看到，学校有一部公用电话，是投币的，但学校并不真正收学生的钱，而是把硬币装在一个小口袋里，放在电话机旁边，学生可以随时取出来打电话。据说这些硬币从来没有丢失过。从家庭方面来说，学校希望父母多陪孩子用餐，和孩子谈心，鼓励并引导孩子交朋友，分享孩子成功的喜悦，让孩子具有深度的生活经验和能力。学校校报每一期都设有"亲师沟通版"。

接下来，我们乘车到附近的薇阁中学。同学们远远地在楼上向我们打招呼，非常热情。李董事长告诉我，学生们知道我们要来，很开心。由于时间有限，没有时间参观校园，我们就在会议室听取情况介绍。印象最深的是他们的"田园教学"。薇阁认为，田园教学不只是一项活动，同时也是一门正式的课程，以不同的方式，让学生学习更多元的知识。通过田园教学的体验式教育，让学生从中获得勇气、自信，懂得互相合作，掌握人与人之间的沟通的方法，等等，这些训练，对他们的未来生活将有极大的帮助。

"从做中学"是田园教学的中心概念，成功与否，都是一种学习，都会有所获、有所得。在体验之后，回头看看成败得失，然后从中学习，记取教训，再进一步将这些经验应用在生活上。学生要在田园教学中学会对自己负责。学会对自己的行为负责，自己使用的场地，就要自己复原；自己的决定，要自己承担后果。田园教育的很多活动，学生有很大的自主权，在不打破规则的范围内，学生可以用自己的方式进行，在团队里相互尊重，倾听他人的意见，共同分析问题、解决问题，从中自我学习。学生要在田园教学中学会拥抱自然并融入自然。除了专业知识，比如认识植物、动物的生活环境、习性、生长状况。

薇阁中学的老师告诉我们，所谓田园教学的理念，就是强调人与大自然的关系和互动，认为人类本身是大自然的一部分，我们依附在这个自然界生存，理所当然应该抱着感激的心情，尽可能避免对环境的破坏，尽所能爱护仅有的地球，在大自然中学生接触很多动植物，从对它们的照料，到对大环境的关爱，学会对其他生命的尊重和关心，并运用在人与人之间的相处，在团队中合作互助。学生在田园教学中培养国际观，尊重并理解不同的文化。田园教育有来自世界各地的教师，带来不同文化、让学生更有国际观，接触到更大的社会。

薇阁的田园教学，目的仍是陶冶品格，实现全人教育。学生自己摸索出来的、在实践中学习的，才是最深刻的。

在田园教学的体验教育中，孩子们从做中学，在活动及规则中潜移默化，除了锻炼健康的身体，更养成了健全的人格。

薇阁还办了《田园通讯》，我们手头的一期介绍了攀岩、水土保持、真菌等项目。特别是温室效应一篇，里面特别介绍说，阳明山昆虫变少了，是温室效应造成的。同时介绍了省电的小窍门，如要随手关灯、用节能灯泡、用电扇代替空调、利用公共交通工具等。

薇阁的老师一边介绍，一边用 PPT 展示着他们学生参加田园教育的各种照片，从学生们脸上洋溢出的青春、阳光，你很难想象他们也是面临高考的高中生。

考察结束以后，传洪董事长又带着我们参观薇阁的专家楼。说是专家楼，其实是一个高档的会所。我们在这里喝了一杯咖啡，就匆匆地赶回圆山饭店，参加饶先生的告别晚餐了。

2009 年 3 月

与台北教育局局长的早餐会——台湾教育行之十

转眼就是 3 月 27 日。到了与台湾说再见的时候了。

早晨 5 点半就醒了,打开房间的阳台门,在圆山饭店的红色走廊里散步,一面依山,青葱玉翠;一面开阔,路网密布。台北的许多建筑,尽收眼底。

8 点,与台北市教育局局长吴清山及大理高中的谢念慈校长、中坜高商的李丽花校长、泰山高中的黄敏荣校长、松山家商的张耀中校长共进早餐。此行一直想与台湾教育界人士多做交流。与吴清山先生之约排来排去,排到了今天早晨。李丽花校长也是老朋友,在苏州召开海峡两岸校长论坛的时候,曾经与她有过交流,也是一位非常干练的校长。另外两位校长虽然是第一次见面,但是因为有谢校长和李校长两位老朋友,所以也特别亲切自然。

虽然与吴清山先生是第一次见面,但是彼此似乎是认识许久的老朋友了。昨天还在书店买了一本他的关于台湾教育改革历程的评价的书,知道他是一个学术型的官员。

早晨专门认真读了他的著作,并且在网络上看了不少关于他的资料。他毕业于政治大学教育学博士,后来又在美国从事博士后研究,出版过多种教育理论著作和教育辞书,曾经在台北市立师范大学担任校长。担任教育局局长以后,他很快就提出了"教育111,打造台北优质新教育"的教育理念,以发展一校一特色,每位老师教好每位学生和学生一人一专长作为主轴,并继续推动生活、生命和生态的"三生教育"。非常有意思的是,他也用了"新教育"的概念。

他在自己的官方网站上面有这样一段话:

学生是教育的主体,任何教育措施,应以学生福祉作为最大考虑。

为确保学生最佳福祉,提供学生优质学习环境,实为教育人员责无旁贷的责任。"教育基本法"第三条规定:"教育之实施,应本有教无类、因材施教之原则,以人文精神及科学方法,尊重人性价值,致力开发个人潜能,培养群性,协助个人追求自我实现。"确立教育实施方式及教育目的,成为教育发展的准则。

教师专业良窳攸关学生学习成效，每位教师应发挥专业精神，透过专业知能、遵守专业伦理、持续专业成长和不断自我反省，帮助学生更有效学习，并照顾好每一位学生，才能发挥教育效果。

行政最重要的功能，在于有效支持和增进"教师教学"和"学生学习"。身为行政人员应多去倾听师生心声、多去了解师生需求、多去协助师生难题；当然，也要从事质量管理和做好行政服务，才能展现行政效能，学生也才会成为行政服务的最大受益者。

虽然，学校担负学生学习大半责任，但是家长也不能置身度外，仍应积极协助学校督导孩子学习和言行，"亲师合作"下，相信没有教不好的学生，也没有学不会的孩子。

学生在教师专业教学、行政质量经营、家长理性参与和学校温馨创新环境下学习，才能确保其最佳福祉。

"有优质的教育人员，才会有优质的学校；有优质的学校，才能培育优质的学生"，期盼所有教育同仁，一齐为台北优质新教育而努力。

吴清山对于品德教育非常重视，他把 2008 年作为台北市的"品格教育年"。他指出，教育本质，在于激发一个人向上和向善的动力。一个人有好能力，但没有好品德作为行事准绳，不仅会做出危害社会的事情，而且还可能成为社会乱源。

一个小时的时间，寒暄、早餐，真正交流的时间太紧张了。但是，我们还是就大陆与台湾的教育交流，就台北教育改革等问题，交换了自己的意见。我把关于新教育实验的介绍送给吴先生，他也回赠了两本他的新著，其中一本关于台湾教育改革的书，正是我昨天买的那本。9 点整，吴先生的手机响了，原来他已定好闹钟。大家抓紧时间合影，依依惜别。

2009 年 3 月

参考文献

A.1 普通图书

[1] 阿信. 用生命爱中国: 柏格理传 [M]. 郑州: 大象出版社, 2009.

[2] 安文谦, 刘彭芝, 王珉珠. 大洋彼岸的青春: 人大附中校友海外成长纪实 [M]. 北京: 中国人民大学出版社, 2010.

[3] 白永红. 中国职业教育 [M]. 北京: 人民出版社, 2011.

[4] 北岛, 曹一凡, 维一. 暴风雨的记忆: 1965—1970 年的北京四中 [M]. 北京: 生活·读书·新知三联书店, 2012.

[5] 崔玉婷. 近代中国乡村教育的不同路向: 邹平教育模式与延安教育模式比较研究 [M]. 北京: 教育科学出版社, 2011.

[6] 定边县志编纂委员会. 定边县志 [M]. 北京: 方志出版社, 2003.

[7] 甘肃省教育厅办公室, 甘肃省教育科学研究所. 甘肃教育年鉴 2008[M]. 兰州: 甘肃教育出版社, 2008.

[8] 甘肃省教育厅办公室, 甘肃省教育科学研究所. 甘肃教育年鉴 2009[M]. 兰州: 甘肃教育出版社, 2009.

[9] 甘肃省教育厅办公室, 甘肃省教育科学研究所. 甘肃教育年鉴 2010[M]. 兰州: 甘肃教育出版社, 2011.

[10] 甘肃省教育厅办公室, 甘肃省教育科学研究所. 甘肃教育年鉴 2011[M]. 兰州: 甘肃教育出版社, 2011.

[11] 黄武雄. 台湾教育的重建 [M]. 北京: 首都师范大学出版社, 2011.

[12] 孔令中. 贵州教育史 [M]. 贵阳: 贵州教育出版社, 2004.

[13] 刘彭芝. 人生为一大事来 [M]. 北京: 高等教育出版社, 2004.

[14] 苏州市教育局《苏州教育志》编纂组. 苏州教育志 [M]. 上海: 生活·读书·新知三联书店上海分店, 1991.

[15] 王道隆, 崔茂登, 洪其华. 香港教育 [M]. 深圳: 海天出版社, 1997.

[16] 王少东等 . 苏州教育现代化研究 [M]. 苏州：苏州大学出版社，1998.

[17] 官风华 . 台湾校园文化 [M]. 太原：山西教育出版社，1999.

[18] 朱永新 . 教育如此美丽：朱永新中国教育观察 [M]. 北京：文化艺术出版社，2010.

A.2 报纸期刊

[1] 柴纯青，吴勇，龚向东 . 优质均衡：从源头解决择校之困：访江苏海门市教育局党组书记、局长何新 [J]. 中小学管理，2011（8）.

[2] 常丹琦，黄红丽 . 解读澳门教育 [J]. 中国图书评论，2001（1）.

[3] 顾秋萍 . 十中诗人校长柳袁照首倡"诗性教育" [N]. 扬子晚报，2010-08-10.

[4] 李斌 . 北京十一学校破解高三困局 [N]. 中国青年报，2012-07-26.

[5] 谢莹莹 . 拘水留香同闻共赏：北京 101 中学读书活动侧记 [N]. 中国教育报，2009-06-11.

[6] 袁丽英 . 江苏职业教育：成就、经验与不足 [J]. 机械职业教育，2004（12）.

主题索引

第三版后记

《中国教育观察》第三版是在 2012 年 2 月第二版的基础上修订的，由于出版与修订的周期相对较短，所以这次的修订主要是根据学术著作出版规范的需要和麦格劳－希尔出版社的要求，增加了参考文献和主题索引。另外，在第六章《江苏探访》增加了《海门教育奇迹解码——江苏教育行之七》。

前不久担任了于丹一个讲演活动的点评嘉宾。她讲演的题目是"唤醒生命中的诗意"。我在点评时说，其实，每个人从本质上来说都是诗人，每个人都是一个世界。每个人的世界可能很大，也可能很小。每个人的诗意可能很浓郁，也可能荡然无存。关键是，我们究竟如何唤醒我们生命中的诗意，如何让自己的世界变得更大一些呢？我的结论是读万卷书，行万里路。读书和行走，能够让我们的视野更加开阔，让我们的世界变得更大。

从 1997 年到政府工作以后，我越来越深切地认识到，行走、实践，对于认识世界和改造世界的价值与意义。面对我们的教育，批评、抱怨、指责，都是容易的，或者躲避、逃逸、沉默，也是容易的。不容易的是建设。建设的基础是真知灼见。真知灼见不仅来源于阅读，更来源于对于国情、省情、市情、县情、乡情甚至村情的了解。所以，我一直主张，我们的官员和学者都要认真地沉下去，认真地调查研究，认真地行走。

这些年来，我努力践行自己的理想，认真地行走，所以有了这本小书。我想，只要时间允许、精力允许，我还会继续行走下去。

2012 年 9 月 20 日于北京滴石斋

"朱永新教育作品"后记

10年前，我的"朱永新教育作品"16卷由中国人民大学出版社出版。

不久，这套文集就被麦格劳－希尔教育出版集团引进英文版版权，陆续出版发行。迄今为止，我的著作已经被翻译为28种语言，在不同国家有87种文本。

在版权到期之后，多家出版社希望重新出版这套文集。最后，漓江出版社的诚意感动了我。

长期以来，漓江出版社的文龙玉老师一直关注和支持新教育事业，《新教育实验年鉴》以及一批新教育人的作品都先后在漓江出版社出版，文老师也先后担任了我的《新教育》《教育如此美丽》《我的教育理想》《我的阅读观》《致教师》等书的责任编辑。这套文集在漓江出版社出版，也就成了顺理成章的事情。

这套"朱永新教育作品"沿用了中国人民大学出版社的文集名称和南怀瑾先生的题签。主要是想借重新出版之际，感谢南怀瑾先生对我的帮助和关心。在苏州担任副市长期间，我曾经多次去太湖大学堂与南怀瑾先生见面交流，请教教育、文化与社会问题。先生的大智慧经常让我茅塞顿开。

新的"朱永新教育作品"虽然沿用了原来的名称，但是内容还是有许多不同。原来的16卷，大部分都进行了不同程度的修订，其中一半是重新选编。全套作品按照内容分为四个系列。

一是教育理论系列，包括《滥觞与辉煌——中国古代教育思想的成就与贡献》《沟通与融合——中国近现代教育思想的起源与发展》《嬗变与建构——中国当代教育思想的传承与超越》《心灵的轨迹——中国本土心理学思想研究》《校园里的守望者——教育心理学论稿》五种。

二是新教育实验系列，包括《新教育实验——中国民间教育改革的样本》《做一个行动的理想主义者——新教育小语》《为中国而教——新教育演讲录》《为中国教育探路——新教育实验二十年》《享受教育——新教育随笔选》五种。

三是我的教育观系列，包括《我的教育理想——让生命幸福完整》《我的教师观——做学生生命的贵人》《我的学校观——走向学习中心》《我的家教观——好关系才有好教育》《我的阅读观——改变从阅读开始》《我的写作观——写作创造美好生活》六种。

四是教育观察与评论系列，包括《教育如此美丽——中国教育观察》《寻找教育的风景——外国教育观察》《成长与超越——当代中国教育评论》《春天的约会——给中国教育的建议》四种。

虽然都是现成的文字，但是整理文集却颇费时间。几年来的业余时间和节假日，大部分都用于这项工作。好在，我所在的中国民主促进会是一个以教育、文化、出版传媒为主界别的参政党，60% 的会员来自教育界，无论是调查研究、参政议政，教育一直是我们的主阵地，本职工作与业余的教育研究不仅没有矛盾，反而相辅相成。

感谢漓江出版社的文龙玉老师和她的团队认真细致和卓有成效的工作。

2022 年 10 月 17 日